LES

ŒUVRES

COMPLETES

DE

VOLTAIRE

67

VOLTAIRE FOUNDATION

OXFORD

2007

© 2007 VOLTAIRE FOUNDATION LTD

ISBN 978 0 7294 0900 1

Voltaire Foundation Ltd
99 Banbury Road
Oxford OX2 6JX

A catalogue record for this book
is available from the British Library

OCV: le sigle des *Œuvres complètes de Voltaire*

www.voltaire.ox.ac.uk

PRINTED IN ENGLAND
AT THE ALDEN PRESS
OXFORD

Direction de l'édition

1968 · THEODORE BESTERMAN · 1974

1974 · W. H. BARBER · 1993

1989 · ULLA KÖLVING · 1998

1998 · HAYDN T. MASON · 2001

2000 · NICHOLAS CRONK ·

Sous le haut patronage de

L'ACADÉMIE FRANÇAISE

L'ACADÉMIE ROYALE DE LANGUE ET DE
LITTÉRATURE FRANÇAISES DE BELGIQUE

THE AMERICAN COUNCIL OF LEARNED SOCIETIES

LA BIBLIOTHÈQUE NATIONALE DE RUSSIE

THE BRITISH ACADEMY

L'INSTITUT ET MUSÉE VOLTAIRE

L'UNION ACADÉMIQUE INTERNATIONALE

Ouvrage publié avec le concours du

CENTRE NATIONAL DU LIVRE

Writings of 1768

III

CONTENTS

CONTENTS

ILLUSTRATIONS

ABBREVIATIONS

Arsenal	Bibliothèque de l'Arsenal, Paris
Bengesco	Georges Bengesco, *Voltaire: bibliographie de ses œuvres*, 4 vol. (Paris, 1882-1890)
Besterman	Th. Besterman, *Some eighteenth-century Voltaire editions unkown to Bengesco*, SVEC 111 (1973).
Bh	Bibliothèque historique de la ville de Paris
BL	British Library
BnC	*Catalogue général des livres imprimés de la Bibliothèque nationale: auteurs, tome 214, Voltaire*, ed. H. Frémont and others, 2 vol. (Paris, 1978)
BM	Bibiothèque municipale
BnF	Bibliothèque nationale de France, Paris
Bodley	Bodleian Library, Oxford
BV	M. P. Alekseev and T. N. Kopreeva, *Bibliothèque de Voltaire: catalogue des livres* (Moscow, 1961)
CL	'Inventaire de la Correspondance littéraire de Grimm et Meister', ed. U. Kölving and J. Carriat, vol.1, *SVEC* 225 (1984)
CLT	F. M. Grimm, *Correspondance littéraire, philosophique et critique, par Grimm, Diderot, Raynal, Meister, etc.*, ed. Maurice Tourneux, 16 vol. (Paris, 1877-1882)
CN	*Corpus des notes marginales de Voltaire* (Berlin and Oxford, 1979-)
D	Voltaire, *Correspondence and related documents*, ed. Th. Besterman, *OCV*, vol.85-135 (Oxford, 1968-1977)

DP	Voltaire, *Dictionnaire philosophique*, ed. Christiane Mervaud, *OCV*, vol.35-36 (Oxford, 1994)
EM	Voltaire, *Essai sur les mœurs*, 2nd ed., ed. R. Pomeau, 2 vol. (Paris, 1990)
ImV	Institut et musée Voltaire, Geneva
Je	*Journal encyclopédique*
JHI	*Journal of the history of ideas*
Kehl	*Œuvres complètes de Voltaire*, ed. J. A. N. de Caritat, marquis de Condorcet, J. J. M. Decroix and Nicolas Ruault, 70 vol. (Kehl, 1784-1789)
Lewis	*The Yale edition of Horace Walpole's correspondence*, ed. W. S. Lewis (Newhaven, 1937-)
Longchamp-Wagnière	*Mémoires sur Voltaire et sur ses ouvrages*, 2 vol. (Paris, 1826)
M	*Œuvres complètes de Voltaire*, ed. Louis Moland, 52 vol. (Paris, 1877-1885)
MF	*Mercure de France*
ms.fr.	manuscrits français (BnF)
n.a.fr.	nouvelles acquisitions françaises (BnF)
OCV	*Œuvres complètes de Voltaire* (Oxford, 1968-) [the present edition]
OH	Voltaire, *Œuvres historiques*, ed. R. Pomeau (Paris, 1957)
PH	Voltaire, *La Philosophie de l'histoire*, ed. J. H. Brumfitt, *OCV*, vol.59 (Oxford, 1969)
QE	Voltaire, *Questions sur l'Encyclopédie* [various editions]
RLC	*Revue de littérature comparée*
Roth-Varloot	Diderot, *Correspondance*, ed. G. Roth and J. Varloot (Paris, 1955-1970)
SVEC	*Studies on Voltaire and the eighteenth century*
Taylor	Taylor Institution, Oxford

Trapnell	William H. Trapnell, 'Survey and analysis of Voltaire's collective editions', *SVEC* 77 (1970), p.103-99
VF	Voltaire Foundation, Oxford
VST	René Pomeau, René Vaillot, Christiane Mervaud and others, *Voltaire en son temps*, 2nd ed., 2 vol. (Oxford, 1995)

KEY TO THE CRITICAL APPARATUS

The critical apparatus, printed at the foot of the page, gives variant readings from the manuscripts and editions discussed in the introductions to the texts.

Each variant consists of some or all of the following elements:

– The number of the text line or lines to which the variant relates.

– The sigla of the sources of the variant as given in the list of editions. Simple numbers, or numbers followed by letters, stand for separate editions of the work; letters followed by numbers are collections, w being reserved for collected editions of Voltaire's works, and ⊤ for collected editions of his theatre; an asterisk after the siglum indicates a specific copy of the edition, usually containing manuscript corrections.

– A colon, indicating the start of the variant; any editorial remarks after the colon are enclosed within square brackets.

– The text of the variant itself, preceded and followed by one or more words from the base text, to indicate its position.

The following signs and typographic conventions are employed:

– Angle brackets < > encompass deleted matter.

– Beta β stands for the base text.

– The forward arrow → means 'replaced by'.

– A superior V precedes text in Voltaire's hand.

– Up ↑ and down ↓ arrows precede text added above or below the line.

– A superior + indicates, when necessary, the end of material introduced by one of the above signs.

– A pair of slashes // indicates the end of a paragraph or other section of text.

ACKNOWLEDGEMENTS

The *Œuvres complètes de Voltaire* rely on the competence and patience of the personnel of many research libraries around the world. We wish to thank them for their generous assistance, in particular the staff of the Bibliothèque nationale de France and the Bibliothèque de l'Arsenal, Paris; the Institut et musée Voltaire, Geneva; the Taylor Institution Library, Oxford; and the National Library of Russia, St Petersburg. For additional assistance with this volume we are grateful to Olivier Ferret and John Renwick.

PREFACE

Even by the hyperactive standards of Voltaire, 1768 was to prove a remarkable year. He either drafted or published a wide range of texts which will require three whole volumes in the *Complete Works*. One of these, *OCV* 66, was published in 1999. It contains two substantial tales, *La Princesse de Babylone* and *L'Homme aux quarante écus* as well as a significant tragedy advocating religious toleration, *Les Guèbres*. The projected volume 65 will house, among a considerable diversity of texts, *Des Singularités de la nature* with its investigation of the natural sciences. Volume 67 is distinguished by a multiplicity of works of varying lengths but, as ever, with often overlapping concerns.

It would be appropriate, however, before embarking on an overview of the texts contained in this volume, to highlight a few episodes in Voltaire's personal life of immense consequence. The first of these is the departure of Mme Denis on 1st March. Suddenly, Voltaire found himself without his constant, if troublesome companion. While he was not left alone with his servants, he still had the company of the Père Adam and Wagnière, his domestic circumstances evidently changed overnight and created uncertainty. Uncertainty of a different kind was provoked by the extraordinary decision to *faire ses pâques* on 3 April. This decision spread confusion far and wide. Could it possibly be the case that the old man of Ferney had finally seen the error of his way? His 'philosophic' friends were perplexed but dubious about his sudden conversion. His ecclesiastical adversaries were equally doubtful, especially the bishop of Annecy, Jean Pierre Biord, who challenged him to prove the authenticity of his action. At the end of the year, 13 December, Voltaire felt grief at the death, after a painful illness, of a faithful correspondent who was a stalwart of the philosophic cause, Damilaville.

On the international stage, 1768 saw the beginning of the Russo-Turkish war in the early autumn. This afforded Voltaire the opportunity to compose one of a number of works, the *Ode sur la guerre des Russes contre les Turcs*. He saw the war as a potentially significant conflict in the history of European rivalries and a possible catalyst for enlightened changes spearheaded by the *Minerve du nord* (Catherine the Great). His interest in eastern Europe, particularly the unstable situation in Poland, is also manifested in the *Discours aux confédérés catholiques*. In addition, Voltaire maintained his concern with his image in the public sphere. He was anxious to smooth over matters concerning the alleged thefts of manuscripts by La Harpe through having a *Déclaration* printed in several periodicals such as the *Journal encyclopédique* and the *Mercure de France* in April. Voltaire was delighted when he learned that a ship had been named after him by the Montaudouin frères in Nantes. This unexpected honour patently illustrated the importance of his contribution to the well-being of France, and he further publicised the event by composing the *Epître à mon vaisseau* which was widely diffused. Voltaire's ludic practice of attributing his works to pseudonymous authors was joyously continued. Various ecclesiastical gentlemen, both Catholic and Protestant, real or imaginary, were credited with composing a variety of texts, the abbé Big..., the superior of the *capucins de Raguse*, Baluse (the name of a secretary of the archbishop of Toulouse), Josias Rossete (an evangelical minister) and the *archêveque de Cantorbéry*. Kayserling, probably derived from the name of either a soldier or a diplomat, was credited with thoughts on Poland. Revenge was enacted on the unknown author (Du Laurens) of the *Compère Mathieu*, a work attributed to Voltaire in 1766, and who now found himself an expert on the Jesuits in China. The game-playing continued to amuse and hardly fool the contemporary reading public or reviewers in periodicals.

The reverberations of the *Bélisaire* affair of 1767 were reflected in a number of texts: the *Déclaration*, the *Lettre de l'archevêque de Cantorbéry à M. l'archevêque de Paris*, *La Prophétie de la Sorbonne*,

Les Trois empereurs en Sorbonne, *Le Sermon prêché à Bâle*, the *Epître écrite de Constantinople*. Personal scores were settled with La Bletterie, who had claimed that the patriarch had forgotten to bury himself, and with a new target in *Le Pyrrhonisme de l'histoire*, Chiniac de La Bastide. The basis of the authority of Rome and the Scriptures is characteristically undermined in *Les Droits des hommes*, the *Epître écrite de Constantinople* and the *Instruction du gardien des capucins de Raguse à frère Pédiculoso*. The doctrines of Christianity are likewise ridiculed in the scathing dialogue of the *Relation du bannissement des jésuites de la Chine*, where the reference to the contemporary disgrace of the Jesuits in Europe is evidently implicit.

The most substantial work in this volume is the *Pyrrhonisme de l'histoire*. This production has been little studied with the result that it has not been realised that some chapters printed in the Moland edition following Kehl were not in the original edition. The *Pyrrhonisme* is a text which recycles material from previous works such as the *Essai sur les mœurs* while itself providing chapters for the *Questions sur l'Encyclopédie*. It can thus be considered a *plaque tournante* for Voltaire's activity in his declining years, looking forwards and backwards. Its thoroughgoing scepticism is a template for critical enquiry in all domains with the message that only preposterous people can believe preposterous ideas.

In some respects 1768 can be envisaged as a year of relative optimism. Voltaire could be seen to believe (or at least like to give the impression of believing) that the philosophic cause was gaining ground. Even if he had occasional private doubts, publicly he championed Catherine as the promoter of tolerance and enlightened policies. He also harboured hopes for the reign of Stanislaw of Poland. If he could depict them as living examples of praiseworthy action, he could resurrect a Chinese emperor in the *Relation* as the embodiment of a wise ruler, prepared to listen to arguments but rejecting irrational statements and conduct. The old man of Ferney could see himself and present himself in the same light.

Simon Davies

Epître écrite de Constantinople aux frères

Critical edition

by

Simon Davies

CONTENTS

INTRODUCTION

The exact date of composition of this prose text appears impossible to ascertain as it was not printed until the Kehl edition. In a letter of 22 January 1768 Voltaire writes to Marmontel, sending him 'un petit rogaton qui m'est tombé entre les mains' (D14694). In a footnote to this letter, it is suggested that the 'rogaton' could be any one of three texts, including the *Epître écrite de Constantinople aux frères*. However, this can only be taken as a possibility. The polemical nature of the pamphlet, in its plea for tolerance, may suggest that it is linked to the aftermath of the furore concerning the publication of Marmontel's *Bélisaire* in 1767.[1] The choice of Constantinople as the location from which the letter is supposedly sent may indicate Voltaire's frequently ambiguous attitude to Islam, here superficially championing tolerance (the legends of Mahomet are neverthess mocked in the text). It may also recall the final destination of Candide where a viable community is working effectively in a spirit of toleration, an evident contrast to the persecutions of the Sorbonne in Paris. Is it significant that Voltaire was described as the 'Patriarche in petto de Constantinople'?[2]

The text

In the absence of any manuscript or any edition overseen by Voltaire, we are reproducing the Kehl edition as the base text. Spelling has been modernised.

---

[1] John Renwick suggests that this is the case in *Marmontel, Voltaire and the Bélisaire affair*, *SVEC* 121 (1974), p.301-302. The *Epître* is reproduced in the appendices, p.383-86.

[2] The description is attributed to Grimm. Djavâd Hadidi employs it as a subtitle to a chapter in his *Voltaire et l'Islam* (Paris, 1974), p.153.

Editions

K

Œuvres complètes de Voltaire. [Kehl,] Société littéraire-typographique, 1784-1789. 70 vol. 8°.

Volume 46, p.275-79 Epître écrite de Constantinople aux frères.

Bengesco 2142; Trapnell K; BnC 164-69.

Oxford, Taylor: V1 1785/2 (46); VF. Paris, BnF: Rés. P Z 2209 (46).

ÉPITRE ÉCRITE DE CONSTANTINOPLE
AUX FRÈRES

Nos frères, qui êtes répandus sur la terre, et non dispersés, qui habitez les îles de Niphon[1] et celles des Cassitérides,[2] qui êtes unis dans les mêmes sentiments sans vous les être communiqués, adorateurs d'un seul Dieu, pieux sans superstition, religieux sans cérémonies, zélés sans enthousiasme, recevez ce témoignage de 5 notre union et de notre amitié; nous aimons tous les hommes; mais nous vous chérissons par-dessus les autres, et nous offrons avec vous nos purs hommages au Dieu de tous les globes, de tous les temps et de tous les êtres.

Nos cruels ennemis, les brames, les fakirs, les bonzes, les 10 talapoins,[3] les derviches, les marabouts,[4] ne cessent d'élever contre nous leurs voix discordantes; divisés entre eux dans leurs fables, ils semblent réunis contre notre vérité simple et auguste. Ces aveugles qui se battent à tâtons sont tous armés contre nous qui marchons paisiblement à la lumière. 15

Ils ne savent pas quelles sont nos forces. Nous remplissons toute la terre. Les temples ne pourraient nous contenir, et notre temple est l'univers. Nous étions avant qu'aucune de ces sectes eût pris naissance. Nous sommes encore tels que furent nos premiers pères sortis des mains de l'Eternel; nous lui offrons, comme eux, des 20

[1] The islands of Japan. It is just possible that Voltaire was also indulging in a private joke which would have been understood by few readers, for St Niphon was the Patriarch of Constantinople, 1310-1314.

[2] These fabled islands were supposedly off the west coast of Europe and associated with the production of tin (Greek *kassiteros* = tin). They were often taken to be the Scilly Isles, or Cornwall itself, and could, by extension, be regarded as referring to England. They are mentioned in *DP*, article 'Chaîne des êtres créés' (*OCV*, vol.35, p.520).

[3] Buddhist priests. See *DP*, article 'Catéchisme chinois', quatrième entretien (*OCV*, vol.35, p.463-64, n.66).

[4] Islamic hermits.

vœux simples dans l'innocence et dans la paix. Notre religion réelle a vu naître et mourir mille cultes fantastiques, ceux de Zoroastre, d'Osiris, de Zalmoxis, d'Orphée, de Numa, d'Odin, et de tant d'autres.[5] Nous subsistons toujours les mêmes au milieu des sectaires de Fo,[6] de Brama, de Xaca, de Vitsnou,[7] de Mahomet. Ils nous appellent impies, et nous leur répondons en adorant Dieu avec piété.

Nous gémissons de voir que ceux qui croient que Mahomet a mis la moitié de la lune dans sa manche[8] soient toujours secrètement disposés à empaler ceux qui pensent que Mahomet n'y en mit que le quart.

Nous n'envions point les richesses des mosquées, que les imans

---

[5] Zoroaster, or Zarathustra: the founder of an ancient Iranian religion.

Osiris: an Egyptian god.

Zalmoxis, also known as Salmoxis or Zamolxis: the supreme god of the Getae, or Dacians.

Orpheus: the central figure of an ancient Greek religious movement.

Numa: presumably Numa Pompilius. Voltaire wrote in the *Homélies prononcées à Londres*, première homélie: 'Les lois de Numa furent sacrées chez les Romains' (*OCV*, vol.62, p.441).

Odin: a Scandinavian god. See *DP*, article 'Préjugés', section 'Préjugés religieux' (*OCV*, vol.36, p.459-60); *PH*, ch.5 (*OCV*, vol.59, p.104); *EM*, ch.21 (vol.1, p.363).

[6] 'Ils apportèrent des Indes l'idole de Fo ou Foé, adorée sous différents noms par les Japonais et les Tartares, prétendu dieu descendu sur la terre, à qui on rend le culte le plus ridicule, et par conséquent le plus fait pour le vulgaire. Cette religion, née dans les Indes près de mille ans avant Jésus-Christ, a infecté l'Asie orientale; c'est ce dieu que prêchent les bonzes à la Chine, les talapoins à Siam, les lamas en Tartarie' (*EM*, ch.2, vol.1, p.223).

[7] Brama: the creative god of the Hindu religion.

Xaca: the Tibetan and Japanese name of the Buddha Gautama.

Vishnu: Voltaire writes mockingly in the *DP*: 'Vitsnou s'est incarné cinq cents fois, cela est fort étonnant; mais enfin cela n'est pas physiquement impossible. Car si Vitsnou a une âme, il peut avoir mis son âme dans cinq cents corps pour se réjouir' (article 'Foi', *OCV*, vol.36, p.126).

[8] Voltaire wrote in *DP*, article 'Sens commun': 'Cet Arabe qui sera d'ailleurs un bon calculateur, un savant chimiste, un astronome exact, croira cependant que Mahomet a mis la moitié de la lune dans sa manche' (*OCV*, vol.36, p.526. Note 4 on the same page explains the source of this legend).

tremblent toujours de perdre; au contraire, nous souhaitons qu'ils jouissent tous d'une vie douce et commode, qui leur inspire des mœurs faciles et indulgentes.

Le muphti n'a que huit mille sequins de revenu, nous voudrions qu'il en eût davantage pour soutenir sa dignité, pourvu qu'il n'en abuse pas.

Supposé que les Etats du grand lama soient bien gouvernés, que les arts et le commerce y fleurissent, que la tolérance y soit établie, nous pardonnons aux peuples du Tibet de croire que le grand lama a toujours raison quand il dit que deux et deux font cinq. [9] Nous leur pardonnons de le croire immortel, quand ils le voient enterrer. Mais s'il était encore sur la terre un peuple [10] ennemi de tous les peuples, qui pensât que Dieu, le père commun de tous les hommes, le tira par bonté du fertile pays de l'Inde, pour le conduire dans les sables de Rohoba, et pour lui ordonner d'exterminer tous les habitants du pays voisin, nous déclarons cette nation de voleurs la nation la plus abominable du globe, et nous détestons ses superstitions sacrilèges autant que nous plaignons les ignicoles chassés injustement de leur pays par Omar. [11]

S'il était encore un petit peuple [12] qui s'imaginât que Dieu n'a fait le soleil, la lune et les étoiles que pour lui, que les habitants des autres globes n'ont été occupés qu'à lui fournir de la lumière, du pain, du vin et de la rosée, et qu'il a été créé pour mettre de l'argent à usure, nous pourrions permettre à cette troupe de fanatiques imbéciles de nous vendre quelquefois des cafetans et des dolimans; mais nous aurions pour lui le mépris qu'il mérite.

S'il était quelque autre peuple [13] à qui on eût fait accroire que ce

[9] An implicit attack on the Christian idea of three making one.

[10] Almost certainly the Jews.

[11] The Zoroastrians in Persia were defeated by the forces of Omar: 'Les Perses passent sous la domination d'Omar' (*EM*, ch.6, vol.1, p.263). Voltaire recounts that: 'La plupart se retirèrent aux extrémités de la Perse et de l'Inde. C'est là qu'ils vivent aujourd'hui, sous le nom de Gaures ou de Guèbres, de Parsis, d'Ignicoles.'

[12] The Jews again.

[13] Probably Catholics.

qui a été vrai est devenu faux; s'il pense que l'eau du Gange est   6
absolument nécessaire pour être réuni à l'Etre des êtres; s'il se
prosterne devant des ossements de morts et devant quelques
haillons; si ses fakirs ont établi un tribunal[14] qui condamne à
expirer dans les flammes ceux qui ont douté un moment de
quelques opinions des fakirs; si un tel peuple existe, nous verserons   6
sur lui des larmes. Nous apprenons avec consolation que déjà
plusieurs nations ont adopté un culte plus raisonnable; qu'elles
adressent leurs hommages au Dieu suprême, sans adorer la jument
Borak,[15] qui porta Mahomet au troisième ciel; que ces peuples
mangent hardiment du cochon et des anguilles, sans croire offenser   7
le créateur. Nous les exhortons à perfectionner de plus en plus la
pureté de leur culte.

Nous savons que nos ennemis crient, depuis des siècles, qu'il
faut tromper le peuple; mais nous croyons que le plus bas peuple est
capable de connaître la vérité. Pourquoi les mêmes hommes à qui   7
on ne peut faire accroire qu'un sequin en vaut deux croiraient-ils
que le dieu Sammonacodom a coupé toute une forêt en jouant au
cerf-volant?[16]

Serait-il si difficile d'accoutumer les bachas et les charbonniers,
les sultans et les fendeurs de bois qui sont tous également hommes,   8
à se contenter de croire un Dieu infini, éternel, juste, miséricor-
dieux, récompensant au delà du mérite, et punissant sévèrement le
vice sans colère et sans tyrannie?

Quel est l'homme dont la raison puisse se soulever, quand on lui
recommande l'adoration de l'Etre suprême, l'amour du prochain et   8
de la justice?

Quel encouragement aura-t-on de plus à la vertu, quand on

[14] The Inquisition.
[15] A mare, also known as Al Burăk, supposedly transported Mahomet on an
extraordinary journey at the speed of lightning (see *DP*, article 'Dogmes', *OCV*,
vol.36, p.34, n.2).
[16] Voltaire wrote in *DP*, article 'Catéchisme chinois': 'Sammonocodom qui
descendit du ciel pour venir jouer au cerf-volant chez les Siamois' (*OCV*, vol.35,
p.473. The source of the statement is cited in n.84 on the same page).

s'égorgera pour savoir si la mère du dieu Fo accoucha par l'oreille ou par le nez?[17] En sera-t-on meilleur père, meilleur fils, meilleur citoyen?

On distribue au peuple du Tibet les reliques de la chaise percée du dalaï-lama; on les enchâsse dans de l'ivoire; les saintes femmes les portent à leur cou;[18] ne pourrait-on pas, à toute force, se rendre agréable à Dieu par une vie pure, sans être paré de ces beaux ornements, qui après tout sont étrangers à la morale?

Nous ne prétendons point offenser les lamas, les bonzes, les talapoins, les derviches, à Dieu ne plaise! Mais nous pensons que, si l'on en faisait des chaudronniers, des cardeurs de laine, des maçons, des charpentiers, ils seraient bien plus utiles au genre humain; car enfin nous avons un besoin continuel de bons ouvriers, et nous n'avons pas un besoin si marqué d'une multitude innombrable de lamas et de fakirs.

Priez Dieu pour eux et pour nous.

Donné à Constantinople, le 10ᵉ de la lune de Sheval, l'an de l'hégire 1215.

90

95

100

105

---

[17] Voltaire usually associates the birth of Fo with a white elephant: 'Un bonze prétend que Fo est un dieu, qu'il a été prédit par des fakirs, qu'il est né d'un éléphant blanc' (*DP*, article 'Religion', *OCV*, vol.36, p.488).

[18] The custom is also noted in *DP*, article 'Religion' (*OCV*, vol.36, p.488-89. Note 67 on page 488 cites the source of Voltaire's information).

*Le Sermon prêché à Bâle,
le premier jour de l'an 1768.
Par Josias Rossette,
ministre du saint Evangile*

Edition critique

par

John Renwick

TABLE DES MATIÈRES

INTRODUCTION

Au milieu du mois de janvier 1768 – et cela malgré la tournure décevante que venait de prendre l'affaire Sirven[1] – Voltaire le philosophe exulte. Il y avait de quoi. Car, confronté à la vie politique de l'Europe des douze derniers mois, il était persuadé que le règne de la tolérance était en train de s'annoncer un peu partout de la manière la plus positive, à commencer par la Russie, la Pologne,[2] et même la France.

Qu'en était-il de la première, à laquelle la seconde se trouvait intimement liée? L'actrice principale sur la scène russo-polonaise est bien entendu Catherine II, digne successeur en 1762 de Pierre le Grand, qui se sent non seulement capable de parachever son œuvre, mais qui est surtout positivement désireuse d'y arriver. Figurait également sur les mêmes tréteaux, Stanislas II Poniatowski, élu roi de Pologne en 1764. Dès cette même année les destinées des deux nations sont inextricablement mêlées pour le meilleur et certainement pour le pire. Stanislas, souverain d'une république nobiliaire où régnait l'anarchie féodale,[3] entendait transformer le pays en monarchie parlementaire. Ses tentatives de réforme dans ce sens seront toutefois contrecarrées par Catherine qui voyait d'un fort mauvais œil toute velléité d'indépendance politique de la part de celui qui n'était en réalité que son vassal.

C'est dans cette conjoncture que se produisit l'affaire des Dissidents (comme on appelait en Pologne les non-catholiques:

---

[1] D14640, D14643, D14653, D14673, etc.

[2] Sur l'intérêt porté par Voltaire à la Pologne à cette époque (spécifiquement dans la période 1764-1771), voir Emanuel Rostworowski, 'Voltaire et la Pologne', *SVEC* 62 (1968), p.101-21.

[3] 'Dès le début du dix-huitième siècle l'anarchie dans laquelle la république tomba avait ouvert les portes de la Pologne aux influences étrangères, et les puissants voisins [c'est-à-dire la Russie et la Prusse] y faisaient la loi' (Rostworowski, 'Voltaire et la Pologne', p.111).

Orthodoxes, Luthériens et Calvinistes). [4] D'une part Stanislas voyait dans la pleine tolérance de ceux-ci le moyen de moderniser l'état en attirant en Pologne les ouvriers et les manufacturiers étrangers dont il avait besoin. Les visées de Catherine étaient autrement plus compliquées, voire sournoises: 'dans la république le problème des dissidents ne se bornait pas à la liberté d'exercice de culte et à l'égalité des droits civils. Il y avait un groupe, très peu nombreux d'ailleurs, de la noblesse dissidente. Dès le début du dix-huitième siècle les lois de la république avaient exclu ces nobles de fonctions politiques: ils ne pouvaient pas participer aux diètes ni siéger au sénat.' [5]

Il se trouvait qu'une certaine fraction de ces dissidents était composée de Russes de race, de la confession orthodoxe, qui faisaient l'objet de vexations et, pis, de persécutions aux mains de la majorité catholique du pays où l'influence des jésuites était souveraine, et où le Vatican n'entendait pas céder un seul pouce de terrain. Or justement, 'depuis l'époque de Pierre le Grand, la Russie s'attribue un rôle de protecteur des minorités religieuses, [6] tant orthodoxes que luthériennes ou calvinistes, en Pologne'. [7] Pour Catherine, c'est l'occasion rêvée d'intervenir de façon efficace dans les affaires de la république pour demander à la fois la tolérance et surtout la pleine jouissance des droits politiques. Bref, elle exigeait pour eux le droit de siège dans la diète où, 'subordonnés à leurs protecteurs [Catherine et Frédéric II de Prusse], [ils] devaient [...] constituer un parti toujours prêt à arrêter les projets contraires aux intérêts des puissances voisines'. [8]

[4] Voir l'*Essai historique et critique sur les dissensions des Eglises de Pologne*, OCV, t.63A, p.243-89.

[5] Rostworowski, 'Voltaire et la Pologne', p.112.

[6] C'est à cette époque précise que le prince Nikolaï Repnin, l'ambassadeur de Russie, protesta contre les violations des traités russo-polonais de 1686 et de 1719 par lesquels la Pologne s'était engagée à ne pas persécuter les Orthodoxes. Il exigea par ailleurs la restitution des monastères et des églises orthodoxes qui avaient été expropriés.

[7] *Essai historique*, OCV, t.63A, p.243.

[8] Rostworowski, 'Voltaire et la Pologne', p.113.

Dès son avènement – mais décidément pas dans les mêmes intentions – Stanislas œuvra, malgré une certaine réticence, en faveur des dissidents (D13913, D13918, etc.). Mais estimant les progrès insuffisants, Catherine fit ouvertement siennes leurs réclamations, et envoya en Pologne des troupes pour les protéger (mars 1767).

Quelque peu étonné par cette action humanitaire et musclée,[9] Voltaire ne tarda pas toutefois à se ranger très positivement du côté de 'cette chose unique dans l'histoire de ce monde' (D14187). La joie déjà exprimée devant l'action bienfaisante de Stanislas en faveur de la tolérance ('Sire, vous pardonnerez [...] au bon Siméon de s'écrier, *Je mourrai en paix puisque j'ai vu les jours du Salut*')[10] ne connaîtra désormais plus de bornes. Elle sera même à son comble le moment où il 'devinera' que la Sémiramis du Nord 'prêtait main forte' à Stanislas.[11] Son enthousiasme est à ce point extrême qu'il lui fait oublier les convenances les plus élémentaires. Et de protester dans une lettre à Catherine: 'Je ne suis pas fait, pour pénétrer dans vos secrets d'état, mais je serais bien attrapé si votre majesté n'était pas d'accord avec le roi de Pologne. Il est philosophe, il est tolérant par principe. J'imagine que vous vous entendez tous deux comme larrons en foire, pour le bien du genre humain, et pour vous moquer des prêtres intolérants' (D13996).

Mais au fond l'initiative de Catau n'a pour Voltaire rien d'étonnant. Les grands thèmes de leur correspondance, à partir de septembre 1765, seront la tolérance et la bienfaisance.[12] De la même manière, les éloges récurrents qui apparaissent dans la correspondance de ses grands commis et ambassadeurs rouleront précisément sur son esprit tolérant et philosophique (D14010,

---

[9] D14012, D14066, D14157, D14187.

[10] D13913. Catherine aura droit à la même formule, mais plus tard, le 29 janvier [1768] (D14704) quand Voltaire aura appris la 'merveilleuse réussite' de la Grande Commission législative qui réunissait toutes les confessions de l'empire russe et où régnait la plus parfaite concorde. Voir plus loin p.18 et les lignes 63-70.

[11] D13950, D13996, D13999, D14102.

[12] D12865, D13032, D13433, D13756, D13868, D13996, D14091.

D14066, etc.). Si le patriarche croyait apercevoir l'aurore d'un plus beau jour, il faut se résoudre à dire qu'il ne voyait peut-être dans les événements du Nord que ce qu'il voulait y trouver, à savoir un affrontement entre 'le fanatisme' et 'l'obscurantisme' d'une Pologne ultra-catholique, et d'autre part les lumières et l'amour du genre humain affichés par une admiratrice de sa propre activité humanitaire. [13]

L'année 1767 sera émaillée de déclarations admiratives pour cette 'femme étonnante', cette 'auguste souveraine' qui établit la tolérance 'la baïonnette au bout du fusil' (D14157), et qu'il encense non seulement dans sa correspondance, mais aussi dans la *Lettre sur les panégyriques* (D14136, D14150) dont l'idée lui avait sans doute été soufflée par le comte Shuvalov, chambellan de toutes les Russies (D14010). Tant d'enthousiasme si publiquement et si généreusement affiché devait fatalement autoriser la commande très officielle passée par le comte Vorontsov, ambassadeur de Russie à La Haye [14] dont le résultat sera l'*Essai historique* (D14467).

Quant au succès de la tolérance et de la philosophie, Voltaire pouvait se dire que les victoires engrangées en 1767 étaient à l'évidence déjà nombreuses. Mais ce n'était pas tout. En parallèle, d'aussi grandes choses se préparaient dans des climats moins septentrionaux. Tandis qu'en Russie Catherine n'arrêtait pas de

---

[13] Voltaire s'était-il volontairement aveuglé sur Catherine? Le problème de sa sincérité ne manque pas de diviser l'opinion. Il avait lui-même dit à D'Alembert, le 7 septembre 1764, dans le sillage de la disparition de Pierre III: 'Je crois qu'il faut un peu modérer notre enthousiasme pour ce Nord. Il produit d'étranges philosophes' (D12073). Peut-être était-il là-dessus de l'avis de D'Alembert qui, en lui répondant, devait émettre sur Catherine la remarque suivante: 'Je conviens avec vous que la philosophie ne doit pas trop se vanter de pareils élèves; mais que voulez vous? Il faut aimer ses amis *avec leurs défauts*' (D12123). Dans ce cas précis, Voltaire apprit à aimer, ou pour le moins à fermer les yeux. Voir Carolyn H. Wilberger, *Voltaire's Russia: window on the East*, *SVEC* 164 (1976), p.145-63, et l'article de Michel Mervaud sur 'Catherine II' dans le *Dictionnaire général de Voltaire* (Paris, 2003), p.180-84. Dans l'*Essai historique*, *OCV*, t.63A, p.286, lignes 573-78, il est évident que Voltaire était au courant des accusations de vulgaire expansionnisme lancées contre Catherine. Il les écarte.

[14] D14393, D14419, D14435, etc.

clamer l'avènement du règne de la philosophie, tandis qu'elle traduisait en russe le *Bélisaire* de Marmontel, ce bréviaire des souverains[15] dont le quinzième chapitre prônait la tolérance, l'affaire retentissante que celui-ci avait provoquée à Paris donnait des résultats inespérés.[16] Elle tirait à sa fin en révélant des divergences d'opinion fondamentales entre la faculté de théologie et le gouvernement. 'La Sorbonne', s'était exclamé Voltaire, 'est dans la fange' (D14480). En effet. Les obstacles que le gouvernement mettait devant la Sorbonne, qui – dans la *Censure de Bélisaire* – voulait établir la nécessité de l'intolérance religieuse *et civile*, étaient de taille. Louis XV et ses ministres, ne l'entendant pas de cette oreille, n'avaient aucune intention de cautionner une telle prise de position idéologique. Tant et si bien que – par ordre du roi – la rédaction primitive fut impitoyablement écartée pour être remplacée par une version tout à fait édulcorée. Et par ailleurs toute discussion sur cette matière avait été interdite en Sorbonne par lettres de cachet.

Nous ignorons si Voltaire était au courant de la nature exacte de ces royales interventions.[17] Quoi qu'il en fût, il savait parfaitement, grâce à Marmontel et à divers correspondants,[18] que la *Censure* n'avait point fait fortune: 'On lime les dents à ces monstres, on rogne leurs griffes, c'est déjà beaucoup. Ils rugiront et on ne les entendra seulement pas' (D14565). La victoire était complète.

Mais il devait y avoir mieux. Depuis quelques années déjà

---

[15] D14269, D14307, D14308, D14311, D14363, etc.

[16] Voir mes éditions critiques des *Anecdotes sur Bélisaire* et de la *Réponse catégorique au sieur Cogé* (*OCV*, t.63A, p.155-230). Pour des détails concernant la fin de l'année 1767, voir aussi, ci-dessous dans ce volume (p.63-68), mon édition critique de *La Prophétie de la Sorbonne*.

[17] La seule lettre qui fasse penser qu'il n'ignorait pas tout à fait la teneur exacte des difficultés de la Sorbonne est celle du 1er janvier 1768 adressée à Marmontel lui-même où figure la phrase suivante: 'pour la consolation des honnêtes gens, il paraît que la cour fait de ces cuistres fourrés tout le cas qu'ils méritent, et que si on ne les détruit pas comme on a détruit les jésuites on les empêche du moins d'être dangereux' (D14636).

[18] D14627, D14628, D14636, D14665, D14694.

Voltaire recevait de Catherine, qui aide les Calas et les Sirven, des lettres qui constamment l'assuraient que la tolérance était établie dans son empire. [19] Mêmes sons de cloche tout aussi évidents dès le début de 1767, [20] lesquels deviendront toutefois stridents dès que la Commission législative, réunie à Moscou (où l'on trouvait toutes les confessions galvanisées par les mêmes soucis fraternels), se met à examiner le *Nakaz*. On parle de ce dernier, non sans quelque orgueil, [21] comme si la première loi de l'Etat était la tolérance, et qu'elle y était littéralement enchâssée en exergue. C'est à n'en pas douter la lettre de Shuvalov (D14561) et une autre de Catherine elle-même, [22] toutes deux remarquables par leur ton dithyrambique, qui – arrivant au beau milieu d'une fameuse victoire sur la Sorbonne – décidèrent Voltaire (malgré les opinions qu'il venait d'exprimer dans *La Prophétie de la Sorbonne*) à enfoncer le même clou, à célébrer, par la même occasion, sur une scène devenue par là beaucoup plus vaste, l'action humanitaire de 'sainte Catherine' (D14750). A avoir le plaisir de prouver par là même qu'il avait eu raison de se faire son panégyriste. Voltaire devait beaucoup s'amuser en lançant, le 23 janvier 1768, lorsque le *Sermon* existait sans doute déjà, l'exhortation suivante au vieil ami d'Argental, pour qui cependant il n'avait que rarement des secrets:

J'ai une autre grâce à vous demander; c'est pour ma Catherine. Il faut rétablir sa réputation à Paris chez les honnêtes gens. J'ai de fortes raisons de croire que MM. les ducs de Praslin et de Choiseuil ne la regardent pas comme la dame du monde la plus scrupuleuse; cependant je sais autant qu'on peut savoir qu'elle n'a nulle part à la mort de son ivrogne de mari. [...] A l'égard du meurtre du prince Yvan, il est clair que ma Catherine n'y a nulle part. On lui a bien de l'obligation d'avoir eu le courage de détrôner son mari, car elle règne avec sagesse et avec gloire; et nous devons bénir une tête couronnée qui fait régner la tolérance universelle dans 135 degrés de longitude. Vous n'en avez vous autres qu'environ huit

[19] D13032, D13433, etc.
[20] D13868, D14010, D14091.
[21] D14439, D14561, D14611.
[22] D14611, que Voltaire reçut pas plus tard que le 17 janvier 1768 (D14684, D14685).

18

ou neuf, et vous êtes encore intolérants. Dites donc beaucoup de bien de Catherine, je vous en prie, et faites lui une bonne réputation dans Paris. [23]

Le 27 janvier 1768, Voltaire envoya le manuscrit à Henri Rieu, l'accompagnant d'un billet ainsi conçu: 'Mon cher corsaire, voici le saint temps de Pâques; il est bon que Pellet imprime le Sermon que je vous envoie. Je le crois très édifiant et je m'imagine qu'il fera du bien aux âmes dévotes et indévotes. Je vous prie, mon cher ami, qu'on ne perde pas un moment' (D14702). L'appel fut entendu car la brochure était bientôt prête à la diffusion. La *Correspondance littéraire* annonça le 1er février déjà 'un sermon fraîchement sorti de la manufacture de Ferney [...] intitulé *Sermon prêché à Bâle le premier jour de l'an 1768 par Josias Rossette, ministre du saint Evangile*'. [24] Le 11 février, Voltaire écrivit à Moultou: 'Mon cher philosophe, je vous envoie un sermon prêché à Bâle et imprimé à Genève chez Pellet. [...] Je voudrais bien que vous voulussiez répandre un peu cette parole de Dieu' (D14745). Voltaire ne tardera pas non plus à faire parvenir ce *Sermon* à Shuvalov (D14750 du 12 février) et à Vorontsov (D14759 du 16 février). Le 28 février les *Mémoires secrets* rendent compte d'un *Sermon prêché à Basle* 'très agréable à lire' quoique 'l'auteur, après avoir débuté d'une façon grave et imposante, ne puisse soutenir le même ton et revienne aux mauvaises plaisanteries qu'il a remâchées cent fois contre la religion, qui peuvent faire rire dans un ouvrage *ad hoc*, mais [sont] toujours déplacées dans un discours sérieux'. [25] Le *Sermon* est aussi cité par la *Gazette d'Utrecht* du 18 mars parmi

[23] D14697. L'hostilité des classes dirigeantes en France envers Catherine était notoire. La duchesse de Choiseul avait dit même qu'il n'y avait 'rien de plus choquant que [l']enthousiasme [de Voltaire] pour l'impératrice de Russie' et qu'en rédigeant la *Lettre sur les panégyriques*, il avait 'souillé sa plume de l'éloge de cette infâme!' (D14226). En dehors de la *Lettre sur les panégyriques* et de l'*Essai historique*, Voltaire devait aussi encenser Catherine, dans le courant de 1767, dans *La Princesse de Babylone*, ch.6.

[24] *CLT*, t.8, p.35.

[25] Louis Petit de Bachaumont, *Mémoires secrets pour servir à l'histoire de la république des lettres en France depuis 1762 jusqu'à nos jours* (Londres, 1777-1789), t.3, p.310.

'certaines brochures' de Voltaire 'qui excitent la vigilance de la police et que le public recherche avec tant d'avidité'. [26]

Il ne faut pas s'y tromper. *Le Sermon prêché à Bâle*, qui est en apparence une leçon de tolérance faite aux fidèles de Berne et aux treize cantons, n'est pas un sermon à la louange de Dieu, mais d'une déesse humaine auprès de qui la France avait beaucoup à apprendre.

Editions

68A

[*ligne triple*] / LE SERMON / PRÊCHÉ / À BÂLE, / LE PREMIER JOUR DE L'AN / 1768. / *PAR* / JOSIAS ROSSETTE, / *Ministre du St. Evangile.* / [*ligne*]. [Genève, Pellet, 1768.] In-8°. 22 pp.

Bengesco 1757, 1; BnC 4155.

Paris, BnF: Rés. Z. Beuchot 812; Rés. D² 5324 (6).

68B

SERMON / PRÊCHÉ / À BASLE / *Le premier jour de l'An* / 1768. / PAR / JOSIAS ROSSETTE / *Ministre du St. Evangile.* / [*ligne*]. [Amsterdam, Marc-Michel Rey, 1768.] Petit in-8°. 19 pp.

Bengesco 1757, 2; BnC 4156.

Paris, BnF: D² 10811; Rés. D² 12141; Rés. Z. Beuchot 75 *bis* (5); Rés. Z. Beuchot 813.

68C

Sermon des cinquante [suivi du *Sermon du rabin Akib* et du *Sermon prêché à Bâle*]. [Genève, 1768?] In-8°. 51 pp.

p.38-51 SERMON / PRÉCHÉ / À BÂSLE, / Le premier jour de l'An / 1768. / *PAR* JOSIAS ROSSETTE, / *Ministre du St. Evangile.*

BnC 3960.

Paris, BnF: D² 14657.

---

[26] Cité dans *M*, t.27, p.17.

68D

Le Cathécumène [suivi de la *Relation de la mort du chevalier de La Barre*, de la *Relation du bannissement des jésuites de la Chine* et du *Sermon prêché à Bale*]. [Amsterdam, Marc-Michel Rey, 1768.] In-8°. 87 pp.

p.71-86 SERMON / PRÊCHÉ / À BÂSLE / *Le premier jour de l'An* / 1768. / PAR JOSIAS ROSSETTE / *Ministre du St. Evangile.*

Bengesco 2409, note; BnC 2877.

Paris, BnF: Rés. Z. Beuchot 303 (3).

NM (1768)

Nouveaux Mélanges philosophiques, historiques, critiques. [Genève, Cramer,] 1767-1776. 19 vol. in-8°.

Tome 6, p.359-74 LE SERMON / *prêché à Basle, le premier jour de l'an* / *1768. par* JOSIAS ROSSETTE.

Il existe plusieurs contrefaçons datant de 1771 et 1772 (voir BnC 125-26).

Bengesco 2212; Trapnell NM; BnC 118-19 (6).

Paris, BnF: Rés. Z. Bengesco 487 (6); Rés. Z. Beuchot 28 (6); Z 24712.

ER

L'Evangile de la raison, ouvrage posthume de M. D. M...y. [Genève, Cramer, c.1768.] In-8°. 88, 46, 51, 48 pp.

p.38-51 Sermon prêché à Basle, le premier jour de l'an 1768. Par Josias Rossette, ministre du Saint Evangile.

Bengesco 1897, C, p.390; BnC 5231.

Yale, Beinecke: Hfd3 618f.

W68 (1771)

Collection complète des œuvres de M. de Voltaire. Genève, [Cramer]. 45 vol. in-4°.

Tome 17, p.120-30 LE SERMON / *prêché à Basle, le premier jour de l'an* / *1768, par* JOSIAS / ROSSETTE.

Bengesco 2137; Trapnell 68; BnC 141 (17), 142 (16), 143 (27).

Paris, BnF: Rés. M Z 587 (17); Rés. Z. Beuchot 1882 (16); Rés. Z. 1271.

W71L

Collection complète des œuvres de M. de Voltaire. Genève [Liège, Plomteux], 1771-1777. 32 vol. in-12.

Tome 16, p.138-49.

Bengesco 2139; Trapnell 71; BnC 151.

Genève, ImV: A 1771/1 (16). Oxford, Taylor: VF.

W70L (1772)

Collection complète des œuvres de M. de Voltaire. Lausanne, Grasset, 1770-1781. 57 vol. 8°.

Tome 29, p.339-54 LE SERMON / *prêché à Basle, le premier jour de l'an 1768, / par* JOSIAS ROSSETTE.

Bengesco 2138; Trapnell 70L; BnC 149.

Genève, ImV: A 1770/4. Lausanne, Bibliothèque cantonale et universitaire. Oxford, Taylor: V1 1770 L (29).

W75G

La Henriade, divers autres poèmes et toutes les pièces relatives à l'épopée. Genève, [Cramer et Bardin,] 1775. 40 vol. in-8°.

Tome 37, p.285-96 LE SERMON / *prêché à Bâle, le premier jour de l'an 1768, par /* JOSIAS ROSSETTE.

Bengesco 2141; Trapnell 75G; BnC 158 (37), 160 (37).

Genève, ImV: A 1775/2 (37). Oxford, Taylor: V1 1775 (37). Paris, BnF: Z 24875; Rés. Z. Beuchot 32 (37).

W75X

Œuvres de M. de Voltaire. [Lyon?,] 1775. 40 vol. in-8°.

Tome 37, p.286-97 LE SERMON / *Prêché à Bâle, le premier jour de l'an 1768, par /* JOSIAS ROSSETTE.

Bengesco 2141, note, p.104; BnC 162 (37).

Oxford, Taylor: VF. Paris, BnF: Z 24916.

K84

Œuvres complètes de Voltaire. [Kehl,] Société littéraire-typographique, 1784-1789. 70 vol. 8°.

Tome 32, p.486-99 SERMON / PRECHÉ A BASLE, / LE PREMIER JOUR DE L'AN 1768, / *Par JOSIAS ROSSETTE.*

Bengesco 2142; Trapnell K; BnC 164-69.

Oxford, Taylor: VF. Paris, BnF: Rés. PZ 2209 (32).

K85

Œuvres complètes de Voltaire. [Kehl,] Société littéraire-typographique, 1785-1789. 70 vol. 8°.

Tome 32, p.487-500 SERMON / PRÊCHÉ A BASLE, / LE PREMIER JOUR DE L'AN 1768, / *Par JOSIAS ROSSETTE.*

Bengesco 2142; Trapnell K; BnC 164-93.

Oxford, Taylor: VF. Paris, BnF: Rés. Z. 4481.

Principes d'édition

L'édition choisie comme texte de base est 68A. Les éditions collationnées sont 68B, 68C, 68D, NM, W68, W70L, W75G, K84 et K85.[27] Nous avons corrigé 'où' en 'ou' (l.39) dans le texte de base.

Traitement du texte de base

L'orthographe des noms propres de personnes et de lieux a été respectée, mais nous avons mis 'St' en long et ajouté un trait d'union à 'Saint-Gall'. Nous avons aussi respecté la ponctuation, à quelques exceptions près: les perluettes sont remplacées par le mot 'et'; les points dans les dates 'le 8. septembre 1689.' (l.93) et '1724.' (l.222); et après les rois 'Henri IV.' (l.170) et 'Louis XV.' (l.178) ont été supprimés; une virgule a été insérée entre 'le plus sacré' et 'le plus beau' (l.115-16).

Par ailleurs, le texte de 68A a fait l'objet d'une modernisation portant

---

[27] Nous sommes redevables à Anne-Sophie Barrovecchio pour l'établissement du texte de base et le collationnement des éditions 68B, 68C et 68D.

23

sur la graphie, l'accentuation et la grammaire. Les particularités du texte de base dans ces trois domaines sont les suivantes:

I. *Particularités de la graphie*

1. Consonnes

— présence de *h* dans: Languedochienne.
— absence de *p* dans: Anabatiste, longtems.
— absence de *t* dans: enfans.
— emploi de *t* à la place de *s* dans: dissention.
— emploi de *ʒ* à la place de *s* dans: baze.
— présence d'une seule consonne là où l'usage actuel prescrit son doublement: apartiennent, apésantir, aportât, aporter, aprend, apuye, atrister, bizare, boureau, échaufés, falut, poura, pouraient, suplice, suporter, transubstantiation.
— redoublement de consonnes contraire à l'usage actuel: appaise, appellé, jetter.

2. Voyelles

— emploi de *a* à la place de *e* dans: adhérants.
— absence de *e* dans: emploîrons, encor.
— emploi de *i* à la place de la semi-voyelle *y* dans: Citoien (mais aussi Citoyen), foier, noier.
— emploi de *i* à la place de *y* dans: azime, mistère, sistème, tirannie, tirans.
— emploi de *y* à la place de *i* dans: apuye, croye, enyvrés.
— emploi de *y* à la place de *ï* dans: Payen.

3. Divers

— utilisation systématique de la perluette.

4. Graphies particulières

— *Par tout* écrit en deux mots.

5. Le trait d'union

— est présent dans: sur-tout.
— est absent dans: demi dragme, emploîrons nous, entendez vous, souvenons nous.

6. Majuscules rétablies
— nous mettons la majuscule à: avé, état, français, françois, glaciale (la mer), inquisition, maria, pater, vistule.

7. Majuscules supprimées
— nous mettons la minuscule aux mots suivants qui portent une majuscule dans le texte de base: Anabatiste, Apostolat, Canton, Cardinal, Chambre, Chrétiens, Christianisme (mais aussi christianisme), Ciel, Cité, Citoien, Citoyen, Colosse, Concile, Créateur, Eclectique, Epicurien, Evangelique, Evêque, Frères, Grec, Impératrice, Italien, Jacobin, Janissaires, Jansénistes, Jésuite, Languedochienne, Latin, Législateurs, Législation, Liberté, Lombards, Memmoniste, Mer, Ministre, Morave, Musulman, Nations, Œcolampadiens, Papiste, Pasteur, Payen, Pays, Pietiste, Prêtre, Prince, Protestant, Quaker, Réformé, Religion (mais aussi religion), République, Roi, Romain, Royaume, Sacerdoce, Sages, Saints, Sauvages, Scolastiques, Seigneur, Seigneuriale, Septembre, Societé, Socinien, Souverain, Sphère, Stoïcien, Sultan, Théologie, Ville, Zuingliens.

II. *Particularités d'accentuation*

1. L'accent aigu
— est présent dans: apésentir, avé, Unigénitus.
— est absent dans: Evangelique, Pietiste, Reformé (mais aussi Réformé), Societé.
— est employé au lieu du grave dans: armérent, dernière, hospitaliéres, inhospitaliére, maniére, premiére, seiziéme, siécle, versérent.
— est employé au lieu du circonflexe dans: revétu.

2. L'accent grave
— est présent dans: celà.
— est absent dans: déja, entiere, misere, sphere.
— est employé au lieu de l'aigu dans: avèré, dèja (mais aussi déja).

3. L'accent circonflexe
— est présent dans: emploîrons, nôtre, vôtre.
— est absent dans: chatiment, connait, enchainé, dégoutés, eut, expiat, goutait, grace.
— est employé au lieu de l'aigu dans: extrêmités.
— est employé au lieu du grave dans: anathême, blasphême, sistême.

4. Le tréma

— est présent dans: jouïr, jouïssez.

III. *Particularités grammaticales*

— l'adjectif numéral cardinal 'cent' demeure invariable, même quand il est multiplié sans être suivi d'un autre nombre: quatorze cent ans.
— emploi du pluriel en -*x* dans: loix.
— emploi du pluriel en -*ez* dans: associez (participe passé).

LE SERMON PRÊCHÉ À BÂLE, LE PREMIER JOUR DE L'AN 1768. PAR JOSIAS ROSSETTE, MINISTRE DU SAINT ÉVANGILE

Commençons l'année, messieurs, par rendre grâce à Dieu du plus grand événement qui ait signalé le siècle où nous vivons; ce n'est pas une bataille gagnée par les meurtriers aux gages d'un roi qui demeure vers la Sprée contre les meurtriers aux gages des souverains qui habitent les bords du Danube, ou contre ceux qui sortent des bords de la Garonne, de la Loire et du Rhône, pour aller en grand nombre porter la dévastation en Germanie, et pour revenir en très petit nombre dans leurs foyers.

Je n'ai point à vous entretenir de ces fureurs qui ont usurpé le nom de gloire, et qui sont plus détestées par les sages qu'elles ne sont vantées par les insensés. S'il est une conquête dans l'auguste entreprise que nous célébrons, c'est une conquête sur le fanatisme; c'est la victoire de l'esprit pacificateur sur l'esprit de persécution; c'est le genre humain rétabli dans ses droits, des bords de la Vistule aux rivages de la mer Glaciale et aux montagnes du Caucase dans une étendue de terre deux fois plus grande que le reste de l'Europe.

Deux têtes couronnées se sont unies pour rendre aux hommes ce bien précieux que la nature leur a donné, la liberté de conscience. [1]

a   68B, 68C, 68D, K84, K85: SERMON
c   W68, W70L, W75G, K84, K85: ROSSETTE//
8   68B, 68C, 68D: en petit

[1] Nous ne sommes plus obligés de partager l'enthousiasme que Voltaire affiche, ici et plus bas, pour la cause ostensible de l'action de Catherine II en Pologne où, en mars 1767, elle avait envoyé 30,000 soldats pour protéger les dissidents (voir la note suivante). Stanislas II Poniatowski, présenté ici comme un partenaire égal, n'est en réalité (et ne restera) qu'un malheureux figurant, une créature de Catherine. Celle-ci manœuvrait déjà en direction du partage de la Pologne. Pour l'instant toutefois – en

Il semble que dans ce siècle Dieu ait voulu qu'on expiât le crime de quatorze cents ans de persécutions chrétiennes exercées presque sans interruption pour noyer dans le sang humain la liberté naturelle. L'impératrice de Russie non seulement établit la tolérance universelle dans ses vastes Etats, mais elle envoie une armée en Pologne, la première de cette espèce depuis que la terre existe, une armée de paix qui ne sert qu'à protéger les droits des citoyens, et à faire trembler les persécuteurs. [2] O roi sage et juste, qui avez présidé à cette conciliation fortunée! ô primat éclairé, [3]

---

attendant que les écailles lui tombent des yeux (1771) – Voltaire jugeait, en toute bonne foi peut-être, d'après les apparences. D'où son attitude plus que positive (D13941, D13950, D13996, D13999, D14012). La mise en garde assez peu équivoque qui lui fut adressée par Marmontel, porte-parole de Mme Geoffrin, amie intime de Stanislas (D14024), fut contredite malheureusement par une seconde lettre du même (D14343) et cet enthousiasme (momentanément entamé?) demeurera inébranlable (D14102, D14450, etc.).

[2] Depuis de longues années les dissidents de Pologne, à qui on refusait les droits civiques courants, étaient brimés par la majorité catholique du pays. Situation qui ne manquait pas d'émouvoir l'Eglise orthodoxe de Russie qui exhortait depuis longtemps la classe dirigeante à assurer la protection de ses coreligionnaires. Ce moment arriva en 1766. Confrontée à l'essor d'un esprit nationaliste polonais très prononcé, qui menaçait l'influence occulte mais très réelle de la Russie dans la vie quotidienne du pays, Catherine décida de réagir. Le meilleur moyen de minimiser cette flambée, c'était de prendre fait et cause pour les dissidents et de chercher à créer chez eux un parti qui pût participer légalement au gouvernement. Mais, condition préalable à tout rôle politique, il fallait qu'ils fussent légalement tolérés. Etant une partisane convaincue de la tolérance (qu'elle avait établie en Russie: D13433, etc.), et ayant proclamé *urbi et orbi* sa politique dans ce domaine, elle pouvait aisément présenter son intervention militaire sous cet angle-là. Sans être donc tout à fait un vulgaire prétexte, les dissidents lui permettaient d'intervenir dans la vie politique quotidienne de la Pologne pour y assurer sa domination. Consulter l'*Essai historique et critique sur les dissensions des églises de Pologne* (*OCV*, t.63A, p.243-89) et *VST*, t.2, p.106-109.

[3] Le 'primat éclairé' est Gabriel Podoski, prince-archevêque de Pologne et de Lithuanie, archevêque de Gnesen. Dans l'*Essai historique et critique*, Voltaire qualifie l'archevêque et l'évêque de Cracovie, Kajetan Soltyk, de 'deux génies supérieurs' (*OCV*, t.63A, p.289, lignes 619-20). Il se peut que la czarine ne fût pas excessivement contente de cet éloge (D14704) car elle n'y est qualifiée elle-même que de 'femme supérieure' (640-41). Pour comble de malheur, Podoski n'était en réalité que la

prince sans orgueil, et prêtre sans superstition, soyez bénis et imités dans tous les siècles.

C'était beaucoup mes frères pour la consolation du genre humain que les jésuites ces grands prédicateurs de l'intolérance, eussent été chassés de la Chine et des Indes, du Portugal et de l'Espagne, de Naples et du Méxique, et surtout de la France[4] qu'ils avaient si longtemps troublée; mais enfin, ce ne sont que des victimes sacrifiées à la haine publique. Elles ne l'ont point été à la raison universelle. Tant de princes chrétiens n'ont point dit chassons les jésuites, afin que nos peuples soient délivrés du joug monacal, afin qu'on rende à l'Etat les biens immenses engloutis dans tant de monastères, et à la société tant d'esclaves inutiles ou dangereux. Les jésuites sont exterminés; mais leurs rivaux subsistent. Il semble même que ce soit à leurs rivaux qu'on les immole.[5] Les disciples de l'insensé Ignace, de ce chevalier errant de la Vierge, eux-mêmes chevaliers errants de l'évêque de Rome, disparaissent sur la terre; mais les disciples d'un fou beaucoup plus dangereux, d'un François d'Assise couvrent une partie de l'Europe; les enfants du persécuteur Dominique triomphent.[6] On

---

créature de Catherine dont elle commandait la stratégie alors que Soltyk – devenu entre temps *persona non grata* pour avoir dénoncé la tolérance – avait été arrêté et déporté à Kalouga. Réparant sa 'bourde', Voltaire escamote Soltyk, diminue les qualités de Podoski, et transfère la formule 'génie supérieur' à Catherine elle-même (voir la ligne 71).

[4] Voltaire évoque ici uniquement le dix-huitième siècle. Les jésuites avaient été chassés de la Chine en 1724, du Portugal en 1759, de l'Espagne en 1767, de Sicile et de Naples dans la même année, du Mexique en 1767 également, et de la France en 1764. Nulle trace toutefois dans ses œuvres, dans sa correspondance, de tels revers aux Indes.

[5] Si Voltaire généralise, 'leurs rivaux' sont tout simplement tous les ordres missionnaires qui avaient profité du départ forcé des jésuites où qu'ils fussent. Mais dans ce texte où maintes déclarations sont à double tranchant, il n'est pas exclu que Voltaire veuille désigner – dans un contexte spécifiquement français – les jansénistes, surtout du parlement de Paris.

[6] Déclaration assez curieuse pour ce qui concerne saint François que Voltaire ne traite jamais – sauf ici – de fou. Peut-être pense-t-il à ce François qui fit de ses propres mains une femme de neige pour éteindre sa convoitise, qui parlait aux

n'a dit encore ni en France, ni en Espagne, ni en Portugal, ni à
Naples, Citoyens qui ne reconnaissez pas l'évêque de Rome pour le
maître du monde, sujets qui n'êtes soumis qu'à votre roi, chrétiens
qui ne croyez qu'à l'Evangile, vivez en paix; que vos mariages   50
confirmés par les lois, repeuplent nos provinces dévastées par tant
de malheureuses guerres; occupez dans nos villes les charges
municipales;[7] hommes, jouissez des droits des hommes. On a
fait le premier pas dans quelques royaumes, et on tremble au
second; la raison est plus timide que la vengeance.   55

C'était autrefois, mes frères, une opinion établie chez les Grecs,
que la sagesse viendrait d'Orient, tandis que sur les bords de
l'Euphrate et de l'Indus on disait qu'elle viendrait d'Occident. On
l'a toujours attendue. Enfin elle arrive du Nord. Elle vient nous
éclairer; elle tient le fanatisme enchaîné; elle s'appuie sur la   60

---

47   68B, 68D: encore en France

---

cigales et aux lièvres, qui commandait aux hirondelles, aux cygnes et autres oiseaux,
et qui guérit un loup enragé. Quant à saint Dominique, fondateur de l'ordre des
Dominicains (ou des Jacobins), il récolte de façon oblique la haine obsessive que
Voltaire voue à l'Inquisition (confiée aux dominicains par Grégoire IX en 1233):
entre 1723 et 1776 l'Inquisition figure en très fâcheuse posture plus de 400 fois dans
plus de 70 de ses écrits; voir ici même les lignes 313-17.

[7] Référence peu voilée aux huguenots de France et surtout à l'article 15 de l'Edit de
Fontainebleau de 1724 (voir la note 41) qui stipulait que seul le mariage catholique
serait valable en France, ce qui revenait à dire que les religionnaires qui se mariaient
de façon clandestine au Désert vivaient en concubinage et que leurs enfants,
illégitimes, étaient de ce fait incapables d'hériter. C'est cet article de l'Edit de 1724,
plus que tout autre, qui, dans les années 1750-1770, ne laissait pas de consterner les
huguenots, leurs partisans et les juristes. A ce propos, voir mon édition du *Traité sur la
tolérance* (*OCV*, t.56C, p.7; p.12, n.18; p.16, n.29; p.18-20). Pour la thèse de Voltaire à
dominante économique, voir les p.68-76. Quant à la référence aux 'charges
municipales', il y a lieu de croire que Voltaire s'inspire d'une lettre de Jean Gal-
Pomaret qu'il avait reçue au moment même de la rédaction du *Sermon*: 'Il est vrai,
Monsieur, que nous venons d'être expulsés, par arrêt du parlement de Toulouse, des
hôtels de ville où l'on nous faisait la grâce de nous admettre comme citoyens, et de
nous écouter comme bons patriotes' (D14692, 18 janvier 1768).

tolérance qui marche toujours auprès d'elle, suivie de la paix consolatrice du genre humain.

Il faut que vous sachiez que l'impératrice du Nord a rassemblé dans la grande salle du Kremelin, à Moscou, six cent quarante députés de ses vastes Etats d'Europe et d'Asie pour établir une nouvelle législation qui soit également avantageuse à toutes ses provinces. C'est là que le musulman opine à côté du grec, le païen auprès du papiste, et que l'anabaptiste confère avec l'évangélique et le réformé, tous en paix, tous unis par l'humanité, quoique la religion les sépare. [8]

Enfin donc grâces au ciel il s'est trouvé un génie supérieur qui au bout de près de dix-huit siècles s'est souvenu que tous les hommes sont frères. Déjà un Anglais en France, un Barwik évêque de

65

70

[8] Impératrice dès le 9 juillet 1762, jour de la déposition de son mari Pierre III, Catherine se trouva à la tête d'un vaste empire dont la législation, faute d'un principe directeur, était devenue à la longue un chaos de lois, d'édits et d'arrêtés qui se contredisaient. Au fil des ans, le souverain, en qui seul résidait le pouvoir législatif (ou bien le ministre à qui il avait délégué ce pouvoir) avait promulgué une loi qui contredisait une loi antérieure qui n'avait pas été abrogée. Certains fonctionnaires éclairés avaient depuis longtemps prévu la nécessité d'y mettre de l'ordre. Catherine était de leur avis. C'est à l'automne 1766 qu'elle annonça au Sénat sa décision de constituer une Commission législative, et qu'elle présenta ses Instructions – le célèbre *Nakaz* – à cet effet (voir Shuvalov à Voltaire, D14561). Portant la date du 30 juillet (10 août, nouveau style) 1767, jour de la première réunion prévue de l'assemblée pour laquelle lesdites Instructions avaient été rédigées, celles-ci comptaient 20 chapitres et 522 articles. Dans les lignes 67-70 Voltaire paraphrase Catherine elle-même: 'J'ose tout augurer de la réussite de cet important ouvrage vu la chaleur dont chacun est rempli pour cette confection. Je pense que vous vous plairiez au milieu de cette salle où l'orthodoxe assis entre l'hérétique et le musulman écoutent tous les trois paisiblement la voix d'un idolâtre et se concertent souvent tous les quatre pour rendre leur avis supportables à tous. Ils ont si bien oublié la coutume de se griller réciproquement que s'il y avait quelqu'un d'assez mal avisé pour proposer à un député de bouillir son voisin pour plaire à l'être suprême je réponds pour tous qu'il n'y en a pas un seul qui ne répondrait. Il est homme comme moi, et selon le premier paragraphe de l'Instruction de s. m. I. nous devons nous faire le plus de bien possible mais aucun mal' (D14611, vers le 22 décembre 1767). C'est précisément cette capacité des différentes religions de s'entendre (là où cela se produisait) qui remplit l'auteur du *Traité sur la tolérance* d'admiration. Voir ce qu'il y dit de Constantinople, de l'Inde, de la Perse, de la Chine et du Japon (*OCV*, t.56c, p.149-51).

Soissons avait osé dire dans son célèbre mandement de 1757 que les Turcs sont nos frères,[9] ce que ni Bossuet, ni Massillon n'avaient jamais eu le courage de dire. Déjà cent mille voix s'élevaient de tous côtés dans l'Europe en faveur de la tolérance universelle; mais aucun souverain ne s'était encore déclaré si ouvertement; aucun n'avait posé cette loi bienfaisante pour la base des lois de l'Etat;[10] aucun n'avait dit à la tolérance en présence des nations, asseyez-vous sur mon trône.

Elevons nos voix pour célébrer ce grand exemple; mais élevons nos cœurs pour en profiter. Vous tous qui m'écoutez, souvenez-vous que vous êtes hommes avant d'être citoyens d'une certaine ville, membres d'une certaine société, professant une certaine religion. Le temps est venu d'agrandir la sphère de nos idées et d'être citoyens du monde. Que de petites nations apprennent donc leur devoir des grandes.

Nous sommes tous de la même religion sans le savoir. Tous les peuples adorent un Dieu des extrémités du Japon aux rochers du mont Atlas; ce sont des enfants qui crient à leur père en différents langages. Cela est si vrai et si avéré que les Chinois en signant la

[9] François Stuart-Berwick de Fitz-James (1709-1764) était le second fils du maréchal de Berwick (fils naturel de Jacques II d'Angleterre). Quoique connu pour ses tendances carrément jansénistes, il devint évêque de Soissons en 1739. Dans le *Siècle de Louis XIV*, ch.2 (*OH*, p.626-27), on lit: 'Nous avons vu de nos jours, en 1754, un évêque (Stuart Fitz-James, évêque de Soissons) [...] dans un mandement qui doit passer à la postérité, mandement, ou plutôt instruction unique, dans laquelle il est dit expressément ce que nul pontife n'avait encore osé dire, que tous les hommes, et les infidèles mêmes, sont nos frères.' Pour la même déclaration, voir aussi le *Sermon du rabin Akib* (*M*, t.24, p.280) et *QE*, article 'Tolérance' (*M*, t.22, p.524).

[10] En s'exprimant ainsi, Voltaire fait dire à Catherine un peu trop. Dans sa lettre du 9 juillet (20 juillet nouveau style) 1766 (D13433) qui accompagnait l'envoi du *Nakaz*, elle avait écrit: 'Dans un grand empire qui étend sa domination sur autant de peuples divers, qu'il y a de différentes croyances parmi les hommes, la faute la plus nuisible au repos, et à la tranquillité de ses citoyens seroit l'intolérance de leurs différentes religions. [...] La persécution irrite les esprits, la tolérance les adoucit, les rend moins obstinés, en étouffant ses disputes contraire au repos de l'Etat et à l'union des citoyens.' Il s'agit là des articles 494-96.

paix avec les Russes le 8 septembre 1689 la signèrent au nom du même Dieu.[11] Le marbre qui sert de bornes aux deux empires, montre encore aux voyageurs ces paroles gravées dans les deux langues; *Nous prions le Dieu, seigneur de toutes choses, qui connaît les cœurs, de punir les traîtres qui rompraient cette paix sacrée.*[12]

Malheur à un habitant de Lucerne ou de Fribourg, qui dirait à un réformé de Berne ou de Genève, je ne vous connais pas: j'invoque des saints, et vous n'invoquez que Dieu: je crois au concile de Trente et vous à l'Evangile: aucune correspondance ne peut subsister entre nous; votre fils ne peut épouser ma fille, vous ne pouvez posséder une maison dans notre cité; *vous n'avez point écouté mon assemblée, vous êtes pour moi comme un païen et comme un receveur des deniers de l'Etat.*[13]

Voilà pourtant les termes dans lesquels nous sommes, nous qui accusons sans cesse d'intolérance des nations plus hospitalières.

95

100

105

---

97   68B, 68D: rompront

[11] Voir l'*Histoire de l'empire de Russie sous Pierre le Grand* ('Congrès et traité avec les Chinois', *OCV*, t.46, p.564-71). Il s'agit ici du traité de Nertchinsk, écrit le 6 septembre 1689, et signé le 7. Voltaire croyait que les deux députations avaient en effet décidé de signer le traité au nom du même Dieu sur la foi de ce qu'il lisait dans Jean-Baptiste Du Halde, *Description géographique, historique, chronologique, politique, et physique de l'Empire de la Chine et de la Tartarie chinoise* (Paris, 1735; BV1132). Il mit un signet au t.4, p.244, annoté: 'serment au même dieu fait par chinois et russes' (*CN*, t.3, p.287). Du Halde, répétant la leçon laissée par le père Jean-François Gerbillon, rapporte que l'empereur de Chine avait tout simplement donné l'ordre à ses ambassadeurs de 'jurer la paix par le Dieu des chrétiens, croyant avec raison, que rien ne pouvait avoir plus de force sur l'esprit des Moscovites, pour leur faire observer inviolablement le traité de paix, que de savoir qu'elle avait été jurée au nom du vrai Dieu' (*Description géographique*, t.4, p.245). Pour une explication détaillée, voir *OCV*, t.46, p.569, n.27-28.

[12] Ce projet ne fut jamais exécuté. Il paraît que les Chinois visitaient la frontière chaque début d'été où leurs commissaires avaient dressé des pieux en bois avec des inscriptions en mandchou qui ne contenaient que les dates de leurs visites (voir *OCV*, t.46, p.570, n.31). Encore une fois, Voltaire fait confiance à Du Halde qui répète Gerbillon (*Description géographique*, t.4, p.245; voir *CN*, t.3, p.288).

[13] Matthieu 18:17. Voir aussi la note 40.

Nous sommes treize républiques confédérées,[14] et nous ne sommes pas compatriotes. La liberté nous a unis, et la religion nous divise. Qu'aurait-on dit dans l'antiquité, si un Grec de Thèbes ou de Corinthe avait été banni de la communion d'Athène et de Sparte? En quelque endroit de la Grèce qu'ils allassent, ils se trouvaient chez eux; celui dont la cité était sous la protection d'Hercule allait sacrifier dans Athène à Minerve; on les voyait associés aux mêmes mystères comme aux mêmes jeux. Le droit le plus sacré, le plus beau lien qui ait jamais joint les hommes, l'hospitalité, rendait au moins pour quelque temps le Scythe concitoyen de l'Athénien. Jamais il n'y eut entre ces peuples aucune querelle de religion. La république romaine ne connut jamais cette fureur absurde.[15] On ne vit pas depuis Romulus un seul citoyen romain inquiété pour sa manière de penser; et tous les jours le stoïcien, l'académicien, le platonicien, l'épicurien, l'éclectique, goûtaient ensemble les douceurs de la société; leurs disputes n'étaient qu'instructives. Ils pensaient, ils parlaient, ils écrivaient dans une sécurité parfaite.

On l'a dit cent fois à notre confusion; nous n'avons qu'à rougir, nous qui étant frères par nos traités, sommes encore si étrangers les uns aux autres par nos dogmes, nous qui après avoir eu la gloire de chasser nos tyrans, avons eu l'horreur et la honte de nous déchirer par des guerres civiles pour des chimères scolastiques.

Je sais bien que nous ne voyons plus renaître ces jours déplorables où cinq cantons enivrés du fanatisme qui empoisonnait alors l'Europe entière, s'armèrent contre le canton de Zuric parce

---

III   68B, 68D: d'Athène ou de

[14] La confédération originale (les *huit anciens* cantons: Uri, Schwitz, Unterwald, Lucerne, Zurich, Glaris, Zug et Berne) était totalement formée dès 1353 avec l'adhésion de Berne. Vinrent ensuite Fribourg et Soleure (1481), Bâle et Schaffhouse (1501), et enfin Appenzell (1513).

[15] C'est là une des thèses majeures du *Traité sur la tolérance*. Voir *OCV*, t.56C, ch.7, p.159-61 ('Si l'intolérance a été connue des Grecs?'), et ch.8, p.162-67 ('Si les Romains ont été tolérants?').

qu'ils étaient de la religion romaine, et Zuric de la religion réformée. [16] S'ils versèrent le sang de leurs compatriotes après avoir récité cinq *Pater* et cinq *Ave Maria* dans un latin qu'ils n'entendaient pas; s'ils firent après la bataille de Capel écarteler par le bourreau de Lucerne le corps mort du célèbre pasteur Zuingle; [17] s'ils firent en priant Dieu, jeter ses membres dans les flammes, ces abominations ne se renouvellent plus. Mais il reste toujours entre le romain et le protestant, un levain de haine que la raison et l'humanité n'ont pu encore détruire.

Nous n'imitons pas, il est vrai, les persécutions excitées en Hongrie, à Saltzbourg, en France; [18] mais nous avons vu depuis peu dans une ville étroitement alliée à la Suisse un pasteur doux et charitable, forcé de renoncer à sa patrie pour avoir soutenu que l'Etre créateur est bon, et qu'il est le Dieu de miséricorde encore plus que le Dieu des vengeances. [19] Qu'un homme savant et

135

140

145

133-34   68C: étaient de la religion réformée.

139   68B, 68D: renouvelleront

---

[16] Ceux de Lucerne, Zug, Schwitz, Uri et Unterwald. Dès 1528 il était évident que les cantons catholiques, ne pouvant s'entendre, allaient avoir recours aux armes. La guerre contre Zurich fut déclarée en 1529.

[17] La bataille de Cappel – où périt Ulric Zwingle – eut lieu le 8 octobre 1531.

[18] Dans les *Annales de l'Empire* (*M*, t.13, p.605-606), Voltaire évoque la terreur exercée en Hongrie pendant toute l'année 1687 par l'empereur Léopold Ier, mais sans prétendre expressément qu'il s'agissait de persécution pour cause de religion. Les protestants furent exilés de Salzbourg en 1731 (*Essai historique*, *OCV*, t.63A, p.287, n.53). Quant à la France, Voltaire pense sans doute aux nouvelles vexations de 1700-1715, 1724-1726, 1744-1746, 1751-1752.

[19] Ferdinand-Olivier Petitpierre (1722-1790) devint pasteur aux Ponts, en 1755, où il prêcha la doctrine de la non-éternité des peines, pour laquelle il fut censuré. En 1759, il fut nommé pasteur à La Chaux-de-Fond à la condition expresse qu'il renonçât à prêcher sa doctrine. Un an après, il fut traduit devant la Compagnie des pasteurs où l'on décida de lui enjoindre de garder sur ce problème le silence absolu sous peine d'être démis de ses fonctions. Ayant déclaré que sa conscience ne lui permettait pas de s'incliner, Petitpierre entendit confirmer la sentence (1er juillet 1760). Il fut officiellement destitué dans la séance du 6 août 1760. A l'époque Voltaire était au courant de l'affaire (D9497, D9498, D9561) et s'en souvint lorsqu'il

modéré avance parmi nous que Jésus-Christ n'a jamais pris le nom de Dieu, qu'il n'a jamais dit qu'il eût deux natures et deux volontés,[20] que ces dogmes n'ont été connus que longtemps après lui; n'entendez-vous pas aussitôt cent ignorants crier au blasphème et demander son châtiment? Nous voulons passer pour tolérants; que nous sommes encore loin mes chers frères de mériter ce beau titre!

A notre honte, ce sont les anabaptistes qui sont aujourd'hui les vrais tolérants, après avoir été au seizième siècle aussi barbares que les autres chrétiens.[21] Ce sont ces primitifs appelés *quakers* qui sont tolérants,[22] eux qui au nombre de plus de quatre-vingt mille dans la Pensilvanie, admettent parmi eux toutes les religions du monde; eux qui seuls de tous les peuples transplantés en Amérique, n'ont jamais ni trompé ni égorgé les naturels du pays si indignement

---

rédigea l'article 'Enfer' du *DP* (*OCV*, t.36, p.57) et la quatorzième lettre des *Questions sur les miracles* (*M*, t.25, p.422-23). La ville étroitement alliée à la Suisse (ligne 144) est Neuchâtel.

[20] Allusion aux Nestoriens. C'est le symbole rédigé par le premier Concile de Nicée (325), et que compléta le Concile de Constantinople (381), qui provoqua de graves divergences entre théologiens car il impliquait en Jésus à la fois l'unité de la personne et la dualité des natures, l'une divine, l'autre humaine. Les Nestoriens contestèrent l'unité de la personne et affirmèrent que cette union était faible et quasi-accidentelle à tel point que chacune constituait une sorte de sujet à part entière. Le Christ ne serait donc pas une seule personne, mais deux, l'une divine et l'autre humaine. Voir *QE*, article 'Volonté' (*M*, t.20, p.591-92).

[21] Les anabaptistes, issus de la Réforme radicale, refusaient de croire que les enfants pouvaient être baptisés, et réservaient ce sacrement aux croyants qui avaient atteint l'âge de raison. Politiquement partisans de la séparation de l'Etat et de l'Eglise, ils réclamaient en outre l'établissement des principes de l'Evangile sur la terre, en d'autres termes la destruction de la féodalité et l'organisation de la société basée sur l'egalité civile et politique. Voltaire fait allusion ici à leurs soulèvements en Souabe, en Franconie et en Moravie.

[22] Quakers: membres de la Society of Friends, fondée en Angleterre par George Fox en 1648-1650, qui avaient rempli Voltaire d'admiration sincère (frappée toutefois au coin de l'amusement) lors de son séjour à Londres (voir les lettres 1-4 des *Lettres philosophiques*). Le quaker a une foi très simple: pour lui la communion et les cérémonies étaient des formes sans puissance, des pratiques païennes; par contre la puissance qui sauve et qui purifie ne réside que dans la révélation intérieure.

appelés *sauvages*. C'était le grand philosophe Loke qui était tolérant, lui qui dans le code des lois qu'il donna à la Caroline, posa pour fondement de la législation que sept pères de famille, fussent-ils Turcs ou Juifs, suffiraient pour établir une religion dont tous les adhérents pourraient parvenir aux charges de l'Etat.[23]   165

Que dis-je! l'esprit de tolérance commence enfin à s'introduire chez les Français qui ont passé longtemps pour aussi volages que cruels. Ils ont leur Saint-Barthelemi en horreur; ils rougissent de l'outrage fait au grand Henri IV par la révocation de l'édit de   170 Nantes: on venge la cendre de Calas; on adoucit l'affreuse destinée de la famille Sirven.[24] On ne l'eût pas fait sous le ministère du cardinal de Fleuri. On chasse les jésuites les plus intolérants des hommes: on réprime doucement la brutale animosité des jansénistes. On impose silence à la Sorbonne sur l'article de la tolérance   175 lorsqu'en osant censurer les maximes humaines de *Bélisaire*, elle a le malheur de s'attirer l'indignation de toutes les nations de

---

167-68   w68, w70L, w75G: à s'instruire chez

[23] C'est en 1669 que John Locke composa ce code (*The Fundamental Constitution of Carolina*), dont l'article 97 était ainsi libellé: 'Therefore any seven or more persons, agreeing in any religion, shall constitute a church or profession, to which they shall give some name to distinguish it from others.' Les colons s'opposèrent toutefois à la mise en œuvre de la *Constitution*, et, demeurée inappliquée, elle fut abandonnée en 1698.

[24] C'est le 7 mars 1763 que le Conseil d'Etat ordonna à la majorité absolue que le parlement de Toulouse enverrait à Paris les pièces du procès, et les motifs de l'arrêt qui avait condamné Jean Calas à mort. C'est le 4 juin 1764 que le Conseil du roi prononça l'arrêt de cassation pour vice de forme, et ordonna la révision du procès. Le jugement définitif intervint le 9 mars 1765. Les Sirven, soupçonnés d'avoir assassiné leur fille Elizabeth pour l'empêcher de se convertir (3-4 janvier 1762), et décrétés de prise de corps (20 janvier 1762), s'étaient enfuis à Lausanne. Le 20 mars 1764 Sirven et sa femme furent condamnés par contumace à être pendus, et leurs deux filles condamnées au banissement. Persuadé de leur innocence, Voltaire rédigea en leur faveur son *Avis au public sur les parricides imputés aux Calas et aux Sirven* (juin 1766) et obtint même à leur intention des ressources financières émanant de Catherine II de Russie, de la landgrave de Hesse-Darmstadt, de la margravine de Bade-Durlach, du prince de Ligne, de la duchesse de Saxe-Gotha, de Frédéric II (voir D13391, D13392, D13402, D13433, D13435-38).

l'Europe. [25] Enfin, la haute prudence de Louis XV a plongé dans un oubli général cette scandaleuse bulle *Unigenitus*, et ces billets de confession plus scandaleux encore. [26] Le gouvernement devenu plus éclairé apaise avec le temps toutes les querelles dangereuses qui étaient le fruit de cet exécrable intolérantisme.

Quand serons-nous donc véritablement tolérants à notre tour, nous qui demandons, qui crions sans cesse qu'on le soit ailleurs pour les protestants nos frères?

Disons aux nations, mais disons surtout à nous-mêmes, Jésus-Christ a daigné converser également avec la courtisane de Jérusalem, [27] et avec la courtisane de Samarie: [28] il s'est fait parfumer les pieds par l'une parce qu'elle avait beaucoup aimé, il s'est arrêté longtemps avec l'autre sur le bord d'un puits.

---

189   68B, 68C, 68D, NM, W68, W70L, W75G, K84, K85: elle l'avait

---

[25] Lors de la toute récente *Censure de Bélisaire* (27 novembre 1767) les autorités avaient empêché les commissaires de s'étendre sur le problème de l'intolérance civile. Ils avaient dû se borner à une simple exposition édulcorée des principes reçus sur cette matière. Toute délibération ultérieure en Sorbonne sur le même problème avait d'ailleurs été défendue par lettre de cachet (3 décembre 1767; 2 et 15 janvier 1768). A ce propos, voir John Renwick, *Marmontel, Voltaire and the Bélisaire affair*, *SVEC* 121 (1974), p.287-95. La formule 'indignation de toutes les nations de l'Europe' (déclaration quelque peu exagérée) renvoie sans aucun doute à la brochure intitulée *Lettres écrites à M. Marmontel au sujet de Bélisaire* (Paris, 1767) où l'on trouve des lettres enthousiastes (et peu amènes pour la Sorbonne) signées: Catherine II, le Prince royal de Suède (futur Gustave III), le baron de Swieten, le comte de Scheffer, et Stanislas II Poniatowski.

[26] L'affaire, ou le scandale, des billets de confession est directement imputable à la bulle *Unigenitus* de 1714: il s'agissait d'une crise constamment renouvelée (1731-1732, 1749-1758), occasionnée par les refus réitérés des prêtres anti-jansénistes (solidement épaulés à partir de 1749 par Christophe de Beaumont, archevêque de Paris) d'administrer les derniers sacrements à ceux et celles qui – sur leur lit de mort – refusaient de souscrire à la bulle. Sur le déroulement de ce grave problème, voir mon édition de l'*Histoire du parlement de Paris* (*OCV*, t.68, p.95-96, 462-63, 483-88, 506-30).

[27] Luc 7:48-50.

[28] Jean 4:7, 10, 13-14, 16-18, 21-24, 26-27.

S'il a dit anathème aux receveurs des deniers publics,[29] il a soupé chez eux, et il a appelé l'un d'eux à l'apostolat.[30] S'il a séché un figuier pour n'avoir pas porté du fruit quand ce n'était pas le temps des figues,[31] il a changé l'eau en vin à des noces où les convives déjà trop échauffés semblaient le mettre en droit de ne pas exercer cette condescendance.[32] S'il rebute d'abord sa mère avec des paroles dures, il fait incontinent le miracle qu'elle demande.[33] S'il fait jeter en prison le serviteur qui n'a pas fait profiter l'argent de son maître à cent pour cent chez les changeurs,[34] il fait payer l'ouvrier de la vigne venu à la dernière heure comme ceux qui ont travaillé dès la première.[35] S'il dit en un endroit qu'il est venu apporter le glaive et la dissension dans les familles,[36] il dit dans un autre avec tous les anciens législateurs, qu'il faut aimer son prochain.[37] Ainsi, tempérant toujours la sévérité par l'indulgence, il nous apprend à tout supporter. Si toutes les nations ont péché en Adam, ô mystère incompréhensible! Jésus quatre mille ans après[38] a subi le dernier

195

200

205

---

[29] Matthieu 18:17.

[30] Matthieu 9:10; Marc 2:15; Luc 5:29. Le publicain ou péager que Jésus appela à l'apostolat est Lévi, fils d'Alphée, qui prit le nom de Matthieu (*don de Dieu*).

[31] Matthieu 21:19; Marc 11:13-14.

[32] Jean 2:9-10.

[33] Jean 2:4: 'Femme, qu'y a-t-il de commun entre vous et moi?' Cette expression – qui de prime abord a l'air d'une dure rebuffade – pourrait tout aussi bien être, semble-t-il, une tournure idiomatique signifiant non un refus, mais une réponse favorable. Le miracle de l'eau changée en vin lors des noces à Cana est décrit dans les versets 6-10.

[34] Matthieu 25:30. Il s'agit ici de la parabole des talents. L'arithmétique ou la supputation relativement aux intérêts calculés par Voltaire s'explique par le fait que les deux serviteurs à qui le maître confia respectivement cinq talents et deux talents allèrent les faire valoir et purent lui remettre à son retour qui dix talents, qui quatre talents. Le troisième serviteur, inutile, qui avait préféré cacher l'unique talent qui lui avait été remis fut jeté 'dans les ténèbres extérieures'.

[35] Matthieu 20:9-14.

[36] Matthieu 10:34-36.

[37] Matthieu 5:43; 22:39; Marc 12:31.

[38] Il ne faudrait pas attribuer à ce chiffre de 'quatre mille ans' une précision scientifique, et en induire que Voltaire se basait sur des calculs sérieux qui avaient pour but d'indiquer précisément le laps de temps qui s'était écoulé entre Adam et

supplice en Palestine pour racheter toutes les nations; ô mystère plus incompréhensible encore! S'il a dit en un endroit qu'il n'était venu que pour les Juifs, pour les enfants de la maison, il a dit ailleurs qu'il était venu pour les étrangers. Il appelle à lui toutes les nations, [39] quoique l'Europe seule semble être aujourd'hui son partage. Il n'y a donc point d'étranger pour un véritable disciple de Jésus-Christ; il doit être concitoyen de tous les hommes.

Pourquoi nous resserrer dans le cercle étroit d'une petite société isolée quand notre société doit être celle de l'univers? Quoi! le citoyen de Berne ne pourra être le citoyen de Lucerne? Quoi! un Français parce qu'il est de la communion romaine et qu'il ne communie qu'avec du pain azyme, ne pourra acheter chez nous un domaine, tandis que tout Suisse de quelque secte qu'il puisse être peut acheter en France la terre la plus seigneuriale? [40]

Avouons que malgré la révocation de l'édit de Nantes, malgré le funeste édit de 1724, que la haine languedocienne arracha au cardinal de Fleuri [41] contre les pasteurs évangéliques, c'est pourtant

209 w75G: il dit
221 68B, 68D: Avouons, mes chers frères, que

Jésus. Sur la foi de 58 occurrences de cette formule, réparties sur plus de 30 ouvrages, nous pouvons dire que – quoiqu'elle soit là pour donner sans doute un vernis d'objectivité d'ordre savant – elle ne peut signifier en réalité au niveau de l'argument (quel qu'il soit) que: fort longtemps.

[39] Matthieu 28:19.

[40] Comment ne pas soupçonner que le pasteur Josias Rossette se mue ici en un Voltaire toujours passablement ulcéré (voir aussi les lignes 102-103, 176-80, 184-85, 214-15) qui se rappelle son arrivée en Suisse en 1754? Ce ne fut que pour apprendre que les lois du pays interdisaient à un catholique d'y être propriétaire (D6038) et que même pour y devenir simple locataire, il fallait demander une autorisation de séjour. Voir aussi *VST*, t.2, p.774, 784-91.

[41] Il s'agit de l'Edit de Fontainebleau, du 14 mai 1724, distillation en dix-huit articles des ordonnances les plus répressives jamais promulguées contre les huguenots. Que l'on sache, le cardinal de Fleury ne joua aucun rôle dans la confection du nouvel édit. Il fut l'œuvre de Lavergne de Tressan, évêque de Nantes, et aumônier du duc d'Orléans. Même en tant que 'premier ministre' (1726-1743), Fleury était tellement préoccupé par la politisation du jansénisme qu'il ne pouvait

en France, c'est dans la société française, dans les mœurs françaises, dans la politesse française qu'est la vraie liberté de la vie sociale; nous n'en avons que l'ombre. 225

Mes frères, il faut vous le dire, vous êtes chrétiens et vous aimez votre intérêt; mais entendez-vous votre intérêt, et le christianisme? Ce christianisme vous ordonne l'hospitalité, et rien n'est moins hospitalier que vous. Votre intérêt est que l'étranger s'établisse 230 dans votre patrie. Car assurément il n'y viendra pas chercher les honneurs et la fortune, comme vous les allez chercher ailleurs. Un étranger ne pourrait acheter dans votre territoire un domaine que pour partager avec vous ses revenus. [42] Le bonheur inestimable de vivre sans maître, de ne jamais dépendre du caprice d'un seul 235 homme, de n'être soumis qu'aux lois, attirerait dans vos cantons comme en Hollande [43] cent riches étrangers dégoûtés des dangers des cours plus funestes encore à l'innocence qu'à la fortune. Mais vous écartez ceux à qui vous devez tendre les bras; vous les rebutez par des usages que l'inimitié et la crainte établirent autrefois, et qui 240

---

225   68c: qu'est la véritable liberté

---

guère s'occuper des autres hérétiques. Désireux de consolider ses alliances avec la Grande-Bretagne et la Hollande, il avait adopté une politique de laisser-faire tant que les huguenots se comportaient de façon discrète.

[42] Malgré les souvenirs et les griefs personnels, il s'agit ici d'une remarque qui fuse tous azimuts. Voltaire entend désigner à la fois lui-même (venu habiter en Suisse), et les autorités éclairées – allemandes, anglaises, danoises, hollandaises, polonaises, prussiennes, russes – qui avaient cherché, et qui cherchaient encore, à attirer chez eux des immigrés quelle que fût leur religion ou confession.

[43] Voltaire est depuis de longues années fermement convaincu que la prospérité et la force d'une nation sont le résultat inéluctable de la tolérance, laquelle favorise directement la liberté, le commerce et l'industrie. C'est la leçon qu'il emporta de la Hollande en 1724 (voir Jérôme Vercruysse, *Voltaire et la Hollande*, *SVEC* 46, 1966, p.131-40, 159-70) et qui avait bien entendu été renforcée par le séjour à Londres. Dans un texte à peu près contemporain du *Sermon* (il s'agit de *La Princesse de Babylone*), nous voyons qu'Amazan trouve parmi les Bataves: 'la liberté, l'égalité [...], la tolérance' (*OCV*, t.66, p.149).

ne doivent plus subsister aujourd'hui. [44] Ce qui n'a été inventé que dans des temps de trouble et de terreur, doit être aboli dans les jours de paix et de sécurité.

Le protestant a craint autrefois que le catholique n'apportât la transsubstantiation, les reliques, les taxes romaines et l'esclavage dans sa ville. Le catholique a craint que le protestant ne vînt attrister la sienne par sa manière d'expliquer l'Evangile et par le pédantisme reproché aux consistoires. Pour avoir la paix il fallut renoncer à l'humanité. Mais les temps sont changés; la controverse, les disputes de l'école qui ont si longtemps allumé partout la discorde, sont aujourd'hui l'objet du mépris de tous les honnêtes gens de l'Europe.

S'il est encore des fanatiques, il n'est point de bourgeois, de cultivateur, d'artisan qui les écoute. La lumière se répand de proche en proche; et la religion ne fait presque plus de mal.

Qui est celui d'entre vous qui n'affermera pas son champ et sa vigne à un anabaptiste, à un quaker, à un socinien, à un memnoniste, à un piétiste, à un morave, [45] à un papiste, s'il est sûr qu'il fera un meilleur marché avec cet étranger qu'avec un homme de votre ville fermement attaché au système de Zuingle? Les terres de Genève ne sont cultivées que par des papistes savoyards: ce sont des papistes lombards qui labourent les

248-49   68c: il faut renoncer
250   68b, 68d: longtemps animé partout
257-58   68d: vigne à un socinien, à un mennonite, à un piétiste
        68b: à un mennonite, à un piétiste

[44] Encore un exemple de cette intention, par Suisses interposés, de faire la leçon aux dirigeants français. De nouveau d'ailleurs Voltaire répète ici une des leçons primordiales du *Traité sur la tolérance*.

[45] Pour anabaptiste et quaker, voir les notes 21 et 22. Le socinien rejetait la Trinité et la divinité de Jésus-Christ; le memnoniste ou mennonite (qui s'apparentait aux anabaptistes en ce qu'il n'administrait le baptême qu'aux adultes) repoussait tout emploi de la force et de la violence; le piétiste s'attachait à la lettre de l'Evangile; le morave se distinguait par une grande pureté de mœurs, et une hostilité à toute notion de prédestination.

champs des cantons que nous possédons dans le Milanais; et plus d'un protestant fabrique des toiles dont la vente enfle le trésor de l'abbé de Saint-Gall.[46]   265

Or si la malheureuse division que les différentes sectes du christianisme ont mise entre les hommes, n'empêche pas qu'ils ne travaillent les uns pour les autres dans le seul but de gagner quelque argent, pourquoi empêchera-t-elle qu'ils ne fraternisent ensemble, pour jouir des charmes de la vie civile? N'est-il pas absurde que   270 vous puissiez avoir un fermier catholique et que vous ne puissiez pas avoir un concitoyen catholique?

Je ne vous propose pas de recevoir parmi vous des prêtres romains, des moines romains: ils se sont fait un devoir cruel d'être nos ennemis, ils ne vivent que de la guerre spirituelle qu'ils nous   275 font, et ils nous en feraient bientôt une réelle; ce sont les janissaires du sultan de Rome.

Je vous propose d'augmenter vos richesses et votre liberté en admettant parmi vous tout séculier à son aise que l'amour de cette liberté appellerait dans vos contrées. J'ose assurer qu'il y a même   280 en Italie plus d'un père de famille qui aimerait mieux vivre avec vous dans l'égalité à l'ombre de vos lois, que d'être l'esclave d'un prêtre souverain. Non il n'y a pas un seul séculier italien, il n'y a pas dans Rome un seul Romain (j'excepte toujours la populace) qui ne frémisse dans le fond de son cœur de ne pouvoir lire l'Evangile en   285 sa langue maternelle, de ne pouvoir acheter un seul livre sans la permission d'un jacobin, de se voir à la fois compatriote des Scipions et esclave d'un successeur de Simon Pierre. Soyez sûrs que ce contraste bizarre et odieux d'un filet de pêcheurs et d'une triple couronne révolte tous les esprits. Soyez certains qu'il n'y a   290 pas un seul seigneur romain qui, en voyant Jésus monté sur un âne,

263   68c: Milanais; plus
282   68b, 68d: d'être esclave

[46] Les abbés de Saint-Gall, princes du Saint-Empire, passaient pour être fort riches. Voir D14117 (vers le 15 avril 1767) où Voltaire se réfère au bénéfice de 100,000 livres dont l'abbé avait la jouissance.

et le pape porté sur les épaules des hommes, en voyant d'un côté Jésus qui n'a pas seulement de quoi payer une demi-dragme pour le korban qu'il devait au temple des Juifs,[47] et de l'autre la chambre de la daterie[48] occupée sans cesse à compter l'argent des nations, ne conçoive une indignation d'autant plus forte qu'il en faut dissimuler toutes les apparences. Il la cache à ses maîtres, il la manifeste dans le secret de l'amitié.

Je vais plus loin, mes frères, je soutiens que dans toute la chrétienté il n'y a pas aujourd'hui un seul homme un peu instruit qui soit véritablement papiste; non, le pape ne l'est pas lui-même; non, il n'est pas possible qu'un faible mortel se croie infaillible, et revêtu d'un pouvoir divin.

Je n'entre point ici dans l'examen des dogmes qui séparent la communion romaine et la nôtre; je prêche la charité et non la controverse; j'annonce l'amour du genre humain et non la haine; je parle de ce qui réunit tous les hommes et non de ce qui les rend ennemis.

Aujourd'hui malgré les cris de l'Eglise romaine aucune puissance n'attente à la liberté de conscience établie chez ses voisins. Vous avez vu dans la dernière guerre[49] six cent mille hommes en armes sans qu'un seul soldat ait été envoyé pour faire changer un seul homme de croyance. L'Espagne même, l'Espagne appelle dans

---

[47] Le korban, ou plutôt corban: terme de la liturgie hébraïque qui signifie *offrande*. Voltaire se tromperait-il ici? Car l'impôt payé pour l'entretien du culte était la didrachme. C'est à son arrivée à Capernaüm que Jésus, n'ayant pas cette somme, envoya Pierre pêcher un poisson, dans la bouche duquel: 'vous [...] trouverez une pièce d'argent de quatre drachmes, que vous prendrez, et que vous leur donnerez pour moi et pour vous' (Matthieu 17:24-26).

[48] La chambre de la daterie: chancellerie à Rome où l'on datait les expéditions des bénéfices, les rescrits, et autres choses qu'on expédiait (comme, par exemple, les absolutions et les dispenses). Dans *EM*, Voltaire parle des 'mines de la daterie' où 'l'on pêchait si aisément avec les filets de saint Pierre' (t.2, p.938) alors que dans *QE*, article 'Argent', il dira qu'aux treizième, quatorzième et quinzième siècles, c'était 'la province de la daterie qui avait sans contredit le plus d'argent comptant; aussi faisait-elle le plus grand commerce' (*M*, t.17, p.353).

[49] La Guerre de Sept Ans qui avait duré de 1757 à 1763.

44

ses provinces une foule d'artisans protestants pour ranimer sa vie
que la barbarie insensée de l'Inquisition faisait languir dans la   315
misère; un sage ministre brave le monstre de l'Inquisition pour
l'intérêt de sa patrie.[50]

Ne craignez donc point que le joug papiste imposé dans des
temps d'ignorance puisse jamais s'appesantir sur vous. Ne craignez
point qu'on vous remette au gland,[51] lorsque vous avez connu   320
l'agriculture. La tyrannie peut bien empêcher la raison pendant
quelques siècles de pénétrer chez les hommes: mais quand elle y est
parvenue, nul pouvoir ne peut l'en bannir.

Etres pensants, ne redoutez plus rien de la superstition. Vous
voyez tous les jours les conseils éclairés des princes catholiques   325
mutiler eux-mêmes petit à petit ce colosse autrefois adoré. On le
réduira enfin à la taille ordinaire. Tous les gouvernements sentiront
que l'Eglise est dans l'Etat, et non l'Etat dans l'Eglise. Le sacerdoce
à la longue mis à sa véritable place fera gloire enfin comme nous
d'obéir à la magistrature. En attendant conservons les deux biens   330
qui appartiennent essentiellement à l'homme, la liberté et l'humanité. Que les cantons catholiques s'éclairent, et que les cantons
protestants ne résistent point par préjugé à leur raison éclairée;

329   68c: place se fera

[50] Don Pedro Pablo Abarca y Bolca, comte d'Aranda (1718-1798), diplomate et
ministre espagnol, président du conseil de Castille en 1765, joua un rôle de tout
premier plan dans l'expulsion des jésuites (1767) et dans les restrictions apportées
aux pouvoirs de l'Inquisition (1768; 1770).

[51] 'Manger du gland' (avec d'autres variantes du verbe) signifie toujours chez
Voltaire soit languir dans un état d'abrutissement total, soit rétrograder ou faire
rétrograder l'humanité sur le plan social, intellectuel ou du bien-être matériel (voir,
par exemple, *Lettre à un premier commis*, *OCV*, t.9, p.321; *Des embellissements de la
ville de Cachemire*, *OCV*, t.31B, p.256; *Traité sur la tolérance*, *OCV*, t.56C, p.242; *Le
Dîner du comte de Boulainvilliers*, *OCV*, t.63A, p.391; etc.). Le 6 novembre 1762,
Voltaire écrivit à La Chalotais: 'Le siècle du gland est passé; vous donnerez du pain
aux hommes. Quelques superstitieux regretteront encore le gland qui leur convient
si bien; et le reste de la nation sera nourri par vous' (D10795).

vivons en frères avec quiconque voudra être notre frère. Cultivons également notre esprit et nos campagnes. Souvenons-nous toujours que nous sommes une république, non pas en vertu de quelques arguments de théologie, non pas comme zuingliens ou comme œcolampadiens,[52] mais en qualité d'hommes. Si la religion n'a servi qu'à nous diviser, que la nature humaine nous réunisse. C'est aux cantons protestants à donner l'exemple; puisqu'ils sont plus florissants que les autres, plus peuplés, plus instruits dans les arts et dans les sciences.[53] N'emploierons-nous nos talents que pour les concentrer dans notre petite sphère? L'homme isolé est un sauvage, un être informe qui n'a pas encore reçu la perfection de sa nature. Une cité isolée, inhospitalière, est parmi les sociétés ce que le sauvage est à l'égard des autres hommes. Enfin en adorant le Dieu qui a créé tous les mortels, qu'aucun mortel ne soit étranger parmi nous.

347   68B, 68D: qu'aucun ne

[52] Les zwingliens différaient des luthériens en deux points: le libre arbitre, auquel Zwingle concédait davantage, et l'eucharistie, où il prétendait que le pain et le vin n'étaient qu'une figure du corps et du sang de Jésus-Christ. Œcolampadiens: disciples du réformateur allemand Johann Œcolompade (1482-1531, Œcolompade est la traduction grecque de son véritable nom de Hausschein) qui se déclara ouvertement pour la Réforme en 1523 et qui vint l'établir à Bâle. C'était un partisan des opinions de Zwingle sur la cène ou l'eucharistie.

[53] Cette observation deviendra un lieu commun dans les décennies suivantes (1770-1790), époque à laquelle la Suisse sera de plus en plus souvent parcourue par des voyageurs britanniques et français avides de sensations nouvelles et peu avares de jugements socio-politiques.

Lettre de l'archevêque de Cantorbéry à l'archevêque de Paris

Edition critique

par

John Renwick

TABLE DES MATIÈRES

INTRODUCTION

La Censure de Bélisaire, préparée par la Sorbonne de manière détaillée et pourtant si peu heureuse, n'avait nulle part fait fortune.[1] Surtout pas au sein de l'Eglise: le premier jet − nous l'avons établi ailleurs[2] − où les commissaires affirmaient la nécessité que le glaive de la justice soutînt à son tour les foudres ecclésiastiques avait immédiatement éveillé l'attention du gouvernement. En un mot, cette doctrine s'était révélée peu conforme à sa nouvelle politique. Aussi cette partie de la censure avait-elle dû être corrigée et soigneusement édulcorée par des gens aussi discrets que dociles: la partie ainsi reformulée l'avait été en secret. Et le secret à son tour avait été respecté: les nouvelles formules furent adoptées dans une réunion restreinte de la Maison de Sorbonne à laquelle les commissaires assistaient seuls.

La fureur de la Sorbonne − quand elle fut tardivement éclairée à l'assemblée générale du 3 décembre 1767 − ne connut plus de bornes. Les membres de la Faculté dénoncèrent sans distinction Syndic, Doyen, commissaires, censure émasculée et doctrine inappropriée aux circonstances. Ils voulurent dresser, séance tenante, une protestation, voire un désaveu des principes dont on venait, pour la toute première fois, de les informer. Le Syndic sortit la lettre de cachet dont il s'était prémuni... et les sages maîtres se turent. Ce ne fut cependant qu'un bref répit. Peu de temps après, et pendant les semaines suivantes, les docteurs devaient faire de leur mieux pour imposer leurs volontés. Rien n'y fit. Le Syndic, Ambroise Riballier, se contentait de brandir sa lettre de cachet. Voulurent-ils discuter de la censure et y faire des changements? Le roi fit la sourde oreille. Voulurent-ils faire savoir dans le public, et de la manière la plus officielle, que la doctrine de l'intolérance qui

---

[1] Voir ci-dessous, notre introduction à la *Prophétie de la Sorbonne*.
[2] Voir ci-dessous, notre introduction à la *Prophétie de la Sorbonne*.

s'y trouvait n'était nullement la leur? Louis XV refusa net de donner des suites à leurs réclamations.

C'était donc à un moment critique, où l'Eglise était combattue à l'extérieur et profondément divisée à l'intérieur (les différentes appréciations sur la conduite à adopter vis-à-vis de *Bélisaire* en étaient la cause), que l'archevêque de Paris s'apprêtait à publier son *Mandement*.

Après tant de déconvenues, les docteurs du 'parti des faucons' espéraient-ils trouver un allié dans Christophe de Beaumont? Se flattaient-ils que leur supérieur spirituel allait se proclamer partisan des conclusions désavouées par le gouvernement, réparer ainsi les torts que celui-ci ne craignait pas de faire à la Faculté dont il était proviseur et protecteur? Sans doute. Mais c'était se faire beaucoup d'illusions.[3] L'archevêque, quand il aurait été de l'avis de la Sorbonne, relevait des mêmes autorités. Et lorsqu'il lut son mandement aux prônes (31 janvier 1768), sa péroraison sur la tolérance ressembla en toutes choses à l'exposé adopté en secret, mais au nom de la Sorbonne entière, par les commissaires.

Quelle déception! Pour aggraver le tort toutefois, le *Mandement* (malgré les trop évidentes insinuations de Voltaire) était à l'image de son auteur: là où la *Censure* avait été sévère et intraitable, Christophe de Beaumont, très ferme, il est vrai, avait usé plutôt d'un ton charitable qui trahissait tout au plus une profonde peine à l'endroit de l'auteur fautif. Comment se faisait-il que Marmontel, ancien protégé de l'évêque de Limoges, eût pu se permettre cette incartade du quinzième chapitre de *Bélisaire*?

Pas plus que la *Censure* ce *Mandement*, qui force le respect, ne devait toutefois faire fortune dans le public. Témoin Grimm:

J'étais bien sûr aussi que M. l'archevêque de Paris ne nous priverait pas d'une instruction pastorale sur le beau sujet de la damnation éternelle de Marc-Aurèle, et de la nécessité de l'intolérance; et ce digne prélat vient de remplir mes espérances par un beau mandement portant condamnation de l'aveugle Bélisaire, lu aux prônes, publié, affiché dans tous les coins de

---

[3] Voir *Mémoires secrets*, t.3, p.300.

Paris, à côté des remèdes contre le mal vénérien, et des spectacles de la foire Saint-Germain. On l'a affiché, entre autres, à la porte de l'Académie française au Louvre; et Duclos, le secrétaire de l'Académie, a écrit dessous: *Défenses sont faites de faire ici ses ordures.* La porte de Madame Geoffrin, chez qui l'auteur de Bélisaire demeure, a aussi été gratifiée d'une affiche. Un bon bourgeois l'ayant entendu lire au prône, en parla à sa femme et à ses enfants à dîner. *On a lu,* dit-il, *un mandement de M. l'archevêque... Et qu'est-ce que dit M. l'archevêque?... Mais autant que j'ai pu comprendre, il dit que toutes les religions sont également bonnes.*[4]

Voilà, sans commentaires, pour la réaction des Parisiens engagés. La première réaction de Voltaire, devant le *Mandement* parvenu à Ferney durant le mois de février, demeure inconnu. Mais enhardi, après sa peur du mois d'août 1767,[5] par l'attitude du gouvernement à l'égard de la *Censure* (qu'il n'avait pas tardé à interpréter comme une permission tacite de repartir à l'assaut de la Sorbonne), il trouva légitime d'honorer l'archevêque à son tour de ses réflexions critiques. La politesse et le sens des convenances voulaient évidemment que le commentateur fût d'un rang comparable: prenant donc un de ces déguisements qu'il affectionnait et que, d'habitude, il réussissait si bien, il devint momentanément, et expressément pour les besoins de la cause... l'archevêque de Cantorbéry!

La technique de distanciation, assez éculée dans le cadre de la littérature des Lumières, était voulue parce que d'une efficacité reconnue. Se fondant sur des bases doctrinales censées anglicaines, et contrefaisant une surprise qui paraissait d'une naïveté excusable (mais qui ne trompait personne, au contraire), Voltaire put ainsi – tout comme Grimm, Duclos et D'Alembert avant lui – ridiculiser le *Mandement*: il en soulignait des aspects sans gravité, passait volontairement sous silence les questions de toute première importance. Symboliquement se trouve ainsi exprimée cette constante des Lumières: que les partis en présence ne se 'trouvent'

[4] *CLT*, t.8, p.32-33; voir aussi D14762.
[5] Voir notre introduction à la *Lettre de Gérofle à Cogé* (*OCV*, t.63A) et aussi ci-dessous, à la *Prophétie de la Sorbonne*.

jamais parce qu'ils ne parlent pas et ne parleront jamais le même langage. 'Vous avez lu sans doute', écrivait Voltaire le 1er mars 1768 à François Leriche, 'le mandement de l'archevêque de Paris contre *Bélisaire*: voici un petit imprimé qu'on m'envoie de Lyon à ce sujet' (D14793). L'appréciation de l'auteur est juste. La *Lettre de l'archevêque de Cantorbéry* – outre sa valeur symbolique – n'est qu'un petit imprimé où s'égrène une suite de plaisanteries d'un style et d'une teneur qui ne risquent aucunement de surprendre un amateur du rire voltairien. Elle est même, pour parler comme Voltaire, un 'rogaton', certes amusant, mais non pas un ouvrage du Voltaire des grands jours. Somme toute, l'occasion avait été tout simplement trop alléchante pour être manquée.

Ne dissimulons pas que cette *Lettre* a néanmoins une importance relative: elle a sa place dans l'histoire de l'affaire de *Bélisaire*. C'est elle qui vient clore (et quoi de plus convenable étant donné que le Maître veut toujours avoir le dernier mot?) la campagne des philosophes en faveur de Marmontel. Mais, même à ce titre, elle n'est à tous points de vue que le dernier grondement d'une tempête qui s'éloigne...

Editions

68A

[*bandeau*] / LETTRE / *De l'Archevéque de* CANTORBERI *à* / *l'Archevéque de* PARIS. / [Genève: Cramer, 1768] / [*le texte suit immédiatement*]

8°. 4 pp.

Bengesco 1756; BnC 4154.

Paris, BnF: Rés. Z. Beuchot 462; Rés. D² 5296(7); Y²Z 180.

68B

LETTRE *de l'Archevêque de Cantorbery* / *à l'Archevêque de Paris.* / publiée à la suite de LA / PRINCESSE / DE BABILONE. / [*ornement typographique*] / [*double ligne*] / *LONDRES*. [Dresde?] / [*double ligne*] / MDCCLXVIII.

8°. 144 pp.

p.140-44 Lettre de l'archevêque de Cantorbéry à l'archevêque de Paris.

Bengesco 1495; BnC 2940.

Paris, BnF: Rés. Z. Beuchot 698, Rés. Z. Bengesco 242.

68BR

LETTRE *de l'Archevêque de Cantorbery à l'Arche- / vêque de Paris. /* publiée à la suite de LA / PRINCESSE / DE BABILONE. / [*ornement typographique*] / [*double ligne*] / A ROME [Londres]: / *Avec la Pérmission du Saint Pere. /* 1768.

8°. 104 pp.

p.101-104 Lettre de l'archevêque de Cantorbéry à l'archevêque de Paris.

Bengesco 1496; BnC 2941.

Paris, BnF: Rés. Z. Beuchot 697.

68C

LETTRE / *De l'Archevêque de* CANTORBERI / *à l'Archevêque de* PARIS. / publiée à la suite de: FRAGMENT / DES / INSTRUCTIONS / POUR / LE PRINCE / ROYAL DE ***. / [*ornement typographique*] / A BERLIN, / [*double ligne*] / MDCCLXVIII. [*le tout dans un cadre orné*]

8°. 64 pp.

p.59-64 Lettre de l'archevêque de Cantorbéri à l'archevêque de Paris.

Bengesco 1744; BnC 4087.

Paris, BnF: Rés. Z. Beuchot 304, R 53730.

NM

Nouveaux mélanges philosophiques, historiques, critiques, etc. etc., [Genève, Cramer], 1765-1776. 19 t. 8°.

Tome 7 (1768), p.46-49 *LETTRE* / DE Mr. L'ARCHEVÊQUE / DE CANTORBERI, / A .... /

Bengesco 2212; Trapnell NM; BnC 118.

Oxford, Taylor: VF. Paris, BnF: Rés. Z. Beuchot 28 (7).

EJ

L'Evangile du jour. Londres [Amsterdam, Marc-Michel Rey], 1769-1780. 18 vol. 8°.

Tome 3 (1769), p.67-70; tome 3 (1776), p.57-60.

BnC 5242, 5244.

Paris, BnF: Rés. Z. Beuchot 290 (3). Rés. Z. Bengesco 378 (3).

w68 (1771)

Collection complète des œuvres de M. de Voltaire. [Genève, Cramer; Paris, Panckoucke], 1768-1777. 30 (ou 45) vol. 4°.

Tome 17, p.429-32 LETTRE / DE Mr. L'ARCHEVÊQUE DE CANTORBERI, / A .... /.

Les tomes 1-24 ont été publiés avec la participation de Voltaire.

Bengesco 2137; Trapnell 68; BnC 141-44.

Oxford, Taylor: VF. Paris, BnF: Rés. m Z 587 (17).

w71L

Collection complète des œuvres de M. de Voltaire. Genève [Liège, Plomteux], 1771-1777. 32 vol. 12°.

Tome 17, p.497-500 LETTRE / DE / Mr. L'ARCHEVÊQUE DE CANTORBERI, / A .... /..

Edition faite sans la participation de Voltaire.

Bengesco 2139; Trapnell 71; BnC 151.

Oxford, Taylor: VF.

w75G

La Henriade, divers autres poèmes et toutes les pièces relatives à l'épopée. Genève, [Cramer & Bardin] 1775. 37 [40] vol. 8°.

Tome 37, p.108-11 LETTRE / DE MR. L'ARCHEVÊQUE DE CANTORBERI, / A..........

L'édition dite *encadrée* fut préparée avec la collaboration de Voltaire.

Bengesco 2141; Trapnell 75G; BnC 158-61.

Geneva, ImV: A 1775/2 (37). Oxford, Taylor: V1 1775 (37); VF. Paris, BnF: Z 24875.

K

Œuvres complètes de Voltaire. [Kehl,] Société littéraire-typographique, 1784-1789. 70 vol. 8°.

Tome 46, p.270-73 LETTRE / DE / L'ARCHEVEQUE DE CANTORBERI, / A L'ARCHEVEQUE DE PARIS.

Bengesco 2142; Trapnell K; BnC 167.

Oxford, Taylor: V1 1785/2 (46); VF. Paris, BnF: Rés. P Z 2209 (46).

Principes d'édition

L'édition choisie comme texte de base est la première, 68A. Les variantes figurant dans l'apparat critique proviennent des sources suivantes: 68B, 68BR, NM, W68, W75G et K.

Traitement du texte de base

On a conservé les italiques du texte de base, sauf dans le cas des citations et du discours direct. On a conservé les noms propres. On a également respecté la ponctuation du texte de base, à une exception: nous avons ajouté des virgules pour encadrer les substantifs, ou les membres de phrase, en apposition.

Le texte de base a fait l'objet d'une modernisation portant sur la graphie, l'accentuation et la grammaire. Les particularités du texte de base dans ces trois domaines étaient les suivantes:

I. *Particularités de la graphie*

1. Consonnes

– absence de la consonne *t* dans les finales en *-ans* et en *-ens*: complimens, désagrémens, mandemens, méchans, pendans.
– présence d'une seule consonne là où l'usage actuel prescrit son doublement: houpes, raport.

2. Voyelles

- emploi de *y* à la place de *i* dans: Mylord.
- emploi de *i* à la place de *y* dans: païs.

3. Abréviations

- Monseigneur devient Mgr
- Mr. devient M.
- St. et S. deviennent saint.

4. Le trait d'union

- il est présent dans: sur-tout, très-bon.

5. L'emploi de la majuscule

- nous mettons la majuscule à: épître.
- nous mettons la minuscule aux mots suivants qui portent une majuscule dans le texte de base: Capitaine, Cardinaux, Chef, Corps, Divine, Ducs, Evêque, Fermiers, Général, Ile, Lettres, Magistrats, Mandataire, Mandement(s), Maréchaux, Mylord, Pairs, Prélats, Prêtres, Princes, Roi, Sermons, Théologien.

6. Divers

- utilisation systématique de la perluette.

II. *Particularités d'accentuation*

L'accentuation a été rendue conforme aux usages modernes à partir des caractéristiques suivantes du texte de base:

1. L'accent aigu

- il est absent dans: reprouvés.
- il est employé au lieu de l'accent grave dans: précéde, premiére.

2. L'accent circonflexe

- il est employé au lieu de l'aigu dans: chrêtienne.

3. Le tréma

- il est employé dans: avouë.

III. *Particularités grammaticales*

- emploi de l'*s* adverbial dans: guères.

LETTRE DE L'ARCHEVÊQUE DE CANTORBERI
À L'ARCHEVÊQUE DE PARIS

J'ai reçu, milord, votre mandement contre le grand Bélisaire,[1] général d'armée de Justinien, et contre M. Marmontel, de l'Académie Française, avec vos armoiries placées en deux endroits, surmontées d'un grand chapeau, et accompagnées de deux pendants de quinze houppes chacun; le tout signé, Christophe, par monseigneur La Touche, avec paraphe.

Nous ne donnons nous autres de mandements que sur nos fermiers; et je vous avoue, milord, que j'aurais désiré un peu plus d'humilité chrétienne dans votre affaire. Je ne vois pas d'ailleurs pourquoi vous affectez d'annoncer dans votre titre, que vous condamnez *M. Marmontel de l'Académie Française.*

Si ceux qui ont rédigé votre mandement ont trouvé qu'un général d'armée de Justinien ne s'expliquait pas en théologien congru de votre communion, il me semble qu'il fallait vous contenter de le dire sans compromettre un corps respectable, composé de princes du sang, de cardinaux, de prélats comme vous, de ducs et pairs, de maréchaux de France, de magistrats, et des gens de lettres les plus illustres. Je pense que l'Académie Française n'a rien à démêler avec vos disputes théologiques.

Permettez-moi encore de vous dire que, si nous donnions des mandements dans de pareilles occasions, nous les ferions nous-mêmes.

a-b NM, W68, W75G: CANTORBERI, À ....
17-18 68B, 68BR: et de gens
20 68B, 68BR: Permettez-moi de

---

[1] *Mandement de Monseigneur l'Archevêque de Paris, portant condamnation d'un livre qui a pour titre: Bélisaire, par M. Marmontel, de l'Académie Française* (Paris, Veuve Simon et Fils, 24 janvier 1768), 56 pages in-4° (BV303).

J'ai été fâché que votre mandataire ait condamné cette proposition de ce grand capitaine Bélizaire, 'Dieu est terrible aux méchants, je le crois, mais je suis bon.'[2]

Je vous assure, milord, que si notre roi, qui est le chef de notre Eglise, disait, *Je suis bon*, nous ne ferions point de mandement contre lui. *Je suis bon*, veut dire (ce me semble) par tout pays, j'ai le cœur bon, j'aime le bien, j'aime la justice, je veux que mes sujets soient heureux. Je ne vois point du tout qu'on doive être damné pour avoir le cœur bon. Le roi de France (à ce que j'entends dire à tout le monde) est très bon, et si bon qu'il vous a pardonné des désobéissances réitérées[3] qui ont troublé la France, et que toute l'Europe n'a pas regardées comme une marque d'un esprit bien fait. Vous êtes sans doute assez *bon* pour vous en repentir.

Nous ne voyons pas que Bélizaire soit digne de l'enfer pour avoir dit qu'il était un bon homme. Vous prétendez que cette bonté est une hérésie, parce que saint Pierre, dans sa première Epître, chap. V, v. 5, a dit que 'Dieu résiste aux superbes'. Mais celui qui a fait votre mandement n'a guère pensé à ce qu'il écrivait. Dieu résiste, je le veux; la résistance sied bien à Dieu. Mais à qui résiste-t-il selon Pierre? Lisez de grâce ce qui précède; et vous verrez qu'il résiste aux prêtres qui paissent mal leur troupeau,[4] et surtout aux jeunes qui ne sont pas soumis aux vieillards. 'Inspirez-vous', dit-il, 'l'humilité les uns aux autres, car Dieu résiste aux superbes.'

28 NM, W68, W75G, K: ce semble
42 68B, 68BR: de bonne grâce

[2] *Bélisaire* (Paris, Merlin, 1767), p.234.
[3] Il s'agit ici d'une allusion à l'affaire des billets de confession, à l'affaire de l'Hôpital général, au rôle aussi que jouait Beaumont dans la grande affaire des Jésuites et à ses protestations contre la mollesse du pouvoir devant l'agitation philosophique. Dans tout ceci Beaumont s'attirait des marques de désapprobation de la part du gouvernement.
[4] 'Paissez le troupeau de Dieu qui est sous votre garde, non par contrainte, mais volontairement, selon Dieu; non pour un gain sordide, mais avec dévouement; non comme dominant sur ceux qui vous sont échus en partage, mais en étant les modèles du troupeau. Et lorsque le souverain pasteur paraîtra, vous obtiendrez la couronne incorruptible de la gloire.'

Or je vous demande quel rapport il y a entre cette résistance de Dieu et la bonté de Bélizaire? Il est utile de recommander l'humilité, mais il faut aussi recommander le sens commun.

On est bien étonné que votre mandataire ait critiqué cette expression humaine et naïve de Bélizaire:[5] 'Est-il besoin qu'il y ait 50 tant de réprouvés?' Non seulement vous ne voulez pas que Bélizaire soit bon, mais vous voulez aussi que le Dieu de miséricorde ne soit pas bon. Quel plaisir aurez-vous, s'il vous plaît, quand tout le monde sera damné? Nous ne sommes point si impitoyables dans notre île. Notre prédécesseur, le grand Tillot- 55 son,[6] reconnu pour le prédicateur de l'Europe le plus sensé et le moins déclamateur, a parlé comme Bélizaire dans presque tous ses sermons. Vous me permettrez ici de prendre son parti. Soyez damné si vous le voulez, milord, vous et votre mandataire; j'y consens de tout mon cœur; mais je vous avertis que je ne veux point 60 l'être, et que je souhaiterais aussi que mes amis ne le fussent point. Il faut avoir un peu de charité.

J'aurais bien d'autres choses à dire à votre mandataire. Je lui recommanderais surtout d'être moins ennuyeux. L'ennui est toujours mortel pour les mandements; c'est un point essentiel 65 auquel on ne prend pas assez garde dans votre pays.

Sur ce, mon cher confrère, je vous recommande à la *bonté* divine, quoique le mot de *bon* vous fasse tant de peine.

Votre *bon* confrère l'Archevêque de Cantorberi.

P.S. Quand vous écrirez à l'évêque de Rome, faites-lui, je vous 70 prie, mes compliments. J'ai toujours beaucoup de considération

---

47   68B, NM, W68, W75G: est inutile de [*erreur*]
59-60   68B, 68BR: milord, mais

---

[5] *Bélisaire*, p.241.
[6] John Tillotson (1630-1694), dont le talent dans la prédiction lui valut, en 1672, sous le règne de Jacques II, le doyenné de Cantorbéry; jouissant de la faveur de Guillaume III et de Mary, il devint successivement doyen de Saint-Paul de Londres, secrétaire royal (1689) et archevêque de Cantorbéry (1691).

pour lui en qualité de frère. On me mande qu'il a essuyé depuis peu quelques petits désagréments; qu'un cheval de Naples a donné un terrible coup de pied à sa mule; qu'une barque de Venise a serré de près la barque de saint Pierre; et qu'un fromage du Parmesan lui a donné une indigestion violente.[7] J'en suis fâché. On dit que c'est un *bon homme*, pardonnez-moi ce mot. J'ai fort connu son père dans mon voyage d'Italie; c'était un *bon* banquier; mais il paraît que le fils n'entend pas son compte.

[7] Quoique Clément XIII fût Vénitien, le grand conseil de la république diminuait, à cette époque, l'influence et le nombre des milices papales. Voyez, dans le *Précis du siècle de Louis XV*, ch.39, comment, pour venger l'insulte faite à Ferdinand, duc de Parme, le roi de France venait de s'emparer d'Avignon, et comment Ferdinand IV, roi de Naples, en avait fait autant de Bénévent et de Ponte-Corvo. (Note de Clogenson, *Œuvres complètes de Voltaire*, Paris, 1835.)

La Prophétie de la Sorbonne
de l'an *1530*

Edition critique

par

John Renwick

TABLE DES MATIÈRES

INTRODUCTION

Le mois de décembre 1767 vit la fin de l'*affaire de Bélisaire* en Sorbonne, affaire qui avait provoqué une violente querelle entre les philosophes et la Sorbonne, qui censure le livre de Marmontel. Ardent défenseur de Marmontel dans sa période la plus difficile,[1] Voltaire avait toutefois mis fin à sa propre campagne en faveur de son disciple et contre la Faculté dès le mois d'août.[2] L'accalmie qui s'ensuivit – due en partie aux graves accusations publiquement formulées par l'abbé François-Marie Coger contre l'auteur du *Dictionnaire philosophique* et d'autre part à une décision prudente de la part de l'accusé – et qui se prolongeait de mois en mois, ne semblait guère, de ce fait, préluder à une reprise des hostilités. La parution de *La Prophétie de la Sorbonne*, au mois de janvier 1768, nous semblerait donc inopinée. Etant donné ce que nous savons de la 'grande peur' de l'été, et des circonstances qui avaient commandé le mutisme de Voltaire, ce nouvel incident paraîtrait même s'être produit contre toute attente. A première vue le lancement d'une fusée volante de sa part après six mois de silence (pendant lesquels il s'était constamment et consciencieusement refusé toute hardiesse reconnaissable contre la Faculté de théologie) semble en effet aussi imprévu qu'illogique... A regarder de plus près, il n'était ni l'un ni l'autre. En somme, les circonstances déplorables qui avaient empêché une continuation de sa polémique n'étaient tout simplement plus les mêmes. Et pour des raisons bien curieuses Voltaire croyait enfin opportun de reprendre son offensive, de saper de nouveau les positions des ennemis de Marmontel et de la tolérance.

Une lecture, même hâtive, de cette *Prophétie* démontre en vérité

---

[1] Voir les introductions aux *Anecdotes sur Bélisaire*, éd. John Renwick (*OCV*, t.63A).

[2] Voir l'introduction à la *Réponse catégorique au sieur Cogé*, éd. John Renwick (*OCV*, t.63A), où nous expliquons pourquoi.

que le patriarche – son courage en voie d'être non pas raffermi, mais augmenté – s'était tout à fait remis de ses émotions du mois d'août. Somme toute, ce catalogue des principaux méfaits de la Sorbonne depuis le seizième siècle, ces couplets renfermant les constantes accusations lancées fort habilement de Ferney contre elle, ce réquisitoire dont la fin prédit son incessante disparition, comparés même aux *Anecdotes*, ne figurent pas en mauvaise posture: la densité et la force incisive du pamphlet, son insolence, son rythme inexorable menant à une conclusion de plus en plus attendue, ses notes justificatives, en font un instrument qui supporte très bien la comparaison.

Mais il n'est pas question de discuter ici la forme littéraire de cette *Prophétie* dans le cadre de la polémique de Voltaire. Chacun en tirera les conclusions qui s'imposent. De toute évidence l'essentiel est d'indiquer les circonstances où cette *Prophétie* fut écrite et, surtout, celles qui encouragèrent Voltaire à le faire. Une brève esquisse du déroulement de l'affaire de Bélisaire en Sorbonne, dès juin 1767, fournira les précisions nécessaires.

Dans notre introduction à la *Seconde anecdote sur Bélisaire* nous avons établi que l'intervention de Voltaire et de Turgot, située dans la première quinzaine de juin 1767, avait forcé la Sorbonne à réduire le nombre des propositions condamnables extraites du livre de Marmontel. En fait le projet de censure voté le 26 juin[3] ne roulait plus que sur dix-neuf d'entre les trente-sept primitives. Les plus brûlantes concernant la tolérance avaient disparu. La campagne des philosophes avait porté ses fruits... mais la victoire n'était ni complète ni concluante, car les réclamations que la Faculté adressait à Louis XV dans ce projet, où elle soutenait la nécessité fondamentale de l'intolérance religieuse et civile, et où elle invitait le souverain à adopter une attitude encore plus ferme à l'égard des protestants, subsistaient encore.

Imprimée, telle quelle, et présentée un mois plus tard au scrutin

[3] Paris, Archives nationales, MM.258, f.200-78.

de l'autorité civile, cette partie de la censure ne tarda pas à rencontrer auprès d'elle un obstacle infranchissable: au moment où Louis XV et ses ministres commençaient à se préoccuper du sort des protestants, où le public s'identifiait de plus en plus ouvertement à leur cause, de telles prises de position peu indulgentes et encore moins conformes aux circonstances politiques du royaume leur paraissaient pour le moins inopportunes. Le gouvernement arrêta donc la diffusion de la censure et exigea une nouvelle rédaction de cette partie jugée inacceptable. Les gens sûrs et dociles, enrôlés pour y faire des corrections, lui donnèrent satisfaction, ô combien! car ils réussirent à produire une simple exposition des principes reçus sur l'intolérance, d'ailleurs fort vagues et ambigus au point de laisser le roi maître absolu chez lui dans n'importe quelle occasion où les protestants seraient en cause.

Le 27 novembre 1767 ce fut le tour d'un autre homme sûr de faire preuve de docilité: ce jour-là le syndic Riballier, homme dévoué à la cour, enrôlé de son côté pour faire passer les corrections, fit lecture devant les commissaires de la thèse reformulée. Par miracle il n'y eut pas d'opposition. Sans doute de guerre lasse, excédés d'être continuellement en butte aux sarcasmes des philosophes qui, à la différence de Voltaire, ne s'étaient pas tus, les commissaires se hâtèrent d'approuver d'une voix unanime un texte qui allait porter la dissension au sein de la Faculté.

Assez bien renseigné (D14414, D14436, et autres), Voltaire n'ignorait pas les difficultés de la Sorbonne dès le mois de juillet; mais il n'allait surtout pas ignorer que le gouvernement s'opposait résolument en ce moment, tout comme lui, à la manifestation d'un état d'esprit digne du seizième siècle.[4] Si le patriarche, qui croyait apercevoir l'aurore d'un plus beau jour en Europe et maintenant à plus forte raison en France,[5] reprenait courage à la pensée que

---

[4] D14436, D14553, D14565, D14591, D14598, D14620.
[5] Voir à propos des espérances de Voltaire à cette époque précise, R. Pomeau, *La Religion de Voltaire* (Paris, 1969), p.352-53.

Louis XV faisait 'cause commune' avec la philosophie, donc 'avec lui', les événements du mois de décembre 1767, s'il en avait eu connaissance, durent l'enhardir. Car le souverain, confronté à une Faculté qui n'avait aucune intention d'agréer les principes généraux contenus dans la censure édulcorée (adoptés en secret en son nom et sans son consentement) lui fit comprendre à plusieurs reprises et de diverses manières qu'elle ferait mieux de se taire et de cacher son manque de solidarité avec ses commissaires. Principalement par lettre de cachet et par messages transmis de vive voix, 'défenses étaient faites à la Sorbonne de s'occuper de la nouvelle censure, de faire aucunes réclamations à son sujet'. Les philosophes exultaient. Il y avait de quoi... et il y avait mieux: placé de nouveau devant une Faculté désespérée qui voulait néanmoins désavouer les conclusions sur l'intolérance qu'on lui attribuait, Louis XV agit d'une manière digne de ces monarques du Nord tant prônés. Par lettre des plus officielles, du jour de Noël 1767,[6] le souverain apporta lui-même la paix sur la terre et au sein de la Faculté. Très éclairé et sage pour les uns, peu chrétien et peu charitable pour les autres, il la réduisit – cachant mal son déplaisir – à un état de silence proche de l'impuissance.

Nous ignorons parfaitement si Voltaire était au courant de ces royales interventions.[7] Peu importe. Qu'il en eût connaissance ou non, il était *déjà* assez enhardi, bien avant le mois de décembre, pour pouvoir envisager la reprise de sa propre campagne sitôt justifiée. Depuis plusieurs mois déjà toutes les apparences indiquaient en effet que la colère du souverain n'était plus réservée à l'auteur du *Dictionnaire philosophique*, mais a la Faculté.

Grisé par la belle tournure que prenait l'*affaire de Bélisaire*, ravi d'apprendre pendant l'automne que la solidarité du Trône et de l'Autel semblait de plus en plus compromise, le patriarche aurait-il cru que son vieux rêve d'une alliance entre les idées des

---

[6] An, MM.258, f.192.

[7] Tout le monde à Paris était au courant de cette fermeté de la part de Louis XV; mais D14636 (1er janvier 1768) est la seule lettre qui fasse penser que Voltaire l'était (peut-être) aussi.

philosophes et les moyens des autorités commençait enfin à se réaliser? Si oui, on voudra bien lui pardonner son optimisme. Quoi qu'il en fût, il est tout à fait loisible de supposer que, dans le sillage des 'alliés' du moment, qui donnaient des marques d'une vive 'antipathie' pour la Sorbonne et qui ne craignaient pas de 'se dissocier' d'elle d'une manière on ne pouvait plus ferme, il crut les circonstances désormais assez propices pour se permettre tôt ou tard une nouvelle plaisanterie. Tels sont les antécédents de *La Prophétie de la Sorbonne.*

Il nous reste à délimiter, dans la mesure du possible, la période de sa rédaction. Nous disons bien 'période', car il n'est nullement question d'indiquer, avec une exactitude mathématique, preuves à l'appui, un jour ou une suite de jours bien définis. Les données sont insuffisantes. Toujours est-il qu'un couplet de *La Prophétie*, visant la *Censure de Bélisaire* (Paris, Veuve Simon et fils, 1767):

> Les décrets que grifonneras
> Seront sifflés publiquement

trahit une période restreinte. Mais Voltaire lui-même ne nous donne guère d'espoir d'être plus explicite, parce que pour toute précision il ajoute en note: 'C'est ce qui vient d'arriver'. Nous en savons toutefois assez sur la publication de la *Censure* pour pouvoir affirmer que la date de décembre 1767, longtemps proposée par d'autres éditeurs, est erronée et que la phrase: *c'est ce qui vient d'arriver* ne peut nous orienter que vers le début du mois de janvier 1768. Puisque ce ne fut que par la lettre de Marmontel du 29 décembre 1767 (D14628), reçue sans doute vers le 5 janvier, que Voltaire apprit l'existence de la *Censure*[8] et que Theodore Besterman propose comme date d'envoi de *La Prophétie* le 22 janvier (D14694, n.1), la période de rédaction semble être ainsi délimitée.

---

[8] L'histoire de la *Censure de Bélisaire*, durant le mois de décembre 1767, est fort obscure. Publiée enfin, sous sa nouvelle forme, au début du mois, il semble qu'elle fut cependant arrêtée une seconde fois, sur les instances de Christophe de Beaumont, pour être finalement mise en vente vers les 28/29 décembre.

Les manuscrits inédits de la *Correspondance littéraire* établit un *terminus ante quem* du 1er février 1768. Sous cette date nous lisons:

On a trouvé à l'occasion de la censure de Bélisaire par la Sorbonne dans une des caves du Château de Ferney le monument suivant, d'autant plus intéressant qu'à l'exception du dernier article, tous les autres se sont exactement accomplis; ce qui fait présumer que dans la plénitude des temps cet article le sera pareillement. Comme une prophétie ne peut être mieux prouvée que par un miracle toujours subsistant, celle-ci doit avoir chez tous les bons esprits le plus haut degré d'authenticité, attendu que ce n'est que par un miracle incontestable que M. Baluze qui est né en 1630 et mort en 1718 a pu composer et laisser des manuscrits en 1530, c'est-à-dire tout juste cent ans avant sa naissance. [9]

Les *Mémoires secrets* en date du 7 février note que: 'La Sorbonne est aujourd'hui l'objet des sarcasmes de tous nos modernes philosophes. Chaque jour ce sont de nouveaux pamphlets où l'on rappelle des anecdotes peu flatteuses pour ce Corps. On vient d'imprimer une Prophétie où elle est fort maltraitée.' Trois jours plus tard le texte du poème se trouve dans les *Mémoires*.

Notre intuition, et nous ne la présentons que comme telle, est toutefois que *La Prophétie* daterait du début de l'année 1768. Que l'on compare en effet le texte du nouveau pamphlet et celui de la lettre à Chabanon datée du 11 janvier (D14661):

Tout paraît tendre aujourd'hui à la conciliation dans le monde, depuis qu'on a chassé les jesuites de quatre royaumes. La tolérance vient d'être solennellement établie en Pologne comme en Russie, c'est à dire dans environ treize cent mille lieues carrées de pays. Ainsi la Sorbonne n'a raison que dans deux mille cinq cent pieds carrés, qui composent la belle salle où elle donne ses beaux décrets. Certainement le genre humain l'emportera à la fin sur la Sorbonne.

Vérification faite, le lecteur verra que c'est là la seule lettre de la période qui reprenne certaines remarques de *La Prophétie de la Sorbonne*.

---

[9] Emile Lizé, *Voltaire, Grimm et la Correspondance littéraire*, *SVEC* 180 (1979), p.158-59.

Editions

68

[*ligne double*] / LA / PROPHETIE / DE LA / SORBONNE / *De l'an* 1530, *tirée des manuscrits* / *de Mr.* BALUSE, *Tome 1er.* / *page* 117. / [*ligne double ornée*]

2 pp.

Paris, BnF: 8° Ye 4394 (qui paraît être la première édition). Edition non signalée par Bengesco, n° 1748 (ii.212-13).

CL

Correspondance littéraire, 1 février 1768.

Folios 30v-31r La Prophétie de la Sorbonne de l'an 1530, tirée des manuscrits de M. Baluze, tôme premier, page 117.

Paris, BHVP: CP3850.

Mémoires secrets

Mémoires secrets pour servir à l'histoire de la République des lettres en France [dit de Bachaumont]

Tome 3 (Londres, chez John Adamson, 1780), p.300-301 (en date du 10 février 1768) La Prophétie de la Sorbonne de l'an 1530, tirée des manuscrits de Mr Baluze, tom.1, p.117.

Même texte que 68; deux petites variantes dans les notes. Le poème est divisé en cinq strophes.

EJ69

L'EVANGILE / DU JOUR / CONTENANT [*suivi de la table de matières du tome 3* / *fleuron* / *règle gras-maigre* /] A LONDRES / MDCCLXIX.

8°. 208 pp. Imprimé à Amsterdam.

[Tome 3], p.73-74 La Prophétie de la Sorbonne de l'an 1530, tirée des manuscrits de Mr Baluse, tome 1er, page 117.

Notre texte est précédé de la *Lettre pastorale à l'évêque d'Auch* et suivi de l'*Instruction pastorale de l'évêque d'Aléotopolis*.

Même texte que 68.

Londres, BL: 12316.ppp.2. Oxford, Taylor: V8.E8.1769 (1/1). Paris, BnF: D² 5300 (3), Rés. Z. Beuchot 290 (3), Rés. Z. Beuchot 290 (*bis*,3).

EJ76

L'Evangile du jour [Tome 3] (1776), p.62-63.

Réédition du précédent en 179 pp.

Paris, BnF: Rés. Z. Bengesco 378 (4).

K

Œuvres complètes de Voltaire. [Kehl,] Société littéraire-typographique, 1784-1789. 70 vol. 8°.

Tome 46, p.274-75 La Prophétie de la Sorbonne de l'an 1530, tirée des manuscrits de M. Baluse, tome 1ᵉʳ, page 117.

Bengesco 2142; Trapnell K; BnC 164-69.

Oxford, Taylor: V1 1785/2 (29); VF. Paris, BnF: Rés. P Z 2209 (29), Rés. Z. 609.

Principes d'édition

L'édition choisie comme texte de base est la première, de 1768.

Traitement du texte de base

On a conservé les italiques du texte de base, ainsi que les noms propres et la ponctuation. Le texte de base a fait l'objet d'une modernisation portant sur la graphie, l'accentuation et la grammaire. Les particularités du texte de base dans ces trois domaines étaient les suivantes:

1. Consonnes

- redoublement de consonnes contraire à l'usage actuel: appella, rejettée.

– présence d'une seule consonne là où l'usage actuel prescrit son doublement: grifoneras, siflés.

2. Voyelles

– emploi de *i* à la place de *y* dans: tiran.

3. Divers

– utilisation systématique de la perluette.

4. Graphies particulières

– l'orthographe moderne a été rétablie dans: encor, solemnellement.

5. Abréviations

– Mr devient M.

6. L'emploi de la majuscule

– nous mettons la majuscule à (Henri) Quatre.
– nous mettons la minuscule aux mots suivants qui portent une majuscule dans le texte de base: bulle, janvier, jésuites, juillet, mai, *prima mensis*.

LA PROPHÉTIE DE LA SORBONNE
DE L'AN 1530,

tirée des manuscrits de M. Baluse, [1] *tome 1er, page 117.*

Au *prima mensis* tu boiras
D'assez mauvais vin largement.
En mauvais latin parleras
Et en français pareillement.
Pour et contre clabauderas   5
Sur l'un et l'autre Testament.
Vingt fois de parti changeras
Pour quelques écus seulement. (*a*)

(*a*) On a encore à Londres les quittances des docteurs de Sorbonne consultés le 2 juillet en 1530, sur le divorce de Henri VIII par Thomas Krouk [2] agent de ce tyran, qui délivra l'argent aux docteurs.

---

[1] Comme nous l'avons vu, selon Grimm Voltaire prend le nom d'Etienne Baluze (1630-1718), secrétaire de l'archevêque de Toulouse, Pierre de Marca, bibliothécaire de Colbert, et professeur de droit canon au Collège de France.

[2] Il s'agit de Richard Crook (?-1558), helléniste anglais qui professa le grec à Leipzig et à Cambridge. Il fut chargé par Henri VIII, lorsque ce prince voulut divorcer d'avec Catherine d'Aragon, d'aller solliciter en sa faveur les suffrages des universités de l'Europe. Dans *EM* (éd. R. Pomeau, t.2, p.254), Voltaire avait noté: 'Henri VIII payait partout les avis des docteurs qui se déclaraient pour lui. Le temps a découvert ces mystères: on a vu dans les comptes d'un agent secret du roi, nommé Crouk: "A un religieux servite, un écu; à deux de l'Observance, deux écus; au prieur de Saint-Jean, quinze écus; au prédicateur Jean Marino, vingt écus." On voit que le prix était différent selon le crédit du suffrage. Cet acheteur de décisions théologiques s'excusait en protestant qu'il n'avait jamais marchandé, et que jamais il n'avait donné l'argent qu'après la signature. (1530, 2 juillet) Enfin les universités de France, et surtout la Sorbonne, décidèrent que le mariage de Henri avec Catherine d'Espagne n'était point légitime, et que le pape n'avait pas le droit de dispenser de la loi du *Lévitique*.'

Henri Quatre tu maudiras
Quatre fois solennellement. (*b*)   10
La mémoire tu béniras
Du bienheureux Jaques Clément. (*c*)
La bulle humblement recevras,
L'ayant rejetée hautement. (*d*)
Les décrets que griffonneras   15
Seront sifflés publiquement. (*e*)
Les jésuites remplaceras,
Et les passeras mêmement.
A la fin comme eux tu seras
Chassé très vraisemblablement. (*f*)   20

(*b*) Il y eut quatre principaux libelles de la Sorbonne appellés *décrets* qui méritaient le dernier supplice. Le plus violent est du 7 mai 1590. On y déclare excommunié et damné le grand Henri IV, ainsi que tous ses sujets fidèles.

(*c*) Le moine Jaques Clément étudiant en Sorbonne ne voulut entreprendre son saint parricide que lorsque soixante et douze docteurs eurent déclaré unanimement le trône vacant, et les sujets déliés du serment de fidélité le 7 janvier 1589.

(*d*) On sait que la Sorbonne appela de la bulle *Unigenitus* au futur Concile en 1718, et la reçut ensuite comme règle de foi.

(*e*) C'est ce qui vient d'arriver, et ce qui désormais arrivera toujours.

(*f*) Amen!

n.*e* K: d'arriver à la censure de Bélisaire, et

Relation du bannissement des Jésuites de la Chine par l'auteur du Compère Mathieu

Critical edition

by

Basil Guy

CONTENTS

INTRODUCTION

On 11 January 1724 the Yung Ch'eng Emperor of China issued an edict banishing Christian missionaries, and specifically representatives of the Society of Jesus, from his capital and his empire. This was not the first time in the one hundred-odd years since members of the Society had reached Beijing that their fortunes seemed to be on the ebb. Now and again, from 1620 to 1717, their activities had been seriously curtailed; but never had their efforts provided such animus as characterised this response from the Yung Ch'eng Emperor. While expulsion did not signal the end of Jesuit proselytising in the Middle Kingdom – the mission did not close until 1783 – it certainly sounded the death-knell for the careers of those who had, for a time, fared brilliantly as courtiers, scientists, artists and even governors. But, however successful, their very presence in the inner circles of the court aroused local jealousies. When the threat of open rebellion by the White Lotus and Lo Whei secret societies surfaced in 1722, there was a purge of many mandarins and officials and it was only natural that some Jesuits be compromised and condemned – not as religious, nor even as foreigners, but as regularly appointed civil servants. No doubt, as had happened before, this action would soon have been palliated, perhaps even reversed, because of the very special functions of the missionaries who had made themselves useful to the ruling dynasty – indispensable even – as astronomers, armourers, artists and technicians. But the protests voiced by the head of the mission served only to antagonise the few friends remaining to the Jesuits, not least of whom was the Emperor himself, so that one might say their case (and that of Christians throughout the Empire) was highly prejudiced and their situation jeopardised through their own querulousness. Combined with more and more frequent reports about Jesuit meddling and love of controversy which reached Beijing from Europe at roughly the

77

same time, their disregard for propriety and 'form' sufficed to seal their fate in China, just as the existence of their mission was condemned by no less a person than the Pope, and in the name of the same principles as prompted the edict of the Yung Ch'eng Emperor.

Ex illa die, the papal bull condemning the Jesuits (19 March 1715), should not have been totally unexpected by them, however. As a reaction to the same quarrels which had diminished their stature in the eyes of the Chinese Emperor, it attempted to lay to rest the problems that had beset the Jesuits, the Papacy and Christendom in general for more than one hundred years, problems whose nature and argument are commonly referred to as 'The Chinese Rites Controversy'. This quarrel, dating from 1642, was the result of differing opinions among Christians both in China and in Europe, even among the Jesuits themselves, about the accommodation of Chinese religion to Christianity and involved three main points: 1) the nature of the cult rendered to Confucius, 2) the rites of ancestor-worship, and 3) the proper choice and translation of the word for 'God'. The quarrel aroused much debate in Europe and disrupted important theological discussions or delicate political negotiations, obtruding outrageously on daily life, especially in France. But the nature of the controversy was so misunderstood and the stakes for which all sides were playing so high that this seemingly ancillary problem was to be the bane of Jesuit and other Christian missions to the Orient. It would ultimately contribute to the ruin of the Society itself.

Jesuit missionaries to China had early admitted that in principle the Confucian notion of *T'ien* (heaven) could correspond to the Christian conception of God. Or did the Chinese mean thereby only the material sky? And what of the term *Shang-ti* (the Supreme Being – in which instance certain translators showed themselves to be 'philosophes' before the fact)? Or yet again, what of *T'ien-chu* (the Lord of Heaven)? The Roman Catholic choice of the relatively unfamiliar *T'ien-chu* was far less a compromise than the later Protestant choice of *Shang-ti*. As the tormented missionary translators of the nineteenth century must have been the first to observe, it was the latter more compromising term which had the greater appeal. The T'ai Ping rebels (1850-1864) in their pseudo-Christian ideology chose the word *Shang-ti* for 'God' and deliberately rejected both *T'ien-chu* and *Yeh-ho-hua* (Jehova) as foreignisms.

This question of interpretation was the more delicate since, in order to resolve it, philological training and an exact knowledge of Chinese metaphysical theories were necessary. Although such fields of inquiry were relatively unknown and, hence, relatively undeveloped in the seventeenth century, there were Jesuits who wanted to interpret Chinese doctrines in such a way as to adapt them to Christianity; they also desired to adopt oriental manners, the better to win the confidence of the Chinese.

Both the ceremonies performed in honour of Confucius and the respects paid to ancestors could be regarded as purely secular rites, as simple homage to the Sage or as mere acts of filial piety. Thus, without sacrificing any part of Christian dogma or admitting to any act of paganism, they avoided a direct conflict with the Confucian literati, that is to say, the mandarinate or government. Pope Alexander VII had been in agreement with this stance, but the campaign against the Rites was prosecuted by Christians who, though undoubtedly zealous believers, knew far less about China and its religion than did the Jesuits and were less capable of appreciating the metaphysical and theological significance of Chinese concepts. As a result, the rites were condemned and the Jesuits chastised in the papal bull of 1715.

Even if, later, the Emperor's successor relented somewhat and asked Jesuit technicians and artists back to his court (edict of 24 April 1736), the Society was not deceived. So great had been the blows from which they suffered at home and abroad, that the Jesuit mission in China was scarcely able to recover. For Europe itself seemed determined to halt their progress in the Middle Kingdom. In 1764 the government of Louis XV turned the fathers out of France; then, under pressure from the courts of Versailles and

Madrid, the Holy See gave way and in 1773 the Society of Jesus had to disappear from both Europe and China until 1814.

The intelligentsia in Paris who applauded this measure little realised that by this action France was suffering a setback in the Far East comparable only to her loss of 'a few acres of snow' in Canada ten years before.

With publication in 1768 of the *Relation du bannissement des Jésuites de la Chine* amid growing confusion as to the rights and prerogatives of principalities and powers, we have a perfect example of voltairianism at its most characteristic. Like so many works by Voltaire from the end of his life, this *Relation* undoutedly underwent extensive revision, with innumerable alterations and additions. Notwithstanding the lack of manuscripts which might prove our contention, the unity of Voltaire's text is patent, proof enough that he had conceived of the nature and thrust of his argument at one time. His firmness of intent and clarity of vision alone can account for the tone and meaning we discern here. The result is that, except for typographical errors and the like, most of the early editions conform remarkably with one another, present-ing few variants and as complete a text as the orginal which appeared in March of 1768. Beuchot identified number 68A1 of our bibliography as being the first edition, and there is little reason to question this. The other editions of 1768 have no better claim, and indeed 68D has a number of unique variants that suggest it has no authority.

Voltaire was early convinced of the value of this *rogaton*, both as literary artifact and as social irritant (see D14841). As evidence, we need only look at the subtitle, a sort of challenge to the literary and political lights of his day to identify the author – not as the successful poet of the *Henriade*, the dramatist of *Zaïre*, nor as the historian of Louis XIV, but as the scabrous polygraph of *Le Compère Mathieu*. When this last-named volume had appeared in 1766 under the ostensibly false imprint 'Londres', it had been attributed to Voltaire who, as he frequently did with contentious publications, protested that the work was not his. We now know that it was indeed the work of an otherwise obscure priest named Du Laurens, who was then down on his luck, and that for once Voltaire was telling the truth. Thus, when almost two years later Voltaire published this *Relation*, he could do no better than take his revenge on the literary world by subtitling it 'par l'auteur du *Compère Mathieu*'. What was more, he could kill another bird with the same stone and protect himself from political persecution by giving the authorities a false lead. And who knows, perhaps reasoned Voltaire, Du Laurens could be made to pay for his earlier tricks, since like those editions bearing the imprint 'Amsterdam', the real author of the *Compère Mathieu* had taken refuge in Holland.

But was this work so subversive in 1768 as to encourage Voltaire's fears for his own safety, lost as he then was in the back-country of the Jura but master of Ferney? The answer to this question has to be no, and a more convincing explanation found for Voltaire's subterfuge. Let us therefore recall that just as the *Relation* was being readied for the press, Voltaire had played the comedy of making his Easter communion. This display aroused considerable reaction in France, as much from the *philosophes* as from the orthodox. The result generally was that Voltaire found himself roundly condemned in all quarters – a traitor to the cause by D'Alembert and company, a blasphemer by his bishop, a hypocrite by all (see D14932, D15631 *passim*). The repercussions would be heard for some time (and would become more serious one year later by a repeat performance, much more refined, drawn-out and infuriating than the first) and would find a rather sobering echo in a letter from J.-P. Biord to the patriarch. Voltaire's correspondent writes that either Voltaire believes sincerely in the Creed he has mouthed at mass and therefore 'a toujours réprouvé et condamné et détesté les impiétés, les blasphèmes et tous les sentiments d'irréligion contenus dans *l'Epître à Uranie* et *la Pucelle d'Orléans*, [...] *la Relation du Bannissement des Jésuites à* [*sic*] *la Chine*, et cent autres ouvrages de la même nature', or Voltaire is making fast and loose with the Church, religion and society, and must be condemned as a man 'sans sentiments, sans honneur, sans probité'. 'Vous dites que vous êtes chrétien: parlez donc, agissez et vivez en chrétien' (D15631). In all such criticism, whether from the pen of Biord or from that of others, it is most interesting to note how the *Relation* is linked with some of Voltaire's more contentious accomplishments like *La Pucelle*, and they, in turn, to his un-Christian attitude and irreverence. Whether or not this reasoning be correct, we must, however, ask: How can these statements be true? or Why? and so turn for an answer to the materials they cite, especially the *Relation du bannissement des Jésuites de la Chine*.

After a succinct and factual introduction, in which Voltaire briefly sums up what was known about China in his day, he expatiates on the state of religion in the Empire. Mention of this topic allows Voltaire to introduce the person (and personality) of the Yung Ch'eng Emperor who was considered one of the most religious and tolerant rulers of his time. But was he enlightened? It is true that there were unfortunate exemplars of religious fanaticism admitted within the Empire and adapting successfully to Chinese ways. These were the *bonzes*. There were, however, others, Voltaire's *bonzes jésuites*, who formed a special category and sowed discord while accomplishing little else for the betterment of the Chinese people. Witness, says the author, the example of the Rites Controversy. The Yung Ch'eng Emperor then comes to the centre of the stage proclaiming his open-mindedness and his desire to inform himself properly in order to be fair, and calls for Frère Rigolet. Voltaire briefly characterises the Jesuit in comic fashion, after which the Emperor proceeds to question Rigolet about his religion, why (and how) it is 'catholic', the nature of the Christian God, etc. In reply to this last, Rigolet begins with 'historical' statements about Christ being born in a stable, but as he attempts to describe the Trinity he starts to turn in circles, falling back on numerous (and contradictory) quotations from the Bible which do no more than introduce the word 'miracles', and confuse the Emperor who then wonders how God can be consumed as both flesh and blood in the sacrifice of the mass. Rigolet replies that he can demonstrate this apparent paradox if the Emperor will but excuse him for a minute. Permission being granted, Rigolet scampers off, leaving the Emperor alone with a Secretary of State who inveighs at length against the disruptions occasioned by Christian missionaries in general and the Jesuits in particular as he attempts to persuade the Emperor against the Society which he compares for easier recognition in Chinese terms with the 'secte de Fo', or superstitious Buddhists.

Rigolet returns shortly with his hosts and asks for wine, which he claims he will turn into blood. Rigolet commits serious doctrinal errors and verges on heresy. The Emperor is at a loss to understand exactly what Rigolet's words may mean. He asks how the Jesuits differ from other so-called Christians and especially from other religious communities. Rigolet condemns them as the enemies of the Jesuits, says that when others receive communion, it is in such bad faith and ignorance that they do so to their own damnation, and urges the Emperor to banish them. The Emperor tips Rigolet and sends him away.

The next day, the Emperor's edict banishing all the missionaries from the Middle Kingdom is read before the court. The terms may seem harsh, but they are just. And they are historically accurate. The complete text of this edict was available to Voltaire in the *Lettres édifiantes* (vol.17, p.268f). It had impressed him so much that he included it in the *Essai sur les mœurs*, in the *Entretiens chinois*, and in the article 'Chine' of the *Questions sur l'Encyclopédie*, as well as in this *Relation*. Nonetheless, Voltaire, as any good artist, realised that he could gain more from his audience by deft touches – and not by sermonising – and summarily concludes this dialogue with a quip which illustrates his own point of view and forces us to recognise that his premise is correct: the Yung Ch'eng Emperor was a tolerant and truly wise ruler.

Voltaire had earlier given a clue to the validity of this interpretation when he wrote at the end of the *Siècle de Louis XIV*: 'Tel était cet empereur, et malheureusement ce fut lui qui proscrivit la religion chrétienne.' His use of the adverb 'malheureusement' tells us much about Voltaire's true sentiments. Since at least the 1740s and the studies destined for the *Essai sur les mœurs* Voltaire had been interested in China. He was constantly attempting to prove that the Chinese had found a reasonable solution to problems of civil government by basing happiness on an agricultural economy and religious toleration. 'Philosophy' was reserved for the mandarins, he thought, while the masses could wallow in superstition, provided they caused no civil disturbance through fanaticism fostered by ignorance. The first two chapters of the *Essai sur les mœurs* are devoted to China, and there Voltaire develops at length his interpretation of religion and atheism in the Empire.

Thereafter Voltaire weakened somewhat in his enthusiasm for the mandarins and claimed they were no more than crass materialists, exploited by fanatics and contemptuous of the well-being of all who were entrusted to their charge, the masses. On several occasions he declared that Confucianism was no more than a vague spiritualism, divorced from doctrine or sectarian belief. The *Dictionnaire philosophique* would contain several articles on just this topic, but in part 3 of the article 'Gloire' as presented in Moland (vol.19, p.267-70) we may still find an expression of Voltaire's *rêve chinois*. Yet what, specifically, were the arguments which the Chinese ideal was intended to exemplify?

In light of the foregoing résumé we can sense, behind each exchange between Rigolet and the Emperor, the hand of the patriarch of Ferney, concerned with the well-being of all men. Indeed, Voltaire employs here a technique which after approximately 1760 had become second nature to him as he set about reducing metaphysical problems to questions of morality. He could conceive of reality only in terms of humankind, whence the object of Voltaire's endeavour became improvement in the conditions of men's existence, preaching harmony among those of good-will. One of the seemingly impossible obstacles to such an achievement was organised religion, so closely attached to its

metaphysic as to be one with it and, so, like it, in need of change –
failing which, it should be destroyed. Among the religions with
which Voltaire was acquainted, none seemed worse than the one in
which he had been raised and which continued to influence his
every movement – Christianity, and more specifically Roman
Catholicism. In this latter sect the Bible, holy mysteries and a
pretence to universality were three especially galling and obnox-
ious elements of doctrine. The claim to catholicity in particular
would arouse Voltaire's ire in the *Relation*, looming everywhere in
the background of his dialogue, the object of his insistent criticism,
and evoking an unusually caustic commentary.

The continuing revelations and discussions of Chinese civilisa-
tion throughout the eighteenth century were as grist to Voltaire's
mill in this attack, since he could deploy his all-englobing curiosity
to controvert the spirit of missionary zeal and intolerance which
pretended to carry the message of Christian salvation to the far
corners of the earth in order to win back those souls who had been
lost. What presumption! What vanity! What foolishness!
exclaimed Voltaire. For in their eagerness to find self-justification
in the Middle Kingdom, Christian missionaries – and notably the
Jesuits – had run into difficulties. Recent investigations had
revealed that the Chinese were not barbarians, that they were
not uncivilised, but, rather, that they might be more enlightened
than, and hence superior to, Christians. The instructional possi-
bilities of such a paradox were not long in coming to the forefront
of European preoccupations – for whatever purpose. La Bruyère in
his chapter 'Des esprits forts' of *Les Caractères* had already
examined this question of proselytising but had resolved it in
favour of Christianity, while Bayle, in one of his more stunning
tracts (*Commentaire philosophique sur ces paroles de Jésus-Christ
Contrain-les d'entrer, ou Traité de la tolérance universelle*), had
damned with rare effect the very principle of forced conversions.
Given what has been said above, Voltaire could only opt for the
toleration and conciliating superiority of the Chinese, even though
he was unaware, along with many of his contemporaries, of their

real shortcomings. But since his purpose was to castigate religious pretence and the absurdity of doctrinaire metaphysics, it was only natural for him to argue this crucial point in the strongest of terms, as one of his early critics remarked: 'sans aucun ménagement contre le christianisme' (D14932). At the same time, in order to win friends and to influence them without incurring the displeasure of the politico-religious establishment, he had recourse to that deviousness for which he is perhaps best-known today and, as an artist of great talent, offered these sometimes repugnant truths with clever insinuation.

Thus Voltaire has made certain that the Emperor is presented as long-suffering, tolerant and great in understanding, both as a politician and as a man. Rigolet's character, on the other hand, is a foil to all those qualities and virtues which distinguish the Oriental potentate; but Rigolet is not an absolutely evil creature. Voltaire's perspicacity would not allow him to spoil his creation nor his chances of converting his readers by painting the Emperor's antithesis as completely black. He therefore creates a 'Secrétaire d'état' whose intervention, however brief, displays for all to see the duplicity of time-servers in a theocratic government and the impossibility of giving them full credence. Nevertheless, Voltaire is at pains for us to note that Rigolet is only a 'brother' of the Society of Jesus, a novice and certainly a man of lesser attainments than a regular priest. As such, he is unworthy of the respect owing those fathers like Parrenin and Verbiest whom Voltaire mentions later. This is a minor but important distinction if we are to understand fully Voltaire's argument in this dialogue. For, to his mind, there is a difference between cheats and boors, especially in the priesthood where one may find zealots, it is true, but also benefactors. Some priests may be intelligent and high-minded, but their religion is more attuned to the advantages of temporal rather than spiritual dominion, while others tend to compensate for their shortcomings by enthusiasm (and let us not forget the pejorative value of this term as used by Voltaire); but both sorts develop fanatics. Thus, the two are equally dangerous, the first because they tend to see everything in terms of repression; the second because they are so much prey to the imagination that it is not easy to control them, just as they cannot discipline themselves, and so contribute to strife, uprisings and disturbances of all sorts.

With such considerations in mind, we can easily see the import of this work, how it fits into Voltaire's general scheme of values, and how it functions in his programme for the betterment of all mankind. The combination of all these arguments in the *Relation du bannissement des Jésuites de la Chine* should convince us of its worth and the place it should occupy in the Voltaire canon. Yet, for its effect on both contemporary and future readers, Voltaire counted on another element which is perhaps subsumed by the foregoing, though in no way inferior to it, and that is the style. More perhaps than has been allowed, Voltaire, ever the astute propagandist, had completely assimilated the lessons he had learned when still a disciple of those Jesuits he has challenged in this dialogue, chief of which is that any such undertaking must do more than instruct. If it is to be effective, it must also amuse.

In his introduction to Voltaire's *Dialogues et anecdotes philosophiques*[1] Raymond Naves has aptly underlined the fact that the charm of such works as the *Relation* depends on surprise effects and turns which still disorient the reader and help to sow a kernel of 'philosophy' in his awakened conscience. The lesson which Voltaire teaches here is probably one of the most forceful we could conceive regarding the role and the value of toleration, even today. But the way in which he teaches – though perhaps familiar in some respects to those who know *La Pucelle*, the *Dictionnaire philosophique* and especially his *contes* – is nonetheless deserving of remark and a few comments. First, of course, there is the dialogue form, mixing repartee and partial characterisation of the principal interlocutors, both of whom manifest at one moment or another differing aspects of the various personae Voltaire's protean genius could assume. Then there are the transitional passages which, by

[1] Paris, 1939 (rev. ed. 1966), p.xviii.

reason of their limpidity and naturalness, allow the reader to follow comfortably wherever the author may lead. Here the exoticism of the subject is employed to great advantage as a spice for arduous or unpalatable arguments. This same facility and appositeness lend conviction to Voltaire's presentation, even when he treats of the most recondite problems of Biblical criticism. (Later and more learned critics of the Bible have not invalidated much of what the author of *La Bible enfin expliquée* has here examined so deftly that one scarcely suspects his considerable erudition.)

But more than all this, there is the humour. Such a display can only be successful when infinite shades of nuance are added to the more overt and robust elements of attack. And so it was. The paradoxical situation and the unlikeliness of any meeting, much less discussion, between two such antithetical protagonists is perhaps the first example to come to mind. But there is more, much more. In seeking the proper expression for his whimsy, irony, or sarcasm, Voltaire does not hesitate to run the whole gamut of the figures of classical rhetoric: the pun, the oxymoron, the *non sequitur*, etc. In the same way and to the same end he plays on the susceptibilities of many of his contemporaries (not to mention his own), as in the attribution of this work to Du Laurens, or in the choice of Rigoley de Juvigny as the original Frère Rigolet whose name invokes, even in modern French, the idea of 'joker, or prankster'. One of Voltaire's correspondents early noted his sparkling use of wit in this *Relation*, saying: 'c'est une des vues de nos Free-Witer ['free-writers', that is, 'free-thinkers'] de décrier les couvents et les moines, et si c'était la seule, il est clair qu'au lieu de sonner l'alarme, il n'y aurait qu'à prêter la main à une œuvre si huguenotte. Mais Aaron et la brebis, le Frère Rigolet [...] N'y a-t-il point là plus d'engins qu'il n'en faut, s'il ne s'agit que de faire sauter à leur tour les cochons de St Antoine?' (D15147).

Yet even here, there is some grudging. And although the critical criteria of today are not the same as those of 1768, we must admit all is not perfect in this *Relation*. If sometimes the humour touches on caricature rather than on comedy, if Voltaire's satire is too obvious, if, overcome by his task as polemicist, Voltaire sometimes allows his passion to degenerate into diatribe or a mere catalogue-listing to the point where he seems to forget both his characters and himself, if his manner is too overbearing and supercilious, if he seems too fastidious about points of doctrine that were never of more than minor concern, if Voltaire's lesson for the future seems more than a little naive and his hope too exclusively elitist, if his notion of an unreliable proletariat is repellent, we can easily gloss over these shortcomings because we feel we know the author and are convinced of the validity of his premise. Nonetheless, Voltaire's vulgarity has sometimes been held to get the better of his sense of style, and even some modern readers may find his treatment distasteful when the Emperor questions Rigolet about the physical after-effects of communion. For, despite the cleverness of such an interrogation (making allowance even for the circumstances), the concluding words of Frère Rigolet could be considered offensive, no less scandalous because uttered by a Jesuit, than they were to Voltaire's contemporaries (D15631 *passim*).

We can only hope, however, that such remarks do not obscure Voltaire's ultimate achievement in this dialogue, since the virtues which he does proclaim are as necessary today as yesterday, and a total condemnation of this work would only prove the author's point (and our blindness), a reaction tantamount to Marshal Coigny's alleged reply to Louis XV regarding censorship of the *Encyclopédie*: 'auriez-vous voulu qu'on jetât tout le souper par la fenêtre à cause de deux ragoûts manqués?' Or again, since the last word might legitimately belong to Voltaire in a presentation dealing with so delicate, not to say controversial, a subject as this, denying the virtues of the whole because of the failings of one single part would be as hypocritical as it would be foolish, for: 'Voilà ce que c'est que d'être infaillibles.'

Editions

68A1

RÉLATION / DU / *BANNISSEMENT* / DES JÉSUITES / *DE* / LA CHINE. / *Par l'Auteur du Compère Mathieu.* / [*woodcut: flower*] / [*double rule, thick-thin*] / *A AMSTERDAM* [Geneva, Cramer], / 1768.

Preceded by half-title: RÉLATION / DU / *BANNISSEMENT* / DES / JÉSUITES / *DE* / LA CHINE.

8°. sig. A-B⁸ (B7, B8 blank) [$4 signed, roman (-A1, A2)]; pag. 28; quire catchwords.

[1] half-title; [2] blank; [3] title; [4] blank; [5]-28 Relation du bannissement des jésuites de la Chine.

Bengesco 1758, 1; Besterman 305 (1); BnC 4157.

Geneva, ImV: BE 7 (9); Lausanne, BCU: NEDA 1482. London, BL: 1568/6870. Paris, BnF: Rés. Z. Bengesco 999, Rés. Z. Beuchot 757, 758, 759, 760.

68A2

RÉLATION / DU / *BANNISSEMENT* / DES / JÉSUITES / *DE* / LA CHINE. / *Par l'Auteur du Compère Mathieu.* / [*woodcut: flower*] / *A AMSTERDAM* [Geneva, Cramer], / [*double rule, thick-thin*] / 1768.

Preceded by half-title: RÉLATION / DU / *BANNISSEMENT* / DES / JÉSUITES / *DE* / LA CHINE.

8°. sig. A-B⁸ (B7, B8 blank) [$4 signed, roman (-A1, A2)]; pag. 28; quire catchwords.

[1] half-title; [2] blank; [3] title; [4] blank; [5]-28 Relation du bannissement des jésuites de la Chine.

A different state of 68A1, distinguished by the different position of the double rule on the title page.

Bengesco 1758, 1; Besterman 305 (2); BnC 4157.

Dijon, BM: 121 (4); Geneva, ImV: BE 79 (2).

68B

RELATION / *DU* / BANNISSEMENT / *DES* / JÉSUITES / DE LA CHINE. / *Par l'Auteur du Compère Mathieu.* / [*typographic ornament*] / *A AMSTERDAM.* / [*double rule*] / 1768.

Preceded by half-title: RELATION / *DU* / BANNISSEMENT / *DES* / JÉSUITES / DE LA CHINE.

8°. sig. A-B⁸ (B8 blank) [$4 signed, roman (-A1, A2)]; pag. 29; quire catchwords.

[1] half-title; [2] blank; [3] title; [4] blank; [5]-29 Relation du bannissement des jésuites de la Chine.

Besterman 306.

Oxford, Taylor: V8. R2. 1768.

68c

RELATION / DU BANNISSEMENT / DES / JÉSUITES / DE LA CHINE. / [*thick-thin rule*] [Amsterdam: M. M. Rey, 1768].

8°. sig. A-B⁸ [$5 signed, arabic]; pag. 31.

Bengesco 1758, 2; BnC 4161.

Paris, BnF: Rés. Z. Beuchot 756.

68D

Le Cathécumène [*sic*]. [Amsterdam: M. M. Rey, 1768.] 8°. 86 pp.

The main text is followed by several others, including *Relation du bannissement des jésuites de la Chine*, p.47-70 (C7-8, D-E6). Only two author notes are included.

Bengesco 240; BnC 2877.

London, BL: 831.d.25 (3). Paris, BnF: Rés. Z. Beuchot 303 (3). Rouen, BM: Mt Br 2993, Fonds Cas.

69

RÉLATION / DU / *BANNISSEMENT* / DES / JÉSUITES / *DE* / LA CHINE. / *Par l'Auteur du Compère Mathieu.* / [*woodcut: flower*] / [*double rule, thick-thin*] / *A AMSTERDAM,* / 1769.

Preceded by half-title: RÉLATION / DU / *BANNISSEMENT* / DES / JÉSUITES / *DE* / LA CHINE.

8°. sig. A-B⁸ (B7, B8 blank) [$4 signed, roman (-A1, A2)]; pag. 28; quire catchwords.

[1] half-title; [2] blank; [3] title; [4] blank; [5]-28 Relation du bannissement des jésuites de la Chine.

A re-edition of 68A, with errors in the text.

Bengesco 1758, note 1; BnC 4160.

Paris, BnF: Rés. Z. Bengesco 319.

NM (1772)

Nouveaux Mélanges philosophiques, historiques, critiques, etc. [Genève, Cramer], 1765-1775. 19 vol. 8°.

Volume 11, p.295-321 Dialogue entre l'Empereur de la Chine et un jésuite.

Bengesco 2212; Trapnell NM; BnC 111-35.

Oxford, Taylor: V1 1770 G/1 (45). Paris, BnF: Rés. Z. Bengesco 487 (11).

w68 (1777)

Collection complète des œuvres de M. de Voltaire. [Genève, Cramer; Paris, Panckoucke], 1768-1777. 30 (or 45) vol. 4°.

Volume 29, p.113-31 L'Empereur de la Chine et Frère Rigolet.

Volumes 1-24 were produced by Cramer under Voltaire's supervision.

Bengesco 2137; Trapnell 68; BnC 141-44.

Oxford, Taylor: VF. Paris, BnF: Rés. M Z 587.

W75G

La Henriade, divers autres poèmes et toutes les pièces relatives à l'épopée.
Genève, [Cramer & Bardin] 1775. 37 [40] vol. 8°.

Volume 39, p.195-216 L'Empereur de la Chine et Frère Rigolet.

The *encadrée* edition, produced at least in part under Voltaire's supervision.

The base text.

Bengesco 2141; Trapnell 75G; BnC 158-61.

Geneva, ImV: A 1775/2 (39). Oxford, Taylor: V1 1775 (39); VF. Paris, BnF: Z 24877.

W75X

Œuvres de M. de Voltaire. [Lyon?] 1775. 37 vol. plus 3 vol. of *Pièces détachées.* 8°.

Volume 39 (*Pièces détachées* II), p.120-39 L'Empereur de la Chine et Frère Rigolet.

An imitation of w75G. It is not known if Voltaire played any part in its preparation and is not collated here for variants. Our text has several errors not found elsewhere, for example: 'au-dessous de soixante ans' for 'au-dessus', 'mandarins les lettrés' for 'mandarins, ni les lettrés'; 'intérieurs' for 'inférieurs'. It has the misprint Bouvent for Bouvet, as do w68, w75G and w71L, but has the correct 'avalons Dieu' rather than the 'avons Dieu' of the base text.

Bengesco 2141; BnC 162-63.

Oxford, Taylor: VF. Paris, BnF: Z 24918.

W71L (1776)

Collection complète des œuvres de M. de Voltaire. Genève [Liège, Plomteux], 1771-1777. 32 vol. 12°.

Volume 29, p.274-94 L'Empereur de la Chine et Frère Rigolet.

No evidence of Voltaire's participation.

Bengesco 2139; Trapnell 71; BnC 151.

Geneva, ImV: A 1771/1 (29). Oxford, Taylor: VF.

K84

Œuvres complètes de Voltaire. [Kehl,] Société littéraire-typographique, 1784-1789. 70 vol. 8°.

Volume 36, p.398-418 L'Empereur de la Chine et Frère Rigolet.

Bengesco 2142; Trapnell K; BnC 164-69.

Oxford, Taylor: VF. Paris, BnF: Rés. P Z 2209 (36).

K85

Œuvres complètes de Voltaire. [Kehl,] Société littéraire-typographique, 1784-1789. 70 vol. 8°.

Volume 36, p.398-418 L'Empereur de la Chine et Frère Rigolet.

Bengesco 2142; Trapnell K; BnC 164-93.

Oxford, Taylor: VF. Paris, BnF: Rés. Z. 4485.

Editorial principles

The base text is W75G, this being the last edition in which Voltaire's participation may be assumed. Variants are taken from 68A1, 68A2, 68B, 68C, 68D, NM, W68, W71L and K. [2]

Treatment of the base text

The following orthographical aspects of the base text have been modified to conform to modern usage:

1. Consonants

– *p* was not used in: longtems, tems.
– *t* was not used in: parlemens, contingens, enfans, puissans, instrumens.
– *x* was used in: loix.
– a single consonant was used in: falait, poura, pourait.
– a double consonant was used in: jetter, imbécilles.

---

[2] Collation of edition 68C by Anne-Sophie Barrovecchio.

94

2. Vowels

– *y* was used in place of *i* in: yvres.
– *i* was used in place of *y* in: sicophantes, acolite.
– *a* was used in place of *e* in: avantures.
– *e* was omitted in: encor.

3. Accents

– the acute accent was used in: premiérement, quatriéme, troisiéme, déjeûné (for déjeuner), dîné (for dîner).
– the circumflex accent was used in: baromêtres, thermomêtres, chrêtienne, prophête, toûjours, vîte.
– the circumflex accent was omitted in: grace.
– the dieresis was used in: boëte.
– the dieresis was omitted in: inouies.
– the cedilla was used in: sçavoir, sçu.

4. Hyphenation

– hyphens were used in: très-bon, très-grand.
– hyphens were not used in: sur le champ.

5. Various

– the ampersand was used throughout.

RELATION DU BANNISSEMENT DES JÉSUITES DE LA CHINE PAR L'AUTEUR DU COMPÈRE MATHIEU [1]

La Chine, autrefois entièrement ignorée, longtemps ensuite défigurée à nos yeux, et enfin mieux connue de nous que plusieurs provinces d'Europe, est l'empire le plus peuplé, le plus florissant et le plus antique de l'univers: on sait que par le dernier dénombrement fait sous l'empereur Cam-hi,[2] dans les seules quinze provinces de la Chine proprement dites, on trouva soixante millions d'hommes capables d'aller à la guerre, en ne comptant ni les soldats vétérans, ni les vieillards au-dessus de soixante ans, ni

5

a-c NM: Dialogue entre l'Empereur de la Chine et un jésuite//
w68, β, w71L, K: L'Empereur de la Chine et frère Rigolet//
68c: CHINE//
3 68B: d'Europe, l'Empire
6 68A1, 68C, 68D: proprement dite,

---

[1] *Le Compère Mathieu, ou, les Bigarrures de l'esprit humain*, by Henri-Joseph, abbé Du Laurens (London, 1766), had been attributed to Voltaire who responded in 1768 by attributing the *Relation* to Du Laurens. In NM this anecdote was called *Dialogue entre l'Empereur de la Chine et un jésuite*; in the collective editions up to K, it was titled: *L'Empereur de la Chine et frère Rigolet*. Beuchot restored the original title. To avoid confusion we have retained the original title here, despite the base text having the title as found in the other collective editions.

[2] K'ang-Hi (Kankxi), the famous Manchu emperor, was born in 1654 and ruled from 1661 to 1722; his reign has often been compared to that of Louis XIV, his contemporary; see Jonathan Spence, *Emperor of China* (New York, 1974). Voltaire drew most of his information on this monarch from the *Lettres édifiantes et curieuses, écrites des missions étrangères, par quelques missionnaires de la Compagnie de Jésus* (Paris, 1703-1776) and from volume 1 of the *Description de la Chine* by Du Halde (Paris, 1735). The form 'Cam-Hi' used here by Voltaire derives from Barthélemy d'Herbelot's *Bibliothèque orientale* (1697); from 1763, in revising the *EM*, he also sometimes used the form 'Kang-hsi', found in Du Halde. For Voltaire's general documentation on China, see Basil Guy, *The French image of China before and after Voltaire*, *SVEC* 21 (1963), ch.2.

les jeunes gens au-dessous de vingt, ni les mandarins, ni les lettrés, encore moins les femmes: à ce compte, il paraît difficile qu'il y ait moins de cent cinquante millions d'âmes ou soi-disant telles à la Chine.

Les revenus ordinaires de l'empereur sont de deux cents millions d'onces d'argent fin, ce qui revient à douze cent cinquante millions de la monnaie de France, ou cent vingt-cinq millions de ducats d'or.

Les forces de l'Etat consistent, nous dit-on, dans une milice d'environ huit cent mille soldats. L'empereur a cinq cent soixante-dix mille chevaux, soit pour monter les gens de guerre, soit pour les voyages de la Cour, soit pour les courriers publics.

On nous assure encore que cette vaste étendue de pays n'est point gouvernée despotiquement, mais par six tribunaux principaux qui servent de frein à tous les tribunaux inférieurs. [3]

La religion y est simple, et c'est une preuve incontestable de son antiquité. Il y a plus de quatre mille ans que les empereurs de la Chine sont les premiers pontifes de l'empire; ils adorent un Dieu unique, ils lui offrent les prémices d'un champ qu'ils ont labouré de leurs mains. [4] L'empereur Cam-hi écrivit et fit graver dans le frontispice de son temple ces propres mots: 'Le Chang-ti est sans commencement et sans fin; il a tout produit; il gouverne tout; il est infiniment bon et infiniment juste.' [5]

---

11   NM: disant telle à
13   K: sont deux
15   68C: cent vingt millions
18-19   68A2, 68B, 68C, 68D, K: soixante et dix
28   68A1, 68A2, 68B, 68C, 68D: graver sur le

---

[3] 'On' may refer to the Jesuits, Voltaire's preferred sources; but it could be that Voltaire wanted to dismiss Montesquieu's dictum: 'C'est le bâton qui gouverne la Chine' (*Œuvres complètes*, Bibliothèque de la Pléiade, Paris, 1949-1951, vol.2, p.366), as shown by Etiemble in his excellent article, 'De la pensée chinoise aux philosophes français', *RLC* 30 (1956), p.465-78. Also see below, p.100, line 54.

[4] Probable allusion to the rite of *k'eng-tchi*, which was especially popular at the time Voltaire was writing the *Relation*; see Guy, *The French image of China*, p.356-59.

[5] The problem of the name of God in Chinese was once a matter of great

Yont-chin,[6] fils et successeur de Cam-hi, fit publier dans tout l'empire un édit qui commence par ces mots: 'Il y a entre le Tien et l'homme une correspondance de fautes et de punitions, de prières et de bienfaits, etc.' (a)

Cette religion de l'empereur, de tous les colaos, de tous les lettrés est d'autant plus belle, qu'elle n'est souillée par aucune superstition.[7]

Toute la sagesse du gouvernement n'a pu empêcher que les bonzes[8] ne se soient introduits dans l'empire, de même que toute l'attention d'un maître d'hôtel ne peut empêcher que les rats ne se glissent dans les caves et dans les greniers.

(a) Voyez la collection du jésuite du Halde.

n.a   68A1, 68A2, 68B, NM: collection des Jésuites de Halde
      68C, 68D: [absent]
36   K84: les colao,

---

contention, being at the origin of what was known as the 'Chinese rites dispute'. Should he be called 1. *T'ien* – Heaven, 2. *Chang-Ti* – the Supreme being, or 3. *T'ien-chu* – the Lord of Heaven? While the Catholic missionaries finally adopted the form *T'ien-chu*, it was not without great misgivings; see Guy, *The French image of China*, p.46-47.

[6] Yong-tching (Yongzheng), born in 1677, reigned from 1722 until 1735. The history of his reign can be found in ch.39 of the *Siècle de Louis XIV*. Voltaire demonstrates the influence that the jesuits had 'en qualité de mathématiciens' and praises the emperor, who 'surpassa son père dans l'amour des lois et du bien public'. Voltaire may have found the text he cites in the *Lettres édifiantes*, vol.17, p.268.

[7] See *Dictionnaire de Trévoux*, article 'Colao': 'Ministre d'état à la Chine, officier, mandarin aussi considérables par leur dignité que le sont ici les ministres d'état. L'Empereur de la Chine a deux conseils souverains, l'un extraordinaire et composé des Princes du sang; l'autre ordinaire, où entrent les ministres d'état qu'on nomme *colaos*. Ce sont eux qui examinent toutes les grandes affaires, qui en font le rapport, et qui reçoivent les dernières déterminations de l'Empereur.' The attitude that Voltaire takes here concerning 'la religion chinoise' (confucianism) comes from Du Halde, *Description de la Chine*, vol.3, p.2-49, where the different sects of China are examined. But this 'religion' was perhaps not as perfect as Voltaire might have wished to think, even if it allowed its followers to reach the highest offices of state and social rank. See Guy, *The French image of China*, p.69-87.

[8] *Bonze*: Chinese or Japanese buddhist priest. It derives from Japanese *bo-zu*, priest (Littré).

L'esprit de tolérance qui faisait le caractère de toutes les nations asiatiques, laissa les bonzes séduire le peuple; mais en s'emparant de la canaille, on les empêcha de la gouverner: on les a traités comme on traite les charlatans; on les laisse débiter leur orviétan dans les places publiques; mais s'ils ameutent le peuple, ils sont pendus. Les bonzes ont donc été tolérés et réprimés.

L'empereur Cam-hi avait accueilli avec une bonté singulière les bonzes jésuites;[9] ceux-ci, à la faveur de quelques sphères armillaires, des baromètres, des thermomètres, des lunettes qu'ils avaient apportés d'Europe, obtinrent de Cam-hi la tolérance publique de la religion chrétienne.

On doit observer que cet empereur fut obligé de consulter les tribunaux, de les solliciter lui-même, et de dresser de sa main la requête des bonzes jésuites, pour leur obtenir la permission d'exercer leur religion: ce qui prouve évidemment que l'empereur n'est point despotique, comme tant d'auteurs mal instruits l'ont prétendu, et que les lois sont plus fortes que lui.[10]

Les querelles élevées entre les missionnaires rendirent bientôt la nouvelle secte odieuse. Les Chinois, qui sont gens sensés, furent étonnés et indignés que des bonzes d'Europe osassent établir dans leur empire des opinions dont eux-mêmes n'étaient pas d'accord;

52-53   68C: tolérance de

[9] Jesuits: Catholic religious order properly called the *Societas Jesu*, founded in 1534 by Ignatius Loyola for the conversion of heretics, more militant than contemplative, strongly hierarchical and for a time very powerful, but expelled from France in 1762, 1880 and 1901; suppressed by the papacy from 1773 until 1814; in 1582 it entered China with one of its most eminent missionaries, father Matteo Ricci. For the history of this mission, as well as other Christian missions to China up to 1785, see A. H. Rowbotham, *Missionary and mandarin: the Jesuits at the court of China* (Berkeley, 1942). On Voltaire and the Jesuits, see René Pomeau, *La Religion de Voltaire* (Paris, 1956).

[10] 'Ceci rappelle le passage où La Bruyère (*Des esprits forts*) examinait déjà cette question des missionnaires et de leur réussite partielle [...] La conclusion de La Bruyère est en faveur du christianisme; celle de Voltaire en faveur de la tolérance et du tempérament conciliant des Chinois' (*Dialogues philosophiques*, ed. R. Naves, Paris, 1955, p.507n).

les tribunaux présentèrent à l'empereur des mémoires contre tous
ces bonzes d'Europe, et surtout contre les jésuites, ainsi que nous   65
avons vu depuis peu les parlements de France requérir et ensuite
ordonner l'abolition de cette société.

Ce procès n'était pas encore jugé à la Chine lorsque l'empereur
Cam-hi mourut le 20 décembre 1722. Un de ses fils nommé Yont-
chin lui succéda; c'était un des meilleurs princes que Dieu ait jamais   70
accordé aux hommes. Il avait toute la bonté de son père, avec plus
de fermeté et plus de justesse dans l'esprit. Dès qu'il fut sur le trône,
il reçut de toutes les villes de l'empire des requêtes contre les
jésuites. On l'avertissait que ces bonzes sous prétexte de religion
faisaient un commerce immense, qu'ils prêchaient une doctrine   75
intolérante; qu'ils avaient été l'unique cause d'une guerre civile au
Japon, dans laquelle il était péri plus de quatre cent mille âmes;
qu'ils étaient les soldats et les espions d'un prêtre d'Occident,
réputé souverain de tous les royaumes de la terre, que ce prêtre
avait divisé le royaume de la Chine en évêchés, qu'il avait rendu   80
des sentences à Rome contre les anciens rites de la nation, et
qu'enfin si on ne réprimait pas au plus tôt ces entreprises inouïes,
une révolution était à craindre.

L'empereur Yont-chin avant de se décider voulut s'instruire par
lui-même de l'étrange religion de ces bonzes; il sut qu'il y en avait   85
un, nommé le frère Rigolet,[11] qui avait converti quelques enfants

---

73   68B: il reçu de
77   68C: il avait péri

---

[11] The name is possibly derived from the verb *rigoler*, defined by Littré: 'terme
vieilli pour se divertir ou faire une petite débauche, populaire aux quatorzième et
quinzième siècles; d'où *rigoleur* – terme populaire pour un homme qui se dérange
pour aller s'amuser'. It is possible that in addition to this paronomasia Voltaire was
targeting a historical figure, Antoine Rigoley de Juvigny (1709-1788), a member of
the *parlement* of Metz and the academy of Dijon who opposed the *philosophes*; in the
1760s he constantly decried Voltaire and his followers. Finally it should be noted
that Rigolet is only a 'Frère' of the Society of Jesus, a kind of lay brother, therefore
unworthy of the respect due to the Fathers, such as those Voltaire speaks of later.
This nuance is important. 'Voltaire y reviendra plus loin, en distinguant les fripons

des crocheteurs et des lavandières du palais; il ordonna qu'on le fît paraître devant lui.

Ce frère Rigolet n'était pas un homme de cour comme les frères Parennin et Verbiest. [12] Il avait toute la simplicité et l'enthousiasme d'un persuadé. Il y a de ces gens-là dans toutes les sociétés religieuses; ils sont nécessaires à leur ordre. On demandait un jour à Oliva général des jésuites, [13] comme il se pouvait faire qu'il y eût tant de sots dans une société qui passait pour éclairée? Il répondit: 'Il nous faut des saints.' Ainsi donc saint Rigolet comparut devant l'empereur de la Chine.

Il était tout glorieux, et ne doutait pas qu'il n'eût l'honneur de baptiser l'empereur dans deux jours au plus tard. Après qu'il eut fait les génuflexions ordinaires, et frappé neuf fois la terre de son front, [14] l'empereur lui fit apporter du thé et des biscuits, et lui dit: 'Frère Rigolet, dites-moi en conscience ce que c'est que cette

90   68c: Parrenin
93   68A1, 68A2, 68B, 68C, 68D: jésuites, comment il

---

et les imbéciles. Il voit toujours chez les religieux, et particulièrement chez les convertisseurs, deux sortes d'esprits. Les uns, comme Parennin et Verbiest, sont intelligents et aristocrates, et comme tels ne peuvent pas être crédules; par conséquent, leur religion est une entreprise habile de domination, plus politique que spirituelle. Les autres, comme Rigolet, sont des esprits frustes et ignorants, crédules et *enthousiastes* (pensons toujours au sens péjoratif de ce mot sous la plume de Voltaire); de là sortent les fanatiques. Les deux espèces sont également dangereuses, la première parce qu'elle tend à s'emparer du pouvoir civil et a pour but la théocratie; la deuxième, parce que, inspirée par l'autre, elle déchaîne les mouvements populaires et les guerres civiles' (*Dialogues*, ed. Naves, p.507n).

[12] Dominique Parrenin (in Chinese Pa To-Ming, 1665-1741), Jesuit from Franche-Comté, died in China, honoured by the emperors K'ang-Hi and Yong-tching; one of the most learned missionaries of his time. The incorrect spelling Parennin remains uncorrected until Moland. Ferdinand Verbiest (in Chinese Nan-huei-jen; 1623-1688), Belgian Jesuit at the court of the emperors of China whrere he was greatly respected as a mathematician and astronomer despite the persecutions.

[13] Giovanni Paolo Oliva, of Genoa, superior general of the Jesuits from 1664 to 1681; renowned for his intelligence and his spirit of moderation.

[14] The ceremonial of the court of Beijing can be found in Du Halde, *Description de la Chine*, vol.1, p.115-53.

religion que vous prêchez aux lavandières et aux crocheteurs de mon palais?'

Frère Rigolet

Auguste souverain des quinze provinces anciennes de la Chine et des quarante-deux provinces tartares, ma religion est la seule véritable, comme me l'a dit mon préfet le frère Bouvent,[15] qui le tenait de sa nourrice. Les Chinois, les Japonais, les Coréens, les Tartares, les Indiens, les Persans, les Turcs, les Arabes, les Africains, et les Américains seront tous damnés. On ne peut plaire à Dieu que dans une partie de l'Europe, et ma secte s'appelle la religion catholique, ce qui veut dire universelle.

L'Empereur

Fort bien, frère Rigolet. Votre secte est confinée dans un petit coin de l'Europe, et vous l'appelez universelle! Apparemment que vous espérez de l'étendre dans tout l'univers?

Frère Rigolet

Sire, Votre Majesté a mis le doigt dessus; c'est comme nous l'entendons. Dès que nous sommes envoyés dans un pays par le révérend frère général au nom du pape qui est Vice-Dieu en terre, nous catéchisons les esprits qui ne sont point encore pervertis par l'usage dangereux de penser. Les enfants du bas peuple étant les plus dignes de notre doctrine, nous commençons par eux; ensuite nous allons aux femmes; bientôt elles nous donnent leurs maris; et dès que nous avons un nombre suffisant de prosélytes, nous devenons assez puissants pour forcer le souverain à gagner la vie éternelle en se faisant sujet du pape.

105

110

115

120

---

106   68A1, 68A2, 68B, 68C, 68D, K: Bouvet
111   68C, 68D: catholique, qui

---

[15] Joachim Bouvet (in Chinese Pé-tsinn), a Jesuit from Le Mans, a good mathematician who taught the emperor K'ang-Hi, 1660-1732; also known for his *Etat présent de la Chine en figures* (Paris, 1697) and his work as a cartographer, alluded to by Voltaire below.

L'Empereur

On ne peut mieux, frère Rigolet; les souverains vous sont fort
obligés. Montrez-moi un peu sur cette carte géographique où
demeure votre pape?

Frère Rigolet

Sacrée Majesté impériale, il demeure au bout du monde dans ce
petit angle que vous voyez, et c'est de là qu'il damne ou qu'il sauve
à son gré tous les rois de la terre: il est Vice-Dieu, Vice-Chang-ti,
Vice-Tien; il doit gouverner la terre entière au nom de Dieu, et
notre frère général doit gouverner sous lui.

L'Empereur

Mes compliments au Vice-Dieu et au frère général; mais votre
Dieu quel est-il? Dites-moi un peu de ses nouvelles?

Frère Rigolet

Notre Dieu naquit dans une écurie, il y a quelque dix-sept cent
vingt-trois ans, entre un bœuf et un âne; et trois rois, qui étaient
apparemment de votre pays, conduits par une étoile nouvelle,
vinrent au plus vite l'adorer dans sa mangeoire.

L'Empereur

Vraiment, frère Rigolet, si j'avais été là, je n'aurais pas manqué de
faire le quatrième.

Frère Rigolet

Je le crois bien, sire; mais si vous êtes curieux de faire un petit
voyage, il ne tiendra qu'à vous de voir sa mère. Elle demeure ici
dans ce petit coin que vous voyez sur le bord de la mer Adriatique,

---

130   68c: Vice Changti
134   68a1, 68a2, nm, w71l: nouvelles.
       68c: Dites m'en un peu des nouvelles.
n.*b* 68c, 68d: [*absent*]

dans la même maison où elle accoucha de Dieu. (*b*) Cette maison, à la vérité, n'était pas d'abord dans cet endroit-là. Voici sur la carte le lieu qu'elle occupait dans un petit village juif; mais au bout de treize cents ans, les esprits célestes la transportèrent où vous la voyez. La mère de Dieu n'y est pas à la vérité en chair et en os, mais en bois. C'est une statue que quelques-uns de nos frères pensent avoir été faite par le Dieu son fils, qui était un très bon charpentier.

L'Empereur

Un Dieu charpentier! un Dieu né d'une femme! tout ce que vous me dites est admirable.

Frère Rigolet

Oh! sire, elle n'était point femme; elle était fille. Il est vrai qu'elle était mariée, et qu'elle avait eu deux autres enfants, nommés Jacques, comme le disent de vieux évangiles;[16] mais elle n'en était pas moins pucelle.

L'Empereur

Quoi! elle était pucelle et elle avait des enfants!

Frère Rigolet

Vraiment oui. C'est là le bon de l'affaire, ce fut Dieu qui fit un enfant à cette fille.

L'Empereur

Je ne vous entends point. Vous me disiez tout à l'heure qu'elle était mère de Dieu. Dieu coucha donc avec sa mère pour naître ensuite d'elle?

(*b*) Notre-Dame de Lorette.

152   68c: dites-là est
157   68c, 68d: avait fait des
158   68c, 68d: là le miracle. Ce fut

[16] Concerning Christ's family, see Matthew 13:53-58; Mark 3:31 et 6:2-3; also Josephus, *Antiquities* x, 9:1. It is interesting to note that, according to Farjanel ('Voltaire et les Chinois', *Revue hebdomadaire*, 1910, p.121), even Confucianism is not free of the kind of legends that Voltaire mocks here.

Frère Rigolet

Vous y êtes, Sacrée Majesté; la grâce opère déjà. Vous y êtes, dis-je, Dieu se changea en pigeon pour faire un enfant à la femme d'un charpentier, et cet enfant fut Dieu lui-même.

L'Empereur

Mais voilà donc deux dieux de compte fait? un charpentier et un pigeon.

Frère Rigolet

Sans doute, sire; mais il y en a encore un troisième, qui est le père de ces deux-là, et que nous peignons toujours avec une barbe majestueuse; c'est ce dieu-là qui ordonna au pigeon de faire un enfant à la charpentière, dont naquit le dieu charpentier; mais au fond, ces trois dieux n'en font qu'un. Le père a engendré le fils avant qu'il fût au monde, le fils a été ensuite engendré par le pigeon, et le pigeon procède du père et du fils. Or vous voyez bien que le pigeon qui procède, le charpentier qui est né du pigeon, et le père qui a engendré le fils du pigeon ne peuvent être qu'un seul Dieu; et qu'un homme qui ne croirait pas cette histoire doit être brûlé dans ce monde-ci et dans l'autre.

L'Empereur

Cela est clair comme le jour. Un dieu né dans une étable il y a dix-sept cent vingt-trois ans entre un bœuf et un âne, un autre dieu dans un colombier, un troisième dieu de qui viennent les deux autres, et qui n'est pas plus ancien qu'eux, malgré sa barbe blanche, une mère pucelle; il n'est rien de plus simple et de plus sage. Eh! dis-moi un peu, frère Rigolet, si ton dieu est né, il est sans doute mort?

Frère Rigolet

S'il est mort, Sacrée Majesté, je vous en réponds, et cela pour nous

---

169-70   68c, 68d: une grande barbe. C'est
177-78   68c, 68d: brûlé éternellement.//

faire plaisir. Il déguisa si bien sa divinité, qu'il se laissa fouetter et
pendre malgré ses miracles, mais aussi il ressuscita deux jours après
sans que personne le vît, et s'en retourna au ciel, après avoir
solennellement promis qu'il 'reviendrait incessamment dans une
nuée, avec une grande puissance et une grande majesté'; comme le   190
dit dans son vingt et unième chapitre Luc, le plus savant historien
qui ait jamais été. [17] Le malheur est qu'il ne revive point.

L'Empereur

Viens, frère Rigolet, que je t'embrasse; va, tu ne feras jamais de
révolution dans mon empire. Ta religion est charmante; tu
épanouiras la rate de tous mes sujets, mais il faut que tu me dises   195
tout. Voilà ton dieu né, fessé, pendu et enterré. Avant lui n'en
avais-tu pas un autre?

Frère Rigolet

Oui vraiment, il y en avait un dans le même petit pays, qui
s'appelait le Seigneur, tout court. Celui-là ne se laissait pas pendre
comme l'autre; c'était un Dieu à qui il ne fallait pas se jouer: [18] il   200
s'avisa de prendre sous sa protection une horde de voleurs et de
meurtriers, en faveur de laquelle il égorgea un beau matin tous les
bestiaux et tous les fils aînés des familles d'Egypte. Après quoi il
ordonna expressément à son cher peuple de voler tout ce qu'ils
trouveraient sous leurs mains, et de s'enfuir sans combattre,   205
attendu qu'il était le Dieu des armées. Il leur ouvrit ensuite le
fond de la mer, suspendit les eaux à droite et à gauche pour les faire
passer à pied sec, faute de bateaux. Il les conduisit ensuite dans un

192   68C, 68D: été.//
       68A2, 68B, K85: ne revint point.
193   68C, 68D: Viens-ça, frère
198   68C: Vraiment oui
203   68C, 68D: les premiers nés de l'Egypte
207   K: suspendit des eaux
208   68C, 68D: sec. Il

[17] Luke 21:27.
[18] For the following, see the books of Exodus and Joshua in the Bible.

désert, où ils moururent tous; mais il eut grand soin de la seconde génération. C'est pour elle qu'il faisait tomber les murs des villes au son d'un cornet à bouquin, et par le ministère d'une cabaretière. C'est pour ses chers Juifs qu'il arrêtait le soleil et la lune en plein midi, afin de leur donner le temps d'égorger leurs ennemis plus à leur aise; il aimait tant ce cher peuple qu'il le rendit esclave des autres peuples, et qu'il l'est même encore aujourd'hui. Mais, voyez-vous, tout cela n'est qu'un type, une ombre, une figure, [19] une prophétie qui annonçait les aventures de notre Seigneur Jésus, Dieu juif, fils de Dieu le père, fils de Marie, fils du Dieu pigeon qui procède de lui, et de plus ayant un père putatif.

Admirez, Sacrée Majesté, la profondeur de notre divine religion. Notre Dieu pendu étant Juif, a été prédit par tous les prophètes juifs.

Votre Sacrée Majesté doit savoir que chez ce peuple divin il y avait des hommes divins qui connaissaient l'avenir, mieux que vous ne savez ce qui se passe dans Pékin. Ces gens-là n'avaient qu'à jouer de la harpe, et aussitôt tous les futurs contingents se présentaient à leurs yeux. Un prophète, nommé Isaïe, coucha par l'ordre du Seigneur avec une femme; il en eut un fils, et ce fils était notre Seigneur Jésus-Christ: car il s'appelait Maher Salal-has-bas, partagez vite les dépouilles. [20] Un autre prophète, nommé Ezéchiel, se couchait sur le côté gauche trois cent quatre-vingt jours, et

210-11   68C: villes avec un
211-12   68C, 68D: bouquin. C'est
212   68C, 68D: pour elle qu'il
213   68C, 68D: de lui donner le temps d'égorger ses ennemis
213-14   68C, 68D: à son aise
219   68C, 68D: lui.//
229   68C: Maher-sal-al has-bas
  68D: Mahersal-al has-bas

[19] The importance of figurism at Voltaire's time is still little known, particularly in relation to China. See, in addition to *DP*, article 'Figure', A. H. Rowbotham, 'Jesuit figurists', *JHI* 17 (1956), p.471-85.
[20] Isaiah 8:3; see also *DP*, article 'Prophéties'.

quarante sur le côté droit, et cela signifiait Jésus-Christ. Si Votre Sacrée Majesté me permet de le dire, cet Ezéchiel mangeait de la merde sur son pain, comme il le dit dans son chapitre IV, et cela signifiait Jésus-Christ. [21]

235

Un autre prophète, nommé Osée, (c) couchait par ordre de Dieu avec une fille de joie nommée Gomer; fille d'Ebelaïm: il en avait trois enfants; et cela signifiait non-seulement Jésus-Christ, mais encore ses deux frères aînés Jacques le majeur et Jacques le mineur, selon l'interprétation des plus savants pères de notre mère sainte église. [22]

240

Un autre prophète, nommé Jonas, est avalé par un chien marin, et demeure trois jours et trois nuits dans son ventre: c'est visiblement encore Jésus-Christ qui fut enterré trois jours et trois nuits, en retranchant une nuit et deux jours pour faire le compte juste. [23] Les deux sœurs Oolla (d) et Oliba ouvrent leurs cuisses à tout venant, font bâtir un bordel, et donnent la préférence à ceux qui ont le membre d'un âne ou d'un cheval, selon les propres expressions de la sainte écriture: et cela signifie l'Eglise de Jésus-Christ. [24]

245

250

C'est ainsi que tout a été prédit dans les livres des Juifs. Votre Sacrée Majesté a été prédite. J'ai été prédit, moi qui vous parle, car il est écrit: 'Je les appellerai des extrémités de l'Orient'; [25] et c'est

(c) Osée, chap. I.
(d) Ezéchiel, chap. XVI et XXII.

238-39   68C: mais ses
n.d   68C, 68D: [absent]
247   K: un b....,
249   K: écriture: cela

[21] Ezekiel 4:5.
[22] Hosea 1:3; 3:1-2. The modern spelling of Gomer's father's name is Diblayim or Diblaim.
[23] Jonah 2:1.
[24] Ezekiel 23 (and not ch.16 and 22 as Voltaire claims in his note).
[25] Isaiah 9:3.

frère Rigolet qui vient vous appeler pour vous donner à Jésus-
Christ mon sauveur.   255

L'EMPEREUR

Dans quel temps ces belles prédictions ont-elles été écrites?

FRÈRE RIGOLET

Je ne le sais pas bien précisément; mais je sais que les prophéties
prouvent les miracles de Jésus mon sauveur, et ces miracles de
Jésus prouvent à leur tour les prophéties. C'est un argument auquel
on n'a jamais répondu, et c'est ce qui établira sans doute notre secte   260
dans toute la terre, si nous avons beaucoup de dévotes, de soldats et
d'argent comptant.

L'EMPEREUR

Je le crois, et on m'en a déjà averti: on va loin avec de l'argent et des
prophéties: mais tu ne m'as point encore parlé des miracles de ton
dieu; tu m'as dit seulement qu'il fut fessé et pendu.   265

FRÈRE RIGOLET

Eh sire, n'est-ce pas là déjà un très grand miracle? Mais il en a fait
bien d'autres. Premièrement le diable l'emporta sur le haut d'une
petite montagne, dont on découvrait tous les royaumes de la terre,
et il lui dit: 'Je te donnerai tous ces royaumes, si tu veux m'adorer';
mais Dieu se moqua du diable. Ensuite on pria notre Seigneur Jésus   270
à une noce de village, et les garçons de la noce étant ivres (*e*) et
manquant de vin, notre Seigneur Jésus-Christ changea l'eau en vin

---

(*e*) Inebriati. Jean, chap. II.

263   68C, 68D: crois, on
265   68C, 68D: il a été fessé
n.*e*   K84: Inebriati, I. Jean
        K85: Inebriati ... et St Jean
        68C, 68D: [*absent*]
272   68C: Jésus-Christ change l'eau

sur-le-champ, après avoir dit des injures à sa mère.[26] Quelque temps après s'étant trouvé dans Gadara, ou Gésara, au bord du petit lac de Génézareth, il rencontra des diables dans le corps de deux possédés: il les chassa au plus vite, et les envoya dans un troupeau de deux mille cochons, qui allèrent en grognant se jeter dans le lac et s'y noyer: et ce qui constate encore la grandeur et la vérité de ce miracle, c'est qu'il n'y avait point de cochons dans ce pays-là. 275

280

L'EMPEREUR

Je suis fâché, frère Rigolet, que ton dieu ait fait un tel tour. Le maître des cochons ne dut pas trouver cela bon. Sais-tu bien que deux mille cochons gras valent de l'argent? Voilà un homme ruiné sans ressource. Je ne m'étonne plus qu'on ait pendu ton dieu. Le possesseur des cochons dut présenter requête contre lui, et je t'assure que si dans mon pays un pareil dieu venait faire un pareil miracle, il ne le porterait pas loin. Tu me donnes une grande envie de voir les livres qu'écrivit le Seigneur Jésus, et comment il s'y prit pour justifier des miracles d'une si étrange espèce. 285

FRÈRE RIGOLET

Sacrée Majesté, il n'a jamais fait de livre; il ne savait ni lire ni écrire. 290

L'EMPEREUR

Ah! ah! voici qui est digne de tout le reste. Un législateur qui n'a jamais écrit aucune loi!

281   68c, 68d: tel miracle. Le
290   68c, 68d: de livres;

[26] This is an example of the way Voltaire distorts the Biblical account for polemical purposes. In John it is not stated that the men were drunk, but the 'ruler of the feast' (architriclinus) complains to the bridegroom that it is normal to serve the good wine first, and only after the guests are 'inebriati' to serve the worse, but he has kept the good wine until now.

FRÈRE RIGOLET

Fi donc! sire, quand un dieu vient se faire pendre, il ne s'amuse pas
à de pareilles bagatelles; il fait écrire ses secrétaires. Il y en eut une
quarantaine qui prirent la peine cent ans après de mettre par écrit
toutes ces vérités. Il est vrai qu'ils se contredisent tous; mais c'est en
cela même que la vérité consiste; et dans ces quarante histoires nous
en avons à la fin choisi quatre, qui sont précisément celles qui se
contredisent le plus, afin que la vérité paraisse avec plus d'évidence.[27]

Tous ses disciples firent encore plus de miracles que lui; nous en
faisons encore tous les jours. Nous avons parmi nous le dieu saint
François Xavier qui ressuscita neuf morts de compte fait dans
l'Inde:[28] personne à la vérité n'a vu ses résurrections; mais nous les
avons célébrées d'un bout du monde à l'autre; et nous avons été
crus. Croyez-moi, sire, faites-vous jésuite; et je vous suis caution
que nous ferons imprimer la liste de vos miracles, avant qu'il soit
deux ans; nous ferons un saint de vous, on fêtera votre fête à Rome,
et on vous appellera saint Yont-chin après votre mort.

L'EMPEREUR

Je ne suis pas pressé, frère Rigolet; cela pourra venir avec le temps.
Tout ce que je demande, c'est que je ne sois pas pendu comme ton
dieu l'a été; car il me semble que c'est acheter la divinité un peu
cher.

296   68C: se contredirent fous
299   68C: vérité parât avec
301   68C: Dieu François
304   68B, 68C, 68D, K85: vu ces résurrections

[27] Much of what Voltaire presents humourously here is confirmed by Hugh
Schonfield, *A History of biblical literature* (New York, 1962), particularly ch.3-4 and
10.

[28] Francis Xavier (1506-1552), Spanish Jesuit, close associate of Ignatius Loyola,
revered for his miracles and called 'the apostle of the Indies', visited Asia (India and
Japan) but did not manage to penetrate China. See *DP*, articles 'François Xavier'
and 'Xavier'.

FRÈRE RIGOLET

Ah! sire, c'est que vous n'avez pas encore la foi; mais quand vous aurez été baptisé, vous serez enchanté d'être pendu pour l'amour de Jésus-Christ notre sauveur; quel plaisir vous auriez de le voir à la messe, de lui parler, de le manger! 315

L'EMPEREUR

Comment, mort de ma vie! vous mangez votre dieu, vous autres!

FRÈRE RIGOLET

Oui, sire, je le fais et je le mange; j'en ai préparé ce matin quatre douzaines; et je vais vous les chercher tout à l'heure, si Votre Sacrée Majesté l'ordonne. 320

L'EMPEREUR

Tu me feras grand plaisir, mon ami. Va-t'en vite chercher tes dieux; je vais en attendant faire ordonner à mes cuisiniers de se tenir prêts pour les faire cuire; tu leur diras à quelle sauce il les faut mettre: je m'imagine qu'un plat de dieux est une chose excellente, et que je n'aurai jamais fait meilleure chère. 325

FRÈRE RIGOLET

Sacrée Majesté, j'obéis à vos ordres suprêmes, et je reviens dans le moment. Dieu soit béni, voilà un empereur dont je vais faire un chrétien sur ma parole.

Pendant que frère Rigolet allait chercher son déjeuner, l'empereur resta avec son secrétaire d'Etat Ouangt-tsé; tous deux étaient saisis de la plus grande surprise, et de la plus vive indignation. 330

'Les autres jésuites, dit l'empereur, comme Parennin, Verbiest, Pereira,[29] Bouvet, et les autres, ne m'avaient jamais avoué aucune

___

321 68c: Votre majesté me l'ordonne

[29] Thomas Pereira (1650?-1708), Portuguese Jesuit, fervent nationalist, headed a mission in 1687, a good linguist who collaborated in the negotiations between the Chinese and Russians at Nerchinsk in 1689.

de ces abominables extravagances. Je vois trop bien que ces 33
missionnaires sont des fripons qui ont à leur suite des imbéciles.
Les fripons ont réussi auprès de mon père en faisant devant lui des
expériences de physique qui l'amusaient, et les imbéciles réussis-
sent auprès de la populace: ils sont persuadés, et ils persuadent; cela
peut devenir très pernicieux. Je vois que les tribunaux ont eu 34
grande raison de présenter des requêtes contre ces perturbateurs du
repos public. Dites-moi, je vous prie, vous qui avez étudié
l'histoire de l'Europe, comment il s'est pu faire qu'une religion si
absurde, si blasphématoire, se soit introduite chez tant de petites
nations?' 34

LE SECRÉTAIRE D'ETAT

Hélas! sire, tout comme la secte du dieu Fo [30] s'est introduite dans
votre empire, par des charlatans qui ont séduit la populace. Votre
Majesté ne pourrait croire quels effets prodigieux ont faits les
charlatans d'Europe dans leur pays. Ce misérable qui vient de vous
parler, vous a lui-même avoué que ses pareils, après avoir enseigné 35
à la canaille des dogmes qui sont faits pour elle, la soulèvent ensuite
contre le gouvernement: ils ont détruit un grand empire qu'on
appelait l'empire romain, qui s'étendait d'Europe en Asie, et le sang
a coulé pendant plus de quatorze siècles par les divisions de ces
sycophantes qui ont voulu se rendre les maîtres de l'esprit des 35
hommes; ils firent d'abord accroire aux princes qu'ils ne pouvaient
régner sans les prêtres, et bientôt ils s'élevèrent contre les princes.
J'ai lu qu'ils détrônèrent un empereur nommé Débonnaire, un
Henri IV, un Frédéric, plus de trente rois, et qu'ils en assassinèrent
plus de vingt. [31] 36

340-41   68B: ont une grande
344-45   68C, 68D: de nations?
348   68C: ont fait les

[30] 'Fo' is the name of Buddha in Chinese; his sect was established there around
65 AD. Note again Voltaire's attitude to popular religions.
[31] On Louis the Debonnaire, emperor 855-875, see *EM*, ch.23; on Henry IV,
emperor 1056-1106, compared with Henri IV king of France (1589-1610), see *EM*,
ch.46; and on Frederick II, emperor 1212-1250, see *EM*, ch.52.

Si la sagesse du gouvernement chinois a contenu jusqu'ici les bonzes qui déshonorent vos provinces, elle ne pourra jamais prévenir les maux que feraient les bonzes d'Europe. Ces gens-là ont un esprit cent fois plus ardent, un plus violent enthousiasme, et une fureur plus raisonnée dans leur démence, que ne l'est le fanatisme de tous les bonzes du Japon, de Siam, et de tous ceux qu'on tolère à la Chine.

Les sots prêchent parmi eux, et les fripons intriguent; ils subjuguent les hommes par les femmes, et les femmes par la confession. Maîtres des secrets de toutes les familles dont ils rendent compte à leurs supérieurs, ils sont bientôt les maîtres d'un Etat, sans même paraître l'être encore; d'autant plus sûrs de parvenir à leurs fins qu'ils semblent n'en avoir aucune. Ils vont à la puissance par l'humilité, à la richesse par la pauvreté, et à la cruauté par la douceur.

Vous vous souvenez, sire, de la fable des dragons qui se métamorphosaient en moutons pour dévorer plus sûrement les hommes. Voilà leur caractère; il n'y a jamais eu sur la terre de monstres plus dangereux; et Dieu n'a jamais eu d'ennemis plus funestes.

L'EMPEREUR

Taisez-vous, voici frère Rigolet, qui arrive avec son déjeuner. Il est bon de s'en divertir un peu.

Frère Rigolet arrivait en effet tenant à la main une grande boîte de fer-blanc, qui ressemblait à une boîte de tabac. 'Voyons, lui dit l'empereur, ton dieu qui est dans ta boîte.' Frère Rigolet en tira aussitôt une douzaine de petits morceaux de pâte ronds et plats comme du papier. 'Ma foi, notre ami, lui dit l'empereur, si nous n'avons que cela à notre déjeuner, nous ferons très maigre chère; un dieu, à mon sens, devrait être un peu plus dodu; que veux-tu que je fasse de ces petits morceaux de colle?' 'Sire, dit Rigolet, que

372   68c, 68d: encore. D'autant
373   68c, 68d: aucune, ils

Votre Majesté fasse seulement apporter une chopine de vin rouge, et vous verrez beau jeu.'

L'empereur lui demanda pourquoi il préférait le vin rouge au vin blanc qui est meilleur à déjeuner. Rigolet lui répondit qu'il allait changer le vin en sang, et qu'il était bien plus aisé de faire du sang avec du vin rouge qu'avec du vin paillet. Sa Majesté trouva cette raison excellente, et ordonna qu'on fît venir une bouteille de vin rouge. En attendant, il s'amusa à considérer les dieux que frère Rigolet avait apportés dans la poche de sa culotte. Il fut tout étonné de trouver sur ces morceaux de pâte la figure empreinte d'un patibulaire et d'un pauvre diable qui y était attaché. 'Eh! sire, lui dit Rigolet, ne vous souvenez-vous pas que je vous ai dit que notre dieu avait été pendu? Nous gravons toujours sa potence sur ces petits pains que nous changeons en dieux. Nous mettons partout des potences dans nos temples, dans nos maisons, dans nos carrefours, dans nos grands chemins; nous chantons, (*f*) *Bonjour, notre unique espérance*. Nous avons Dieu avec sa potence.'[32] 'C'est fort bien fait', dit l'empereur; 'tout ce que je vous souhaite, c'est de ne pas finir comme lui.'

Cependant on apporta la bouteille de vin rouge; frère Rigolet la posa sur une table avec sa boîte de fer-blanc, et tirant de sa poche un livre tout gras, il le plaça à sa main droite, puis, se tournant vers l'empereur, il lui dit: 'Sire, j'ai l'honneur d'être portier, lecteur, conjureur, acolyte, diacre, sous-diacre et prêtre. Notre saint-père

(*f*) O crux, ave, spes unica.

394 68A1, 68B, 68C, 68D, W71L, K: déjeuner?
406 68C: Bonjour potence notre
407 68A1, 68A2, 68B, 68C, 68D, W68, NM, W71L, K: Nous avalons Dieu
408 K85: bien, dit
414 K85: acolyte, sous-diacre, diacre et
n.*f* 68C, 68D: Crux ave spes

[32] This is the sixth verse of the famous hymn by Venantius Fortunatus, *Vexilla regis*, sung at the mass on Passion Sunday (5th Sunday of Lent).

le pape, le grand Innocent III, dans son premier livre des Mystères 415
de la messe, a décidé que notre dieu avait été portier, quand il
chassa à coups de fouet de bons marchands qui avaient la
permission de vendre des tourterelles à ceux qui venaient sacrifier
dans le temple. Il fut lecteur quand, selon saint Luc, il prit le livre dans
la synagogue quoiqu'il ne sût ni lire ni écrire; il fut conjureur quand 420
il envoya des diables dans des cochons. Il fut acolyte, parce que le
prophète juif Jérémie avait dit: "Je suis la lumière du monde", et
que les acolytes portent des chandelles. Il fut sous-diacre quand il
changea l'eau en vin, parce que les sous-diacres servent à table. Il
fut diacre quand il nourrit quatre mille hommes sans compter les 425
femmes et les petits enfants, avec sept petits pains et quelques
goujons dans le pays de Magédan, connu de toute la terre, selon
saint Matthieu; ou bien quand il nourrit cinq mille hommes avec
cinq pains et deux goujons près de Betzaïda, comme le dit saint Luc.
Enfin il fut prêtre selon l'ordre de Melchisedech, quand il dit à ses 430
disciples qu'il allait leur donner son corps à manger. Etant donc
prêtre comme lui, je vais changer ces pains en dieux: chaque miette
de ce pain sera un dieu en corps et en âme; vous croirez voir du
pain, manger du pain, et vous mangerez Dieu. [33]

'Enfin, quoique le sang de ce dieu soit dans le corps que j'aurai 435
créé avec des paroles, je changerai votre vin rouge dans le sang de
ce dieu même; pour surabondance de droit, je le boirai; il ne tiendra
qu'à Votre Majesté d'en faire autant; je n'ai qu'à vous jeter de l'eau
au visage. Je vous ferai ensuite portier, lecteur, conjureur, acolyte,
sous-diacre, diacre, et prêtre; vous ferez avec moi une chère 440
divine.'

432   68C, 68D: comme je le suis, je

[33] Concerning the allusions in this paragraph, see, for Innocent III, *EM*, ch.21;
then John 2:15; Luke 4:17; Matthew 8:28 and Luke 8:27; John 8:12 and not Jeremiah
as Voltaire claims in his text; John 2:1-11; Matthew 15:31-38 and Luke 9:10; Psalms
109:4; finally, Matthew 26:26.

Aussitôt voilà frère Rigolet qui se met à prononcer des paroles en latin, avale deux douzaines d'hosties, boit chopine et dit grâces très dévotement.

'Mais, mon cher ami, lui dit l'empereur, tu as mangé et bu ton dieu: que deviendra-t-il quand tu auras besoin d'un pot de chambre?' 'Sire, dit frère Rigolet, il deviendra ce qu'il pourra; c'est son affaire; quelques-uns de nos docteurs disent qu'on le rend à la garde-robe; d'autres qu'il s'échappe par insensible transpiration; quelques-uns prétendent qu'il s'en retourne au ciel; pour moi j'ai fait mon devoir de prêtre, cela me suffit; et pourvu qu'après ce déjeuner on me donne un bon dîner avec quelque argent pour ma peine, je suis content.' 34

'Or çà, dit l'empereur à frère Rigolet, ce n'est pas tout; je sais qu'il y a aussi dans mon empire d'autres missionnaires qui ne sont pas jésuites, et qu'on appelle dominicains, cordeliers, capucins; 35 dis-moi en conscience s'ils mangent Dieu comme toi.

---

446   68c: deviendra-t-il lorsque tu

---

34 In spite of the humour evident in these paragraphs, there is a clear vulgarity in Voltaire's effort to cheapen the event through the use of this final word, carefully prepared for since Rigolet's return, where the ciborium is 'une boîte de tabac', the host 'un morceau de colle', the burette 'une chopine', the cassock 'une culotte', the crucifix 'un patibulaire [avec] un pauvre diable', etc.

35 The *Dominicans*, or Order of the Friars Preachers, founded in 1215 by St Dominic to extirpate the Albigensian heresy, then suppressed in 1792, finally restored in France around 1845 by the efforts of Lacordaire. The *cordeliers*, or Friars minor (Franciscans), or Order of Saint Francis of Assisi, founded in 1209 by Saint Francis to beg for alms and practise charity. The *capucins* are a reformed branch of the Order of Saint Francis of Assisi, organised in 1525 and known for its strict devotion. Note that all the medieval Christian missionaries to China were Franciscans. This order did not return there until 1635; the Dominicans reached China for the first time in 1631 with Père Coqui, preceded by the Jesuits in 1582 with Père Ricci. The *hiéronymites* mentioned later are all members of religious orders (a generic term). The missionaries in China were opposed to the Jesuits and their mutual antagonism finally became overt in the 'Chinese rites controversy' towards the middle of the seventeenth century. See *EM*, ch.39, and Guy, *The French image of China*, p.43-55.

'Ils le mangent, sire, dit le bon homme; mais c'est pour leur condamnation. Ce sont tous des coquins, et nos plus grands ennemis; ils veulent nous couper l'herbe sous le pied. Ils nous accusent sans cesse auprès de notre saint-père le pape. Votre Majesté ferait fort bien de les chasser tous, et de ne conserver que les jésuites; ce serait un vrai moyen de gagner la vie éternelle: quand même vous ne seriez pas chrétien.' 460

L'empereur lui jura qu'il n'y manquerait pas. Il fit donner quelques écus à frère Rigolet, qui courut sur-le-champ annoncer cette bonne nouvelle à ses confrères. 465

Le lendemain, l'empereur tint sa parole; il fit assembler tous les missionnaires, soit ceux qu'on appelle séculiers, soit ceux qu'on nomme très irrégulièrement réguliers ou prêtres de la propagande, ou vicaires apostoliques; évêques *in partibus*, prêtres des missions étrangères, capucins, cordeliers, dominicains, hiéronymites, et jésuites. Il leur parla en ces termes, en présence de trois cents colaos: 470

'La tolérance m'a toujours paru le premier lien des hommes et le premier devoir des souverains; s'il était dans le monde une religion qui pût s'arroger un droit exclusif, ce serait assurément la nôtre. Vous avouez tous que nous rendions à l'Etre suprême un culte pur et sans mélange, avant qu'aucun des pays dont vous venez fût seulement connu de ses voisins, avant qu'aucune de vos contrées occidentales eût seulement l'usage de l'écriture. Vous n'existiez pas quand nous formions déjà un puissant empire. Notre antique religion, toujours inaltérable dans nos tribunaux, s'étant corrompue chez le peuple, nous avons souffert les bonzes de Fo, les talapoins de Siam, les lamas de Tartarie, les sectaires de Lao-kium;[36] et regardant tous les hommes comme nos frères, nous ne 475 480 485

465   68c: L'empereur jura

[36] *Lama* is the name of buddhist priests in Tibet and among the Mongolians; the name *talapoins* is used by Europeans for the buddhist priests of Siam – the natives

les avons jamais punis de s'être égarés. L'erreur n'est point un crime. Dieu n'est point offensé qu'on l'adore d'une manière ridicule; un père ne chasse point ceux de ses enfants qui le saluent en faisant mal la révérence; pourvu qu'il en soit aimé et respecté, il est satisfait. Les tribunaux de mon empire ne vous reprochent point vos absurdités; ils vous plaignent d'être infatués du plus détestable ramas de fables que la folie humaine ait jamais accumulées: ils plaignent encore plus le malheureux usage que vous faites du peu de raison qui vous reste pour justifier ces fables.

'Mais ce qu'ils ne vous pardonnent pas, c'est de venir du bout du monde pour nous ôter la paix. Vous êtes les instruments aveugles de l'ambition d'un petit lama italien, qui après avoir détrôné quelques régules ses voisins, voudrait disposer des plus vastes empires de nos régions orientales.

'Nous ne savons que trop les maux horribles que vous avez causés au Japon.[37] Douze religions y fleurissaient avec le com-

502   K85: y florissaient avec

---

call them *phra*. The name *talapoin* is thought to derive from the Siamese word *talapat* which signifies the palm leaf carried for use as a fan by these priests. 'Laokium' is the term employed by Voltaire (and before him by the Jesuits) to designate taoism, the third of the sects recognised in China under the Empire. Founded around 300 BC, this religion became official under the T'ang (618-906), but soon deteriorated into a mass of popular beliefs, hence Voltaire's repugnance; he much prefers confucianism, derived from the teaching of K'ung-fu-tzu (*c*.550-479 BC) and the official religion under the Ming around 1400. See H. G. Creel, *Confucius* (New York, 1949).

[37] Among the sources Voltaire possessed on Japan in his library at Ferney, there were, according to Havens and Torrey: Nicolaas De Graaf, *Voyages* [...] *aux Indes orientales et en d'autres lieux de l'Asie* (Amsterdam, 1719); Englebert Kaempfer, *Histoire naturelle, civile et ecclésiastique de l'Empire du Japon*, 2 vol. (The Hague, 1729); Arnoldus Montanus [van Bergen], *Ambassades de la Compagnie hollandaise des Indes orientales vers l'Empereur du Japon*, 2 vol. (Leiden, 1686); *Recueil d'observations curieuses sur les mœurs* [...] *des différents peuples de l'Asie, etc.*, 4 vol. (Paris, 1748) (*Voltaire's catalogue of his library at Ferney, SVEC* 9, 1959).

merce sous les auspices d'un gouvernement sage et modéré; une concorde fraternelle régnait entre ces douze sectes; vous parûtes, et la discorde bouleversa le Japon; le sang coula de tous côtés; vous en fîtes autant à Siam et aux Manilles; je dois préserver mon empire d'un fléau si dangereux. Je suis tolérant, et je vous chasse tous parce que vous êtes intolérants. Je vous chasse, parce qu'étant divisés entre vous, et vous détestant les uns les autres, vous êtes prêts d'infecter mon peuple du poison qui vous dévore. Je ne vous plongerai point dans les cachots, comme vous y faites languir en Europe ceux qui ne sont pas de votre opinion. Je suis encore plus éloigné de vous faire condamner au supplice, comme vous y envoyez en Europe ceux que vous nommez hérétiques. Nous ne soutenons point ici notre religion par des bourreaux; nous ne disputons point avec de tels arguments. Partez; portez ailleurs vos folies atroces, et puissiez-vous devenir sages! Les voitures qui vous doivent conduire à Macao[38] sont prêtes. Je vous donne des habits et de l'argent: des soldats veilleront en route à votre sûreté. Je ne veux pas que le peuple vous insulte: allez, soyez dans votre Europe un témoignage de ma justice et de ma clémence.'

Ils partirent; le christianisme fut entièrement aboli à la Chine, ainsi qu'en Perse, en Tartarie, au Japon, dans l'Inde, dans la

[38] Macao: town at the tip of the peninsula facing Canton, leased to the Portuguese in 1557 in order that they should clear pirates from the South China seas; a link between Goa and the markets of China and Japan; its reputation as a centre of low life contradicts its ancient official name – Town of the Holy Name of God; it survived largely because of the corruption of the local mandarins. The poet Camoëns composed the greater part of his *Os Lusiadas* there around 1560. See A. Ljungstedt, *An Historical sketch of the Portuguese settlements in China* (Boston, 1836).

Turquie, dans toute l'Afrique: c'est grand dommage. Mais voilà ce que c'est que d'être infaillibles. [39]

525   68c, 68d: d'être infaillible.

[39] Voltaire could have found the text of this edict (along with others) in the *Lettres édifiantes*, vol.17, p.268. Speaking of Yong-tching in the last chapter of *Le Siècle de Louis XIV*, Voltaire says: 'Tel était cet empereur, et malheureusement ce fut lui qui proscrivit la religion chrétienne.' The 'malheureusement' possibly reveals much about Voltaire's true feelings. According to Naves, 'Voltaire, depuis ses études historiques destinées à l'*Histoire universelle*, s'intéressait beaucoup à la Chine. Il essaie constamment de prouver que les Chinois ont trouvé la formule raisonnable du gouvernement civil, fondé sur l'agriculture et le bien-être, ainsi que la formule de la paix religieuse, en réservant le déisme philosophique aux meilleurs, aux lettrés, et en laissant le peuple se repaître de superstitions, mais sans lui permettre le fanatisme. Les deux premiers chapitres de l'*Essai* sont consacrés à la Chine, où Voltaire parle surtout de la religion de cet empire et de l'athéisme. Par la suite, Voltaire est revenu sur son affirmation du matérialisme des lettrés, qui était exploitée par des fanatiques, contempteurs des Chinois, et il a plusieurs fois déclaré que leur religion était un spiritualisme dépouillé de toute croyance confessionnelle. Le *Dictionnaire philosophique* contient divers articles à ce sujet, par ex. "Chine", "Cathéchisme chinois", "Cathéchisme japonais", "Fraude", "Puissance", et la section IV de l'art. "Athéisme". Dans l'art. "Gloire", section III on lira un très vif éloge de la nation chinoise' (*Dialogues*, p.508). For the whole question of Voltaire and China, see Guy, *The French image of China*, ch.5; and on the subject of tolerance, Elisabeth Labrousse, 'Note à propos de la conception de la tolérance au 18e siècle', *SVEC* 56 (1969), p.799-811.

Déclaration

Edition critique

par

Christopher Todd

TABLE DES MATIÈRES

INTRODUCTION

Cette déclaration fut imprimée dans le *Journal encyclopédique*, 15 avril 1768, dans l'*Avant-Coureur*, 18 avril 1768, et dans le *Mercure de France*, avril 1768.[1] Dans le *Mercure*, elle s'intitule 'Article envoyé par M. de Voltaire, pour être inséré dans les papiers publics'. Le rédacteur du *Journal encyclopédique* la publie sous le titre d'*Anecdotes littéraires* à la suite d'une lettre de La Harpe à l'*Avant-Coureur* du 4 avril:[2] 'Nous ajouterons à cette lettre l'article suivant qui nous a été envoyé de la part de M. de Voltaire, et qui désire que nous le rendions public par la voie de notre journal.' Transformée en lettre au rédacteur du *Journal encyclopédique*, Pierre Rousseau, cette déclaration fut ajoutée à la correspondance de Voltaire dans le *Supplément au recueil*.[3] C'est Beuchot qui la publia pour la première fois dans les *Mélanges*.[4] Le texte du brouillon holographe[5] est reproduit dans D14900. Nous donnons ici le texte imprimé du *Journal encyclopédique* de 1768.

Il s'agit d'une réponse à l'article suivant de la *Gazette d'Utrecht* du vendredi 18 mars 1768.[6] Suite de Paris, le 11 mars:

Mr. de Voltaire, qui avait recueilli chez lui Mr. de la Harpe et son épouse, vient de leur interdire pour toujours sa maison, en les congédiant et ils se trouvent actuellement ici au grand étonnement de tous ceux qui les connaissent. On dit que le jeune poète, qui n'a jamais su se concilier l'amitié de personne, s'est attiré sa disgrâce pour avoir abusé de la confiance de son bienfaiteur, en lui enlevant furtivement différents manuscrits précieux: quelle que soit la cause de cette aventure, les

---

[1] *Je*, 15 avril 1768, vol.3, p.133-34; *Avant-Coureur*, 18 avril 1768, p.253; *MF*, avril 1768, t.2, p.148-49.

[2] *Je*, p.132-33; *Avant-Coureur*, p.220.

[3] *Supplément au recueil*, t.2, p.90.

[4] *M*, t.27, p.17-18 (voir Bengesco 1759).

[5] BnF12939, p.215-16.

[6] N° 23, Supplément...

effets en seront très funestes à Mr. de la Harpe: car elle lui fait perdre une honnête subsistance, l'assurance d'une pension de 6 mille livres après la mort de son protecteur,[7] l'avantage d'être à portée de consulter le Dieu des Muses, l'agrément, lorsqu'il venait à Paris, de se voir rendre des hommages par beaucoup de gens qui respectaient en lui les bienfaits de Mr. de Voltaire; en un mot ce jeune auteur perd le plus solide point d'appui de sa réputation dans la littérature. Au reste, on a peut-être l'obligation au larcin littéraire de Mr. de la Harpe, de certaines brochures qui excitent la vigilance de la police et que le public recherche avec tant d'avidité: comme l'*Homme aux 40 écus*,[8] où Mr. de Voltaire se moque fort plaisamment de plusieurs écrits qui ont paru sur les finances, les impôts et l'agriculture; le *Catéchumène*,[9] qui ne contient que des impiétés; le *Sermon* qu'il suppose avoir été prêché à Bâle le 1er janvier 1768 par Jossius Rosette, ministre du St. Evangile,[10] dans lequel il montre les avantages de la tolérance universelle et foudroie tout ce qui tend au fanatisme de parti qui a occasionné des maux infinis à l'humanité; une lettre de l'Archevêque de Cantorbery à milord de Beaumont, archevêque de Paris, sur son Mandement contre *Bélisaire*.[11] Il est sorti de ce fécond génie une multitude d'autres écrits, l'année dernière, et cependant il doit encore donner incessamment un roman en deux volumes intitulé *la Reine de Babylone*.

[7] Pendant le séjour de La Harpe à Ferney, Voltaire essaya de faire transférer à La Harpe une partie d'une pension royale (D13850, D13852, D14030, D14347, D14356, D14447), et réussit par ailleurs à lui procurer une pension de la part du duc de Choiseul (D14770, D14810). Au printemps de 1768, La Harpe semble avoir reçu 'une gratification de 1200 livres sur le fonds destiné aux gens de lettres' (D14819; voir D14782).

[8] Voltaire travaillait sur ce conte au mois de novembre 1767 (D14514, D14539), mais il le distribua lui-même en février 1768 (D14719, D14722, D14733, D14743).

[9] Attribué à Voltaire dans les *Mémoires secrets*, 15 février 1768, t.3, p.304, cet ouvrage parait être de Charles Borde (D14803, D14907), bien que Voltaire ait pu le revoir (G. B. Watts, 'Voltaire and *Le Catéchumène*', *Kentucky foreign language quarterly*, Lexington, 1957, t.9, p.212-16).

[10] Distribué par Voltaire lui-même en février, ou peut-être vers la fin de janvier 1768 (D14694, D14745, D14750, D14759).

[11] Ecrite après la publication du mandement le 31 janvier (*Mémoires secrets*, t.3, p.291-93), Voltaire l'envoya à des amis le 1er mars 1768 (D14786, D14787, D14793).

La Gazette d'Utrecht revient sur ce qui est avancé dans l'article précédent dans son n° 28, du mardi 5 avril 1768:

On sait à présent que tout ce qui s'est débité au sujet de Mr. de la Harpe et de son départ de Ferney n'avait aucun fondement. Nos correspondants mieux instruits nous assurent qu'il est absolument faux qu'il ait répandu dans le public aucun des ouvrages, cités dans l'article de notre Gazette du 11 mars, [12] ni qu'il ait pu les prendre à Mr. de Voltaire, puisque la plupart ne sont pas de lui et que les autres, quelqu'en soit l'auteur, ont été composés, lorsque Mr. de la Harpe n'était plus à Ferney. Il n'est pas vrai non plus qu'il ait perdu l'amitié de ce grand homme, qui l'assure encore tous les jours dans ses lettres de la plus tendre affection.

Dans une lettre où il demande à Choiseul de le défendre contre la *Gazette d'Utrecht*, et où il insiste sur son innocence en ce qui concerne les brochures citées dans l'article du 18 mars, La Harpe admet avoir irrité Voltaire en donnant 'à plusieurs de ses amis le second chant de la guerre de Genève, qu'il voulait corriger' (D14893). Le jeune homme distribua des exemplaires du poème au début de novembre 1767, quand il retourna à Paris après un long séjour à Ferney. [13]

Voltaire avait raison d'être irrité. Ce second chant renfermait des remarques sur son ami Tronchin (D14766). D'ailleurs, selon La Harpe lui-même, Voltaire ne voulait plus montrer ce second chant à personne, car lorsqu'il avait essayé de le lire à son entourage, 'il régna dans l'assemblée un silence de consternation qui n'échappa nullement à l'auteur, et lui donna même une humeur qui dura toute la journée'. [14] Lors de son retour à Ferney au début de février 1768, La Harpe tenta d'abord de faire croire à Voltaire qu'il n'avait donné des exemplaires du poème que 'parce qu'il en courait des copies infidèles' (D14770, D14771, D14785). Voltaire voulait alors savoir comment La Harpe en possédait une bonne

[12] Il est à remarquer que dans cet article du 5 avril, on commet la même faute que Voltaire (celle d'indiquer la *Gazette* du 11, au lieu du 18). (Note de Louis Moland.)

[13] D14785, D14843. Les *Mémoires secrets* parlent de ce second chant le 7 décembre 1767, le jugeant 'inférieur aux deux autres: nulle gaieté, et peu de poésie' (t.3, p.263).

[14] *MF*, 17 novembre 1792, p.68.

copie. La question était d'autant plus pertinente qu'avant le voyage de Paris Dupuits avait vu La Harpe sortir de la bibliothèque de Ferney, des papiers à la main (D15796), et qu'il l'avait revu ensuite avec un manuscrit portant des ratures qui ressemblaient étrangement à celles qu'il avait remarquées sur la copie personnelle de l'auteur (D14766). Après une semaine de tergiversations, La Harpe déclara qu'il devait sa copie du poème au sculpteur Jean-Denis Antoine, le frère de l'architecte Jacques-Denis Antoine (D14770). Voltaire envoya Damilaville vérifier cette affirmation (D14766). Il s'avéra que c'était La Harpe qui au contraire avait corrigé l'exemplaire d'Antoine (D14789, D14843).

Voltaire était prêt à lui pardonner 'cette petite légèreté' (D14770), mais La Harpe refusa de se reconnaître coupable devant son hôte, et se contenta — au bout de quatre jours de silence — de lui envoyer un petit mot d'excuses de sa chambre (D14766, D14810, D14823, D14829, D14936). Il fut renvoyé de Ferney avant le 22 février (D14771, D14775, D14782). Le 1er mars, Voltaire écrivit toute une série de lettres où il exprima sa colère contre La Harpe, mais où il reconnut en même temps que ce vol ne constituait pas un crime majeur.[15] Il désirait surtout un repentir sincère de la part de son disciple (D14801, D14810). Est-ce qu'il ne croyait pas La Harpe le seul coupable? Le 3 mars, il chassa les Dupuits et Mme Denis (D14817), convaincu — disait-on — de la complicité de sa nièce.[16] Elle semblait au moins avoir essayé de défendre La Harpe auprès de son oncle (D14924, D14936, D14940), et de l'avoir irrité en voulant garder auprès d'elle Mme de La Harpe.

Or, selon Wagnière, La Harpe avait volé à Voltaire non seulement le deuxième chant de la *Guerre civile de Genève*, 'mais

---

[15] D14785, D14787, D14789, D14796, D14798; voir Theodore Besterman, 'Le 1er mars 1768: un drame dans la vie de Voltaire...', *Le Figaro littéraire*, 2 mai 1959, p.5.

[16] D14914, D15816; I. O. Wade, 'The search for a new Voltaire', *Transactions of the American Philosophical Society* 48 (July 1958), p.31-34. Notons que Voltaire ne voulait révéler à personne les vraies raisons du départ de Mme Denis (D14850, D14865).

encore les *Mémoires sur le roi de Prusse*, et d'autres manuscrits...'.[17] Pour Beuchot, 'le témoignage de Wagnière et la publication de 1784 ne laissent aucun doute sur la soustraction des manuscrits en 1768'.[18] Nous pouvons écarter l'hypothèse selon laquelle Wagnière aurait voulu faire peser sur d'autres la responsabilité de cette publication, en supposant qu'il aurait fait une copie de l'œuvre à l'insu de son maître.[19] La copie par Wagnière que possède la Bibliothèque nationale (N13142) porte des corrections et des additions de la main de Voltaire.[20] La Harpe insiste sur le fait que le manuscrit des *Mémoires* fut acheté à Mme Denis avec les autres manuscrits de son oncle.[21] Dans une lettre écrite vers le 1er mai 1783, il dit avoir entendu une lecture de ces *Mémoires* 'chez M. le duc de Choiseul, faite par Beaumarchais lui-même; car il ne confie le manuscrit à personne'.[22] Et pourtant, lui aussi il les aurait lus en public au moins une fois avant la fin du même mois.[23]

D'autre part, en étudiant la description des *Mémoires* dans la lettre de 1783, Bengesco (1642) démontre combien La Harpe les connaissait mal. Cela semble être plus concluant. Il est permis d'accepter ce que dit La Harpe au sujet des brochures citées par la *Gazette d'Utrecht*, et nous sommes tentés de croire aussi qu'il n'a volé qu'un seul manuscrit, celui du poème. La Harpe aurait-il pris ces vers parce qu'il désespérait des démarches que faisait Voltaire pour améliorer sa situation financière (D14843)? Les aurait-il pris

---

[17] Longchamp-Wagnière, t.1, p.268.

[18] *M*, t.1, p.6; voir Lecnam, 'Manuscrits de Voltaire volés par La Harpe', *Intermédiaire des chercheurs*, 30 janvier 1898, t.37, p.144. D'ailleurs, Wagnière était loin d'être le seul à attribuer à La Harpe la responsabilité de la publication de ces *Mémoires* (voir G. Feydel, *Un Cahier d'histoire littéraire*, Paris, 1818, p.6-9).

[19] *Œuvres du marquis de Villette* (Edimbourg, 1788), p.249.

[20] A. Brown, 'Calendar of Voltaire manuscripts other than correspondence', *SVEC* 77 (1970), p.30.

[21] *Lycée ou cours de littérature* (1799), t.11, p.604; voir *Mémoires secrets*, 10 avril 1783, t.22, p.231-33.

[22] La Harpe, *Correspondance littéraire* (1801), t.4, p.105; voir *Mémoires secrets*, 12 avril 1783, t.22, p.203-204.

[23] *Mémoires secrets*, 2 juin 1783, t.22, p.311.

tout simplement pour répondre à la curiosité de ses amis parisiens? Aurait-il été séduit par Mme Denis, comme l'a suggéré Theodore Besterman? [24] Qui le saura? Il paraît même que La Harpe essayait de présenter toute l'histoire du vol comme une manœuvre littéraire manigancée par Voltaire. [25] Voilà une théorie qui n'a jamais eu beaucoup de succès.

Les échos de l'affaire parvinrent à Paris vers la fin de la première semaine de mars; [26] le scandale éclata avec la publication de l'article de la *Gazette d'Utrecht*. Ayant promis à Mme de La Harpe de défendre la réputation de son mari (D14843), Voltaire écrivit la *Déclaration* qui paraissait l'innocenter. Dans ses lettres particulières, il continuait néanmoins de se plaindre de La Harpe et surtout de son absence de remords (D14917). La Harpe lui-même répondit publiquement à la *Gazette* dans l'*Avant-coureur* du 4 avril (D14884), dans une lettre où il essayait de traiter par le mépris les insinuations faites à son sujet. Ailleurs, il parlait de ce qu'il avait fait comme d'une simple imprudence qu'il ne fallait pas trop condamner (D14819). Toutefois, il regrettait un peu ses actions (D14909, D14972). Pendant quelques semaines au moins, il craignit d'avoir perdu l'amitié de Voltaire, [27] et il paraît en effet que les habitants de Ferney n'osaient plus prononcer le nom du jeune homme de peur de ranimer la colère du patriarche (D14865). Cependant, dès la mi-mars, Voltaire voulait qu'on ne parlât plus de l'affaire (D14831) et assurait La Harpe lui-même de sa protection (D14847). Ayant enfin reçu des lettres d'excuses convenables de La Harpe et de sa femme, Voltaire se révéla encore une fois aussi prompt à pardonner qu'à

[24] Th. Besterman, 'Le vrai Voltaire par ses lettres', *SVEC* 10 (1959), p.39-40. Pour une tentative de minimiser la part de La Harpe dans l'affaire, voir A. Jovicevich, *Jean-François de La Harpe, adepte et renégat des Lumières* (South Orange, NJ, 1973), p.61-63.

[25] La Harpe, *Correspondance littéraire*, t.8, p.48-50.

[26] J. Vercruysse, 'La Harpe et la *Gazette d'Utrecht*: une lettre inédite à Choiseul', *SVEC* 79 (1971), p.193.

[27] C. Todd, 'La Harpe quarrels with the actors: unpublished correspondence', *SVEC* 53 (1967), p.227-31; R. L. Hawkins, 'Unpublished French letters of the eighteenth century', *Romanic review* 21 (1930), p.8-9.

s'emporter (D14859, D14861, D14874, D14907). La querelle fut quasiment oubliée avant la fin du mois de mai (D14955, D15054), et La Harpe recouvra bientôt la bienveillance de son maître.[28]

Manuscrit et éditions

MS

Brouillon holographe (BnF 12939, p.215-16), reproduit dans D14900.

JE

Journal encyclopédique, 15 avril 1768, t.3, p.133-34 [sans titre].

AC

Avant-Coureur, 18 avril 1768, p.253 Déclaration de M. de Voltaire.

MF

Mercure de France, avril 1768, t.2, p.148-49 Article envoyé par M. de Voltaire, pour être inséré dans les papiers publics.

Principes d'édition

Le texte que nous reproduisons est celui de JE, pour la raison que cette édition précède (si ce n'est que de quelques jours) celle de AC.

Traitement du texte de base

La ponctuation du texte de base, ainsi que l'orthographe et l'accentuation des noms propres, ont été respectées. Par ailleurs le texte de base a fait l'objet d'une modernisation portant sur la graphie, l'accentuation, l'emploi des majuscules et l'emploi des italiques.

---

[28] Longchamps-Wagnière, t.1, p.272-73.

Ont été modifiés:

— avoit, françoise *pour* avait, française;
— méme *pour* même;
— jeune-homme *pour* jeune homme, mérite là *pour* mérite-là;
— utilisation de capitales: Auteur, Citoyen;
— utilisation systématique de la perluette.

DÉCLARATION

J'ai appris dans ma retraite qu'on avait inséré dans la *Gazette d'Utrecht* du 11 mars 1768 des calomnies contre M. de La Harpe, jeune homme plein de mérite, déjà célèbre par la tragédie de *Warvic*, et par plusieurs prix remportés à l'Académie française, avec l'approbation du public. C'est sans doute ce mérite-là même 5
qui lui attire les imputations calomnieuses envoyées de Paris contre lui à l'auteur de la *Gazette d'Utrecht*.

On articule dans cette *Gazette* des procédés avec moi dans le séjour qu'il a fait à Ferney. La vérité m'oblige de déclarer que ces bruits sont sans aucun fondement, et que tout cet article est 10
calomnieux d'un bout à l'autre. Il est triste qu'on cherche à transformer les nouvelles publiques et d'autres écrits plus sérieux en libelles diffamatoires. Chaque citoyen est intéressé à prévenir les suites d'un abus si funeste à la société.

Fait au château de Ferney, pays de Gex en Bourgogne, ce 15
31 mars 1768.

*signé V*OLTAIRE.

2 MS: mars, des
3 MF: déjà célébré par
6 MS, AC: imputations envoyées
7 MS: [*pas d'alinea*]
15 MS: Ferney, 30 mars 1768. / Voltaire

Les Droits des hommes et les usurpations des autres

Critical edition

by

Simon Davies

CONTENTS

INTRODUCTION

This polemical text was composed in the first half of 1768. It consists of seven chapters with individual headings and a conclusion. It was already the object of an extensive review in the *Correspondance littéraire* on 15 June 1768.[1] It constitutes a forceful attack on the predatory practices of the Catholic Church in acquiring land and temporal power to which it was not, or should not be, entitled.[2] It is thus linked to Voltaire's ongoing campaign in the 1760s against the nefarious effects of ecclesiastical interference in the legal, social and political domain. The thrust of its arguments and examples make it a worthy companion piece to the acerbic *Epître aux Romains* and the erudite *Le Pyrrhonisme de l'histoire* composed the same year. The very title of the work champions the notion of rights against the abuse of power of others.[3] This was a text which Voltaire patently wished to promote

[1] This being so, one wonders why Voltaire placed the date of 24 June 1768 at the end of his text.

[2] It is possible, but by no means certain, that Voltaire was responding to the publication of *Recherches historiques concernant les droits du pape sur la ville et l'Etat d'Avignon* which appeared anonymously the same year without a place of publication. This work purported to justify the papal occupation of Avignon. Voltaire constantly attacked the decadent aspects of medieval Italy. Eugène Bouvy writes that 'Le fait primordial, essentiel, qui caractérise pour Voltaire l'Italie du moyen âge, c'est la ruine de la liberté romaine. Les donations, longuement discutées, de Constantin, de Pépin, de Charlemagne, de la comtesse Mathilde, ont constitué le domaine temporel des Papes' (*Voltaire et l'Italie*, Geneva, 1970; 1st ed., Paris, 1898, p.290-91).

[3] The subtitle of the work in eighteenth-century editions was 'les usurpations des autres' and not the 'usurpations des papes' utilised in the Moland edition. Voltaire did, however, include 'Les Droits des hommes et les usurpations des papes' in a list of anticlerical works in a letter to the marquise Du Deffand on 26 December 1768 (D15387). On 27 September 1769 he echoes the title of this work in a missive to the d'Argentals: 'Je ne croirai les Welches dignes d'être Français que quand on représentera publiquement et sans contradiction, une pièce ou les droits des hommes sont établis contre les usurpations des prêtres' (D15920). Voltaire returned

137

as it is cited in a series of letters, particularly in the second half of 1768. It is nevertheless possible that he was already referring to it in a communication of 24 June to Mme Denis when he mentions the 'l'épître aux Romains, et quelques autres drogues' (D15094). On 19 August Marin is told in an allusion to one of the sections of the text: 'J'ai un petit livret où il me paraît prouvé que notre saint père le pape n'a nul droit de souzeraineté sur le royaume de Naples' (D15178). The same day Jacob Vernes is informed that 'le temps des usurpations est passé' (D15180). D'Argental is asked on 22 August: 'Je ne sais si vous avez vu un petit ouvrage traduit de l'italien intitulé *Les Droits des hommes et les usurpations des autres*' (D15183). His correspondent did not respond as expected, so on 31 August he is mischievously teased: 'Vous êtes bien peu curieux de ne pas demander *les droits des hommes et les usurpations des autres*. C'est, dit on, un ouvrage traduit de l'italien, dont un envoyé de Parme doit être très friand'[4] (D15196). Further references are contained in letters to Mme Denis on 24 August and 5 September (D15186 and D15204) and to Chabanon on 9 September (D15205). Hénault is informed on 28 September that the marquise Du Deffand has been sent 'des anecdotes très curieuses touchant les droits de sa sainteté' (D15228). On 15 October D'Alembert is asked whether he is acquainted with 'le petit abrégé des usurpations papales sous le nom des Droits des hommes' (D15252). Voltaire's publicity machine was evidently working well as Pierre Michel Hennin was asked on 17 October by Jean Capperonnier, from the Bibliothèque du Roi, to supply him with a number of original editions of Voltaire, including 'les droits des hommes et les torts des autres' (D15261). Chiniac de La Bastide offers this work amongst others to Laurent on 2 November (D15288) and again on 25 December (D15386).

---

to the alternative title on 18 October 1771 when he offered the text to Frederick: 'Je ne sais si vôtre majesté a jamais vu une petite brochure intitulée, *Les droits des hommes et les usurpations des papes*; ces usurpations sont celles du saint père: elles sont évidemment constatées' (D17409).

[4] D'Argental himself.

The two contemporary reviews are both sympathetic to Voltaire's aims. The *Correspondance littéraire* highlights aspects of individual chapters. The implications of the challenging title of the first chapter which, in effect, sums up the whole purpose of the work, 'Un prêtre de Christ doit-il être souverain?', is well understood. The reviewer recognises the aptness of the argument and examples employed in Voltaire's demonstration of the absurdity of this question: 'Vous croyez bien que l'auteur pense que rien n'est plus absurde, plus contraire à la raison, à la politique, au bon ordre. Il n'emploie pourtant que l'esprit des évangiles et l'histoire pour tomber dans cette affreuse hérésie.'[5] In the second chapter, 'De Naples', the usurpation of Naples is convincingly represented as 'contraire à la religion chrétienne, à l'indépendance des souverains, au bon sens et à la loi naturelle' (p.100). The rest of the review presents an appropriate account of Voltaire's targets, and ends: 'Il y a deux cents ans que la cour de Rome cherchait à faire assassiner le célèbre Fra Paolo; elle n'envoie pas aujourd'hui des assassins à Ferney, premièrement parce que le patriarche est en deçà des Alpes et qu'il n'écrit pas en italien; en second lieu, parce que tout le monde est aujourd'hui dans le secret, et qu'on ne peut exterminer tout le monde' (p.100-101). The *Mémoires secrets* summarise the work on 9 October 1768 in a positive fashion:

Les Droits des hommes et les usurpations des autres, traduction prétendue de l'italien, datée de Padoue le 24 juin 1764 [*sic*]. L'auteur rapproche dans un court espace le tableau des usurpations de la cour de Rome. Il fait voir que ce qu'on appelle le patrimoine du saint père, que les droits du pape sur Naples et sur la Sicile, que le duché de Ferrare, que Castro et Ronciglione, qu'en un mot tout ce que possède le saint siège, ne sont que les fruits de la fraude et de la violence. On accumule dans ce mémoire formidable les moyens de toute espèce qu'ont mis en usage tant de pontifes, d'humble mémoire, pour étendre leur domination; et l'on y trouve des forfaits nouveaux, dont l'atrocité semble leur être réservée. Le lecteur indigné serait tenté de rejeter et fouler aux pieds un pareil libellé, s'il n'était malheureusement qu'un extrait succinct de tout ce qu'on

[5] *CLT*, vol.8, p.100.

trouve épars dans l'histoire. On sent qu'un pareil ouvrage étoit digne de la plume de M. de Voltaire. Aussi l'y reconnoît-on facilement. On ne peut qu'admirer l'art avec lequel ce grand historien fait égayer cette terrible matière, et rapprocher quantité d'anecdotes également rares et curieuses.

If these contemporary reactions were typical of at least sections of public opinion, Voltaire was achieving his goal. The Vatican obviously saw the dangers and placed the text on its Index on 11 August 1769.[6]

The text

There are no known manuscript versions of the text. It appeared anonymously in separate publications in 1768, purportedly printed in Amsterdam, but in fact printed by Cramer in Geneva. Just as was the case with the *Epître aux Romains*, it is supposedly translated from Italian. His customary ludic dimensions apart, the pretence that it was from an Italian source accorded the work a specious authority as undermining the Catholic Church from the land where it had its headquarters. There is an intriguing possibility that a 1769 printing took place in Florence. Laurence Macé writes of the Florentine official and bibliophile, Giuseppe Pelli, who 'déjà bien au fait de ces réalités clandestines examine en connaisseur l'édition des *Pièces nouvelles* de Voltaire parues sous l'adresse Amsterdam 1769, désignant la Toscane "laïque" de Pierre-Léopold comme le lieu d'édition véritable des trois libelles lancés par le patriarche contre l'Infâme à la fin de l'année 1768: *Les trois empereurs en Sorbonne, Les Droits des hommes et les usurpations des autres* et *La canonisation de saint Cucufin*'.[7] *Les Droits des hommes* later appeared

---

[6] J. M. De Bujanda, *Index librorum prohibitorum 1600-1966* (Montreal, Geneva, 2002), p.929.

[7] 'De la bibliothèque au journal intime: Giuseppe Pelli Bencivenni collectionneur et lecteur', *La Lettre clandestine* 12 (2003), p.159-75 (p.170). For the background to the reception of Voltaire's works in Italy, see also her 'L'édition clandestine dans la Toscane des réformes: le cas de Voltaire', *La Lettre clandestine* 7 (1998), p.237-57,

in collected editions but with few variants. We have selected the *encadrée* edition as the base text since it was the last one supervised by Voltaire.

Editions

68A

LES / DROITS / *DES HOMMES,* / ET LES / USURPATIONS / DES / AUTRES / [*decorative rule*] / *Traduit de l'Italien.* / [*shorter decorative rule*] / [*ornament*] / *A AMSTERDAM,* [Genève: Cramer] / [*thick-thin rule*] / 1768.

8°. sig. A-C⁸ [$4, roman]; pag. 48; quire catchwords.

BnC 4182; Bengesco 1767, 1.

London, BL: HMNTS 1568/6806. Oxford, Taylor: V8.D12.1768 (1). Paris, BnF: Rés. Z. Beuchot 229; [BnC 4183, without *faux titre*], Rés. Z. Beuchot 228.

68B

LES DROITS / DES HOMMES, / ET / *LES USURPATIONS* / DES AUTRES / [*thick-thin rule*] / *Traduit de l'Italien par l'Auteur de* / *l'Homme aux quarante écus* / [*thin-thick rule*] / [*ornament*] / *A AMSTERDAM.* / [*thin-thick-thick rule*] / 1768.

8° in 4s. sig. A-F⁴ [$2 signed, roman]; pag. 47; quire catchwords.

BnC 4184; Bengesco 1767, 2.

Oxford, Taylor: V8.D12.1768 (2). Paris, BnF: Rés. Z. Beuchot 231.

69A

Pièces nouvelles de Monsieur de Voltaire. A Amsterdam [Florence?], 1769
p.1-54: Les Droits des hommes et les usurpations des autres.

---

and 'Les premières censures romaines de Voltaire', *Revue d'histoire littéraire de la France* 4 (1998), p.531-51. I am grateful to Laurence Macé for her advice and for bringing the possibility of an Italian printing to my attention.

BnC 451; Bengesco 2222.

Geneva, ImV: BA 1769/2. Paris, BnF: Rés. Beuchot 661.

69B

LES DROITS / DES HOMMES, / ET / *LES USURPATIONS* / DES AUTRES. / [*thick-thin rule*] / *Traduit de l'Italien par l'Auteur de* / *l'Homme aux quarante écus.* / [*thick-thin rule*] / [*ornament*] / A AMSTERDAM, / [*thick-thin rule*] / M. DCC. LXIX.

12°. in 6s. A-D⁶ [$3, roman]; pag. 47.

Incomplete copy of an edition based on 68B; pages 5-8 missing.

BnC 4186.

Paris, BnF: 8° R. Pièce.6313.

69C

LES / DROITS / *DES* / *HOMMES,* / ET LES / USURPATIONS / DES AUTRES. / [*ornamental double rule*] / *Traduit de l'Italien.* / [*ornamental double rule*] / [*vignette*] / *A AMSTERDAM,* / [*double rule*] / 1769.

8°. 36 pp.

Geneva, ImV.[8]

EJ1

L'Evangile du jour. Tome premier. Londres [Amsterdam, Marc-Michel Rey]. 1769.

p.59-87 Les Droits des hommes, et les usurpations des autres. Traduit de l'italien. 1768.

Bengesco 292; Trapnell EJ; BnC 5234-35.

Oxford, Bodley: 27524l.81w (2). Paris, BnF: D² 5300 (1); Rés. Z. Beuchot 290 (1).

---

[8] Th.B.3297 in Th. Besterman, *Some eighteenth-century Voltaire editions unknown to Bengesco, SVEC* 111 (1973), p.196.

EJ2

L'Evangile du jour. A Geneve, 1969.

p.38-72 Les Droits des hommes, et les usurpations des autres. Traduit de l'Italien. 1768.

Oxford, Taylor: V8.E8.1769 (2).

EJ3

L'Evangile du jour. Seconde édition augmentée. Londres. 1772.

p.55-81 Les Droits des hommes, et les usurpations des autres. Traduit de l'Italien. 1768.

BnC 5236.

Paris, BnF: Rés. Z. Bengesco 378 (1); Rés. Z. Beuchot 291 (1).

NM (1770)

Nouveaux Mélanges philosophiques, historiques, critiques, etc. Vol.10 [Genève, Cramer], 1770.

p.304-33 Les Droits des hommes, et les usurpations des autres.

Bengesco 2212; Trapnell NM; BnC 111-35 (127).

Paris, BnF: Rés. Z. Bengesco 487 (10); Rés. Z. Beuchot 28 (10).

W68 (1771)

Collection complète des œuvres de M. de Voltaire. [Genève, Cramer; Paris, Panckoucke], 1768-1777. 30 (or 45) vol. 4°.

Volume 17, p.284-304 Les Droits des hommes, et les usurpations des autres.

Volumes 1-24 were produced by Cramer under Voltaire's supervision.

Bengesco 2137; Trapnell 68; BnC 141-44.

Oxford, Taylor: VF. Paris, BnF: Rés. M Z 587.

W71L

Collection complète des œuvres de M. de Voltaire. Genève [Liège, Plomteux], 1771-1777. 32 vol. 12°.

Volume 16, p.327-50 Les Droits des hommes, et les usurpations des autres.

No evidence of Voltaire's participation.

Bengesco 2139; Trapnell 71; BnC 151.

Geneva, ImV: A 1771/1 (16). Oxford, Taylor: VF.

w70L (1772)

Collection complète des œuvres de M. de Voltaire. Lausanne, Grasset, 1770-1781. 57 vol. 8°.

Volume 30, p.42-73 Les Droits des hommes, et les usurpations des autres.

Some volumes, particularly the theatre, were produced with Voltaire's participation.

Bengesco 2138; Trapnell 70L; BnC 149 (1-6, 14-21, 25).

Geneva, ImV: A 1770/4. Lausanne, Bibliothèque cantonale et universitaire. Oxford, Taylor: V1 1770 L (30).

w75G

La Henriade, divers autres poèmes et toutes les pièces relatives à l'épopée. Genève, [Cramer & Bardin] 1775. 37 [40] vol. 8°.

Volume 36, p.312-36 Les Droits des hommes, et les usurpations des autres.

The *encadrée* edition, produced at least in part under Voltaire's supervision.

Bengesco 2141; Trapnell 75G; BnC 158-61.

Geneva, ImV: A 1775/2 (36). Oxford, Taylor: V1 1775 (36); VF. Paris, BnF: Z 24839-78.

K

Œuvres complètes de Voltaire. [Kehl,] Société littéraire-typographique, 1784-1789. 70 vol. 8°.

Volume 29, p.75-102 Les Droits des hommes, et les usurpations des autres.

Bengesco 2142; Trapnell κ; BnC 164-69.

Oxford, Taylor: V1 1785/2 (29); VF. Paris, BnF: Rés. P Z 2209 (29).

Editorial principles

The original punctuation has been respected, while the spelling has been modernised. Ampersands have been replaced by *et*. One printing error in the base text has been corrected. In the final sentence of the third paragraph of the second chapter ('De Naples'), 'ils' has been changed to 'elles' to agree with 'sacristies'. The following aspects of spelling have been modified to conform to modern usage:

1. Consonants

- the consonant *t* was not used in syllable endings in *-ans -ens*: conquérans, couvens, croupissans, démembremens, enfans, excommunians, instrumens, méchans, négocians, parens, présens.
- the consonant *p* was not used in: tems.
- single consonants were used in: falait, falut, pourait.
- the consonant *x* was used instead of *s* in: loix.
- double consonants were used in: imbécilles, jetté, jetter.

2. Various

- an *e* was not placed at the end of encor.
- île was spelt isle.
- *i* was used instead of *y* in Babilone.

LES DROITS DES HOMMES, ET LES
USURPATIONS DES AUTRES

I. *Un prêtre de Christ doit-il être souverain?*

Pour connaître les droits du genre humain, on n'a pas besoin de
citations. Les temps sont passés où des Grotius et des Puffendorf
cherchaient le tien et le mien dans Aristote et dans saint Jérôme, et
prodiguaient les contradictions et l'ennui pour connaître le juste et
l'injuste. Il faut aller au fait.   5

Un territoire dépend-il d'un autre territoire? Y a-t-il quelque loi
physique qui fasse couler l'Euphrate au gré de la Chine ou des
Indes? Non sans doute. Y a-t-il quelque notion métaphysique qui
soumette une île Moluque à un marais formé par le Rhin et la
Meuse?[1] Il n'y a pas d'apparence. Une loi morale? Pas davantage.   10

D'où vient que Gibraltar dans la Méditerranée appartint
autrefois aux Maures, et qu'il est aujourd'hui aux Anglais,[2] qui
demeurent dans les îles de l'Océan, dont les dernières sont vers le
soixantième degré? C'est qu'ils ont pris Gibraltar. Pourquoi le
gardent-ils? C'est qu'on n'a pu le leur ôter; et alors on est convenu 15
qu'il leur resterait: la force et la convention donnent l'empire.

De quel droit Charlemagne,[3] né dans le pays barbare des
Austrasiens, dépouilla-t-il son beau-père, le Lombard Didier roi
d'Italie, après avoir dépouillé ses propres neveux de leur héritage?
Du droit que les Lombards avaient exercé en venant des bords de la 20
mer Baltique saccager l'empire romain; et du droit que les Romains
avaient eu de ravager tous les autres pays l'un après l'autre. Dans le

---

[1] Holland.

[2] The English navy intervened in the Spanish War of Succession and was
victorious in 1704 and 1705. Gibraltar was ceded to England as the result of the
Treaty of Utrecht (1713).

[3] For extended comments on the career of Charlemagne, see *EM*, ch.14-16, vol.1,
p.322-36.

vol à main armée c'est le plus fort qui l'emporte; dans les acquisitions convenues c'est le plus habile.

Pour gouverner de droit ses frères les hommes, (et quels frères! quels faux frères!) que faut-il? le consentement libre des peuples.

Charlemagne vient à Rome vers l'an 800, après avoir tout préparé, tout concerté avec l'évêque, et faisant marcher son armée et sa cassette dans laquelle étaient les présents destinés à ce prêtre. Le peuple romain nomme Charlemagne son maître par reconnaissance de l'avoir délivré de l'oppression lombarde.

A la bonne heure que le sénat et le peuple aient dit à Charles: 'Nous vous remercions du bien que vous nous avez fait, nous ne voulons plus obéir à des empereurs imbéciles et méchants qui ne nous défendent pas, qui n'entendent pas notre langue, qui nous envoient leurs ordres en grec par des eunuques de Constantinople, et qui prennent notre argent. Gouvernez-nous mieux en conservant toutes nos prérogatives, et nous vous obéirons.'

Voilà un beau droit, sans doute, et le plus légitime.

Mais ce pauvre peuple ne pouvait assurément disposer de l'empire; il ne l'avait pas; il ne pouvait disposer que de sa personne. Quelle province de l'empire aurait-il pu donner? l'Espagne? elle était aux Arabes; la Gaule et l'Allemagne? Pepin père de Charlemagne les avait usurpées sur son maître: l'Italie citérieure? Charles l'avait volée à son beau-père. Les empereurs grecs possédaient tout le reste; le peuple ne conférait donc qu'un nom; ce nom était devenu sacré. Les nations depuis l'Euphrate jusqu'à l'Océan s'étaient accoutumées à regarder le brigandage du saint empire romain comme un droit naturel; et la cour de Constantinople regarda toujours les démembrements de ce saint empire comme une violation manifeste du droit des gens, jusqu'à ce qu'enfin les Turcs vinrent leur apprendre un autre code.

Mais dire avec les avocats mercenaires de la cour pontificale romaine (lesquels en rient eux-mêmes), que l'évêque Léon III donna l'empire d'Occident à Charlemagne, cela est aussi absurde que si on disait que le patriarche de Constantinople donna l'empire d'Orient à Mahomet II.

D'un autre côté, répéter après tant d'autres que Pepin l'usurpateur, et Charlemagne le dévastateur, donnèrent aux évêques romains l'exarchat de Ravenne, c'est avancer une fausseté évidente.[4] Charlemagne n'était pas si honnête. Il garda l'exarchat pour lui ainsi que Rome; il nomme Rome et Ravenne dans son testament comme ses villes principales. Il est constant qu'il confia le gouvernement de Ravenne et de la Pentapole à un autre Léon archevêque de Ravenne, dont nous avons encore la lettre qui porte en ces termes exprès: *Hæ civitates a Carolo ipso una cum universa Pentapoli illi fuerint concessæ.*[5]

Quoi qu'il en soit, il ne s'agit ici que de démontrer que c'est une chose monstrueuse dans les principes de notre religion comme dans ceux de la politique et dans ceux de la raison qu'un prêtre donne l'empire, et qu'il ait des souverainetés dans l'empire.

Ou il faut absolument renoncer au christianisme, ou il faut l'observer. Ni un jésuite avec ses distinctions, ni le diable n'y peut trouver de milieu.

Il se forme dans la Galilée une religion toute fondée sur la pauvreté, sur l'égalité, sur la haine contre les richesses et les riches; une religion dans laquelle il est dit qu'il est aussi impossible qu'un riche entre dans le royaume des cieux, qu'il est impossible qu'un chameau passe par le trou d'une aiguille;[6] où l'on dit que le mauvais riche est damné uniquement pour avoir été riche;[7] où Anania et Saphira sont punis de mort subite pour avoir gardé de quoi vivre;[8] où il est ordonné aux disciples de ne jamais faire de provision pour le lendemain;[9] où Jésus-Christ fils de Dieu, Dieu lui-même

---

72 NM: faut entièrement renoncer

[4] Reference is also made to the exarchate of Ravenna in chapter 22 of *Le Pyrrhonisme de l'histoire*, below, p.330-31.
[5] The source of this quotation has not been identified.
[6] Matthew 19:24.
[7] Luke 16:21-24.
[8] Acts 5.
[9] Matthew 10:9-10.

prononce ces terribles oracles contre l'ambition et l'avarice; 'Je ne suis pas venu pour être servi, mais pour servir. [10] Il n'y aura jamais parmi vous ni premier ni dernier. [11] Que celui de vous qui voudra s'agrandir, soit abaissé. Que celui de vous qui voudra être le premier, soit le dernier.'

La vie des premiers disciples est conforme à ces préceptes; saint Paul travaille de ses mains, saint Pierre gagne sa vie. Quel rapport y a-t-il de cette institution avec le domaine de Rome, de la Sabine, de l'Ombrie, de l'Emilie, de Ferrare, de Ravenne, de la Pentapole, du Bolonais, de Commachio, de Bénévent, d'Avignon? On ne voit pas que l'Evangile ait donné ces terres au pape, à moins que l'Evangile ne ressemble à la règle des théatins, dans laquelle il fut dit qu'ils seraient vêtus de blanc: et on mit en marge, c'est-à-dire de noir.

Cette grandeur des papes et leurs prétentions mille fois plus étendues, ne sont pas plus conformes à la politique et à la raison qu'à la parole de Dieu, puisqu'elles ont bouleversé l'Europe, et fait couler des flots de sang pendant sept cents années.

La politique et la raison exigent dans l'univers entier que chacun jouisse de son bien, et que tout état soit indépendant. Voyons comment ces deux lois naturelles, contre lesquelles il ne peut être de prescription, ont été observées. [12]

II. *De Naples* [13]

Les gentilshommes normands qui furent les premiers instruments de la conquête de Naples et de Sicile, firent le plus bel exploit de chevalerie dont on ait jamais entendu parler. Quarante à cinquante hommes seulement, délivrent Salerne au moment qu'elle est prise

[10] Matthew 20:28.

[11] Matthew 20:26-27.

[12] In many respects, the final paragraph of this opening chapter sums up the rationale of the work.

[13] Substantial sections of this chapter were reproduced in the fourth part of the *Questions sur l'Encyclopédie* in 1771, 'Donation de la Suzeraineté de Naples aux Papes', p.354-57.

par une armée de Sarrasins. Sept autres gentilshommes normands tous frères, suffisent pour chasser ces mêmes Sarrasins de toute la contrée, et pour l'ôter à l'empereur grec qui les avait payés d'ingratitude. Il est bien naturel que les peuples dont ces héros avaient ranimé la valeur, s'accoutumassent à leur obéir par admiration et par reconnaissance.

Voilà les premiers droits à la couronne des deux Siciles. Les évêques de Rome ne pouvaient pas plus donner ces états en fief que le royaume de Boutan ou de Cachemire. Ils ne pouvaient même en accorder l'investiture quand on la leur aurait demandée; car dans le temps de l'anarchie des fiefs, quand un seigneur voulait tenir son bien allodial en fief pour avoir une protection, il ne pouvait s'adresser qu'à son seigneur suzerain. Or certainement le pape n'était pas seigneur suzerain de Naples, de la Pouille, et de la Calabre.

On a beaucoup écrit sur cette vassalité prétendue, mais on n'a jamais remonté à la source. J'ose dire que c'est le défaut de presque tous les jurisconsultes, comme de tous les théologiens. Chacun tire bien ou mal, d'un principe reçu les conséquences les plus favorables à son parti. Mais ce principe est-il vrai? Ce premier fait sur lequel ils s'appuyent, est-il incontestable? C'est ce qu'ils se donnent bien de garde d'examiner. Ils ressemblent à nos anciens romanciers[14] qui supposaient tous que Francus avait apporté en France le casque d'Hector. Ce casque était impénétrable sans doute, mais Hector en effet l'avait-il porté? Le lait de la vierge est aussi très respectable; mais les sacristes qui se vantent d'en posséder une roquille, la possèdent-elles en effet?[15]

Giannoné est le seul qui ait jeté quelque jour sur l'origine de la domination suprême affectée par les papes sur le royaume de Naples. Il a rendu en cela un service éternel aux rois de ce pays; et pour récompense il a été abandonné par l'empereur Charles VI

---

[14] For Voltaire's incredulity on such matters, see *DP*, article 'Abraham', *OCV*, vol.35, p.295, n.28.

[15] The following two paragraphs were not reproduced in the *Questions sur l'Encyclopédie*.

alors roi de Naples, à la persécution des jésuites, trahi depuis par la plus lâche des perfidies, sacrifié à la cour de Rome, il a fini sa vie dans la captivité.[16] Son exemple ne nous découragera pas. Nous écrivons dans un pays libre; nous sommes nés libres; et nous ne craignons ni l'ingratitude des souverains, ni les intrigues des jésuites, ni la vengeance des papes. La vérité est devant nous; et toute autre considération nous est étrangère.

C'était une coutume dans ces siècles de rapines, de guerres particulières, de crimes, d'ignorance et de superstition, qu'un seigneur faible pour être à l'abri de la rapacité de ses voisins, mît ses terres sous la protection de l'église, et achetât cette protection pour quelque argent; moyen sans lequel on n'a jamais réussi. Ses terres alors étaient réputées sacrées: quiconque eût voulu s'en emparer était excommunié.

Les hommes de ce temps-là aussi méchants qu'imbéciles, ne s'effrayaient pas des plus grands crimes; et redoutaient une excommunication qui les rendait exécrables aux peuples encore plus méchants qu'eux, et beaucoup plus sots.

Robert Guiscard et Richard [17] vainqueurs de la Pouille et de la Calabre, furent d'abord excommuniés par le pape Léon IX.[18] Ils s'étaient déclarés vassaux de l'empire: mais l'empereur Henri III mécontent de ces feudataires conquérants, avait engagé Léon IX à lancer l'excommunication à la tête d'une armée d'Allemands. Les Normands qui ne craignaient point ces foudres comme les princes d'Italie les craignaient, battirent les Allemands et prirent le pape prisonnier. Mais pour empêcher désormais les empereurs et les

[16] Pietro Giannone (1676-1748) was imprisoned for some 22 years. Voltaire possessed his *Histoire civile du royaume de Naples, traduite de l'italien de Pierre Giannone, jurisconsulte et avocat napolitain. Avec de nouvelles notes, réflexions, et médailles fournies par l'auteur, et qui ne se trouvent pas dans l'édition italienne* (The Hague, Pierre Gosse and Isaac Beauregard, 1743; BV1464).

[17] Robert Guiscard (c.1015-1085), the Norman conqueror of southern Italy; Richard I Drengot, count of Aversa (d.1078), a fellow Norman adventurer in southern Italy. See *EM*, ch.40, vol.1, p.457-58.

[18] Leo IX, pope 1049-1054. He led an army against the Normans in 1053; see *EM*, ch.40, vol.1, p.456-58.

papes de venir les troubler dans leurs possessions, ils offrirent leurs conquêtes à l'église sous le nom d'oblata. C'est ainsi que l'Angleterre avait payé le denier de saint Pierre; c'est ainsi que les premiers rois d'Espagne et de Portugal en recouvrant leurs états contre les Sarrasins, promirent à l'église de Rome deux livres d'or par an; ni l'Angleterre ni l'Espagne, ni le Portugal, ne regardèrent jamais le pape comme leur seigneur suzerain.

Le duc Robert oblat de l'église, ne fut pas non plus feudataire du pape; il ne pouvait pas l'être, puisque les papes n'étaient pas souverains de Rome. Cette ville alors était gouvernée par son sénat: l'évêque n'avait que du crédit; le pape était à Rome précisément ce que l'électeur est à Cologne. Il y a une différence prodigieuse entre être oblat d'un saint et être feudataire d'un évêque.

Baronius [19] dans ses actes, rapporte l'hommage prétendu fait par Robert duc de la Pouille et de la Calabre à Nicolas II; mais cette pièce est fausse, on ne l'a jamais vue elle n'a jamais été dans aucune archive. Robert s'intitula duc par la grâce de Dieu et de saint Pierre. Mais certainement saint Pierre ne lui avait rien donné, et n'était point roi de Rome. [20] Si l'on voulait remonter plus haut, on prouverait invinciblement, non seulement que saint Pierre n'a jamais été évêque de Rome dans un temps où il est avéré qu'aucun prêtre n'avait de siège particulier, et où la discipline de l'église naissante n'était pas encore formée; mais que saint Pierre n'a pas plus été à Rome qu'à Pékin. Saint Paul déclare expressément que sa mission était 'pour les prépuces entiers, et que la mission de saint Pierre était pour les prépuces coupés (a)', c'est-à-dire, que saint Pierre né en Galilée ne devait prêcher que les Juifs, et que lui Paul né à Tarsis dans la Caramanie devait prêcher les étrangers.

(a) Epître aux Galates, chap. II.

[19] Cesare Barono (1538-1607), an Italian Church historian.
[20] The transcription of parts of this chapter into the *Questions sur l'Encyclopédie* ends here.

La fable qui dit que Pierre vint à Rome sous le règne de Néron et y siégea pendant vingt-cinq ans, est une des plus absurdes qu'on ait jamais inventées, puisque Néron ne régna qu'onze ans.[21] La supposition qu'on a osé faire qu'une lettre de saint Pierre datée de Babylone avait été écrite dans Rome, et que Rome est là pour Babylone, est une supposition si impertinente, qu'on ne peut en parler sans rire. On demande à tout lecteur sensé ce que c'est qu'un droit fondé sur des impostures si avérées.

Enfin que Robert se soit donné à saint Pierre ou aux douze apôtres ou aux douze patriarches, ou aux neuf chœurs des anges, cela ne communique aucun droit au pape sur un royaume; ce n'est qu'un abus intolérable contraire à toutes les anciennes lois féodales, contraire à la religion chrétienne, à l'indépendance des souverains, au bon sens et à la loi naturelle.

Cet abus a sept cents ans d'antiquité. D'accord; mais en eût-il sept cent mille, il faudrait l'abolir. Il y a eu, je l'avoue, trente investitures du royaume de Naples données par des papes; mais il y a eu beaucoup plus de bulles qui soumettent les princes à la juridiction ecclésiastique, et qui déclarent qu'aucun souverain ne peut en aucun cas juger des clercs ou des moines, ni tirer d'eux une obole pour le maintien de ses états. Il y a eu plus de bulles qui disent de la part de Dieu qu'on ne peut faire un empereur sans le consentement du pape. Toutes ces bulles sont tombées dans le mépris qu'elles méritent, pourquoi respecterait-on davantage la suzeraineté prétendue du royaume de Naples? Si l'antiquité consacrait les erreurs, et les mettait hors de toute atteinte, nous serions tous tenus d'aller à Rome plaider nos procès lorsqu'il s'agirait d'un mariage, d'un testament, d'une dîme; nous devrions payer des taxes imposées par les légats. Il faudrait nous armer toutes les fois que le pape publierait une croisade, nous achèterions à Rome des indulgences, nous délivrerions les âmes des morts à

197   K: régna que treize ans

[21] Nero was in fact Roman Emperor AD 54-68.

prix d'argent, nous croirions aux sorciers, à la magie, au pouvoir des reliques sur les diables. Chaque prêtre pourrait envoyer des diables dans le corps des hérétiques: tout prince qui aurait un différend avec le pape perdrait sa souveraineté. Tout cela est aussi ancien ou plus ancien que la prétendue vassalité d'un royaume qui   230 par sa nature doit être indépendant.

Certes si les papes ont donné ce royaume, ils peuvent l'ôter; ils en ont en effet dépouillé autrefois les légitimes possesseurs. C'est une source continuelle de guerres civiles. Ce droit du pape est donc en effet contraire à la religion chrétienne, à la saine politique et à la   235 raison; ce qui était à démontrer.

III. *De la monarchie de Sicile*

Ce qu'on appelle le privilège, la prérogative de la monarchie de Sicile, est un droit essentiellement attaché à toutes les puissances chrétiennes, à la république de Gênes, à celles de Lucques et de Raguse comme à la France et à l'Espagne. Il consiste en trois points   240 principaux accordés par le pape Urbain II à Roger roi de Sicile. [22]

Le premier, de ne recevoir aucun légat *à latere* [23] qui fasse les fonctions de pape, sans le consentement du souverain.

---

[22] In the *Essai sur les mœurs* Voltaire records: 'Le pape Urbain, uniquement occupé des croisades, et voulant ménager une famille de héros si nécessaire à cette grande entreprise, accorda, la dernière année de sa vie (1098), une bulle au comte Roger, par laquelle il révoqua son légat, et créa Roger et ses successeurs légats-nés du saint-siège en Sicile, leur attribuant tous les droits et toute l'autorité de cette dignité, qui était à la fois spirituelle et temporelle. C'est là ce fameux droit qu'on appelle la *monarchie de Sicile*, c'est-à-dire le droit attaché à cette monarchie, droit que, depuis, les papes ont voulu anéantir, et que les rois de Sicile ont maintenu' (*EM*, ch.41, vol.1, p.462).

[23] The *legati a latere* were almost always cardinals who, as members of the senate of the Pope, were regarded as being on intimate terms with the Roman Pontiff, being 'from his side'. Elsewhere, Voltaire asserts that 'Les papes s'étaient mis en possession d'envoyer dans toute la chrétienté des légats qu'on nommait *a latere*, qui exerçaient une juridiction sur toutes les églises' (*EM*, ch.41, vol.1, p.461).

Le second, de faire chez soi ce que cet ambassadeur étranger s'arrogeait de faire.

Le troisième, d'envoyer aux conciles de Rome les évêques et les abbés qu'il voudrait.

C'était bien le moins qu'on pût faire pour un homme qui avait délivré la Sicile du joug des Arabes et qui l'avait rendue chrétienne. Ce prétendu privilège n'était autre chose que le droit naturel, comme les libertés de l'église gallicane ne sont que l'ancien usage de toutes les églises.

Ces privilèges ne furent accordés par Urbain II, confirmés et augmentés par quelques papes suivants, que pour tâcher de faire un fief apostolique de la Sicile comme ils l'avaient fait de Naples. Mais les rois ne se laissèrent pas prendre à ce piège. C'était bien assez d'oublier leur dignité jusqu'à être vassaux en terre ferme; ils ne le furent jamais dans l'île.

Si l'on veut savoir une des raisons pour laquelle ces rois se maintinrent dans le droit de ne point recevoir de légat dans le temps que tous les autres souverains de l'Europe avaient la faiblesse de les admettre, la voici dans Jean, évêque de Salisbury:[24] '*Legati apostolici ... ita debaccantur in Provinciis ac Sathan ad Ecclesiam flagellandam à facie Domini. Provinciarum diripiunt spolia ac si thesauros Cræsi studeant comparare.* Ils saccagent le pays comme si c'était Satan qui flagellât l'église loin de la face du Seigneur. Ils enlèvent les dépouilles des provinces comme s'ils voulaient amasser les trésors de Crésus.'

Les papes se repentirent bientôt d'avoir cédé aux rois de Sicile un droit naturel. Ils voulurent le reprendre. Baronius soutint enfin que ce privilège était subreptice, qu'il n'avait été vendu aux rois de Sicile que par un antipape: et il ne fait nulle difficulté de traiter de tyrans tous les rois successeurs de Roger.

Après des siècles de contestations et d'une possession toujours

---

[24] John of Salisbury (1115?-1180) was in fact Bishop of Chartres (1176-1180). He was a leading political theorist whose most renowned work was *Policraticus* (1159). The last sentence in the quotation is from Book 6 of this work.

constante des rois, la cour de Rome crut enfin trouver une occasion   275
d'asservir la Sicile quand le duc de Savoie Victor-Amédée[25] fut roi
de cette île en vertu des traités d'Utrecht.

Il est bon de savoir de quel prétexte la cour romaine moderne se
servit pour bouleverser ce royaume si cher aux anciens Romains.
L'évêque de Lipari[26] fit vendre un jour en 1711 une douzaine de   280
litrons de pois verts à un grènetier. Le grènetier vendit ces pois au
marché et paya trois oboles pour le droit imposé sur les pois par le
gouvernement. L'évêque prétendit que c'était un sacrilège, que ces
pois lui appartenaient de droit divin, qu'ils ne devaient rien payer à
un tribunal profane. Il est évident qu'il avait tort. Ces pois verts   285
pouvaient être sacrés quand ils lui appartenaient; mais ils ne
l'étaient pas après avoir été vendus. L'évêque soutint qu'ils avaient
un caractère indélébile; il fit tant de bruit, et il fut si bien secondé
par ses chanoines, qu'on rendit au grènetier ses trois oboles.

Le gouvernement crut l'affaire apaisée; mais l'évêque de Lipari   290
était déjà parti pour Rome après avoir excommunié le gouverneur
de l'île et les jurats. Le tribunal de la monarchie leur donna

---

[25] Victor Amadeus (1666-1732), Duke of Savoy (1675-1730), King of Sicily
(1713-1720), King of Sardinia (1720-1730).

[26] 'As much as anything it was a clash with the Church that undermined this
experiment in government from Turin. Controversy was touched off by a minor
incident in Lipari, an island which had belonged only for a hundred years to the
kingdom of Sicily and where there was hence considerable doubt about the King's
powers as Apostolic Legate. In 1711 the Bishop of Lipari excommunicated certain
local officials who had taxed a consignment of beans without realising that it was
episcopal property and thus exempt from excise duty. The officials quickly
apologised, but the Bishop did not want to back down. The case thus came
before the clergy in the office of the Apostolic Legateship, who reversed the
excommunication. When the Pope supported the Bishop, the Spanish Viceroy
produced a statement by some dozens of theologians pointing out that the Pope's
authority in Sicily was limited by ancient custom and would always require
validation by the crown. For five hundred years both sides had avoided this kind
of jurisdictional conflict, but, perhaps inadvertently, they had now allowed a full
scale battle to grow out of nothing, with interdict on one side, arrest and deportation
on the other' (Denis Mack Smith, *A History of Sicily: modern Sicily after 1713*,
London, 1968, p.249).

l'absolution *cum reincidentia*, c'est-à-dire, qu'ils suspendirent la censure selon le droit qu'ils en avaient.

La congrégation qu'on appelle à Rome de l'immunité, envoya aussitôt une lettre circulaire à tous les évêques siciliens, laquelle déclarait, que l'attentat du tribunal de la monarchie était encore plus sacrilège que celui d'avoir fait payer trois oboles pour des pois qui venaient originairement du potager d'un évêque. Un évêque de Catane publia cette déclaration. Le vice-roi avec le tribunal de la monarchie la cassa comme attentatoire à l'autorité royale. L'évêque de Catane excommunia un baron Figuerazzi et deux autres officiers du tribunal.

Le vice-roi indigné envoya par deux gentilshommes un ordre à l'évêque de Catane de sortir du royaume. L'évêque excommunia les deux gentilshommes, mit son diocèse en interdit et partit pour Rome. On saisit une partie de ses biens. L'évêque d'Agrigente fit ce qu'il put pour s'attirer un pareil ordre, on le lui donna. Il fit bien mieux que l'évêque de Catane; il excommunia le vice-roi, le tribunal et toute la monarchie.

Ces pauvretés qu'on ne peut lire aujourd'hui sans lever les épaules, devinrent une affaire très sérieuse. Cet évêque d'Agrigente avait trois vicaires encore plus excommuniants que lui. Ils furent mis en prison. Toutes les dévotes prirent leur parti; la Sicile était en combustion.

Lorsque Victor-Amédée à qui Philippe V venait de céder cette île, en prit possession le 10 octobre 1713; à peine le nouveau roi était arrivé que le pape Clément XI expédia trois brefs à l'archevêque de Palerme, par lesquels il lui était ordonné d'excommunier tout le royaume, sous peine d'être excommunié lui-même. La Providence divine n'accorda pas sa protection à ces trois brefs. La barque qui les conduisait fit naufrage; et ces brefs qu'un parlement de France aurait fait brûler, furent noyés avec le porteur. Mais comme la Providence ne se signale pas toujours par des coups d'éclat, elle permit que d'autres brefs arrivassent; un entre autres, où le tribunal de la monarchie était qualifié de *certain prétendu tribunal*. Dès le mois de novembre la congrégation de l'immunité assembla tous les procureurs des couvents de Sicile qui étaient à Rome, et leur ordonna de mander à tous les moines qu'ils eussent à observer l'interdit fulminé précédemment par l'évêque de Catane, et à s'abstenir de dire la messe jusqu'à nouvel ordre. 330

Le bon Clément XI excommunia lui-même nommément le juge de la monarchie le 5 janvier 1714. Le cardinal Paulucci ordonna à tous les évêques (et toujours avec menace d'excommunication) de ne rien payer à l'état de ce qu'ils s'étaient engagés eux-mêmes à 335 payer par les anciennes lois du royaume. Le cardinal de La Trimouille ambassadeur de France à Rome, interposait la médiation de son maître entre le Saint-Esprit et Victor-Amédée; mais la négociation n'eut point de succès.

Enfin le 10 février 1715 le pape crut abolir par une bulle le 340 tribunal de la monarchie sicilienne. Rien n'avilit plus une autorité précaire que des excès qu'elle ne peut soutenir. Le tribunal ne se tint point pour aboli; le saint Père ordonna qu'on fermât toutes les églises de l'île, et que personne ne priât Dieu. On pria Dieu malgré lui dans plusieurs villes. Le comte Maffei envoyé de la part du roi 345 au pape eut une audience de lui. Clément XI pleurait souvent, et se dédisait aussi souvent des promesses qu'il avait faites. On disait de lui: 'Il ressemble à saint Pierre, il pleure et il renie.' Maffei, qui le trouva tout en larmes de ce que la plupart des églises étaient encore ouvertes en Sicile, lui dit: 'Saint Père, pleurez quand on les fermera, 350 et non quand on les ouvrira.'

IV. *De Ferrare*[27]

Si les droits de la Sicile sont inébranlables, si la suzeraineté de Naples n'est qu'une antique chimère, l'invasion de Ferrare est une nouvelle usurpation. Ferrare était constamment un fief de l'empire, ainsi que Parme et Plaisance. Le pape Clément VIII en dépouilla 355 César d'Est à main armée en 1597. Le prétexte de cette tyrannie

---

[27] Although the texts are not identical, this chapter on *Ferrare* served as the basis for material presented on the same topic in the *Questions sur l'Encyclopédie* in 1771.

était bien singulier pour un homme qui se dit l'humble vicaire de Jésus-Christ. Le duc Alfonse d'Est premier du nom, souverain de Ferrare, de Modène, d'Est, de Carpi, de Rovigno, avait épousé une simple citoyenne de Ferrare nommée Laura Eustochia,[28] dont il avait eu trois enfants avant son mariage, reconnus par lui solennellement en face d'église. Il ne manqua à cette reconnaissance aucune des formalités prescrites par les lois. Son successeur Alfonse d'Est fut reconnu duc de Ferrare. Il épousa Julie d'Urbin fille de François duc d'Urbin, dont il eut cet infortuné César d'Est, héritier incontestable de tous les biens de la maison, et déclaré héritier par le dernier duc mort le 27 octobre 1597. Le pape Clément VIII du nom d'Aldobrandin, originaire d'une famille de négociants de Florence, osa prétexter que la grand'mère de César d'Est n'était pas assez noble, et que les enfants qu'elle avait mis au monde devaient être regardés comme des bâtards. La première raison est ridicule et scandaleuse dans un évêque; la seconde est insoutenable dans tous les tribunaux de l'Europe: car si le duc n'était pas légitime, il devait perdre Modène et ses autres états; et s'il n'y avait point de vice dans sa naissance, il devait garder Ferrare comme Modène.

L'acquisition de Ferrare était trop belle pour que le pape ne fît pas valoir toutes les décrétales et toutes les décisions des braves théologiens qui assurent que le pape peut rendre juste ce qui est injuste. En conséquence il excommunia d'abord César d'Est, et comme l'excommunication prive nécessairement un homme de tous ses biens, le père commun des fidèles leva des troupes contre l'excommunié pour lui ravir son héritage au nom de l'église. Ces troupes furent battues; mais le duc de Modène et de Ferrare vit bientôt ses finances épuisées et ses amis refroidis.

Ce qu'il y eut de plus déplorable, c'est que le roi de France Henri IV se crut obligé de prendre le parti du pape pour balancer le

371 ɪ K: bâtards. Cette raison
372 ɪ K: évêque; elle est

[28] She was painted by Titian in 1529.

crédit de Philippe II à la cour de Rome. C'est ainsi que le bon roi
Louis XII, moins excusable, s'était déshonoré en s'unissant avec le
monstre Alexandre VI [29] et son exécrable bâtard le duc Borgia. Il   390
fallut céder; alors le pape fit envahir Ferrare par le cardinal
Aldobrandin, qui entra dans cette florissante ville avec mille
chevaux et cinq mille fantassins.

Depuis ce temps Ferrare devint déserte, son terroir inculte se
couvrit de marais croupissants. Ce pays avait été sous la maison   395
d'Est un des plus beaux de l'Italie; le peuple regretta toujours ses
anciens maîtres. Il est vrai que le duc fut dédommagé. On lui donna
la nomination à un évêché et à une cure; et on lui fournit même
quelques minots de sel des magasins de Cervia; mais il n'est pas
moins vrai que la maison de Modène a des droits incontestables et   400
imprescriptibles sur ce duché de Ferrare dont elle est si indignement dépouillée.

V. *De Castro et Ronciglione* [30]

L'usurpation de Castro et Ronciglione sur la maison de Parme
n'est pas moins injuste, mais la manière a été plus basse et plus
lâche. Il y a dans Rome beaucoup de juifs qui se vengent comme ils   405
peuvent des chrétiens en leur prêtant sur gages à gros intérêt. Les
papes ont été sur leur marché. Ils ont établi des banques que l'on
appelle Monts de piété; on y prête sur gages aussi; mais avec un
intérêt beaucoup moins fort. Les particuliers y déposent leur
argent, et cet argent est prêté à ceux qui veulent emprunter et   410
qui peuvent répondre.

Rainuce duc de Parme, fils de ce célèbre Alexandre Farnèse qui

---

[29] Voltaire loathed Alexander VI. He wrote in *DP*, article 'Pierre': 'parmi tant de
papes, ambitieux, sanguinaires et débauchés, il y a eu un Alexandre VI, dont le nom
n'est prononcé qu'avec la même horreur que ceux des Néron et des Caligula' (*OCV*,
vol.36, p.454).

[30] For analysis of Voltaire's presentation of Italian history during this period,
see Eugène Bouvy, *Voltaire et l'Italie* (Paris, 1898; Geneva, 1970), p.292-93.

fit lever au roi Henri IV le siège de Rouen et le siège de Paris, obligé d'emprunter de grosses sommes, donna la préférence au Mont de piété sur les juifs. Il n'avait cependant pas trop à se louer de la cour romaine. La première fois qu'il y parut, Sixte-Quint voulut lui faire couper le cou pour récompense des services que son père avait rendus à l'église.

Son fils Odoard devait les intérêts avec le capital, et ne pouvait s'acquitter que difficilement. Barbarin ou Barberin qui était alors pape sous le nom d'Urbain VIII, voulut accommoder l'affaire en mariant sa nièce Barbarini ou Barbarina au jeune duc de Parme. Il avait deux neveux qui le gouvernaient, l'un Taddeo Barbarini préfet de Rome, et l'autre le cardinal Antonio, et encore un troisième, cardinal aussi, mais qui ne gouvernait personne. Le duc alla à Rome voir ce préfet et ces cardinaux, dont il devait être le beau-frère moyennant une diminution des intérêts qu'il devait au Mont d'impiété. Ni le marché, ni la nièce du pape, ni les procédés des neveux ne lui plurent, il se brouilla avec eux pour la grande affaire des Romains modernes, le *punctilio*, la science du nombre des pas qu'un cardinal et un préfet doivent faire en reconduisant un duc de Parme. Tous les caudataires se remuèrent dans Rome pour ce différend, et le duc de Parme s'en alla épouser une Médicis.

Les Barberins ou Barbarins songèrent à la vengeance. Le duc vendait tous les ans son blé du duché de Castro à la chambre des apôtres pour acquitter une partie de sa dette; et la chambre des apôtres revendait chèrement son blé au peuple. Elle en acheta ailleurs, et défendit l'entrée du blé de Castro dans Rome. Le duc de Parme ne put vendre son blé aux Romains, et le vendit aussi ailleurs comme il put.

Le pape qui d'ailleurs était un assez mauvais poète, excommunia Odoard selon l'usage, et incaméra le duché de Castro. Incamérer est un mot de la langue particulière à la chambre des apôtres: chaque chambre a la sienne. Cela signifie, prendre, saisir,

---

424-25 K: Antonio, et de plus un frère, cardinal aussi,
427-28 K: devait au mont de piété.

s'approprier, s'appliquer ce qui ne nous appartient point du tout. 445
Le duc avec le secours des Médicis et de quelques amis, arma pour
désincamérer son bien. Les Barberins armèrent aussi. On prétend
que le cardinal Antonio en faisant délivrer des mousquetons bénits
aux soldats, les exhortait à les tenir toujours bien propres, et à les
rapporter dans le même état qu'on les leur avait confiés. On assure 450
même qu'il y eut des coups donnés et rendus, et que trois ou quatre
personnes moururent dans cette guerre, soit de l'intempérie, soit
autrement. On ne laissa pas de dépenser beaucoup plus que le blé
de Castro ne valait. Le duc fortifia Castro; et tout excommunié qu'il
était, les Barberins ne purent prendre sa ville avec leurs mousque- 455
tons. Tout cela ne ressemblait que médiocrement aux guerres des
Romains du temps passé, et encore moins à la morale de Jésus-
Christ. Ce n'était pas même le *contrains-les d'entrer;*[31] c'était le
contrains-les de sortir. Ce fracas dura par intervalles pendant les
années 1642 et 1643. La cour de France en 1644 procura une paix 460
fourrée. Le duc de Parme communia et garda Castro.

Pamphile, Innocent X, qui ne faisait point de vers et qui haïssait
les deux cardinaux Barberins, les vexa si durement pour les punir
de leurs vexations, qu'ils s'enfuirent en France où le cardinal
Antonio fut archevêque de Rheims, grand aumônier et chargé 465
d'abbayes.

Nous remarquerons en passant qu'il y avait encore un troisième
cardinal Barberin, baptisé aussi sous le nom d'Antoine. Il était frère
du pape Urbain VIII. Celui-là ne se mêlait ni de vers ni de
gouvernement. Il avait été assez fou dans sa jeunesse pour croire 470
que le seul moyen de gagner le paradis était d'être frère lai chez les
capucins. Il prit cette dignité, qui est assurément la dernière de
toutes; mais étant depuis devenu sage, il se contenta d'être cardinal

---

[31] Luke 14:23. In the *Essai historique et critique sur les dissensions des églises de
Pologne*, Voltaire protests: 'Le *contrains-les d'entrer*, fut employé dans toute sa
rigueur. C'est une chose admirable que ce *contrains-les d'entrer*, qui n'est dans
l'Evangile qu'une invitation pressante à souper, ait toujours servi de prétexte à
l'Eglise romaine pour faire mourir les gens de faim' (*OCV*, vol.63A, p.273-74).

et très riche. Il vécut en philosophe. L'épitaphe qu'il ordonna qu'on gravât sur son tombeau est curieuse.

Hic jacet pulvis et cinis, postea nihil. [32]

Ci-gît poudre et cendre, et puis rien.

Ce rien est quelque chose de singulier pour un cardinal.

Mais revenons aux affaires de Parme. Pamphile en 1646 voulut donner à Castro un évêque fort décrié pour ses mœurs et qui fit trembler tous les citoyens de Castro qui avaient de belles femmes et de jolis enfants. L'évêque fut tué par un jaloux. Le pape au lieu de faire chercher les coupables, et de s'entendre avec le duc pour les punir, envoya des troupes et fit raser la ville. On attribua cette cruauté à Dona Olimpia belle-sœur et maîtresse du pape, à qui le duc avait eu la négligence de ne pas faire de présents lorsqu'elle en recevait de tout le monde. Démolir une ville était bien pis que de l'incamérer. Le pape fit ériger une petite pyramide sur les ruines avec cette inscription: *Qui fu Castro*.

Cela se passa sous Rainuce II fils d'Odoard Farnèse. On recommença la guerre, qui fut encore moins meurtrière que celle des Barberins. Le duché de Castro et de Ronciglione resta toujours confisqué au profit de la chambre des apôtres depuis 1646 jusqu'à 1662 sous le pontificat de Chigi, Alexandre VII.

Cet Alexandre VII ayant dans plus d'une affaire bravé Louis XIV, dont il méprisait la jeunesse et dont il ne connaissait pas la hauteur, les différends furent poussés si loin entre les deux cours, les animosités furent si violentes entre le duc de Créqui ambassadeur de France à Rome et Mario Chigi frère du pape, que les gardes corses de sa sainteté tirèrent sur le carrosse de l'ambassadrice et tuèrent un de ses pages à la portière. [33] Il est vrai qu'ils n'y étaient

---

[32] The correct version of the epitaph is: 'Hic jacet pulvis, cinis et nihil'. It appears on the tombstone of Cardinal Antonio Barberini in the crypt of the Capuchin Church of the Immaculate Conception in via Vittorio Veneto in Rome.

[33] Voltaire wrote in *Le Siècle de Louis XIV*: 'La cour romaine ne fit qu'irriter le roi sans pouvoir lui nuire. Le parlement de Provence cita le pape, et fit saisir le comtat d'Avignon. Dans d'autres temps les excommunications de Rome auraient suivi ces ouvrages; c'était des armes usées et devenues ridicules: il fallut que le pape

autorisés par aucune bulle; mais il parut que leur zèle n'avait pas beaucoup déplu au saint Père. Louis XIV fit craindre sa vengeance. Il fit arrêter le nonce à Paris, envoya des troupes en Italie, se saisit du comtat d'Avignon. Le pape qui avait dit d'abord que 'des légions d'anges viendraient à son secours', ne voyant point paraître ces anges, s'humilia, demanda pardon. Le roi de France lui pardonna à condition qu'il rendrait Castro et Ronciglione au duc de Parme, et Commachio au duc de Modène, tous deux attachés à ses intérêts, et tous deux opprimés.

Comme Innocent X avait fait ériger une petite pyramide en mémoire de la démolition de Castro, le roi de France exigea qu'on érigeât une pyramide du double plus haute, à Rome, dans la place Farnèse, où le crime des gardes du pape avait été commis. A l'égard du page tué, il n'en fut pas question. Le vicaire de Jésus-Christ devait bien au moins une pension à la famille de ce jeune chrétien. La cour de Rome fit habilement insérer dans le traité qu'on ne rendrait Castro et Ronciglione au duc que moyennant une somme d'argent, équivalente à peu près à la somme que la maison Farnèse devait au Mont de piété. Par ce tour adroit Castro et Ronciglione sont toujours demeurés incamérés, malgré Louis XIV, qui dans les occasions éclatait avec fierté contre la cour de Rome et ensuite lui cédait.

Il est certain que la jouissance de ce duché a valu à la chambre des apôtres, quatre fois plus que le Mont de piété ne peut redemander de capital et d'intérêts. N'importe, les apôtres sont

---

pliât; il fut forcé d'exiler de Rome son propre frère; d'envoyer son neveu, le cardinal Chigi, en qualité de légat *a latere*, faire satisfaction au roi, de casser la garde corse, et d'élever dans Rome une pyramide, avec une inscription qui contenait l'injure et la réparation. Le cardinal Chigi fut le premier légat de la cour romaine qui fut jamais envoyé pour demander pardon. Les légats, auparavant, venaient donner des lois et imposer des décimes. Le roi ne s'en tint pas à faire réparer un outrage par des cérémonies passagères et par des monuments qui le sont aussi (car il permit, quelques années après, la destruction de la pyramide); mais il força la cour de Rome à promettre de rendre Castro et Ronciglione au duc de Parme, à dédommager le duc de Modène de ses droits sur Commachio; il tira ainsi d'une insulte l'honneur d'être le protecteur des princes d'Italie' (*M*, vol.14, p.229).

toujours en possession. Il n'y a jamais eu d'usurpation plus manifeste. Qu'on s'en rapporte à tous les tribunaux de judicature, depuis ceux de la Chine jusqu'à ceux de Corfou: y en a-t-il un seul où le duc de Parme ne gagnât sa cause? Ce n'est qu'un compte à faire. Combien vous dois-je? Combien avez-vous touché par vos mains? Payez-moi l'excédant et rendez-moi mon gage. Il est à croire que quand le duc de Parme voudra intenter ce procès, il le gagnera partout ailleurs qu'à la chambre des apôtres.

VI. *Acquisitions de Jules II*

Je ne parlerai point ici de Commachio, c'est une affaire qui regarde l'empire, et je m'en rapporte à la chambre de Vestzlar[34] et au conseil aulique. Mais il faut voir par quelles bonnes œuvres les serviteurs des serviteurs de Dieu ont obtenu du ciel tous les domaines qu'ils possèdent aujourd'hui. Nous savons par le cardinal Bembo,[35] par Guichardin[36] et par tant d'autres, comment La Rovère, Jules II, acheta la tiare, et comment il fut élu avant même que les cardinaux fussent entrés dans le conclave. Il fallait payer ce qu'il avait promis, sans quoi on lui aurait représenté ses billets, et il risquait d'être déposé. Pour payer les uns il fallait prendre aux autres. Il commence par lever des troupes; il se met à leur tête, assiège Pérouse qui appartenait au seigneur Baglioni homme faible et timide qui n'eut pas le courage de se défendre. Il rendit sa ville en 1506. On lui laissa seulement emporter ses meubles avec des *agnus Dei*. De Pérouse Jules marche à Bologne et en chasse les Bentivoglio.

[34] See 'Ainsi dans plusieurs bourgs d'Allemagne les évangéliques viennent chanter leurs psaumes dès que le curé catholique a dit sa messe. Ainsi les chambres de Vetzlar et de Vienne ont des assesseurs luthériens', in *Essai historique et critique sur les Dissensions des Eglises de Pologne*, OCV, vol.63A, p.276.

[35] Pietro Bembo (1470-1547), a renowned latinist. For further information, see *DP*, article 'Foi', OCV, vol.36, p.122, n.6.

[36] Francesco Guicciardini, an Italian historian (1483-1540). Voltaire possessed his *La Historia d'Italia* (Geneva, 1621; BV1569).

On sait comment il arma tous les souverains contre Venise, et comment ensuite il s'unit avec les Vénitiens contre Louis XII. Cruel ennemi, ami perfide, prêtre soldat, il réunissait tout ce qu'on reproche à ces deux professions, la fourberie et l'inhumanité. Cet honnête homme se mêlait aussi d'excommunier. Il lança son 555 ridicule foudre contre le roi de France Louis XII, le père du peuple; il croyait, dit un auteur célèbre, mettre les rois sous l'anathème, comme vicaire de Dieu, et il mettait à prix les têtes de tous les Français en Italie comme vicaire du diable. Voilà l'homme dont les princes baisaient les pieds et que les peuples 560 adoraient comme un Dieu. J'ignore s'il eut la vérole, comme on l'a écrit. Tout ce que je sais, c'est que la signora Orsini sa fille ne l'eut point et qu'elle fut une très honorable dame. Il faut toujours rendre justice au beau sexe dans l'occasion.

VII. *Des acquisitions d'Alexandre VI*[37]

La terre a retenti assez de la simonie qui valut à ce Borgia la tiare; 565 des excès de fureur et de débauche dont se souillèrent ses bâtards; de son inceste avec Lucrezia sa fille. Quelle Lucrezia! On sait qu'elle couchait avec son frère et son père, et qu'elle avait des évêques pour valets de chambre. On est assez instruit du beau festin pendant lequel cinquante courtisanes nues ramassaient des 570 châtaignes en variant leurs postures, pour amuser sa sainteté qui distribua des prix aux plus vigoureux vainqueurs de ces dames. L'Italie parle encore du poison qu'on prétendit qu'il prépara pour quelques cardinaux, et dont on croit qu'il mourut lui-même. [38] Il ne reste rien de ces épouvantables horreurs que la mémoire; mais il 575

---

[37] Voltaire derived material about Alexander VI (Rodrigo Borgia) from Guicciardini (see n.36).

[38] In the *Essai sur les mœurs*, Voltaire noted: 'l'Italie fut délivrée d'Alexandre VI et de son fils. Tous les historiens se plaisent à transmettre à la postérité que ce pape mourut du poison qu'il avait destiné dans un festin à quelques cardinaux' (*EM*, ch.111, vol.2, p.98). See also chapter 35 of *Le Pyrrhonisme de l'histoire* below, p.357-58.

reste encore des héritiers de ceux que son fils et lui assassinèrent, ou étranglèrent, ou empoisonnèrent pour ravir leurs héritages. On connaît le poison dont ils se servaient, il s'appelait la cantarella. [39] Tous les crimes de cette abominable famille sont aussi connus que l'Evangile, à l'abri duquel ces monstres les commettaient impunément. Il ne s'agit ici que des droits de plusieurs illustres maisons qui subsistent encore. Les Orsini, les Colonnes souffriront-ils toujours que la chambre apostolique leur retienne les héritages de leur ancienne maison?

Nous avons à Venise des Tiepolo qui descendent de la fille de Jean Sforce seigneur de Pesaro, que César Borgia chassa de la ville au nom du pape son père. Il y a des Manfredi qui ont droit de réclamer Faenza. Astor Manfredi âgé de dix-huit ans, rendit Faenza au pape et se remit entre les mains de son fils, à condition qu'on le laisserait jouir du reste de sa fortune. Il était d'une extrême beauté; César Borgia en devint éperdument amoureux; mais comme il était louche, ainsi que tous ses portraits le témoignent, et que ses crimes redoublaient encore l'horreur de Manfredi pour lui, ce jeune homme s'emporta imprudemment contre le ravisseur; Borgia n'en put jouir que par violence: ensuite il le fit jeter dans le Tibre avec la femme d'un Caraccioli qu'il avait enlevée à son époux.

On a peine à croire de telles atrocités; mais s'il est quelque chose d'avéré dans l'histoire, ce sont les crimes d'Alexandre VI et de sa famille.

La maison de Montefeltro n'est pas encore éteinte. Le duché d'Urbin qu'Alexandre VI et son fils envahirent par la perfidie la plus noire et la plus célébrée dans les livres de Machiavel, appartient à ceux qui sont entrés dans la maison de Montefeltro, à moins que les crimes n'opèrent une prescription contre l'équité.

Jules Varano seigneur de Camerino, fut saisi par César Borgia

604   K: sont descendus de la maison

[39] *Cantarella* was the poison, probably containing arsenic, most associated with the Borgias (it is also mentioned in *EM*, ch.111, vol.2, p.100).

dans le temps même qu'il signait une capitulation, et fut étranglé sur la place avec ses deux fils. Il y a encore des Varano dans la Romagne, c'est à eux sans doute que Camerino appartient.

Tous ceux qui lisent, ont vu avec effroi dans Machiavel 610 comment ce César Borgia fit assassiner Vitellozzo Vitelli, Oliverotto da Fermo, il signor Pagolo, et Francescos Orsini, duc de Gravina. Mais ce que Machiavel n'a point dit, et ce que les historiens contemporains nous apprennent, c'est que pendant que Borgia faisait étrangler le duc de Gravina et ses amis dans le 615 château de Sinigaglia, le pape son père faisait arrêter le cardinal Orsini, parent du duc de Gravina, et confisquait tous les biens de cette illustre maison. Le pape s'empara même de tout le mobilier. Il se plaignit amèrement de ne point trouver parmi ces effets une grosse perle estimée deux mille ducats, et une cassette pleine d'or 620 qu'il savait être chez le cardinal. La mère de ce malheureux prélat, âgée de quatre-vingts ans, craignant qu'Alexandre VI, selon sa coutume, n'empoisonnât son fils, vint en tremblant lui apporter la perle et la cassette; mais son fils était déjà empoisonné et rendait les derniers soupirs. Il est certain que si la perle est encore, comme 625 on le dit, dans le trésor des papes, ils doivent en conscience la rendre à la maison des Ursins, avec l'argent qui était dans la cassette.

Conclusion

Après avoir rapporté dans la vérité la plus exacte tous ces faits dont on peut tirer quelques conséquences et dont on peut faire quelque 630 usage honnête, je ferai remarquer à tous les intéressés qui pourront jeter les yeux sur ces feuilles, que les papes n'ont pas un pouce de terre en souveraineté qui n'ait été acquis par des troubles ou par des fraudes. A l'égard des troubles il n'y a qu'à lire l'histoire de l'empire et les jurisconsultes d'Allemagne. A l'égard des fraudes il 635 n'y a qu'à jeter les yeux sur la donation de Constantin et sur les décrétales.

La donation de la comtesse Mathilde[40] au doux et modeste Grégoire VII,[41] est le titre le plus favorable aux évêques de Rome. Mais en bonne foi si une femme à Paris, à Vienne, à Madrid, à Lisbonne déshéritait tous ses parents et laissait tous ses fiefs masculins par testament à son confesseur avec ses bagues et joyaux, ce testament ne serait-il pas cassé suivant les lois expresses de tous ces états?

On nous dira que le pape est au-dessus de toutes les lois, qu'il peut rendre juste ce qui est injuste, *potest de injustitia facere justitiam. Papa est supra jus, contra jus, et extra jus*; c'est le sentiment de Bellarmin (*b*), c'est l'opinion des théologiens romains. A cela nous n'avons rien à répondre. Nous révérons le siège de Rome. Nous lui devons les indulgences, la faculté de tirer des âmes du purgatoire, la permission d'épouser nos belles-sœurs et nos nièces l'une après l'autre, la canonisation de saint Ignace, la sûreté d'aller en paradis en portant le scapulaire; mais ces bienfaits ne sont peut-être pas une raison pour retenir le bien d'autrui.

Il y a des gens qui disent que si chaque église se gouvernait par elle-même sous les lois de l'état; si on mettait fin à la simonie de payer des annates pour un bénéfice; si un évêque qui d'ordinaire n'est pas riche avant sa nomination, n'était pas obligé de se ruiner lui ou ses créanciers en empruntant de l'argent pour payer ses bulles; l'état ne serait pas appauvri à la longue par la sortie de cet argent qui ne revient plus. Mais nous laissons cette matière à discuter par les banquiers en cour de Rome.

Finissons par supplier encore le lecteur chrétien et bénévole de lire l'Evangile, et de voir s'il y trouvera un seul mot qui ordonne le moindre des tours que nous avons fidèlement rapportés. Nous y

(*b*) De romano Pontifice, tome I, liv. IV.

[40] 'On prétend que Mathilde donna deux fois ses biens au saint-siège' (*EM*, ch.46, vol.1, p.501).

[41] In the *Dictionnaire philosophique*, Gregory VII is described as 'l'auteur de cinq cents ans de guerres civiles soutenues par ses successeurs' (article 'Pierre', *OCV*, vol.36, p.454).

lisons, il est vrai, 'qu'il faut se faire des amis avec l'argent de la mammone d'iniquité'.[42] Ah! beatissimo Padre, si cela est, rendez donc l'argent.

A Padoue 24 juin 1768.

[42] Luke 16:9.

Discours aux confédérés catholiques
de Kaminiek en Pologne.
Par le major Kaiserling au service
du roi de Prusse

Critical edition

by

Simon Davies

CONTENTS

INTRODUCTION

This pamphlet belongs to a series of works which Voltaire composed regarding the situation in eastern Europe, and particularly Poland, in the late 1760s and early 1770s.[1] It was written in response to contemporary events, the invasion of Poland by Russian forces. The precise date of its composition is unknown but it was cited by the *Mémoires secrets* on 24 July 1768 and printed in four separate editions that year. It was offered for sale in letters penned by Chiniac de La Bastide in 1768, from Lausanne in November and from Geneva in December (D15288 and D15386). Voltaire playfully attributes the text to a deceased soldier in Frederick the Great's army, thereby stressing the military dimensions of the work's message. Kaiserling has been usually identified as someone who died in 1749 (Beuchot). Daniel Beauvois, however, has put forward another possibility:

Nous penchons plutôt pour H. K. Kaiserling, comte du Saint Empire romain, conseiller intime de Catherine II, ambassadeur de Russie à Varsovie avant Repnine. C'est lui qui avait poussé à placer Stanislas-Auguste sur le trône de Pologne. Celui-ci le cite plusieurs fois dans ses mémoires. Dès 1763, Catherine lui faisait une traite de 100.000 roubles... V., grand bénéficier des subsides, paie-t-il une dette par ce clin d'œil?[2]

Whichever of these sources is true (perhaps both or neither), Kaiserling was involuntarily enlisted into the brigade of pseudonymous authors fighting for the cause of enlightened ideas and as a propagandist for Catherine the Great.

Catherine's motives for intervening in Polish affairs are

---

[1] For an extended treatment of Voltaire's attitude to Poland, see Stanislaw Fiszer, *L'Image de la Pologne dans l'œuvre de Voltaire*, *SVEC* 2001:05.

[2] *Dictionnaire général de Voltaire*, publié sous la direction de Raymond Trousson et Jeroom Vercruysse (Paris, 2003), p.353.

complex. However, one of them concerned protecting the religious diversity of the country where non-catholics were regarded as dissidents. In the introduction to their edition of the *Essai historique et critique sur les dissensions des Eglises de Pologne* Daniel Beauvois and Emanuel Rostworowski write: 'depuis Pierre le Grand, la Russie s'attribue un rôle de protecteur de minorités religieuses, tant orthodoxes que luthériennes ou calvinistes, en Pologne'.[3] Such a policy would evidently appeal to Voltaire in the decade when he was engaged in his campaign for tolerance and to *écraser l'infâme*. The catholic nobility of Poland was hostile to Catherine's policy and 's'appuie sur le clergé, que Rome encourage'.[4] Catherine sent 30,000 troops into Poland in March 1767. On 29 February 1768 discontented catholic noblemen formed the Confederation of Bar[5] in opposition to their king, Stanislaw. It is the creation of this Confederation which provoked Voltaire into composing the pamphlet.

In a direct address, the pamphlet is designed to appeal to the honour and courage of Poles in an endeavour to persuade them of the folly of allying themselves with the Turks and of being subservient to the Pope. Surely, they should approve of the policy of tolerance adopted by Stanislaw with the active support of Catherine. Supreme irony is involved in recounting the preposterous activities and superstitious beliefs of the Catholic church, with the message that anything dividing people should be viewed with disdain. The text ends with a warning to Poles to think clearly where their interests lie, in stark terms, to approve of Catherine and enlightened ideas or perish.

The brief review of the pamphlet in the *Mémoires secrets* is rather mixed. It praises the plea for toleration but admonishes Voltaire for excessive flattery since he takes every opportunity 'de faire sa cour

---

[3] *OCV*, vol.63A, p.243.

[4] *OCV*, vol.63A, p.244.

[5] Kaminiek was a fortress town in Podolia, near Bar, a Polish possession at the time.

à la czarine, qu'il appelle la *Sémiramis du Nord*'. The review recognises the contemporary relevance of the tract:

A l'occasion des nouveaux troubles de Pologne, il paraît un *discours aux confédérés catholiques de Kaminieck en Pologne, par le major Kaiserling, au service de la Prusse*. Tel est le titre d'une petite brochure de 16 pages d'impression échappée récemment à la plume de cet écrivain célèbre. Elle est digne de l'apôtre de la tolérance; mais l'humanité lui saurait plus de gré de son zèle, s'il n'était toujours armé de sarcasmes, et s'il ne prodiguait trop immodérément des éloges qu'on pourroit suspecter de flatterie. [6]

The *Correspondance littéraire* in August 1768 is rather scathing:

Dans ce discours qui n'a qu'une feuille d'impression, on remontre aux confédérés de Podolie combien ils sont aveugles dans leurs prétentions, combien il est absurde de verser son sang et celui de ses concitoyens pour que la cour de Rome continue à s'enrichir des dépouilles de la Pologne. Je ne suis pas content de cette feuille. Elle est à la vérité remplie de ces traits plaisants qui caractérisent les ouvrages de la manufacture, mais ces traits ne sont pas ici à leur place – l'auteur regrette le ton badin et par là équivoque de l'opuscule – Il ne fallait attaquer ici ni Jésus-Christ, ni saint Pierre, ni saint Paul, il fallait défendre la cause des citoyens. [7]

Certainly the attack on Christianity and the Church did not go unnoticed. Jean Pierre Biord, the bishop of Annecy, upbraided Voltaire in 1768 for taking communion. He was equally outraged on 5 May 1769, reproaching Voltaire for taking communion while writing works such as 'les homélies prononcées à Londres, les discours aux confédérés de Pologne, le discours de l'empereur Julien, et plusieurs autres ouvrages semblables' (D15631). It is thus

---

[6] 24 July 1768, Additions: vol.19, p.5-6.
[7] *CLT*, vol.8, p.156-57. The 'citoyens', in this context, are presumably the non-catholics in Poland. The review goes on to assert that the work will not achieve its desired effect: even taking into account 'toute l'éloquence et toute l'énergie possible, on n'aurait converti aucun des confédérés à la raison et à la modération; il faut d'autres moyens pour cela' (p.157).

no surprise that the work incurred the wrath of the Vatican and was placed on the Index on 11 August 1769.[8]

The text

There are no known manuscript versions of this text. The 1768 editions were each published in separate volumes. The first edition (68A), although supposedly printed in Amsterdam, was in fact printed by Cramer in Geneva. This was followed by three further editions in the same year, 68B, 68C and 68D. It appeared with other texts in a 1769 printing (69), again purporting to be printed in Amsterdam, but possibly in Florence.[9] It was included in the first volume of the *Evangile du jour* in 1769, before appearing in the collectaneous editions listed below. The *encadrée* edition has been adopted as the base text as the last edition supervised by Voltaire.[10] There are no variants besides occasional differences in spelling and 'Catherine Seconde' for 'Catherine II' in the penultimate paragraph.

Editions

68A

DISCOURS / AUX / CONFÉDÉRÉS / *CATHOLIQUES* / DE KAMINIEK / EN POLOGNE / *PAR* / Le Major Kaiserling au ser-/ vice du ROI de Prusse / [*ornament*] / A Amsterdam, [Cramer, Genève] / [*thick-thin rule*] /1768.

8°. 16 pp.

Bengesco 1763; BnC 4169.

London, BL: 1568/6979. Paris, BnF: D² 12136, Mz. 4191; Rés. Z. Bengesco 322; Rés. Z. Beuchot 221.

---

[8] J. M. De Bujanda, *Index librorum prohibitorum: 1600-1966* (Montreal, 2002), p.929.

[9] See Laurence Macé, 'De la Bibliothèque au journal intime: Giuseppe Pelli collectionneur et lecteur', *La Lettre clandestine* 12 (2003), p.159-75 (p.170).

[10] The edition contains three footnotes inserted by Voltaire. The first two of these were called by (a). For the sake of clarity, they have been renumbered (a), (b) and (c).

68B

DISCOURS / AUX / CONFÉDÉRÉS / *CATHOLIQUES* / DE
KAMINIEK / EN POLOGNE, / *PAR* / Le Major KAISERLING, au
ser- / vice du ROI de Prusse. / [*ornament*] / A Amsterdam / [*thick-thin
rule*] / 1768.

8°. 16 pp.

BnC 4170 (*contrefaçon* of 68A).

Paris, BnF: Z. 27278.

68C

DISCOURS / AUX / CONFÉDÉRÉS / *CATHOLIQUES* / DE
KAMINIEK / EN POLOGNE, / *PAR* / Le Major KAISERLING, au
ser- / vice du ROI de Prusse. / [*ornament*] / A Amsterdam [probably in
Holland or Leipzig] / [*thick-thin rule*] / 1768.

8°. 16 pp.

BnC 4171 (based on 68A).

Paris, BnF: D² 12135.

68D

DISCOURS / *AUX* / CONFÉDÉRÉS / *CATHOLIQUES* / DE
KAMINIEK / EN POLOGNE. PAR / *Le Major* KAISERLING *au
service* / *du* ROI *de Prusse*. / [*typographic ornament*] / A AMSTERDAM, /
[*double rule*] / 1768.

12°. 12 pp.; sig.A⁶.

Geneva, ImV: BE 7 (3).

69

Pièces nouvelles de Monsieur de Voltaire, Amsterdam, 1769.

8°. 144 pp.

Bengesco 2222; BnC 451.

Paris, BnF: Rés. Z. Beuchot 661.

EJ69

Evangile du jour, tome premier, Londres [Amsterdam, M.-M. Rey]. MDCCLXIX.

p.49-57.

BnC 5234 and 5235.

Paris, BnF: D² 5300 (1), Rés. Z. Beuchot 290 (1).

EJ72

Evangile du jour, tome premier, seconde édition augmentée. Londres [Amsterdam, M.-M. Rey]. MDCCLXXII.

p.46-54.

BnC 5236.

Paris, BnF: Rés. Z. Beuchot 291 (1); Rés. Z. Bengesco 378 (1).

NM

Nouveaux Mélanges philosophiques, historiques, critiques, etc. [Genève, Cramer,] 1765-1776. 11 vol. 8°.

Neuvième partie, MDCCLXX, p.231-41.

Bengesco 2212; BnC 127.

Paris, BnF: Z. 24636; Rés. Z. Bengesco 487 (9); Rés. Z. Beuchot 28 (9).

w68 (1771)

Collection complète des œuvres de M. de Voltaire. [Genève, Cramer; Paris, Panckoucke], 1768-1777. 30 (or 45) vol. 4°.

Volume 17, p.328-35.

BnC 141.

Paris, BnF: Rés. m. Z.587 (17).

W75G

La Henriade, divers autres poèmes et toutes les pièces relatives à l'épopée. Genève, [Cramer & Bardin] 1775. 37 [40] vol. 8°.

Volume 36, p.365-73. The base text.

The *encadrée* edition, produced at least in part under Voltaire's supervision.

Bengesco 2141; Trapnell 75G; BnC 158-61.

Geneva, ImV: A 1775/2 (36). Oxford, Taylor: V1 1775 (36); VF. Paris, BnF: Z 24874.

K

Œuvres complètes de Voltaire. [Kehl,] Société littéraire-typographique, 1784-1789. 70 vol. 8°.

Volume 30, p.29-38.

Bengesco 2142; Trapnell K; BnC 164-69.

Oxford, Taylor: V1 1785/2 (30); VF. Paris, BnF: Rés. P Z 2209 (30).

Editorial principles

The spelling of the base text (w75G) has been modernised but the punctuation has been respected. Ampersands have been replaced by *et*. In line 143 *laisse* has been corrected to *laissée*. The following aspects of spelling have been modernised:

1. Consonants

– *p* was not used in tems or in its compound longtems.
– *t* was not used in syllable endings *-ans* and *-ens*: complimens, conquérans, détachemens, expirans, intolérans, parens, ressemblans, savans.
– archaic forms: bienfaicteur, solemnelle.

2. Vowels

– *e* has been added to encor.
– *y* was used instead of *ï* in payen.

DISCOURS AUX CONFÉDÉRÉS CATHOLIQUES DE KAMINIEK EN POLOGNE. PAR LE MAJOR KAISERLING AU SERVICE DU ROI DE PRUSSE

Braves Polonais, vous qui n'avez jamais plié sous le joug des Romains conquérants, voudriez-vous être aujourd'hui les esclaves et les satellites de Rome théologienne?

Vous n'avez jusqu'ici pris les armes que pour votre liberté commune; faudra-t-il que vous combattiez pour rendre vos 5 concitoyens esclaves? Vous détestez l'oppression; vous ne voudrez pas sans doute opprimer vos frères.

Vous n'avez eu depuis longtemps que deux véritables ennemis, les Turcs et la cour de Rome. Les Turcs voulaient vous enlever vos frontières, et vous les avez toujours repoussés; mais la cour de 10 Rome vous enlève réellement le peu d'argent que vous tiriez de vos terres. Il faut payer à cette cour les annates des bénéfices, les dispenses, les indulgences. Vous avouez que si elle vous promet le paradis dans l'autre monde, elle vous dépouille dans celui-ci. Paradis signifie jardin. Jamais on n'acheta si cher un jardin dont 15 on ne jouit pas encore. Les autres communions vous en promettent autant; mais du moins elles ne vous le font point payer. Par quelle fatalité voudriez-vous servir ceux qui vous rançonnent, et exterminer ceux qui vous donnent le jardin gratis? La raison sans doute vous éclairera, et l'humanité vous touchera. 20

Vous êtes placés entre les Turcs, les Russes, les Suédois, les Danois et les Prussiens. Les Turcs croient en un seul Dieu, et ne le mangent point; les Grecs le mangent sans avoir encore décidé si c'est à la manière de la communion romaine: et d'ailleurs en admettant trois personnes divines, ils ne croient point que la 25 dernière procède des deux autres. Les Suédois, les Danois, les Prussiens mangent Dieu à la vérité, mais d'une façon un peu différente des Grecs: ils croient manger du pain, et boire un coup de vin en mangeant Dieu.

Vous avez aussi sur vos frontières plusieurs églises de Prusse où l'on ne mange point Dieu; mais où l'on fait seulement un léger repas de pain et de vin en mémoire de lui; et aucune de ces religions ne sait précisément comment la troisième personne procède. Vous êtes trop justes pour ne pas sentir dans le fond de votre cœur qu'après tout il n'y a là aucune cause légitime de répandre le sang des hommes. Chacun tâche d'aller au jardin par le chemin qu'il a choisi;[1] mais en vérité il ne faut pas les égorger sur la route.

D'ailleurs vous savez que ce ne fut que dans les pays chauds qu'on promit aux hommes un paradis, un jardin; et que si la religion juive avait été instituée en Pologne, on vous aurait promis de bons poêles. Mais soit qu'on doive se promener après sa mort, ou rester auprès d'un fourneau, je vous conjure de vivre paisibles dans le peu de temps que vous avez à jouir de la vie.

Rome est bien éloignée de vous; et elle est riche; vous êtes pauvres; envoyez-lui encore le peu d'argent que vous avez en lettres de change tirées par les Juifs. Dépouillez-vous pour l'Eglise romaine, vendez vos fourrures pour faire des présents à Notre-Dame de Lorette à plus de quinze cents milles de Kaminiek. Mais n'inondez pas les environs de Kaminiek du sang de vos compatriotes. Car nous pouvons vous assurer que Notre-Dame qui vint autrefois de Jérusalem à la Marche d'Ancône par les airs,[2] ne vous saura aucun gré d'avoir désolé votre patrie.

Soyez encore très persuadés que son fils n'a jamais commandé du mont des Olives, et du torrent de Cédron, qu'on se massacrât pour lui sur les bords de la Vistule.

---

[1] This underlines the continuity of Voltaire's thought regarding individual religious beliefs and echoes the celebrated words of the *Lettres philosophiques*: 'Un Anglais, comme homme libre, va au ciel par le chemin qui lui plaît' (*M*, vol.22, p.95).

[2] Voltaire is mocking the story of the holy house of the Virgin being tranported from Palestine by angels, first to Dalmatia and then to Loreto. In the same year he mocked the fable in *La Princesse de Babylone*: 'Les peuples de la Dalmatie et de la Marche d'Ancône éprouvèrent depuis une surprise moins délicieuse, quand ils virent une maison voler dans les airs' (ch.11, *OCV*, vol.66, p.188).

Votre roi[3] que vous avez choisi d'une voix unanime, a cédé dans une diète solennelle, aux instances des plus sages têtes de la nation qui ont demandé la tolérance. Une puissante impératrice[4] le seconde dans cette entreprise, la plus humaine, la plus juste, la plus glorieuse dont l'esprit humain puisse jamais s'honorer. Ils sont 60 les bienfaiteurs de l'humanité entière, n'en soyez pas les destructeurs. Voudriez-vous n'être que des homicides sanguinaires sous prétexte que vous êtes catholiques?

Votre primat[5] est *catholique* aussi. Ce mot veut dire universel, quoiqu'en effet la religion catholique ne compose pas la centième 65 partie de l'univers; mais ce sage primat a compris que la véritable manière d'être universel est d'embrasser dans sa charité tous les peuples de la terre, et d'être surtout l'ami de tous ses concitoyens. Il a su que si un homme peut en quelque sorte, sans blasphème, ressembler à la Divinité, c'est en chérissant tous les hommes dont 70 Dieu est également le père. Il a senti qu'il était patriote polonais avant d'être serviteur du pape qui est le serviteur des serviteurs de Dieu. Il s'est uni à plusieurs prélats qui tout catholiques universels qu'ils sont, ont cru que l'on ne doit pas priver ses frères du droit de citoyens, sous prétexte qu'ils vont au jardin par une autre allée que 75 vous.

Cette auguste impératrice[6] qui vient d'établir la tolérance pour la première de ses lois dans le plus vaste empire de la terre, se joint à votre roi, à votre primat, à vos principaux palatins, à vos plus dignes évêques, pour vous rendre humains et heureux. Au nom de 80 Dieu et de la nature, ne vous obstinez pas à être barbares et infortunés.

---

[3] Stanislaw August Poniatowski, elected King of Poland in 1764.

[4] Catherine the Great.

[5] Gabriel Podoski (1719-1777), prince archbishop of Poland and Lithuania, was favourable to the initiatives of Catherine II (see Stanislaw Fiszer, *L'Image de la Pologne*, p.101, n.29). In *Le Sermon prêché à Bâle*, written in early 1768, Voltaire describes him as a 'primat éclairé, prince sans orgueil, et prêtre sans superstition' (see above, p.28-29, lines 27-28).

[6] Catherine the Great.

Nous avouons qu'il y a parmi vous de très savants moines qui prétendent que Jésus ayant été supplicié à Jérusalem, la religion chrétienne ne doit être soutenue que par des bourreaux, et qu'ayant été vendu trente deniers par Judas, tout chrétien doit les intérêts échus de cet argent à notre saint père le pape successeur de Jésus.

Ils fondent ce droit sur des raisons à la vérité très plausibles, et que nous respectons.

Premièrement, ils disent que l'assemblée étant fondée sur la pierre, [7] et Simon Barjone paysan juif, né auprès d'un petit lac juif, ayant changé son nom en celui de Pierre, ses successeurs sont par conséquent la pierre fondamentale, et ont à leur ceinture les clefs du royaume des cieux et celles de tous les coffres forts. C'est une vérité dont nous sommes bien loin de disconvenir.

Secondement, ils disent que le Juif Simon Barjone la Pierre fut pape à Rome pendant vingt-cinq ans sous l'empire de Néron qui ne régna que onze années, [8] ce qui est encore incontestable.

Troisièmement, ils affirment d'après les plus graves historiens chrétiens qui imprimèrent leurs livres dans ce temps-là, livres connus dans tout l'univers, publiés avec privilège, déposés dans la bibliothèque d'Apollon palatin, et loués dans tous les journaux: ils affirment, dis-je, que Simon Barjone Cépha Lapierre, arriva à Rome quelque temps après Simon vertu de Dieu, ou vertu-Dieu le magicien; [9] que Simon vertu-Dieu envoya d'abord un de ses chiens faire ses compliments à Simon Barjone, lequel lui envoya sur-le-champ un autre chien le saluer de sa part (a); qu'ensuite les deux Simons disputèrent à qui ressusciterait un mort; que Simon vertu-Dieu ne ressuscita le mort qu'à moitié, mais que Simon Barjone le ressuscita entièrement. Cependant selon la maxime *dimidium facti*

(a) Voyez les *Questions sur l'Encyclopédie. Mélanges*, etc. Tom. IV.

[7] Matthew 16:18.

[8] Nero reigned in fact AD54-68.

[9] Voltaire delighted in relating similar episodes concerning these individuals; see, for example, *DP*, articles 'Christianisme' and 'Messie', *OCV*, vol.35, p.565-66, and vol.36, p.364; *L'Examen important de Milord Bolingbroke*, ch.21, *OCV*, vol.62, p.259-61.

qui bene cepit habet,[10] Simon vertu-Dieu ayant opéré la moitié de la
résurrection prétendit que le plus fort étant fait, Simon Barjone
n'avait pas eu grande peine à faire le reste, et qu'ils devaient tous
deux partager le prix. C'était au mort d'en juger; mais comme il ne
parla point, la dispute restait indécise. Néron, pour en décider,   115
proposa aux deux ressusciteurs un prix pour celui qui volerait le
plus haut sans ailes. Simon vertu-Dieu vola comme une hirondelle;
Barjone Lapierre qui n'en pouvait faire autant, pria le Christ
ardemment de faire tomber Simon vertu-Dieu, et de lui casser les
jambes. Le Christ n'y manqua pas. Néron indigné de cette   120
supercherie, fit crucifier Lapierre la tête en bas.[11] C'est ce que
nous racontent Abdias, Marcellus et Egesyppus[12] contemporains,
les Thucidides et les Xénophons des chrétiens. C'est ce qui a été
regardé comme voisin d'un article de foi, *vicinus articulo fidei*,
pendant plusieurs siècles, ce que les balayeurs de l'église de   125
saint Pierre nous disent encore, ce que les révérends pères capucins
annoncent dans leurs missions, ce qu'on croit sans doute à
Kaminiek.

Un jésuite de Thorn m'alléguait avant-hier, que c'est le saint
usage de l'église chrétienne, 'et que Jésus-Dieu, la seconde   130
personne de Dieu, a dit charitablement, je suis venu apporter le
glaive et non la paix, je suis venu pour diviser le fils et le père, la fille
et la mère,[13] etc., qui n'écoute pas l'assemblée[14] soit comme un
païen ou un receveur des deniers publics'. L'impératrice de Russie,
le roi de Pologne, le prince primat n'écoutent pas l'assemblée, donc   135

---

[10] Horace, *Epistles*, book i, ii.40.

[11] Voltaire records the same event elsewhere: 'Néron irrité que Pierre eût cassé
les jambes à son favori Simon, fit crucifier Pierre la tête en bas' (*DP*, article
'Christianisme', *OCV*, vol.35, p.566).

[12] Abdias, a supposed disciple of Jesus, did not exist; his writings appeared in
Fabricius's *Codex apocryphus*. Marcellus was a supposed disciple of St Peter whose
apocryphal writings were reproduced in the *Collection d'anciens évangiles*, 'Relation
de Marcel', *OCV*, vol.69, p.226-45. Voltaire appears to have confused two people
named Egesippus (see *Le Dîner du comte de Boulainvilliers*, 'second entretien', *OCV*,
vol.63A, p.375, n.49).

[13] Matthew 10:34-35.

[14] Matthew 18:17.

on doit sacrifier le sang de l'impératrice, du roi et du primat au sang de Jésus répandu pour extirper de la terre le péché qui la couvre encore de toutes parts.

Ce bon jésuite fortifia cette apologie en m'apprenant qu'ils eurent en 1724 la consolation de faire pendre, décapiter, rouer, brûler à Thorn un très grand nombre de citoyens, parce que de jeunes écoliers avaient pris chez eux une image de la Vierge mère de Dieu, et qu'ils l'avaient laissée tomber dans la boue.[15]

Je lui dis que ce crime était horrible, mais que le châtiment était un peu dur, et que j'y aurais désiré plus de proportion. 'Ah! s'écria-t-il avec enthousiasme, on ne peut trop venger la famille du Dieu des vengeances; il ne saurait se faire justice lui-même, il faut bien que nous l'aidions. Ce fut un spectacle admirable, tout était plein; nous donnâmes au sortir du théâtre un grand souper aux juges, aux bourreaux, aux geôliers, aux délateurs, et à tous ceux qui avaient coopéré à ce saint œuvre. Vous ne pouvez vous faire une idée de la joie avec laquelle tous ces messieurs racontaient leurs exploits; comme ils se vantaient, l'un d'avoir dénoncé un de ses parents dont il était héritier, l'autre d'avoir fait revenir les juges à son opinion quand il conclut à la mort; un troisième et un quatrième d'avoir tourmenté un patient plus longtemps qu'il n'était ordonné. Tous nos pères étaient du souper; il y eut de très bonnes plaisanteries; nous citions tous les passages des psaumes qui ont rapport à ces exécutions: "Le Seigneur juste coupera leurs têtes – (b) Heureux celui qui éventrera leurs petits enfants encore à la mamelle et qui les écrasera contre la pierre, etc. (c)"'

(b) 3. Ps. CXXVIII, 4.
(c) 4. Ps. CXXXVI, 9.

[15] In the *Essai historique et critique sur les dissensions des églises de Pologne* Voltaire pens similar remarks: 'en 1724 l'exécution sanglante de Thorn renouvela les anciennes calamités qui avaient souillé le christianisme dans d'autres Etats. Quelques malheureux écoliers des jésuites et quelques bourgeois protestants ayant pris querelle, le peuple s'attroupa, on força le collège des jésuites, mais sans effusion de sang; on emporta quelques images de leurs saints, et malheureusement une image de la Vierge qui fut jetée dans la boue' (*OCV*, vol.63A, p.280).

Il m'en cita une trentaine de cette force, après quoi il ajouta, 'je n'ai qu'un regret, c'est de n'avoir pas été inquisiteur; il me semble que j'aurais été bien plus utile à l'église'. 'Ah! mon révérend père', lui répondis-je, 'il y a une place encore plus digne de vous, c'est   165 celle de maître des hautes-œuvres; ces deux charges ne sont pas incompatibles, et je vous conseille d'y penser.'

Il me répliqua que tout bon chrétien est tenu d'exercer ces deux emplois quand il s'agit de la vierge Marie; il cita plusieurs exemples dans ce siècle même, dans ce siècle philosophique, de jeunes gens   170 appliqués à la torture, mutilés, décollés, brûlés, rompus vifs, expirants sur la roue, pour n'avoir pas assez révéré les portraits parfaitement ressemblants de la sainte Vierge, ou pour avoir parlé d'elle avec inconsidération.[16]

Mes chers Polonais, ne frémissez-vous pas d'horreur à ce récit?   175 Voilà donc la religion dont vous prenez la défense!

Le roi mon maître[17] a fait répandre le sang, il est vrai; mais ce fut dans les batailles, ce fut en exposant toujours le sien; jamais il n'a fait mourir, jamais il n'a persécuté personne pour la vierge Marie. Luthériens, calvinistes, hernoutres,[18] piétistes, anabaptistes, men-   180 nonites, millénaires, méthodistes, Tartares lamistes, Turcs oma-ristes, Persans alistes, papistes même, tout lui est bon, pourvu qu'on soit un brave homme. Imitez ce grand exemple, soyons tous bons amis: et ne nous battons que contre les Turcs quand ils voudront s'emparer de Kaminiek.   185

Vous dites pour vos raisons que si vous souffrez parmi vous des gens qui communient avec du pain et du vin, et qui ne croient pas que le paraclet[19] procède du père et du fils, bientôt vous aurez des

[16] Voltaire is implicitly referring to the chevalier de La Barre who was tortured and brutally put to death in 1766.

[17] Frederick the Great.

[18] Herrnhuter, a religious sect named after Herrnhut, a settlement made by the Moravians at the invitation of the count of Zinzendorf. In a letter to the duchess of Saxe-Gotha on 14 July 1760 Voltaire wrote: 'Vos hernutes madame, vos moraves sont de bonnes gens, et ne sont guères plus fous que les autres' (D9065).

[19] The Holy Ghost.

nestoriens qui appellent Marie mère de Jésus, et non mère de Dieu, titre que les anciens Grecs donnaient à Cibèle; vous craignez surtout de voir renaître les sociniens, ces impies qui s'en tiennent à l'Evangile, et qui n'y ont jamais vu que Jésus s'appelât Dieu, ni qu'il ait parlé de la Trinité, ni qu'il ait rien annoncé de ce qu'on enseigne aujourd'hui à Rome; ces monstres enfin, qui avec saint Paul ne croient qu'en Jésus, et non en Bellarmin et en Baronius. [20]

Eh bien, ni le roi ni le prince primat n'ont envoyé chez vous de colonie socinienne; mais quand vous en auriez une, quel grand mal en résulterait-il? Un bon tailleur, un bon fourreur, un bon fourbisseur, un maçon habile, un excellent cuisinier ne vous rendraientils pas service s'ils étaient sociniens autant pour le moins que s'ils étaient jansénistes ou hernoutres? N'est-il pas même évident qu'un cuisinier socinien doit être meilleur que tous les cuisiniers du pape? Car si vous ordonnez à un rôtisseur papiste de vous mettre trois pigeons romains à la broche, il sera tenté d'en manger deux, et de ne vous en donner qu'un, en disant que trois et un font la même chose; mais le rôtisseur socinien vous fera servir certainement vos trois pigeons; de même un tailleur de cette secte ne fera jamais votre habit que d'une aune quand vous lui en donnerez trois à employer.

Vous êtes forcés d'avouer l'utilité des sociniens; mais vous vous plaignez que l'impératrice de Russie ait envoyé trente mille hommes dans votre pays. Vous demandez de quel droit? Je vous réponds que c'est du droit dont un voisin apporte de l'eau à la maison de son voisin qui brûle; c'est du droit de l'amitié, du droit de l'estime, du droit de faire du bien quand on le peut.

Vous avez tiré fort imprudemment sur de petits détachements de soldats, qui n'étaient envoyés que pour protéger la liberté et la paix. Sachez que les Russes tirent mieux que vous; n'obligez pas vos protecteurs à vous détruire; ils sont venus établir la tolérance en

---

[20] Robert Francis Romulus Bellarmino or Bellarmine (1542-1621), an Italian Jesuit theologian and cardinal; Cesare Barono or Baronius (1538-1607), an Italian church historian and cardinal.

Pologne, mais ils puniront les intolérants qui les reçoivent à coups   220
de fusil. Vous savez que Catherine II la tolérante est la protectrice
du genre humain; elle protégera ses soldats, et vous serez les
victimes de la plus haute folie qui soit jamais entrée dans la tête des
hommes, c'est celle de ne pas souffrir que les autres délirent
autrement que vous. Cette folie n'est digne que de la Sorbonne, des   225
petites-maisons, et de Kaminiek.

Vous dites que l'impératrice n'est pas votre amie, que ses
bienfaits qui s'étendent aux extrémités de l'hémisphère, n'ont
point été répandus sur vous; vous vous plaignez que ne vous
ayant rien donné, elle ait acheté cinquante mille francs la   230
bibliothèque de M. Diderot à Paris rue Taranne, et lui en ait
laissé la jouissance,[21] sans même exiger de lui une de ces dédicaces
qui font bâiller le protecteur et rire le public. Eh! mes amis,
commencez par savoir lire, et alors on vous achètera vos bibliothèques...   235

Cætera desunt.

---

221   68A-68D, 69, EJ69, EJ72: Catherine Seconde la

---

[21] Catherine the Great bought Diderot's library in 1765 but allowed him to keep
the books during his lifetime (see Arthur M. Wilson, *Diderot*, Oxford, 1972, p.466-
67). Diderot took up residence in the rue Taranne in Paris in 1755 (Laurence L.
Bongie, 'Diderot and the rue Taranne', *SVEC* 189, 1980, p.179-90, p.182).

Les Trois Empereurs en Sorbonne

Edition critique

par

John Renwick

TABLE DES MATIÈRES

INTRODUCTION

J'ai toujours votre 15ᵉ chapitre dans le cœur et dans la tête et la *censure contre* dans le cul. Je ne crois pas qu'il y ait rien de si déshonorant pour notre siècle. Sans votre 15ᵉ chapitre, ce siècle était dans la boue (D15337, 28 novembre 1768, à Marmontel).

De tels sentiments, fréquemment exposés par Voltaire entre 1768-1770 à propos de la persécution de *Bélisaire*, suffisent largement pour expliquer la genèse des *Trois Empereurs en Sorbonne*. Ennemi déclaré de la notion que 'hors de l'église' il n'y avait 'point de salut',[1] partisan donc fervent de Marmontel qui, dans le quinzième chapitre de son livre, avait glorifié et mis dans le ciel Titus, Trajan et les Antonins, Voltaire ne pouvait oublier que la Sorbonne, dans sa *Censure de Bélisaire* (Paris, Veuve Simon et fils, 1767, p.3-5, 8-10, 18-21), avait résolument, et même en termes durs, lancé l'anathème contre le salut de ces derniers, païens vertueux dont la justice et la bonté avaient été exceptionnelles. Point n'est besoin de nous étendre sur l'attitude invariable de Voltaire vis-à-vis de ces empereurs philosophes. Il serait même inutile d'autre part de nous attarder ici sur sa réaction devant la non moins violente condamnation des philosophes attaqués en la personne de ce Marmontel si cruellement vilipendé en 1767-1768 par l'église et ses défenseurs.[2]

Sans doute suffit-il de dire que la philosophie devait toujours (et plusieurs fois) avoir le dernier mot: Voltaire estimait donc que les accusés, tant anciens que modernes, avaient droit de réponse. Voilà

---

[1] Voir les deux *Anecdotes sur Bélisaire*, *L'Ingénu*, *L'Homme aux quarante écus*, etc.

[2] Voir l'*Examen du Bélisaire de Marmontel*, 1767 (l'abbé Coger); la *Censure*, 1767; la *Lettre à M. Marmontel par un déiste converti*, 1767; les *Pièces relatives à l'Examen de Bélisaire*, 1768 (l'abbé de Legge); le *Seizième chapitre de Bélisaire*, 1768; la *Réfutation de Bélisaire et de ses oracles, Messieurs J. J. Rousseau, de Voltaire etc.*, 1768 (Fr. Aubert).

pourquoi, dans ce conte en vers fort subtil, qui pourrait tout aussi bien s'intituler la *Censure des censeurs de Bélisaire* ou *La Revanche des trois empereurs*, les 'contumaces', Titus, Trajan et Marc-Aurèle, viennent tardivement, mais non hors de propos, redresser la balance dans tous les domaines et faire de diverses manières les différents procès de la Sorbonne.

Tout autre propos serait superflu, d'autant que l'avertissement des éditeurs de Kehl sert déjà d'introduction complémentaire.

Quant à la date des *Trois Empereurs*, nous nous avouons indécis. Rien, ni dans le texte ni dans la correspondance, ne permet de la préciser. Etant donné la fascination exercée sur Voltaire par la Sorbonne et sa condamnation des païens vertueux, on croirait volontiers que ce conte peut dater de n'importe quelle période entre janvier et octobre 1768. Mais les raisons de le penser ne résistent pas à un examen rigoureux, encore moins à une dernière considération: Voltaire n'avait point l'habitude de garder en portefeuille les 'rogatons' qui lui étaient 'tombés entre les mains'. Cela étant, il est fort improbable que les *Trois Empereurs* soient antérieurs au mois d'octobre. Un des premiers exemplaires ayant été envoyé à D'Alembert le 2 novembre (D15281), et dans la lettre accompagnant cet envoi Voltaire ayant écrit 'L'abbé Mordsles doit en avoir fourni un exemplaire à notre confrère Marmontel qui est fort bien dans la cour de ces trois empereurs damnés', la fin du mois d'octobre 1768 est sans doute celui qu'il convient de retenir.

Editions

68

[*filet double*] / LES / TROIS EMPEREURS / EN SORBONNE. / [*filet*] / *Par Mr. l'Abbé* CAILLE / [*filet*] /

8°. $2, chiffres arabes; 8 pages; pas de réclames. A la fin, p.8, entre filets gras-maigres, la date '1768'.

Bengesco 695; BnC 2389.

Londres, BL: 1568/1705. Paris, BnF: Ye. 9743, Rés. Z. Bengesco 184, Rés. Z. Bengesco 378/9, Rés. Z. Beuchot 1023 (qui porte *Par Mr l'Abbé* CAILLE).

NM (1768)

Nouveaux Mélanges philosophiques, historiques, critiques, etc. [Genève, Cramer], 1765-1775. 19 vol. 8°.

Tome 5, p.357-64 [Supplément à la cinquième partie des Nouveaux Mélanges] Les Trois Empereurs en Sorbonne. Par Mr. l'Abbé Caille.

Bengesco 2212; Trapnell NM; BnC 118.

Oxford, Taylor: V1 1770 G/1 (29). Paris, BnF: Rés. Z. Beuchot 28 (5). [Le Supplément, qui suit la table des matières, n'a pas été ajouté à tous les exemplaires du t.5.]

EJ (1769)

L'Evangile du jour, Londres [Amsterdam, M.-M. Rey,] 1769-1780. 18 t. 8°.

Tome 3 (1769, 1776), p.12-19 Les Trois Emperreurs [*sic*] en Sorbonne.

Bengesco 292; Trapnell EJ; BnC 5242.

Paris, BnF: D². 5300 (3), Rés. Z. Beuchot 290 (3).

CU69 (1770)

Les Choses utiles et agréables, Berlin [Genève, Cramer], 1769-1770. 3 t. 8°.

Tome 2, p.330-39 Les Trois Empereurs en Sorbonne, par M. l'abbé Caille.

Bengesco 1902; BnC 5221.

Paris, BnF: Rés. D² 5302.

BF

La Bégueule, conte moral, suivi des Trois empereurs en Sorbonne, nouvelles pièces de M. de Voltaire, Au Château de Ferney [?Buchet, Nîmes], 1772. 12 p. 8°.

Seconde pagination, 9-12. Edition sans notes.

Bengesco 655; BnC 2085.

Paris, BnF: Rés. Z. Bengesco 176 (2).

197

ES71

Epîtres, satires, contes, odes, et pièces fugitives du poète philosophe. Londres [Lausanne, Grasset], 1771. viii-448 pp. 8°.

p.248-52 Les Trois Empereurs en Sorbonne.

Bengesco 837; BnC 1974.

Londres, BL: 11474.e.5. Paris, BnF: Ye. 9341, 9359.

w70L (1772)

Collection complète des œuvres de M. de Voltaire. Lausanne, Grasset, 1770-1781. 57 vol. 8°.

Tome 22 (1772), p.207-11 Les Trois Empereurs en Sorbonne, par Mr. l'abbé Caille. Edition sans notes.

Bengesco 2138; Trapnell 70L.

Genève, ImV: A 1770/4. Lausanne, Bibliothèque cantonale et universitaire. Oxford, Taylor: V1 1770 L (22).

w72P (1773)

Œuvres de M. de V.... Neuchâtel [Paris, Panckoucke], 1772-1777. 34 ou 40 vol. 8° et 12°.

Tome 15 (1773), p.406-10 Les Trois Empereurs en Sorbonne, par Mr. l'abbé Caille. Edition sans notes.

Bengesco 2140; Trapnell 72P; BnC 153-57.

Paris, Arsenal: Rf. 14095; BnF: Z 24810.

w68 (1774)

Collection complète des œuvres de M. de Voltaire. [Genève, Cramer; Paris, Panckoucke], 1768-1777. 30 (ou 45) vol. 4°.

Tome 19, p.418-25 Les Trois Empereurs en Sorbonne, par Mr. l'abbé Caille.

Bengesco 2137; Trapnell 68; BnC 141-44.

Paris, BnF: Rés. m. Z 587.

W71L (1775)

Collection complète des œuvres de M. de Voltaire. Genève [Liège, Plomteux], 1771-1777. 32 vol. 12°.

Tome 19, p.418-25 Les Trois Empereurs en Sorbonne, par Mr. l'abbé Caille.

Bengesco 2139; Trapnell 71; BnC 151.

Genève, ImV: A 1771/1 (19). Oxford, Taylor: VF.

W75G

La Henriade, divers autres poèmes et toutes les pièces relatives à l'épopée. Genève, [Cramer & Bardin] 1775. 37 [40] vol. 8°.

Tome 13, p.68-75 Les Trois Empereurs en Sorbonne, par Mr. l'abbé Caille.

Bengesco 2141; Trapnell 75G; BnC 158-61.

Geneva, ImV: A 1775/2 (13). Oxford, Taylor: V1 1775 (13); VF. Paris, BnF: Z 24851.

K

Œuvres complètes de Voltaire. [Kehl,] Société littéraire-typographique, 1784-1789. 70 vol. 8°.

Tome 14, p.197-204 Les Trois Empereurs en Sorbonne, par Mr. l'abbé Caille.

Bengesco 2142; Trapnell K; BnC 164-69.

Oxford, Taylor: V1 1785/2 (14); VF. Paris, BnF: Rés. P Z 2209 (14).

Principes d'édition

L'édition choisie comme texte de base est 68. Les variantes figurant dans l'apparat critique proviennent des sources suivantes: EJ, CU69, W75G et K.

Traitement du texte de base

On a respecté la graphie des noms propres de personnes et de lieu, mais non pas les italiques du texte de base. On a également respecté la ponctuation de celui-ci. Il a par contre fait l'objet d'une modernisation portant sur les:

I. *Particularités de la graphie*

1. Consonnes

— absence de la consonne *p* dans les mots: domter, tems.
— absence de la consonne *t* dans les finales en -*ans* et en -*ens*: amans, brillans, croyans, éclatans, enfans, galans, inconstans, momens, monumens, sacremens.
— présence d'une seule consonne là où l'usage moderne prescrit son doublement: fourés, pourait.
— redoublement de la consonne contraire à l'usage actuel: accollé, appeller, apperçut, atteliers, jetter.

2. Voyelles

— emploi de *i* à la place de *y* dans: Buri, stile.

3. Divers

— utilisation systématique de la perluette sauf en tête de phrase.

4. Graphies particulières

— l'orthographe moderne a été établi dans: cu, dépends, fauxbourg, poliçon, solemniser, vuide.

5. Abréviations

— St et Ste deviennent saint et sainte.

6. Le trait d'union

— il a été supprimé dans: genre-humain, grand(s)-homme(s), non-seulement, très-débonnaire.
— il a été rétabli dans: l'opera bouffon, petites maisons, Saint Medard.

7. Majuscules rétablies

— nous mettons la majuscule, conformément à l'usage moderne, à: la foire, l'observatoire, l'opera bouffon, petites maisons.

8. Majuscules supprimées

— les majuscules ont été supprimées dans: Anges, Augustin, Capitaine, Censure, Césars, Cour, demi-Dieu, Docteur(s), Empereurs, Epître,

Extrême-Onction, Facultés, Français, Gaulois, Grands, Héritier, Monsieur, Prince(s), Roi, Sacrements, Saints.

II. *Particularités d'accentuation*

L'accentuation a été rendue conforme aux usages modernes à partir des caractéristiques suivantes du texte de base:

1. L'accent circonflexe

- il est absent dans: ceignimes, grace.
- il est utilisé dans: toûjours, sçû, vû.

2. Le tréma

- contrairement à l'usage actuel, on le trouve dans: jouïrent, ruë.

III. *Particularités grammaticales*

- emploi de l's adverbial dans: jusques.
- l'adjectif numéral cardinal 'cent' demeure invariable, même quand il est multiple: six cent ans.

LES TROIS EMPEREURS EN SORBONNE
PAR M. L'ABBÉ CAILLE

L'héritier de Brunswick et le roi des Danois,[1]
Vous le savez, amis, ne sont pas les seuls princes
Qu'un désir curieux mena dans nos provinces,
Et qui des bons esprits ont réuni les voix.
Nous avons vu Trajan, Titus, et Marc-Aurèle   5
Quitter le beau séjour de la gloire immortelle
Pour venir en secret s'amuser dans Paris.
Quelque bien qu'on puisse être, on veut changer de place.
C'est pourquoi les Anglais sortent de leur pays.
L'esprit est inquiet, et de tout il se lasse,   10
Souvent un bienheureux s'ennuie en paradis.
   Le trio d'empereurs, arrivés dans la ville,
Loin du monde et du bruit choisit son domicile
Sous un toit écarté, dans le fond d'un faubourg.
Ils évitaient l'éclat: les vrais grands le dédaignent.   15
Les galants de la cour, et les beautés qui règnent,
Tous les gens du bel air, ignoraient leur séjour.
A de semblables saints il ne faut que des sages;

12   EJ (1776): Le trio d'empereurs arrivé. [*cette lecture se trouve aussi dans Rés. Z. Bengesco 378/9*]

[1] Voltaire était à la veille de recevoir Charles-Guillaume-Ferdinand (1735-1806), prince héréditaire de Brunswick, le 17 juillet 1766 (voir D13415 et D13416), mais non pas sans doute à Ferney comme on l'écrit. Nous pensons qu'il dut le voir aux eaux de Rolle où il s'était retiré précipitamment en apprenant la nouvelle de l'exécution de La Barre (D13409; voir aussi D13423, D13426, D13428, D13448). Christian VII (1749-1808), roi de Danemark (1766), avait fait un séjour de quelque 7 semaines à Paris à la fin de 1768. Il est souvent question de lui dans les *Mémoires secrets* entre le 19 octobre et le 9 décembre (iv.121, 123, 125, 126-28, 129-30, 130-31, 132, 135, 136-37, 145, 149, 151, 153, 154-55, 160-63, 164). Il fut même reçu à la Sorbonne le 24 novembre 1768 (iv.153). Voltaire mentionne sa présence à Paris le 2 novembre 1768 (D15283).

Il n'en est pas en foule. On en trouva pourtant,
Gens instruits et profonds qui n'ont rien de pédant,   2
Qui ne prétendent point être des personnages,
Qui, des sots préjugés paisiblement vainqueurs,
D'un regard indulgent contemplent nos erreurs;
Qui, sans craindre la mort, savent goûter la vie;
Qui ne s'appellent point *la bonne compagnie*,   2
Qui la sont en effet. Leur esprit et leurs mœurs
Réussirent beaucoup chez les trois empereurs.
A leur petit couvert chaque jour ils soupèrent,
Moins ils cherchaient l'esprit, et plus ils en montrèrent;
Tous charmés l'un de l'autre, ils étaient bien surpris   3
D'être sur tous les points toujours du même avis.
Ils ne perdirent point leurs moments en visites;
Mais on les rencontrait aux arsenaux de Mars,
Chez Clio, chez Minerve, aux ateliers des arts.
Ils les encourageaient en pesant leurs mérites.   3
    On conduisit bientôt nos nouveaux curieux
Aux chefs-d'œuvre brillants d'*Andromaque* et d'*Armide*,[2]
Qu'ils préféraient aux jeux du Cirque et de l'Elide.
Le plaisir de l'esprit passe celui des yeux.
    D'un plaisir différent nos trois césars jouirent,   4
Lorsqu'à l'Observatoire un verre industrieux
Leur fit envisager la structure des cieux,
Des cieux qu'ils habitaient, et dont ils descendirent.
    De là, près d'un beau pont que bâtit autrefois
Le plus grand des Henris, et peut-être des rois,   4
Marc-Aurèle aperçut ce bronze qu'on révère,

---

35 [*La lecture* en pesant leurs mérites *n'est corrigée en* en prisant leurs mérites *que dans l'édition de Beuchot (voir M, t.10, p.152)*]

---

[2] *Armide et Renaud*, tragédie lyrique en cinq actes, paroles de Philippe Quinault, musique de Jean-Baptiste Lulli, représentée pour la première fois à l'Opéra, le 25 février 1686. Ce fut par *Armide* – que l'on considère son chef-d'œuvre – que Quinault termina sa carrière de poète lyrique.

Ce prince, ce héros célébré tant de fois,[3]
Des Français inconstants le vainqueur et le père;
'Le voilà, disait-il, nous le connaissons tous;
Il boit au haut des cieux le nectar avec nous.'   50
Un des sages leur dit: 'Vous savez son histoire,
On adore aujourd'hui sa valeur, sa bonté;
Quand il était au monde, il fut persécuté.
Bury même à présent lui conteste sa gloire. (*a*)

(*a*) On dit qu'un écrivain, nommé M. de Bury, a fait une *Histoire de
Henri IV*, dans laquelle ce héros est un homme très médiocre.[4] On ajoute
qu'il y a dans Paris une petite secte qui s'élève sourdement contre la gloire
de ce grand homme. Ces messieurs sont bien cruels envers la patrie; qu'ils
songent combien il est important qu'on regarde comme un être   5
approchant de la Divinité un prince qui exposa toujours sa vie pour sa
nation, et qui voulut toujours la soulager. Mais il avait des défauts, il avait
des faiblesses. Oui, sans doute; il était homme: mais béni soit celui qui a
dit que ses défauts étaient ceux d'un homme aimable, et ses vertus celles

49 β, NM-K: 'Le voilà, disaient-ils,
n.*a*, 7-8 W75G: avait des faiblesses.
    K: [*absente*]

[3] Il s'agit du Pont Neuf dont la première pierre fut posée le 31 mai 1578, en
présence de Henri III. Or l'ouvrage était encore peu avancé lorsque les guerres de
religion empêchèrent de le continuer. Ce ne fut que sous Henri IV, en 1602, que les
travaux furent repris. Il fut terminé en 1604. La statue de Henri IV – 'ce bronze
qu'on révère' – se trouve toujours sur ce même pont, devant le Square du Vert-
Galant.

[4] Richard de Bury (1730-1794), plus connu par ses attaques contre Voltaire que
par ses travaux plutôt médiocres, encore que son *Histoire de la vie de Henri IV*
(Paris, 1766, BV595) eût quelque succès. C'est le 17 mai 1766 (D13302) que Voltaire
dit à Damilaville: 'Je viens de lire une histoire de Henri 4 qui m'ennuie et m'indigne.
Qui est donc ce M. de Buri qui compare Henri 4 à ce fripon de Philippe de
Macedoine, et qui ose dire que notre illustre de Thou n'est qu'un pédant satirique?
Est ce qu'on ne fera point justice de cet impertinent?' Voltaire s'était si bien offusqué
(voir aussi D13307) de cette attaque contre de Thou (p.xiv de l'*Histoire*) qu'il avait
rédigé séance tenante *Le Président de Thou justifié contre les accusations de Monsieur
de Bury* (*M*, t.25, p.477-90).

Pour dompter la critique, on dit qu'il faut mourir;   5
On se trompe; et sa dent, qui ne peut s'assouvir
Jusque dans le tombeau ronge notre mémoire.'
    Après ces monuments si grands, si précieux,
A leurs regards divins si dignes de paraître,
Sur de moindres objets ils baissèrent les yeux.   6
    Ils voulurent enfin tout voir et tout connaître:
Les boulevards, la Foire, et l'Opéra-Bouffon,
L'école où Loyola corrompit la raison, [5]
Les quatre facultés, et jusqu'à la Sorbonne.
    Ils entrent dans l'étable où les docteurs fourrés   6
Ruminaient saint Thomas, et prenaient leurs degrés.
Au séjour de l'*Ergo*, Ribaudier en personne
Estropiait alors un discours en latin.
    Quel latin, juste ciel! les héros de l'Empire

---

d'un grand homme! Plus il fut la victime du fanatisme, plus il doit être   1
presque adoré par quiconque n'est pas convulsionnaire.

    Chaque nation, chaque cour, chaque prince a besoin de se choisir un
patron pour l'admirer et pour l'imiter. Eh! quel autre choisira-t-on que
celui qui dégageait ses amis aux dépens de son sang dans le combat de
Fontaine-Française; qui criait, dans la victoire d'Ivry: 'Epargnez les   1
compatriotes!' et qui, au faîte de la puissance et de la gloire, disait à son
ministre: 'Je veux que le paysan ait une poule au pot tous les
dimanches?' [6]

---

  [5] Militaire, saint Ignace Loyola (1491-1556) se crut appelé à la mission de
propager le christianisme dans tout l'univers (1521). Mais entravé par son manque
d'éducation formelle, il décida de fréquenter les écoles de Barcelone, d'Alcala et de
Salamanque. Il recommença à Paris de nouvelles études en 1528, et fut reçu maître ès
arts en 1534.

  [6] La bataille de Fontaine-Française, qui prouva à la Ligue que ses jours étaient
comptés, se déroula le 6 juin 1595 entre Dijon et Gray. La bataille d'Ivry eut lieu le
14 mars 1590. Le mot célèbre de Henri IV (que l'on trouve aussi sous la forme: 'je
veux que chaque laboureur de mon royaume puisse mettre la poule au pot le
dimanche') a été attribué à Henri IV par Hardouin de Péréfixe dans son *Histoire du
Roy Henry le Grand* (1681).

Se mordaient les cinq doigts pour s'empêcher de rire.   70
Mais ils ne rirent plus quand un gros augustin
Du concile gaulois lut tout haut les censures.
Il disait anathème aux nations impures
Qui n'avaient jamais su, dans leurs impiétés
Qu'auprès de l'Estrapade il fût des facultés.   75
  'O morts! s'écriait-il, vivez dans les supplices, (*b*)

(*b*) Il est nécessaire de dire au public, qui l'a oublié, qu'un nommé
Thibaudier, principal du collège Mazarin, et un régent nommé Cogé,
s'étant avisés d'être jaloux de l'excellent livre moral de *Bélisaire*,
cabalèrent pendant un an pour le faire censurer par ceux qu'on appelle
docteurs de Sorbonne. Au bout d'un an, ils firent imprimer cette censure   5
en latin et en français. Elle n'est cependant ni française ni latine; le titre
même est un solécisme: *Censure de la faculté de théologie contre le livre*, etc.
On ne dit point 'censure contre', mais 'censure de'. Le public pardonne à
la faculté de ne pas savoir le français; on lui pardonne moins de ne pas
savoir le latin. 'Determinatio sacræ facultatis in libellum' est une   10
expression ridicule. 'Determinatio' ne se trouve ni dans Cicéron, ni
dans aucun bon auteur; 'determinatio in' est un barbarisme insupportable; et ce qui est encore plus barbare, c'est d'appeler *Bélisaire* un libelle,
en faisant un mauvais libelle contre lui.

Ce qui est encore plus barbare, c'est de déclarer damnés tous les grands   15
hommes de l'antiquité qui ont enseigné et pratiqué la justice. Cette
absurdité est heureusement démentie par saint Paul, qui dit expressément
dans son épître aux Juifs tolérés à Rome: 'Lorsque les gentils, qui n'ont
point la loi, font naturellement ce que la loi commande, n'ayant point
notre loi, ils sont loi à eux-mêmes.' [7] Tous les honnêtes gens de l'Europe   20
et du monde entier ont de l'horreur et du mépris pour cette détestable
ineptie qui va damnant toute l'antiquité. Il n'y a que des cuistres sans

n.*b*, 2 [*Dans les différentes éditions on remarque des fluctuations dans la forme du
nom: par exemple,* 68 *et* EJ (1776) *portent* Thibaudier *(sans doute une erreur
typographique),* CU69 *porte (correctement)* Ribaudier, *tandis que Moland se croit
obligé de donner* Riballier]

[7] Épître aux Romains 10:14.

Princes, sages héros, exemples des vieux temps,
Vos sublimes vertus n'ont été que des vices,
Vos belles actions, des péchés éclatants.
Dieu livre, selon nous, à la gêne éternelle   80
Epictète, Caton, Scipion l'Africain,
Ce coquin de Titus, l'amour du genre humain,
Marc-Aurèle, Trajan, le grand Henri lui-même, (c)
Tous créés pour l'enfer, et morts sans sacrements.
Mais, parmi ses élus, nous plaçons les Cléments (d)   85
Dont nous avons ici solennisé la fête;

---

raison et sans humanité qui puissent soutenir une opinion si abominable
et si folle, désavouée même dans le fond de leur cœur. Nous ne
prétendons pas dire que les docteurs de Sorbonne sont des cuistres,   25
nous avons pour eux une considération plus distinguée; et nous les
plaignons seulement d'avoir signé un ouvrage qu'ils sont incapables
d'avoir fait, soit en français, soit en latin.

Remarquons, pour leur justification, qu'ils se sont intitulés dans le titre
'sacrée faculté' en langue latine, et qu'ils ont eu la discrétion de supprimer   30
en français ce mot 'sacrée'.

(c) En effet le sieur Ribalier, qu'on nomme ici Ribaudier, venait de
faire condamner en Sorbonne M. Marmontel, pour avoir dit que Dieu
pourrait bien avoir fait miséricorde à Titus, à Trajan, à Marc-Aurèle. Ce
Ribalier est un peu dur. [8]

(d) On ne peut trop répéter que la Sorbonne fit le panégyrique du
jacobin Jacques Clément, assassin de Henri III, étudiant en Sorbonne; et
que d'une voix unanime elle déclara Henri III déchu de tous ses droits à la
royauté, et Henri IV incapable de régner. [9]

Il est clair que, selon les principes cent fois étalés alors par cette faculté,   5
l'assassin parricide Jacques Clément, qu'on invoquait publiquement alors

80   [Ce vers, *qui ne rime pas, est remplacé dans la seule édition M par* Dieu, juste
selon nous, frappe de l'anathème]

[8] Note ajoutée dans ES71.

[9] Muni d'une lettre qu'on avait surprise à Achille de Harlay, Jacques Clément
(1567-1589), moine jacobin, se présenta au camp de Saint-Cloud (31 juillet 1589). Il
parvint, le lendemain, à se faire introduire auprès du roi. Ayant porté son coup, il fut
tué sur place par la garde rapprochée du roi. Henri mourut le 2 août 1589 de sa

De beaux rayons dorés nous ceignîmes sa tête:
Ravaillac et Damiens, s'ils sont de vrais croyants, (*e*)

dans les églises, était dans le ciel au nombre des saints; et que Henri III, prince voluptueux, mort sans confession, était damné. On nous dira peut-être que Jacques Clément mourut aussi sans confession. Mais il s'était confessé, et même avait communié l'avant-veille, de la main de son prieur Bourgoin son complice, [10] qu'on dit avoir été docteur de Sorbonne, et qui fut écartelé. Ainsi Clément, muni des sacrements, fut non seulement saint, mais martyr. Il avait imité saint Judas, non pas Judas Iscariote, mais Judas Machabée; sainte Judith, qui coupait si bien les têtes des amants avec lesquels elle couchait; saint Salomon, qui assassina son frère Adonias; saint David, qui assassina Urie, et qui en mourant ordonna qu'on assassinât Joab; sainte Jahel, qui assassina le capitaine Sizara; saint Aod, qui assassina son roi Eglon; et tant d'autres saints de cette espèce. Jacques Clément était dans les mêmes principes, il avait la foi. On ne peut lui contester l'espérance d'aller au paradis, au jardin. De la charité, il en était dévoré, puisqu'il s'immolait volontairement pour les rebelles. Il est donc aussi sûr que Jacques Clément est sauvé qu'il est sûr que Marc-Aurèle est damné.

(*e*) Selon les mêmes principes, Ravaillac doit être dans le paradis, dans le jardin, et Henri IV dans l'enfer qui est sous terre; car Henri IV mourut sans confession, et il était amoureux de la princesse de Condé: Ravaillac, au contraire, n'était point amoureux, et il se confessa à deux docteurs de Sorbonne. Voyez quelles douces consolations nous fournit une théologie qui damne à jamais Henri IV, et qui fait un élu de Ravaillac et de ses semblables! Avouons les obligations que nous avons à Ribaudier de nous avoir développé cette doctrine.

blessure à l'abdomen. C'est le 7 janvier 1589 que la Sorbonne avait dispensé les Français de leur serment de fidélité envers Henri III, et les autorisa à guerroyer contre lui. Par son décret du 7 mai 1590 la Sorbonne promettait la couronne du martyre à quiconque avait le bonheur de mourir en combattant contre Henri IV. Mais en règle générale prêtres, parlements, Sorbonne ne cessaient de déclarer que Henri IV était incapable de régner.

[10] Edmond Bourgoing (?-1590), prieur des jacobins de Paris, qu'on accusait d'avoir incité Jacques Clément à son régicide, fut fait prisonnier le 1er novembre 1590 et conduit à Tours, où il fut condamné à mort par le parlement pour avoir loué publiquement Jacques Clément (qu'il comparait à Judith).

S'ils sont bien confessés, sont ses heureux enfants.
Un Fréron bien huilé verra Dieu face à face; (*f*)   9(
Et Turenne amoureux, mourant pour son pays,[11]
Brûle éternellement chez les anges maudits.
Tel est notre plaisir, telle est la loi de grâce.'
  Les divins voyageurs étaient bien étonnés
De se voir en Sorbonne, et de s'y voir damnés.   9*
Les vrais amis de Dieu répriment leur colère.
Marc-Aurèle lui dit d'un ton très débonnaire: (*g*)
'Vous ne connaissez pas les gens dont vous parlez;
Les facultés parfois sont assez mal instruites
Des secrets du Très-Haut, quoiqu'ils soient révélés.   1(
Dieu n'est ni si méchant ni si sot que vous dites.'
  Ribaudier, à ces mots roulant un œil hagard

(*f*) M. l'abbé Caille a sans doute accolé ces deux noms pour produire
le contraste le plus ridicule. On appelle communément à Paris un Fréron
tout gredin insolent, tout polisson qui se mêle de faire de mauvais libelles
pour de l'argent. Et M. l'abbé Caille oppose un de ces faquins de la lie du
peuple, qui reçoit l'extrême-onction sur son grabat, au grand Turenne,   5
qui fut tué d'un coup de canon sans le secours des saintes huiles, dans les
temps qu'il était amoureux de Mme de Coetquen. Cette note rentre dans
la précédente, et sert à confirmer l'opinion théologique qui accorde la
possession du jardin au dernier malotru couvert d'infamie, et qui la refuse
aux plus grands hommes et aux plus vertueux de la terre.   1(

(*g*) On invite les lecteurs attentifs à relire quelques maximes de
l'empereur Antonin, et à jeter les yeux, s'ils le peuvent, sur la Censure
contre Bélisaire. Ils trouveront dans cette censure des distinctions sur la
foi et sur la loi, sur la grâce prévenante, sur la prédestination absolue; et
dans Marc-Antonin, ce que la vertu a de plus sublime et de plus tendre.   5
On sera peut-être un peu surpris que de petits Welches, inconnus aux
honnêtes gens, aient condamné dans la rue des Maçons ce que l'ancienne
Rome adora, et ce qui doit servir d'exemple au monde entier. Dans quel

[11] Henri de la Tour d'Auvergne (1611-1675), vicomte de Turenne et maréchal de
France (1660), un des grands capitaines français des temps modernes, fut tué à
Salzbach le 27 juillet 1675, et enterré à Saint-Denis, parmi les sépultures royales.

Dans des convulsions dignes de Saint-Médard,
Nomma le demi-dieu déiste, athée, impie,
Hérétique, ennemi du trône et de l'autel,   105
Et lui fit intenter un procès criminel.
  Les Romains cependant sortent de l'écurie.
'Mon Dieu, disait Titus, ce monsieur Ribaudier
Pour un docteur français, me semble bien grossier.'

---

abîme sommes-nous descendus! la nouvelle Rome vient de canoniser un
capucin nommé Cucufin, dont tout le mérite, à ce que rapporte le procès   10
de la canonisation, est d'avoir eu des coups de pied dans le cul, et d'avoir
laissé répandre un œuf frais sur sa barbe. L'ordre des capucins a dépensé
quatre cent mille écus aux dépens des peuples, pour célébrer dans
l'Europe l'apothéose de Cucufin, sous le nom de saint Séraphin;[12] et
Ribaudier damne Marc-Aurèle! O Ribaudiers! la voix de l'Europe   15
commence à tonner contre tant de sottises.
  Lecteur éclairé et judicieux, car je ne parle pas aux bégueules imbéciles
qui n'ont lu que l'*Année sainte* de Le Tourneux, ou le *Pédagogue
chrétien*,[13] de grâce apprenez à vos amis quelle est l'énorme distance

---

n.*g*, 15   K: O Ribaudier!

[12] Vers le 21 décembre 1768 (D15380) Voltaire reçut la nouvelle de la
canonisation de saint Cucufin, ce qui donna lieu à la facétie de ce nom. C'est
dans cet écrit, troisième partie, que nous lisons: 'Le 12 octobre 1766, le pape Clément XIII canonise [...] frère Cucufin d'Ascoli, en son vivant frère lai chez les
capucins, né dans la Marche d'Ancône, l'an de grâce 1540, mort le 12 octobre 1604.
Le procès-verbal de la congrégation des rites porte [...] qu'étant invité à dîner chez le
cardinal Berneri [...] il renversa par humilité un œuf frais sur sa barbe, et prit de la
bouillie avec sa fourchette; que pour récompense la sainte Vierge lui apparut; qu'il
eut le don des miracles. [...] on change[a] son nom de Cucufin en celui de Séraphin.
[...] il a coûté [...] plus d'un million pour solemniser la fête de [ce] pauvre!'
[13] Nicolas Le Tourneux (1640-1686), prédicateur et théologien, né à Rouen où il
fut d'abord vicaire. Il alla ensuite à Paris, y acquit beaucoup de réputation comme
prédicateur, obtint un bénéfice et une pension du roi. Il se lia avec les solitaires de
Port-Royal. Son *Année chrétienne* (1686) fut condamnée par Innocent XI, en 1691,
comme entachée de jansénisme. Le R.P. Philippe Outreman, S.J. (1585-1652) est
l'auteur du *Pédagogue chrétien* (BV2627), ouvrage pour sottes et bégueules qui

Nos sages rougissaient pour l'honneur de la France;
'Pardonnez, dit l'un d'eux, à tant d'extravagance.
Nous n'assistons jamais à ces belles leçons.
Nous nous sommes mépris; Ribaudier nous étonne,
Nous pensions en effet vous mener en Sorbonne;
Et l'on vous a conduits aux Petites-Maisons.'

des Offices de Cicéron, du Manuel d'Epictète, des Maximes de l'empereur Antonin, à tous les plats ouvrages de morale écrits dans nos jargons
modernes, bâtards de la langue latine, et dans les effroyables jargons du
nord. Avons-nous seulement, dans tous les livres faits depuis six cents
ans, rien de comparable à une page de Sénèque? Non, nous n'avons rien
qui en approche, et nous osons nous élever contre nos maîtres!

excitait constamment le dédain de Voltaire, particulièrement dans les années 1764-
1768: *Discours aux Welches* (*M*, vol.25, p.239); *La Guerre civile de Genève* (*OCV*,
vol.63A, p.70); *Le Pyrrhonisme de l'histoire*, ci-dessous; *L'Ingénu*. Par exemple, dans
ce dernier texte (*OCV*, vol.63C, p.287), la belle Saint-Yves ayant été convoqué par
Saint-Pouange pour sept heures du soir, on lit: 'Elle n'y manqua pas; la dévote amie
l'accompagna encore; mais elle se tint dans le salon, et lut le Pédagogue chrétien
pendant que le Saint-Pouange et la belle Saint-Yves étaient dans l'arrière-cabinet.'

ANNEXE

AVERTISSEMENT
POUR *LES TROIS EMPEREURS EN SORBONNE*[1]

En 1767, la faculté de théologie de Paris censura le roman philosophique intitulé *Bélisaire*. Ce vieux général s'était avisé de dire à l'empereur Justinien que l'on n'éclairait point les esprits avec la flamme des bûchers,[2] et qu'il était tenté de croire que Dieu n'avait point condamné à la damnation éternelle les héros de la   5
Grèce et de Rome.[3]

Depuis l'invention de l'imprimerie, la faculté de Paris s'est arrogé le droit de dire son avis en mauvais latin sur les livres qui lui déplaisent; et comme depuis cinquante années le public est en possession de se moquer de cet avis, elle a constamment l'humilité   10
de le traduire en français afin de multiplier les lecteurs et les sifflets.

La censure de *Bélisaire* eut un grand succès. On ne peut se dissimuler que l'obligation imposée, sous peine de damnation, aux princes et aux magistrats, de condamner à la mort quiconque n'est pas de la communion romaine ne soit une opinion théologique très   15
moderne. La damnation des païens n'a jamais été donné comme un article de foi dans les premiers siècles de l'Eglise. On n'avance de pareilles opinions que lorsqu'on est le maître. La faculté fut donc obligée d'avouer que si le fond de la croyance doit toujours rester le même, cependant on peut l'enrichir de temps en temps de quelques   20
nouveaux articles de foi, dont les circonstances n'avaient point permis à notre Seigneur Jésus-Christ et aux saints apôtres de s'occuper.

---

[1] Cet Avertissement, que nous jugeons bon de reproduire, est de l'édition de Kehl, t.14, p.193-96.

[2] *Bélisaire* (Paris, Merlin, 1767), p.250.

[3] *Bélisaire*, p.235-38.

Cette assertion parut aussi ridicule que scandaleuse; et lorsqu'on vit que le mauvais français de la Sorbonne n'avait pas même le mérite de rendre exactement son mauvais latin, et qu'en se traduisant eux-mêmes ces sages maîtres avaient fait des contresens, les ris redoublèrent. [4]

On trouvera dans cette édition plusieurs pièces en prose sur cette facétie théologique. [5] M. de Voltaire s'est plu à attaquer souvent l'opinion que tout infidèle est damné, quelles que soient ses vertus et l'innocence de sa vie. Ce n'est point là une opinion théologique indifférente. Il importe au repos de l'humanité de persuader à tous les hommes qu'un Dieu, leur père commun, récompense la vertu, indépendamment de la croyance, et qu'il ne punit que les méchants.

Cette opinion de la nécessité de croire certains dogmes pour n'être point damné, et d'un supplice éternel réservé à ceux qui les ont niés ou même ignorés, est le premier fondement du fanatisme et de l'intolérance. Tout non-conformiste devient un ennemi de Dieu et de notre salut. Il est raisonnable, presque humain, de brûler un hérétique, et d'ajouter quelques heures de plus à un supplice éternel, plutôt que de s'exposer soi et sa famille à être précipités par les séductions de cet impie dans les bûchers éternels.

C'est à cette seule opinion qu'on peut attribuer l'abominable usage de brûler les hommes vivants; usage qui, à la honte de notre siècle, subsiste encore dans les pays catholiques de l'Europe, excepté dans les Etats de la famille impériale. Heureusement cette opinion est aussi ridicule qu'atroce, et plus injurieuse à la Divinité que tous les contes des païens sur les aventures galantes des dieux immortels. Aussi, parmi ceux qui sont intéressés au maintien de la théologie, les gens raisonnables voudraient-ils qu'on

[4] Voir les *Trois Empereurs en Sorbonne*, lignes 67-70.

[5] Dans l'édition de Kehl, on trouve les deux. *Anecdotes sur Bélisaire*, la *Lettre de Gérofle à Cogé*, la *Prophétie de la Sorbonne*, la *Réponse catégorique au sieur Cogé*, la *Lettre de l'archevêque de Cantorbéry à l'archevêque de Paris* (note de Beuchot, *M*, t.10, p.149; mais il se trompe en ce qui concerne les deux attaques contre Cogé).

abandonnât ce prétendu dogme, comme celui de la création du monde il y a juste six mille ans.

On suivrait la même marche à mesure que certains dogmes 55 deviendraient trop révoltants, ou trop clairement absurdes; et au bout d'un certain temps on soutiendrait qu'on ne les a jamais regardés comme articles de foi. Cela est arrivé déjà plus d'une fois, et l'Eglise s'en est bien trouvé.

Il est juste d'observer ici que Riballier, syndic de Sorbonne, dont 60 on parle dans cette satire, est un homme de mœurs douces, assez tolérant, qui céda malgré lui, dans cette circonstance, au délire théologique de ses confrères. Il avait à se faire pardonner sa modération à l'égard des jansénistes; et, pour l'expier, il se mit à persécuter un peu les gens raisonnables. 65

*Instruction du gardien des capucins
de Raguse à frère Pédiculoso,
partant pour la terre sainte*

———————————

Critical edition

by

Simon Davies

CONTENTS

INTRODUCTION

This polemical text belongs to the network of Voltaire's writings which attack aspects of the Holy Scriptures. The *gardien* (superior) of monks is the mouthpiece for Voltaire to produce a check-list of instructions for a pilgrim who is to set out on a journey, paradoxically, to undermine rather than strengthen his faith. Rather than a quest to learn more of the basis underpinning his faith, the journey should enable the pilgrim to unlearn its absurdities as he should come to comprehend the lack of foundation of many writings in the Bible. How will the pilgrim possibly find evidence to sustain belief through so many trials and tribulations provoked by the subversive instructions?

Frère Pédiculoso is discredited through his 'lousy' name, because of the 'petit peuple qui habite [sa] sainte barbe' (the final words of the text). His unsavoury name implies, by extension, that all unquestioning followers of the faith are infected and need the cleansing experience of facing up to the improbabilities of so many of their shared beliefs. The instructions are contained in twenty short articles, sixteen concerning basically the Old Testament, four the New. Pédiculoso's point of departure is Ragusa in Dalmatia, nowadays Dubrovnik in Croatia.[1] The pilgrim has no voice in the text, indeed he seems to be forgotten as the arguments unfold, further highlighting the challenge to the reader.

The *Instruction* was probably composed in late 1768. It was printed for the first time in 1769, in continuous pagination, with *De la Paix perpétuelle*.[2] After citing the title, the *Mémoires secrets*

---

[1] There is also a town called Ragusa in Sicily, but it is inland. It would seem more likely that Pédiculoso would be leaving from the Dalmatian port.

[2] Voltaire wrote to Mme Denis on 7 August 1769: 'J'ai entendu parler comme vous d'une brochure traduite de l'anglais, intitulée, *la paix perpétuelle*. Il paraît tous les huit jours quelque ouvrage dans ce goût en Hollande' (D15804). The feigned translation from English is explained by the fact that the work was attributed to 'le

comment astutely on the work on 6 February 1770: 'Tel est le titre d'un pamphlet de M. de Voltaire, qui n'a rien de nouveau que de nom, et la tournure vive et piquante sous laquelle il résume en 20 paragraphes, d'une manière énergique et serrée, les absurdités, les horreurs et les infamies sans nombre dont il prétend que fourmillent les deux testaments.'[3] The text was clearly in circulation, as Frederick teasingly tells Voltaire on 6 April 1770 that 'j'apprends que les Capucins vous ont choisi pour Leur protecteur[4] et que vous devenez père [sic] Pediculoso' (D16277).

Another reaction was of a far more formidable nature. In December 1770 the Catholic Church placed the *Instruction* on the Index. This prohibition obviously demonstrated the ecclesiastical authorities' alarm at yet another polemical work targeting the basis of its authority. This may well explain the appearance of a counterattack in 1772, the *Instruction du P. Gardien des Capucins de G*** à un jeune frère quêteur partant pour le Château de F****, ouvrage traduit de l'italien par le R. P. Adam (Amsterdam, 1772).[5] The parodic transformations of Voltaire's title are evident with Ragusa being changed to what is transparently meant to be Gex, with its Capuchins of the Congrégation de la Foi, and the Holy Land changed to the château of Ferney. Voltaire is being attacked on his own ground and, moreover, by supposedly his own house guest, the Père Adam (1705-after 1777). The presence of the Jesuit at Ferney was well known, particularly on account of the conflict

---

docteur Goodheart'. Despite the reference to Holland, the work was almost certainly printed in Geneva. Voltaire wrote to Gabriel Cramer about 'une pièce intitulée instructions à un capucin' in a letter which has only been tentatively dated 1771/72 (D17537).

[3] The first footnote in the Moland edition, following Beuchot, states incorrectly that the appreciation in the *Mémoires secrets* appeared on 1 February 1769 (*M*, vol.27, p.301).

[4] See D16248.

[5] The BnF possesses three copies. It appears that this rejoinder was actually printed in Avignon.

with Simon Bigex in 1769.[6] The *Avertissement* of the putative translator begins (p.iii):

Je crois devoir dire un mot sur le motif qui m'a déterminé à traduire et à publier ce petit ouvrage qui m'est tombé entre les mains. Je l'ai cru propre à éclairer quelques lecteurs en les amusant et à les aguerrir contre les chicanes et les sarcasmes des incrédules et des libertins, en les désabusant sur ce qu'il peut y avoir de spécieux et de séduisant dans les libelles impies que l'incrédulité répand journellement contre la Révélation.

This fictional traveller is addressed thus: 'Vous irez, notre cher Frère, saluer notre Monseigneur le Baron (a),[7] notre très honoré Père temporel' (p.7).[8] This sprightly work goes on to refute Voltaire's assertions in some thirty-one articles, often quoting the patriarch's own text. It sums up Voltaire's practice as follows: 'Le sçavant et judicieux auteur de l'Essai sur l'Histoire Générale s'est plu à y ramasser toutes les anecdotes scandaleuses publiées par les ennemis de l'Eglise et de la Religion' (p.62, footnote (a)).

The text

The *Instruction* was printed twice in 1769, in different editions, under the title *De la paix perpétuelle*. It also appeared the following year, in the *Nouveaux Mélanges* and the *Evangile du jour*. There were evidently a number of printings of the *Evangile du jour*; two are listed below, one of which appears to be an identical edition to 69B. We have chosen the *encadrée* edition as our base text as it was the last edition overseen by Voltaire. There are no known significant variants.

---

[6] See E. Lizé, 'Une affaire de pommes à Ferney: Simon Bigex contre Antoine Adam', *SVEC* 129 (1975), p.19-26.

[7] The (a) refers to a footnote, 'Tout le monde sait que la Terre de F... est une Baronnie'.

[8] See n.4 above.

Editions

69A

DE / *LA PAIX* / PERPÉTUELLE, / PAR LE / *DOCTEUR GOODHEART* / [Geneva, 1769].

8°. 74 pp.

p.56-74 Instruction du gardien des capucins de Raguse à frère Pediculoso, partant pour la Terre Sainte.

BnC 4214; Bengesco 1784.

London, BL: C.121.b.16. Paris, BnF: Rés. Z. Bengesco 335.

69B

DE / LA PAIX / PERPÉTUELLE, / PAR LE / DOCTEUR GOODHEART. / [n.p. n.d.; BnC 4215 suggests Amsterdam, Marc-Michel Rey, 1769. The typesetting and pagination are identical with EJ1]

p.40-53 Instruction du gardien des capucins de Raguse à frère Pediculoso, partant pour la Terre Sainte.

BnC 4215; Bengesco 1784.

Oxford, Taylor: V8.E8.1769 (1/3); Paris, BnF: Rés. Z. Beuchot 619.

NM

Nouveaux Mélanges philosophiques, historiques, critiques, etc. [Genève, Cramer] 1765-1776. 19 vol. 8°.

Dixième partie, 1770, p.334-48 *INSTRUCTION* / Du gardien des capucins de Raguse à / frère Pédiculoso, / partant pour la terre sainte. /

BnC 127; Bengesco 2212.

Paris, BnF: Rés. Z. Bengesco 487 (10), Rés. Z. Beuchot 28 (10).

EJ1

L'Evangile du jour, contenant: Paix perpétuelle (De la), par le Docteur Goodheart; Instruction du Gardien des capucins de Raguse à frère Pediculoso, partant pour la Terre Sainte; Tout en Dieu, commentaire sur

Malebranche, par l'abbé de Tilladet; Dieu et les hommes, œuvre théologique mais raisonnable en XLIV chap. 1770, 2 parties en 1 vol.

p.40-53 Instruction du gardien des capucins de Raguse à frère Pediculoso, partant pour la Terre Sainte.

BnC 5252.

Paris, BnF: D². 5300 (7).

EJ2

L'Evangile du jour, contenant: Dieu et les hommes, œuvre théologique mais raisonnable en XLIV chap.; Paix perpétuelle (De la) par le Docteur Goodheart; Instruction du gardien des capucins de Raguse à frère Pédiculoso partant pour la Terre Sainte; Tout en Dieu, commentaire sur Malebranche, par l'abbé de Tilladet. – 1770. 2 parties en 1 vol.

p.32-42 Instruction du gardien des capucins de Raguse à frère Pediculoso, partant pour la Terre Sainte.

BnC 5255.

Paris, BnF: Rés. Z. Bengesco 378 (7).

W71L (1771)

Collection complète des œuvres de M. de Voltaire. Genève [Liège, Plomteux], 1771-1777. 32 vol. 12°.

Volume 17, p.351-62 Instruction du gardien des capucins de Raguse à frère Pediculoso, partant pour la Terre Sainte.

No evidence of Voltaire's participation.

Bengesco 2139; Trapnell 71; BnC 151.

Geneva, ImV: A 1771/1 (16). Oxford, Taylor: VF.

W68 (1771)

Collection complète des œuvres de M. de Voltaire. [Genève, Cramer; Paris, Panckoucke], 1768-1777. 30 (or 45) vol. 4°.

Volume 17, p.304-14 Instruction du gardien des capucins de Raguse à frère Pediculoso, partant pour la Terre Sainte.

Volumes 1-24 were produced by Cramer under Voltaire's supervision.

Bengesco 2137; Trapnell 68; BnC 141-44.

Oxford, Taylor: VF. Paris, BnF: Rés. M Z 587.

w75G

La Henriade, divers autres poèmes et toutes les pièces relatives à l'épopée.
Genève, [Cramer & Bardin] 1775. 37 [40] vol. 8°.

Volume 36, p.336-47 Instruction du gardien des capucins de Raguse à frère Pediculoso, partant pour la Terre Sainte.

The *encadrée* edition, produced at least in part under Voltaire's supervision.

Bengesco 2141; Trapnell 75G; BnC 158-61.

Geneva, ImV: A 1775/2 (36). Oxford, Taylor: V1 1775 (36); VF. Paris, BnF: Z 24839-78.

w70L (1780)

Collection complète des œuvres de M. de Voltaire. Lausanne, Grasset, 1770-1781. 57 vol. 8°.

Volume 51, p.395-410 Instruction du gardien des capucins de Raguse à frère Pediculoso, partant pour la Terre Sainte.

Some volumes, particularly the theatre, were produced with Voltaire's participation.

Bengesco 2138; Trapnell 70L; BnC 149 (1-6, 14-21, 25).

Geneva, ImV: A 1770/4. Lausanne, Bibliothèque cantonale et universitaire. Oxford, Taylor: V1 1770 L (51).

K

Œuvres complètes de Voltaire. [Kehl,] Société littéraire-typographique, 1784-1789. 70 vol. 8°.

Volume 46, p.280-93 Instruction du gardien des capucins de Raguse à frère Pediculoso, partant pour la Terre Sainte.

Bengesco 2142; Trapnell K; BnC 164-69.

Oxford, Taylor: V1 1785/2 (46); VF. Paris, BnF: Rés. P Z 2209 (46).

Treatment of the base text

The spelling of proper names has been respected. Punctuation has also been respected, with the exception of a comma added after 'Japhet' in line 84, after 'Arphaxad' in line 86 and after 'Josué' in line 123. In line 2 'connus' has been silently corrected to 'connu'; in lines 166 and 170 'déjeûné' has been corrected to 'déjeuner', and in line 170 'dîné' has been corrected to 'dîner'. The following orthographical aspects of the base text have been modified to conform to modern usage:

1. Consonants

– a single *b* was used in: rabins.
– *d* was used in: nud.
– *h* was not used in: antropophage, caldéen, hiacinte.
– a single *l* was used in: falait, falut.
– *p* was not used in: tems.
– *s* was used in quatre-vingts.
– a double *s* was used in place of *c* in: brasselets.
– *t* was not used in: amans, complimens, descendans, enfans, événe-mens, excellens, géans, innocens, parens, passans, pendans, savans, suivans.
– *ʒ* was used in place of *s* in: bouze.

2. Vowels

– *i* was used in place of *y* in: hiacinte.
– the final *e* was sometimes omitted in: encor.
– *y* was used in place of *i* in: ayeul, enyvré, yvres.

3. Accents

– the acute was not used in: tetons.
– the acute was used in place of the grave in: piéces.
– the circumflex was not used in: ame, grace.
– the circumflex was used in: déjeûné, déjeûnez, prophête.
– the dieresis was used in place of the acute in: Israëlites.

4. Capitalisation

– upper-case *d* was used in: dom Calmet.

- upper case was used for adjectives of nationality in: auteurs Egyptiens, citoyens Romains, rois Juifs.
- lower case was used in: Albert le grand, Grégoire le grand, l'inquisition, le Pelletier, nouveau Testament, questions de Zapata.

5. Abbreviations

- 'M.' was written 'Mr.'

6. Hyphenation

- was used in: au-lieu, c'est-là, de-là, en-bas, non-seulement.
- was not used in: mont St. Gothard, quatre-vingt dix, St. Esprit.

7. Various

- the ampersand was used throughout.
- 'saint' was written 'St.'
- 'bonhomme' was written 'bon homme'.

INSTRUCTION DU GARDIEN DES CAPUCINS DE RAGUSE À FRÈRE PÉDICULOSO, PARTANT POUR LA TERRE SAINTE

I.

La première chose que vous ferez, frère Pédiculoso, sera d'aller voir le paradis terrestre où Dieu créa Adam et Eve, si connu des anciens Grecs et des premiers Romains, des Perses, des Egyptiens, des Syriens, qu'aucun auteur de ces nations n'en a jamais parlé. Il vous sera très aisé de trouver le paradis terrestre: car il est à la source de l'Euphrate, du Tigre, de l'Araxe et du Nil;[1] et quoique les sources du Nil et de l'Euphrate soient à mille lieues l'une de l'autre, c'est une difficulté qui ne doit nullement vous embarrasser. Vous n'aurez qu'à demander le chemin aux capucins qui sont à Jérusalem, vous ne pourrez vous égarer.

II.

N'oubliez pas de manger du fruit de l'arbre de la science du bien et du mal: car vous nous paraissez un peu ignorant et malin. Quand vous en aurez mangé, vous serez un très savant et très honnête homme. L'arbre de la science est un peu vermoulu; ses racines sont faites des œuvres des rabbins, des ouvrages du pape Grégoire le Grand,[2]

---

[1] In section 10 of *Les Questions de Zapata* Voltaire writes: 'Que dirai-je du jardin d'Eden dont il sortait un fleuve qui se divisait en quatre fleuves, le Tigre, l'Euphrate, le Phison, qu'on croit le Phase, le Géon qui coule dans le pays d'Ethiopie, et qui par conséquent ne peut être que le Nil, et dont la source est distante de mille lieues de la source de l'Euphrate? On me dira encore que Dieu est un bien mauvais géographe' (*OCV*, vol.62, p.384).

[2] In *DP*, article 'Miracles', he is labelled as 'un homme simple auquel on a donné le nom de grand' (*OCV*, vol.36, p.378). In a letter to Damilaville on 30 November 1762 Voltaire speaks of 'les dialogues de cet imbécile s^t Grégoire le grand' (D10816).

227

des œuvres d'Albert le Grand,[3] de saint Thomas,[4] de saint
Bonaventure,[5] de saint Bernard,[6] de l'abbé Tritême,[7] de Luther,
de Calvin, du révérend père Garasse,[8] de Bellarmin,[9] de Suarès,[10]
de Sanchès,[11] du docteur Tournéli[12] et du docteur Tamponet.[13]
L'écorce est rude, les feuilles piquent comme l'ortie; le fruit est   2
amer comme chicotin; il porte au cerveau comme l'opium; on
s'endort quand on en a un peu trop pris et on endort les autres;
mais dès qu'on est réveillé on porte la tête haute, on regarde les
gens du haut en bas. On acquiert un sens nouveau qui est fort au-

[3] Albert was a thirteenth-century German known for his philosophical ideas but
also for magic. In *Le Philosophe ignorant* (1766) Voltaire writes: 'comme aucun
corps ne peut la [âme] toucher, je vais vous prouver par la physique d'Albert le
Grand, qu'elle sera brûlée physiquement' (doute 25, *OCV*, vol.62, p.65).

[4] Thomas Aquinas.

[5] Giovanni di Fidanza (1221-1274), St Bonaventure, was a General of the
Franciscan order who held different theological views from those of Thomas
Aquinas, a Dominican.

[6] Theologian and founder of the Abbey of Clairvaux. See *EM*, ch.55, vol.1,
p.570-71.

[7] Johannes Heidenberg, alias Triteheim or Tritemius (1462-1516). Voltaire cited
him as a source for *La Pucelle* and refers to him on a number of occasions in that text.
He is also mentioned in the *Seconde Anecdote sur Bélisaire* (*OCV*, vol.63A, p.206-207).

[8] François Garasse (1585-1631) was a Jesuit pamphleteer who attacked the
libertins. Voltaire used his name as a synonym for the enemies of the *philosophes*.

[9] Cardinal Robert Bellarmin (1542-1621).

[10] Francisco Suarez (1548-1617), Jesuit philosopher. Like Bellarmin, he is cited in
a list of people supporting regicide in the *EM*, ch.174, vol.2, p.553.

[11] Tomas Sanchez, a Jesuit. Voltaire attacked him elsewhere (see *L'Examen
important de Milord Bolingbroke*, ch.11, *OCV*, vol.62, p.214, and *L'Homme aux
quarante écus*, 'Mariage', *OCV*, vol.66, p.349).

[12] Tournéli is probably Honoré Tournely (1658-1729). Voltaire wrote in the
article 'Zèle': 'Ce qu'il y a de plus déplorable en cela, c'est quand le zèle est hypocrite
et faux; les exemples ne sont pas rares. L'on tient d'un docteur de Sorbonne qu'en
sortant d'une séance de la Faculté, Tournely, avec lequel il était fort lié, lui dit tout
bas: "Vous voyez que j'ai soutenu avec chaleur tel sentiment pendant deux heures;
eh bien! je vous assure qu'il n'y a pas un mot de vrai dans tout ce que j'ai dit"' (*M*,
vol.20, p.616).

[13] A theologian who was involved in the condemnation of the thesis of the abbé
de Prades in 1751-1752. Voltaire was to credit him with the authorship of *Les
Questions de Zapata* (1767) and *Les Lettres d'Amabad* (1769).

dessus du sens commun. On parle d'une manière inintelligible, qui   25
tantôt vous procure de bonnes aumônes et tantôt cent coups de
bâton. Vous nous répondrez, peut-être, qu'il est dit expressément
dans le Béreshit ou Genèse: 'Le même jour que vous en aurez
mangé vous mourrez très certainement (*a*).' Allez, notre cher frère,
il n'y a rien à craindre, Adam en mangea, et vécut encore neuf cent   30
trente ans.

III.

A l'égard du serpent qui était 'la bête des champs la plus subtile',[14]
il est enchaîné, comme vous savez dans la haute Egypte, plusieurs
missionnaires l'ont vu. Bochart[15] vous dira quelle langue il parlait,
et quel air il siffla pour tenter Eve; mais prenez bien garde d'être   35
sifflé. Vous expliquerez ensuite quel est le bœuf qui garda la porte
du jardin: car vous savez que *cherub* en hébreu et en chaldéen
signifie un bœuf, et que c'est pour cela qu'Ezéchiel dit[16] que le roi
de Tyr est un chérub. Que de chérubs, ô ciel, nous avons dans ce
monde! Lisez sur cela saint Ambroise,[17] l'abbé Rupert,[18] et surtout   40
le chérub dom Calmet.

IV.

Examinez bien le signe que le Seigneur mit à Caïn. Observez si
c'était sur la joue ou sur l'épaule. Il méritait bien d'être fleurdelisé
pour avoir tué son frère; mais comme Romulus, Richard III,
Louis XI, etc. etc. en ont fait autant, nous voyons bien que vous   45

(*a*) Genèse, ch.II, v.17.

[14] Genesis 3:1.
[15] Samuel Bochart, a seventeenth-century orientalist. Voltaire refers to him on
numerous occasions (e.g., see *La Philosophie de l'histoire*, Commentary, *OCV*,
vol.59, p.285, 289-90).
[16] Ezekiel 27:14.
[17] Father of the Church, bishop of Milan (340-397).
[18] Probably Rupert of Deutz (died 1129 or 1135), a Benedictine monk and
theologian.

n'insisterez pas sur un fratricide pardonné, tandis que toute la race
est damnée pour une pomme.

V.

Vous prétendez pousser jusqu'à la ville d'Hénoch que Caïn bâtit
dans la terre de Nod; informez-vous soigneusement du nombre de
maçons, de charpentiers, de menuisiers, de forgerons, de serru-   50
riers, de drapiers, de bonnetiers, de cordonniers, de teinturiers, de
cardeurs de laine, de laboureurs, de bergers, de manœuvres,
d'exploiteurs de mines de fer ou de cuivre, de juges, de greffiers
qu'il employa lorsqu'il n'y avait encore que quatre ou cinq
personnes sur la terre.   55

Hénoch est enterré dans cette ville que bâtit Caïn son aïeul
mais il vit encore, sachez où il est, demandez-lui des nouvelles de sa
santé et faites-lui nos compliments.

VI.

De là vous passerez entre les jambes des géants qui sont nés des
anges et des filles des hommes (b), et vous leur présenterez les   60
vampires du révérend père dom Calmet;[19] mais surtout parlez-leur
poliment car ils n'entendent pas raillerie.

VII.

Vous comptez aller ensuite sur le mont Ararat voir les restes de
l'arche qui sont de bois de Gopher. Vérifiez les mesures de l'arche
données sur les lieux par l'illustre M. Le Pelletier.[20] Mesurez   65
exactement la montagne, mesurez ensuite celle de Pichancha au

(b) Genèse, ch.IV, v.4.

[19] Voltaire possessed his *Traité sur les apparitions des esprits, et sur les vampires ou
les revenans de Hongrie, de Moravie etc.* (Paris, 1751; BV618). See *CN*, vol.2,
p.358-63.

[20] Jean Le Pelletier (1633-1711), alchemist, was the author of *Dissertations sur
l'arche de Noé et sur l'hémine et la livre de S. Benoist* (Rouen, 1700).

Pérou et le mont Saint-Gothard. Supputez avec Whilston[21] et Woodward[22] combien il fallut d'océans pour couvrir tout cela, et pour s'élever quinze coudées au-dessus. Examinez tous les animaux purs et impurs qui entrèrent dans l'arche; et en revenant ne vous arrêtez pas sur des charognes comme le corbeau. 70

Vous aurez aussi la bonté de nous rapporter l'original du texte hébreu qui place le déluge en l'an de la création 1656: l'original samaritain qui le met en 2309: le texte des Septante qui le met en 2262. Accordez les trois textes ensemble, et faites un compte juste 75 d'après l'abbé Pluche.[23]

VIII.

Saluez de notre part notre père Noé qui planta la vigne. Les Grecs et les Asiatiques eurent le malheur de ne connaître jamais sa personne;[24] mais les Juifs ont été assez heureux pour descendre de lui. Demandez à voir dans ses archives le pacte que Dieu fit avec lui 80 et avec les bêtes. Nous sommes fâchés qu'il se soit enivré, ne l'imitez pas.

Prenez, surtout, un mémoire exact du temps où Gomer,[25] petit-fils de Japhet, vint régner dans l'Europe qu'il trouva très peuplée. C'est un point d'histoire avéré. 85

IX.

Demandez ce qu'est devenu Caïnam, fils d'Arphaxad,[26] si célèbre

---

[21] William Whiston (1667-1752) was the author of *A new theory of the Earth* (London, 1696). He is criticised in the *Remarques pour servir de supplément à l'Essai sur les mœurs* (*M*, vol.24, p.581).

[22] Voltaire attacked John Woodward by implication in the *DP*, article 'Inondation' (see *OCV*, vol.36, p.231, n.6).

[23] Antoine, abbé Pluche (1688-1761). Voltaire possessed his *Le Spectacle de la nature* (Paris, 1732-1746; BV2765).

[24] See ch.27, 'De la cosmogonie attribuée à Moïse et de son déluge', in *Dieu et les hommes*, *OCV*, vol.69, p.394-99.

[25] Gomer is mentioned in Ezekiel 38:6.

[26] Cainam or Cainan, the son of Arphaxad (Luke 3:36). He is not named in the Old Testament.

dans les Septante, et dont la Vulgate ne parle pas. Priez-le de vous conduire à la tour de Babel. Voyez si les restes de cette tour s'accordent avec les mesures que le révérend père Kirker[27] en a données. Consultez Paul Orose, Grégoire de Tours et Paul Lucas.[28]

De la tour de Babel vous irez à Ur en Caldée, et vous demanderez aux descendants d'Abraham le potier, pourquoi il quitta ce beau pays pour aller acheter un tombeau à Hébron et du blé à Memphis. Pourquoi il donna deux fois sa femme pour sa sœur. Ce qu'il gagna au juste à ce manège. Sachez surtout de quel fard elle se servait pour paraître belle à l'âge de quatre-vingt-dix ans. Sachez si elle employait l'eau rose ou l'eau de lavande pour ne pas sentir le gousset quand elle arriva à pied, ou sur son âne, à la cour du roi d'Egypte et à celle du roi de Guérar: car toutes ces choses sont nécessaires à salut.

Vous savez que le Seigneur fit un pacte (c) avec Abraham, par lequel il lui donna tout le pays depuis le fleuve d'Egypte jusqu'à l'Euphrate. Sachez bien précisément pourquoi ce pacte n'a pas été exécuté.

X.

Chemin faisant vous irez à Sodome. Demandez des nouvelles des deux anges qui vinrent voir Loth, et auxquels il prépara un bon souper. Sachez quel âge ils avaient quand les Sodomites voulurent leur faire des sottises, et si les deux filles de Loth étaient pucelles lorsque le bonhomme Loth pria les Sodomites de coucher avec ses deux filles au lieu de coucher avec ces deux anges. Toute cette histoire est encore très nécessaire à salut. De Sodome vous irez à

(c) Genèse, ch.XV, v.18.

[27] Athanasius Kircher (1601/2-1680) was a Jesuit and author of numerous works. He published *Turris Babel* in 1679. In May 1764 Voltaire asked Cramer for another of his works (D11851).

[28] For Orose and Grégoire de Tours, see *DP*, article 'Evangile' (*OCV*, vol.36, p.82, n.12), and for Lucas, the same work, p.401, n.4.

Gabaa, et vous vous informerez du nom du lévite auquel les bons
Benjamites firent la même civilité que les Sodomites avaient faite
aux anges.   115

XI.

Quand vous serez en Egypte, informez-vous d'où venait la
cavalerie que le pharaon envoya dans la mer Rouge à la poursuite
des Hébreux: car tous les animaux ayant péri dans la sixième et
septième plaie, les impies prétendent que le pharaon n'avait plus de
cavalerie. Relisez les *Mille et une nuits*, et tout l'Exode dont   120
Hérodote, Thucidide, Xénophon, Polybe, Tite-Live font une
mention si particulière, ainsi que tous les auteurs égyptiens.

XII.

Nous ne vous parlons pas des exploits de Josué, successeur de
Mosé, et de la lune qui s'arrêta sur Aïalon en plein midi, quand le
soleil s'arrêta sur Gabaon. Ce sont de ces choses qui arrivent tous   125
les jours, et qui ne méritent qu'une légère attention.

Mais ce qui est très utile pour la morale, et qui doit infiniment
contribuer à rendre nos mœurs plus honnêtes et plus douces, c'est
l'histoire des rois juifs. Il faut absolument supputer combien ils
commirent d'assassinats. Il y a des pères de l'église qui en comptent 130
cinq cent quatre-vingts, d'autres, neuf cent soixante et dix; il est
important de ne s'y pas tromper. Souvenez-vous, surtout, que nous
n'entendons ici que les assassinats de parents: car pour les autres ils
sont innombrables. Rien ne sera plus édifiant qu'une notice exacte
des assassins et des assassinés au nom du Seigneur. Cela peut servir   135
de texte à tous les sermons de cour sur l'amour du prochain.

XIII.

Quand de l'histoire des rois vous passerez aux prophètes, vous
goûterez et nous ferez goûter des joies ineffables. N'oubliez pas le
soufflet donné par le prophète Sédékias[29] au prophète Michée. Ce

---

[29] I Kings 22:24. Voltaire recounted this incident elsewhere, e.g. *DP*, article

n'est pas seulement un soufflet probable comme celui du jésuite
dont parle Pascal,[30] c'est un soufflet avéré par le Saint-Esprit, dont
on peut tirer des fortes conséquences pour les joues des fidèles.

Lorsque vous serez à Ezéchiel, c'est là que votre âme se dilatera
plus que jamais. Vous verrez d'abord, chap. I, quatre animaux à
mufles de lion, de bœuf, d'aigle et face d'homme; une roue à quatre
faces semblable à l'eau de la mer, chaque face ayant plus d'yeux
qu'Argus, et les quatre parties de la roue marchant à la fois. Vous
savez qu'ensuite le prophète mangea par ordre de Dieu un livre
tout entier de parchemin. Demandez soigneusement à tous les
prophètes que vous rencontrerez, ce qui était écrit dans ce livre. Ce
n'est pas tout, le Seigneur donne des cordes au prophète pour le
lier (d). Tout lié qu'il est, il trace le plan de Jérusalem sur une
brique; puis il se couche sur le côté gauche pendant trois cent
quatre-vingt-dix jours, et ensuite pendant quarante jours sur le côté
droit.

XIV.

Si vous déjeunez avec Ezéchiel (prenez garde notre cher frère)
n'altérez point son texte, comme vous avez déjà fait, c'est un des
péchés contre le Saint-Esprit. Vous avez osé dire que Dieu ordonna
au prophète de faire cuire son pain avec de la bouse de vache, ce n'est
point cela, il s'agit de mieux. Lisez la Vulgate, Ezéchiel, chap. IV,
verset 12. '*Comedes illud et stercore quod egreditur de homine operies*

(d) Ezéchiel, ch.III.

'Prophètes', *OCV*, vol.36, p.466: 'Il est vrai que pour récompense, [Michée] ne reçut qu'un énorme soufflet de la main du prophète Sédékia' and *L'Examen important de Milord Bolingbroke*, ch.10, *OCV*, vol.62, p.206: 'Le prophète Michée prédisant des malheurs aux rois de Samarie et de Juda, le prophète Sédekias lui applique un énorme soufflet'.

[30] In the final paragraph of the 14th letter of Pascal's *Lettres provinciales* one reads: 'Il est constant, mes Pères, par l'aveu de l'offensé, qu'il a reçu sur sa joue un coup de la main d'un Jésuite' (*Œuvres complètes*, ed. Jacques Chevalier, Paris, 1954, p.832).

illud in oculis eorum. Tu le mangeras, tu le couvriras de la merde qui sort du corps de l'homme.' Le prophète en mangea, et il s'écria: '*Pouah! pouah! pouah! Domine Deus meus, ecce anima mea non est polluta.* Pouah! pouah! pouah! Seigneur mon Dieu, je n'ai jamais   165
fait de pareil déjeuner.' Et le Seigneur par accommodement lui dit: 'Je te donne de la fiente de bœuf au lieu de merde d'homme.'

Conservez toujours la pureté du texte, notre cher frère, et ne l'altérez pas pour un étron.

Si le déjeuner d'Ezéchiel est un peu puant, le dîner des Israélites   170
dont il parle est un peu anthropophage. (*e*) 'Les pères mangeront leurs enfants et les enfants mangeront leurs pères.' Passe encore que les pères mangent les enfants, qui sont dodus et tendres; mais que les enfants mangent leurs pères qui sont coriaces, cela est-il de la nouvelle cuisine?   175

XV.

Il y a une grande dispute entre les doctes sur le XXXIX. chap. de ce même Ezéchiel. Il s'agit de savoir si c'est aux Juifs ou aux bêtes que le Seigneur promet de donner le sang des princes à boire et la chair des guerriers à manger. Nous croyons que c'est aux uns et aux autres. Le verset 17 est incontestablement pour les bêtes; mais les   180
versets 18, 19 et suivants sont pour les Juifs: 'Vous mangerez le cheval et le cavalier.' Non seulement le cheval comme les Scythes qui étaient dans l'armée du roi de Perse; mais encore le cavalier, comme de dignes Juifs: donc ce qui précède les regarde aussi. Voyez à quoi sert l'intelligence des écritures.   185

XVI.

Les passages les plus essentiels d'Ezéchiel, les plus conformes à la morale, à l'honnêteté publique, les plus capables d'inspirer la pudeur aux jeunes garçons et aux jeunes filles, sont ceux où le Seigneur parle d'Oolla et de sa sœur Ooliba. On ne peut trop répéter ces textes admirables.   190

(*e*) Ezéchiel, ch.V, v.10.

Le Seigneur dit à Oolla (*f*):[31] 'Vous êtes devenue grande, vos tétons se sont enflés, votre poil a pointé; *grandis effecta es, ubera tua intumuerunt, pilus tuus germinavit*. Le temps des amants est venu; je me suis étendu sur vous, j'ai couvert votre ignominie, je vous ai donné des robes de toutes couleurs, des souliers d'hyacinthe, des bracelets, des colliers, des pendants d'oreilles... Mais ayant confiance en votre beauté vous avez forniqué pour votre compte, vous vous êtes prostituée à tous les passants, vous avez bâti un bordel... *Ædificasti tibi lupanar*: vous avez forniqué dans les carrefours... On donne de l'argent à toutes les putains, et c'est vous qui en avez donné à vos amants. *Omnibus meretricibus dantur mercedes, tu autem dedisti mercedes cunctis amatoribus tuis, etc...* Ainsi, vous avez fait le contraire des fornicantes, etc.'

Sa sœur Ooliba a fait encore pis (*g*): 'Elle s'est abandonnée avec fureur à ceux dont les membres sont comme des membres d'ânes, et dont la semence est comme la semence des chevaux. *Et insanivit libidine super concubitum eorum, quorum carnes sunt ut carnes asinorum, et sicut fluxus equorum fluxus eorum.*' Le terme de semence est beaucoup plus expressif dans l'hébreu. Nous ne savons si vous devez le rendre par le mot énergique qui est en usage à la cour, chez les dames, en de certaines occasions. C'est ce que nous laissons absolument à votre discrétion.

Après un examen honnête de ces belles choses, nous vous conseillons de passer légèrement sur Jérémie qui court tout nu dans Jérusalem chargé d'un bât;[32] mais nous vous prions de ne pas passer sous silence le prophète Osée à qui 'le Seigneur ordonne (*h*) de prendre une femme de fornication et de se faire des enfants de fornication, parce que la terre fornicante forniquera du Seigneur. Et Osée prit donc Gomer fille d'Ebelaïm'. Quelque

(*f*) Ibid., ch.XVI.
(*g*) Ezéchiel, ch.XXIII.
(*h*) Osée, ch.I.

[31] See *DP*, article 'D'Ezéchiel', *OCV*, vol.36, p.93.
[32] Jeremiah 27:2.

temps après 'le Seigneur (*i*) lui ordonne de coucher avec une   220
femme adultère, et il achète une femme déjà adultère pour quinze
pièces d'argent et une mesure et demie d'orge'.

Rien ne contribuera plus, notre cher frère, *à former l'esprit et le
cœur*[33] de la jeunesse, que de savants commentaires sur ces textes.
Ne manquez pas d'évaluer les quinze pièces d'argent données à   225
cette femme. Nous croyons que cela monte au moins à sept livres
dix sous. Les capucins, comme vous savez, ont des filles à meilleur
marché.

XVII.

Nous vous parlerons peu du Nouveau Testament. Vous concilierez
les deux généalogies: c'est la chose du monde la plus aisée: car l'une   230
ne ressemble point du tout à l'autre; il est évident que c'est là le
mystère. Le bon Calmet dit naïvement à propos des deux
généalogies de Melchisédech: 'Comme le mensonge se trahit
toujours par lui-même, les uns racontent sa généalogie d'une
manière, les autres d'une autre.'[34] Il avoue donc, dira-t-on, que   235
cette différence énorme de deux généalogies est la preuve évidente
d'un puant mensonge. Oui pour Melchisédech; mais non pas pour
Jésus-Christ: car Melchisédech n'était qu'un homme; mais Jésus-
Christ était homme et Dieu. Donc il lui fallait deux généalogies.

(*i*) Osée, chapitre III.

---

[33] The expression was frequently mocked by Voltaire. In one of the additional
chapters to *Zadig* he wrote: 'Que je vous sais bon gré, dit-il, de n'avoir point dit
l'esprit et le cœur' (Kehl, ch.15; *OCV*, vol.30B, p.230). It can be traced back to
Rollin's *De la manière d'étudier et d'enseigner les belles-lettres, par rapport à l'esprit et
au cœur* (1726-1728).

[34] Voltaire wrote in similar terms elsewhere: 'Voici comment le savant Calmet
résout une difficulté semblable en parlant de Melchisédech. Les Orientaux et les
Grecs, féconds en fables et en inventions, lui ont forgé une généalogie dans laquelle
ils nous donnent les noms de ses aïeux. Mais, ajoute le judicieux bénédictin, comme
le mensonge se trahit toujours par lui-même, les uns racontent sa généalogie d'une
manière, les autres d'une autre' (*M*, vol.19, p.218).

XVIII.

Vous direz comment Marie et Joseph emmenèrent leur enfant en Egypte selon Matthieu, et comment selon Luc la famille resta à Bethléem. Vous expliquerez toutes les autres contradictions qui sont nécessaires à salut. Il y a de très belles choses à dire sur l'eau changée en vin aux noces de Cana pour des gens qui étaient déjà ivres. Car Jean, le seul qui en parle, dit expressément qu'ils étaient ivres, *et cum inebriati fuerint*,[35] dit la Vulgate.

Lisez surtout les *Questions* de Zapata,[36] docteur de Salamanque, sur le massacre des innocents par Hérode; sur l'étoile des trois rois; sur le figuier séché pour n'avoir pas porté des figues, 'quand ce n'était pas le temps des figues',[37] comme dit le texte. Ceux qui font d'excellents jambons à Bayonne et en Vestphalie, s'étonnent qu'on ait envoyé le diable[38] dans le corps de deux mille cochons et qu'on les ait noyés dans un lac. Ils disent que si on leur avait donné ces cochons au lieu de les noyer, ils y auraient gagné plus de vingt mille florins de Hollande s'ils avaient été gras. Etes-vous du sentiment du révérend père Le Moine,[39] qui dit que Jésus-Christ devait avoir une dent contre le diable, et qu'il fit fort bien de le noyer, puisque le diable l'avait emporté sur le haut d'une montagne?

XIX.

Quand vous aurez mis toutes ces choses dans le jour qu'elles méritent, nous vous recommandons avec la plus vive instance de justifier Luc, lequel ayant écrit le dernier après tous les autres

---

[35] John 2:10.

[36] See *Les Questions de Zapata*, *OCV*, vol.62, p.402, n.62.

[37] Matthew 21:19; Mark 11:13. See *Les Questions de Zapata*, p.402.

[38] Matthew 8:32; Mark 5:13.

[39] The identity of Lemoine is not certain. In a letter of 11 December 1766 Voltaire wrote: 'Je voudrais que tout le monde fît des tragédies, comme le père Lemoine voulait que tout le monde dît la messe' (D13727). Lemoine is not identified in the notes to this letter, but he could be the same priest as the one described in *Le Siècle de Louis XIV*: 'Le Moine (Pierre), jésuite, né en 1602. Sa *Dévotion aisée* le rendit ridicule; mais il eût pu se faire un grand nom par sa *Louisade*' (*M*, vol.14, p.97).

évangélistes,[40] étant mieux informé que tous ses confrères, et ayant tout examiné diligemment depuis le commencement, comme il le dit,[41] doit être un auteur très respectable. Ce respectable Luc assure que lorsque Marie fut prête d'accoucher, César Auguste, qui   265 apparemment s'en doutait, ordonna pour remplir les prophéties, qu'on fît un dénombrement de toute la terre, et Quirinus gouverneur de Syrie publia cet édit en Judée. Les impies qui ont le malheur d'être savants, vous diront qu'il n'y a pas un mot de vrai; que jamais Auguste ne donna un édit si extravagant; que Quirinus   270 ne fut gouverneur de Syrie que dix ans après les couches de Marie,[42] et que ce Luc était probablement un gredin, qui ayant entendu dire qu'il s'était fait un cens des citoyens romains sous Auguste, et que Quirinus avait été gouverneur de Syrie après Varus, confond toutes les époques et tous les événements, qu'il   275 parle comme un provincial ignorant de ce qui s'est passé à la cour, et qu'il a encore le petit amour-propre de dire qu'il est plus instruit que les autres.

C'est ainsi que s'expriment les impies; mais ne croyez que les pies; parlez toujours en pie. Lisez surtout sur cet article les   280 *Questions* de frère Zapata, elles vous éclairciront cette difficulté comme toutes les autres.

Il n'y a peut-être pas un verset qui ne puisse embarrasser un capucin; mais avec la grâce de Dieu on explique tout.

XX.

Ne manquez pas de nous avertir si vous rencontrez dans votre   285 chemin quelques-uns de ces scélérats qui ne font qu'un cas médiocre de la transsubstantiation, de l'ascension, de l'assomption,

---

[40] John is traditionally regarded to have written the last gospel.

[41] Luke 1:3.

[42] 'Je dirais à Luc, Comment oses-tu avancer que Jésus naquit sous le gouvernement de Cirénus ou Quirinius, tandis qu'il est avéré que Quirinus ne fut gouverneur de Sirie que plus de dix ans après?' (*L'Examen important de Milord Bolingbroke*, ch.14, *OCV*, vol.62, p.236; see *Les Questions de Zapata*, *OCV*, vol.62, p.401; *Homélies prononcées à Londres*, Quatrième homélie, *OCV*, vol.62, p.478).

de l'annonciation, de l'Inquisition; et qui se contentent de croire un Dieu, de le servir en esprit et en vérité, et d'être justes. Vous reconnaîtrez aisément ces monstres. Ils se bornent à être bons sujets, bons fils, bons maris, bons pères. Ils font l'aumône aux véritables pauvres et jamais aux capucins. Le révérend père Hayet [43] récollet doit se joindre à nous pour les exterminer. Il n'y a de vraie religion que celle qui procure des millions au pape, et d'amples aumônes aux capucins. Je me recommande à vos prières et à celles du petit peuple qui habite dans votre sainte barbe.

[43] Père Hubert Hayer was one of the collaborators of the *Journal chrétien*. See also *DP*, article 'Philosophe', *OCV*, vol.36, p.445.

Le Pyrrhonisme de l'histoire

Critical edition

by

Simon Davies

CONTENTS

INTRODUCTION

The term *pyrrhonisme* is defined by the *Dictionnaire de Trévoux* as 'l'habitude de douter de tout'. The entry continues: 'Pyrrhon ne fut pas le premier auteur du scepticisme mais parce qu'il traita cette doctrine plus exactement que ceux qui l'avaient précédé, on lui en fit l'honneur, et on donna son nom à la secte qu'on nomma pyrrhonisme.' The concept of historical *pyrrhonisme* had also been elaborated by Pierre Bayle, whose influence on Voltaire's pursuit of the verification of evidence was significant.[1] In the article on Pyrrhon in his *Dictionnaire historique et critique* Bayle writes:

Il trouvait par tout, et des raisons d'affirmer et des raisons de nier: et c'est pour cela qu'il retenait son consentement après avoir bien examiné le pour et le contre, et qu'il réduisait tous ses arrêts à un *non liquet, soit plus amplement enquis*. Il cherchait donc toute sa vie la vérité; mais il se ménageait toujours des ressources pour ne tomber pas d'accord qu'il l'eût trouvée. Quoiqu'il ne soit pas l'inventeur de cette méthode de philosopher, elle ne laisse pas de porter son nom: l'art de disputer sur toutes choses sans prendre jamais d'autre parti que de suspendre son jugement, s'appelle le pyrrhonisme: c'est son titre le plus commun.

Voltaire himself wrote about spurious documents and dubious evidence in *Conseils à un journaliste* (*c.*1739) and in *Des mensonges imprimés* (1749). He first used the title 'Pyrrhonisme de l'histoire' in 1751 for an expanded version of his preface to the *Histoire de Charles XII*. This short piece, seemingly written in order to denounce a rival work by J. A. Nordberg, takes the same tone as the present text, and refers fleetingly to many of the same examples from ancient history. It begins: 'L'incrédulité, souvenons-nous-en, est le fondement de toute sagesse, selon Aristote. Cette maxime est

---

[1] Pierre Bayle, *Dictionnaire historique et critique* (Rotterdam, 1697; BV124); on Bayle's influence on Voltaire, see Haydn Mason, *Pierre Bayle and Voltaire* (Oxford, 1963), esp. p.129-30, 138.

fort bonne pour qui lit l'histoire, et surtout l'histoire ancienne. Que
de faits absurdes, quel amas de fables, qui choquent le sens
commun! Eh bien, n'en croyez rien.'[2]

The present text was published under a pseudonym and with little
fanfare, and was seemingly little noticed on its first appearance in
1769. Hints in Voltaire's correspondence show that he was thinking
about the work, if not actively working on it, the previous year. In a
letter written to François Morénas around 30 April 1768, Voltaire
mocks spurious statements which had been printed about his
supposed conversion and other pious activities: the sum of such
falsehoods, he writes, could 'servir à établir le pirronisme de
l'histoire' (D14989). Two months later he writes to Horace
Walpole: 'vous avez fait un excellent ouvrage sur le pyrrhonisme
de l'histoire', a work that he praises in chapter 12 of *Le Pyrrhonisme*:
'L'illustre Mr. Walpole a dit un grand mot dans la préface de ses
Doutes historiques sur Richard III. *Quand un roi heureux est jugé, tous
les historiens servent de témoins.*'[3] Other letters refer to literary
quarrels directly or indirectly continued in *Le Pyrrhonisme*.

Essentially a polemical work which systematically seeks to
undermine belief in the unbelievable, *Le Pyrrhonisme de l'histoire*
is a compendium of stories of doubtful veracity drawn from
antiquity, legends, myths, rumours and the writings of credulous
modern historians. It should be seen as part of a network of texts
which call into question the veracity and authority of generally
accepted accounts by supposedly venerable authors. Many of the
stories related here by Voltaire had already been derided by him
elsewhere, and many were to be used by him again, well illustrating
the process which Christiane Mervaud has analysed in her
introduction to the *Dictionnaire philosophique*.[4] In chapters 4 and

---

[2] *Histoire de Charles XII*, *OCV*, vol.4, p.567.

[3] 15063; 6 June 1768. Walpole's work was entitled *Historic doubts on the life and
reign of Richard the third* (London, 1768).

[4] 'La présence du "déjà dit"', *OCV*, vol.35, p.61-96. I am indebted to Olivier
Ferret for his help in identifying these reusages.

5, for instance, Voltaire reuses material from his article 'Histoire' written for the *Encyclopédie*. Other borrowings come from the *Dictionnaire philosophique*, and Voltaire's sceptical writings from the 1760s, *La Défense de mon oncle*, *Dieu et les hommes*, and *La Philosophie de l'histoire*. Two years later the borrowing goes the other way as Voltaire reuses much of chapters 4-8 and 10-12 in a new article 'Histoire' for the *Questions sur l'Encyclopédie*. Part of chapter 6 is reused in the article 'Alexandre' for the *Questions sur l'Encyclopédie*, chapter 9 is reused in the article 'De Pétrone', and chapters 25-31 are reused in the article 'Ana, anecdotes'. Broadly speaking the chapters of *Le Pyrrhonisme* are around the same length as the articles in the *Questions*, or in the *Dictionnaire philosophique*. The chapters are thus extremely short, and although occasionally the same topic occupies two chapters, there is usually no link between one chapter and the next. There is no introduction and no conclusion

The closest and most pervasive connection with Voltaire's other writings is with the *Essai sur les mœurs* and *La Philosophie de l'histoire*, and *Le Pyrrhonisme de l'histoire* can also be seen as part of the network of texts of the late 1760s in which Voltaire sets out to provoke and refute criticism. 'Je fais gloire d'avoir les mêmes opinions que l'auteur de l'*Essai sur l'esprit et les mœurs des nations et sur l'histoire générale*', begins the first chapter. 'Je ne veux ni un pyrrhonisme outré ni une crédulité ridicule.' A particular target for attack is Voltaire's current *bête noire*, Chiniac de La Bastide (chapters 22-24).[5] Chapters 1, 2, 3, 4 and 18 of *Le Pyrrhonisme* re-employ whole passages from the *Essai sur les mœurs*, and often as the anonymous author of *Le Pyrrhonisme* Voltaire agrees with and praises the author of the *Essai*. The citations in chapters 1-4 are all taken from chapter 197 of the *Essai*, substantially rewritten in 1764.

---

[5] On the identification of Chiniac de La Bastide, see Geneviève Artigas Menant, 'Voltaire et les trois Bastides', *Rhlf* 83.1 (1983), p.29-44.

J. H. Brumfitt, in his analysis of Voltaire's historical thought, underlines his predilection for collecting improbable stories, and notes his insistence that a major arm in his investigation of the truth of historical claims is the idea of *vraisemblance*. 'What is *invraisemblable* is either what is "scientifically" impossible [...] or what is unlikely in view of prevailing psychological or material conditions.'[6] In the context of *Le Pyrrhonisme de l'histoire*, Brumfitt cites in particular the case of the punishment of Queen Brunehaut (ch.14) which defies credibility in the mind of any educated reader. Chapter 36 and others show that Voltaire was equally aware of the dangers of misinformation in his own day.

As in *La Philosophie de l'histoire*, and in contrast to the humanists, for whom Roman history could almost have the authority of the Bible, Voltaire treated historians of the ancient world in sceptical vein in a manner similar to his approach to the Scriptures.[7] Voltaire highlights the palpable falsity of information with destructive zeal. Undermining the validity of historical accounts simultaneously deprives them of value for action or authority. And if supposed facts are deemed unreliable, it is futile to attempt to explain the patently unknowable.

The reusages in the *Questions sur l'Encyclopédie* already referred to make it tempting to look at the composition, or assembly, of *Le Pyrrhonisme* against the composition or assembly of the much larger *Questions*, of which the first three volumes appeared late in 1770, a further three in 1771 and the final three in 1774. We have seen that the chapters in *Le Pyrrhonisme* are roughly similar in length to the articles in the *Questions*, and that the articles 'Ana, anecdotes' and 'Histoire' in the *Questions* are largely lifted wholesale from *Le Pyrrhonisme*. Various other articles – for instance 'Arc, Jeanne d'', first published in *Les Honnêtetés littéraires* in 1767 – would have been equally at home in *Le Pyrrhonisme*.

Like the contemporaneous *Histoire du Parlement de Paris*, *Le*

---

[6] J. M. Brumfitt, *Voltaire historian* (Oxford, 1958), p.140-41.
[7] See also Haydn Mason, *Pierre Bayle and Voltaire*, p.130.

Pyrrhonisme de l'histoire was published under the pseudonym of l'abbé Big***, a device which enables Voltaire to congratulate himself and attack his critics from supposedly neutral ground.[8] The pseudonym itself may refer to the abbé Jean-Paul Bignon, formerly the king's librarian who died in 1743, or to his less well known nephew and successor Armand Jérôme Bignon, who held the post of king's librarian in 1768 but was not an abbé.[9] Both Bignons were members of the Académie française. Another possibility, although with an asterisk too many, is Voltaire's copyist Simon Bigex, who entered his employment in April 1768 and to whom the *Collection d'anciens évangiles* of 1769 is attributed.[10] Or the name may be entirely fictional, as with the abbé Bazin of *La Philosophie de l'histoire*. Given Voltaire's ludic spirit, it is also possible that he was thinking of *bigot* or of the English word 'big'.

Again like both the *Histoire du Parlement de Paris* and the *Collection d'anciens évangiles*, *Le Pyrrhonisme de l'histoire* was published in Amsterdam by Marc-Michel Rey. Unlike the other two texts, however, *Le Pyrrhonisme* was not published separately but in volume 4 of *L'Evangile du jour*, a collection published by Rey, and consisting largely of texts written by Voltaire or supplied by him, of which the first four volumes are dated 1769.[11] The other text contained in volume 4 is *Des singularités de la nature*, a work written in late 1768 but previously published in a separate edition. Both texts in the volume have 38 chapters, which may suggest that *Le Pyrrhonisme* was shaped to order. The volume was reissued, with the same text but a different ornament on the title page, in a

---

[8] On the use of the first person, see further Maureen F. O'Meara, 'Towards a typology of historical discourse: the case of Voltaire', *Modern language notes* 93.5 (1978), p.938-62.

[9] See John Renwick's note in his edition of the *Histoire du Parlement de Paris*, *OCV*, vol.68, p.116, n.154. The 4th edition of the *Histoire du Parlement de Paris* gives the name of the author as l'abbé Bigore.

[10] *Collection d'anciens évangiles* [...] *par l'abbé B*****, ed. Bertram E. Schwarzbach, *OCV*, vol.69 (1769), Introduction, p.16-20.

[11] Jeroom Vercruysse, 'Voltaire et Marc Michel Rey', *SVEC* 58 (1967), p.1707-63, esp. p.1749-51.

different printing of *L'Evangile du jour* in 1778 (p.1-88). This printing is not recorded by Bengesco. [12]

For reasons unknown, *Le Pyrrhonisme* was not included in the *encadrée* edition. It may be that Cramer had no text available for a work that he had not previously printed, or it may be because Voltaire himself showed no interest in it and waged no campaign on its behalf.

The Kehl edition maintains the basically chronological sequence adopted in the first edition. It reproduces thirty-six of the original thirty-eight chapters (with significant variants in some cases), inserts three chapters ('De l'histoire d'Hérodote', 'Usage qu'on peut faire d'Hérodote' and 'De Thucydide') between chapters 5 and 6 and inserts two additional chapters after 6: 'Des villes sacrées' and 'Des autres peuples nouveaux'. It rejoins the base text at chapter 7 (chapter 12 in the Kehl edition). These chapters all draw on material already published in the article 'Histoire' for the *Encyclopédie* or in the *Questions sur l'Encyclopédie*, but we do not know why and when they were added to the original text. The Kehl editors also added a number of supplementary articles to the *Questions sur l'Encyclopédie*, some of which – for instance, 'Moïse' – could equally well have been insertd into *Le Pyrrhonisme*.

The first edition of *L'Evangile du jour* has been chosen as the base text since it seems to be the only printing authorised by Voltaire. It differs significantly from later editions, particularly in its extensive quotations from the *Essai sur les mœurs* which were suppressed by the Kehl editors. The five chapters added by the Kehl editors are reproduced in the Appendix.

1. *The text*

There are no known manuscripts of the whole text although tiny

[12] I am grateful to François Jacob of the Institut et Musée Voltaire at Geneva for making this edition available to me.

fragments have been identified by Andrew Brown.[13] There is no recorded separate printing of the work, indeed there are only two editions before Kehl. The first edition was printed in the *Evangile du jour* in 1769. Despite the appearance of 'Londres' on the title page, it was in fact printed in Amsterdam by Marc-Michel Rey.

2. *Manuscripts and editions*

i. *Manuscripts*[14]

MS1

Fragment, with corrections, relating to the end of chapter 6 of the base text.

Paris, BnF 12936, p.333. Vol.42 (Lettres de Voltaire, 1721-1776, of the collection *Correspondance de Voltaire: matériaux d'une édition réunis par l'intendant Cayrol*). Page 331 bears the heading 'Fragments de manuscrits de Voltaire. Et quelques pièces en vers et en prose, trouvées dans ces papiers. en bas à droite 83'. The fragment begins at '*deux soleils*' (line 60); the corrections are carried forward into the Kehl edition.

MS2

Fair copy of chapter 15 of the base text in the hand of Wagnière with minor corrections in the hand of Voltaire. The presence of the chapter number indicates that MS2 relates to the *Evangile du jour*, and not to the Kehl edition.

Paris, BnF, nafr. 24342, f.66-67. Vol.13 (*Lettres, poésies et pièces diverses relatives à Voltaire et à son époque*) of the 15-volume collection *Correspondance de Voltaire et documents le concernant*. Our fragment was initially paginated 29-32.

---

[13] Andrew Brown, 'Calender of Voltaire manuscripts other than correspondence', *SVEC* 77 (1970), p.36-37.
[14] I am grateful to Anne-Sophie Barrovecchio for rechecking these two manuscripts.

L'EVANGILE

DU JOUR

CONTENANT

Le Pirronifme de l'Hiftoire par l'Abbé Big . . .
en XXXVIII. Chapitres.

Les Singularités de la Nature en XXXVIII. Chapitres.

TOME QUATRIEME.

A LONDRES.

MDCCLXIX.

1. *Le Pyrrhonisme de l'histoire* in *L'Evangile du jour.*
Title page of EJ69.

ii. *Editions*

EJ69

L'Evangile du jour, contenant Le Pirronisme de l'Histoire par l'Abbé Big... en XXXVIII. Chapitres. Les Singularités de la Nature en XXXVIII. Chapitres. Tome Quatrième. A Londres. MDCCLXIX.[15]

London, BL: 12316.ppp.2. Oxford, Taylor: V8.E8.1769 (1/1). Paris, BnF: D².5300 (4), Rés. Z. Bengesco 378 (4), Rés. Z. Beuchot 290 (4), Rés. Z. Beuchot 290 *bis* (4).

EJ78

L'Evangile du jour, contenant Le Pyrronisme de l'Histoire par l'Abbé Big.... en XXXVIII. Chapitres. Les Singularités de la Nature en XXXVIII. Chapitres. Tome Quatrième. A Londres. MDCCLXXVIII

Geneva, ImV: BA1769/1(4).

K84

Œuvres complètes de Voltaire. [Kehl,] Société littéraire-typographique, 1784-1789. 70 vol. 8°.

Volume 27, 1784 (Mélanges historiques), p.9-109 Le Pyrrhonisme de l'histoire.

Bengesco 2142; Trapnell K; BnC 164-69.

Oxford, Taylor: V1 1785/2 (12); VF. Paris, BnF: Rés. P Z 2209 (12).

K12

Œuvres complètes de Voltaire. [Kehl,] Société littéraire-typographique, 1785-1789. 92 vol. 12°.

Volume 31, 1785 (Mélanges historiques), p.9-123 Le Pyrrhonisme de l'histoire.

---

[15] The title page does not state that the text was composed by 'un bachelier en théologie' as indicated in the Moland edition. In chapter 23, however, ' l'abbé Big***' describes himself as a 'bachelier en théologie' and in chapter 38 he speaks of 'tant de théologiens mes confrères'.

L'ÉVANGILE

D U

J O U R,

C O N T E N A N T

Le Pyrronifme de l'Hiftoire par l'Abbé Big . . . .
en XXXVIII. Chapitres.

Les Singularités de la Nature en XXXVIII. Chapitres.

TOME QUATRIEME.

A LONDRES.

MDCCLXXVIII

2. *Le Pyrrhonisme de l'histoire* in *L'Evangile du jour.*
Title page of EJ78.

The duodecimo edition of Kehl.

Oxford, VF.

There are no known translations.

3. *Editorial principles*

The base text is the first edition of *L'Evangile du jour*. Variants are drawn from MS1, MS2, K84 and K12. K84 serves as the base text for the Appendix, which contains the chapters present only in the Kehl edition.

Treatment of the base text

The punctuation of the base text has been respected. The titles of books and quotations in Latin have been italicised. The spelling and accentuation of the base text have been modernised in accordance with present day usage. Arabic numerals are used for chapter numbers. Two minor errors have been corrected in chapter 10: 'bruits de ville' has been amended to 'bruits de la ville' at line 6; and 'C'est' has been corrected to 'Cet' at line 26. The characteristics of the base text were as follows:

1. Consonants

– absence of *t* in final *-ants* and *-ents* in, for example: conquérans, embellissemens, enfans, événemens, fragmens, habitans, ignorans, jugemens, monumens, présens, talens.
– doubling of consonants in: appellait, appellaient, appellée, appeller, appellons, appercevoir, imbécilles, imbécillité, jetté, jetter, rejetter.
– use of a single consonant in: dévelopée, échapé, nouris, nourir, poura, pourais, pourait, pouront.
– use of archaic forms in: exarcat, hazard, hazarder, loix, sçu, solemnel, solemnellement, solemnelles, solemnités.

2. Vowels

– use of *i* instead of *y* in: Ancire, Astiage, Bisantine, Cirus, Coligni, empirée, Fleuri, hipocrisie, labirinthe, pirrhonisme, Samblancei.
– use of *y* instead of *i* in: ayent, payen, pluye, Troye.

3. Accents

- absence of accents on: ame(s), bruler, bucher, entiere, exciterent, freres, gout, grace, Grece, grossiere, infames, meme, mures, mysteres, pere, premieres, priere, prophetes, siege(s), ténebres.

4. Capitals

- Initial capitals were used for the following nouns: Christianisme, Comte, Consul, Duc, Duchés, Duchesse, Empire, Evangile, Evêque, Historien, Parlement, Prince, Reine, Roi(s), Royaume, Sénat, Soldat, Sorcière, Souverain, Souveraineté.

5. Various

- the ampersand was used.
- 'saint' and 'sainte' were abbreviated 'St.' and 'Ste.'
- 'M.' was abbreviated 'Mr.'
- guères was used instead of guère.

CHAPITRE I

Plusieurs doutes

Je fais gloire d'avoir les mêmes opinions que l'auteur de l'*Essai sur l'esprit et les mœurs des nations et sur l'histoire générale*. Je ne veux ni un pyrrhonisme outré ni une crédulité ridicule. Il prétend que les faits principaux peuvent être vrais, et les détails très faux. Il peut y avoir eu un prince égyptien nommé Sésostris par les Grecs qui ont 5 changé tous les noms d'Egypte et de l'Asie, comme les Italiens donnent le nom de Londra à London, que nous appelons Londres, et celui de Luigi aux rois de France nommés Louis. Mais, s'il y eut un Sésostris, il n'est pas absolument sûr que son père destina tous les enfants égyptiens qui naquirent le même mois que son fils, à être 10 un jour avec lui les conquérants du monde. On pourrait même douter qu'il ait fait courir chaque matin cinq ou six lieues à ces enfants avant de leur donner à déjeuner.[1]

L'enfance de Cyrus exposée, les oracles rendus à Crésus, l'aventure des oreilles du mage Smerdis, le cheval de Darius qui 15 créa son maître roi, et tous ces embellissements de l'histoire pourraient être contestés par des gens qui en croiraient plus leur raison que leurs livres.[2]

---

2   K84, K12: *nations*: je ne

---

[1] Voltaire often mocked the legend of Sesostris, a legendary king of Egypt who, according to Herodotus and others, conquered Asia: see *EM*, Introduction, section 19, 'De l'Egypte' (ed. R. Pomeau, Paris, 1990, vol.1, p.73); *Traité sur la tolérance*, ch.9 (*OCV*, vol.56c, p.301, n.38); *PH*, ch.19 (*OCV*, vol.59, p.160-61); *La Défense de mon oncle*, ch.9 (*OCV*, vol.64, p.214 and notes).

[2] The legend of the early years of Cyrus is told in Herodotus, book 1, and treated at greater length by the Kehl editors in their chapter 6 (see Appendix). It is also mentioned in ch.2, lines 7-9. On Smerdis and Darius, see *Remarques sur l'histoire* (1742): 'Faut-il qu'au siècle où nous vivons on imprime encore le conte des *Oreilles de Smerdis*, et de Darius, qui fut déclaré roi par son cheval' (*M*, vol.26, p.136); also

Il a osé dire et même prouver que les monuments les plus célèbres, les fêtes, les commémorations les plus solennelles ne constatent point du tout la vérité des prétendus événements transmis de siècle en siècle à la crédulité humaine par ces solennités.

Il a fait voir que si des statues, des temples, des cérémonies annuelles, des jeux, des mystères institués étaient une preuve, il s'ensuivrait évidemment que Castor et Pollux combattirent en effet pour les Romains, que Jupiter les arrêta dans leur fuite;[3] il s'ensuivrait que les *Fastes* d'Ovide sont des témoignages irréfragables de tous les miracles de l'ancienne Rome, et que tous les temples de la Grèce étaient des archives de la vérité.

Voici comme M. de Voltaire s'exprime dans le résumé de son *Essai sur l'esprit et les mœurs des nations et sur l'histoire générale*, page 333 du tome V. édition de 1761 à Genève chez les frères Cramer.[4]

Chez toutes les nations l'histoire est défigurée par la fable, jusqu'à ce qu'enfin la philosophie vienne éclairer les hommes; et lorsqu'enfin la philosophie arrive au milieu de ces ténèbres, elle trouve les esprits si aveuglés par des siècles d'erreurs, qu'elle peut à peine les détromper; elle trouve des cérémonies, des faits, des monuments établis pour constater des mensonges.

Comment, par exemple, un philosophe aurait-il pu persuader à la populace dans le temple de Jupiter Stator, que Jupiter n'était point

---

25-27 K84, K12: s'ensuivrait que

29-80 K84, K12: vérité. ¶Voyez dans le Resumé de son *Essai sur l'esprit et les mœurs des nations*, depuis la page 346 jusqu'à la page 348 du tome IV [K12: tome VI] de cette nouvelle édition.//

---

on the oreilles de Smerdis, see *PH*, ch.9, p.160-61, and on Darius and his horse, *DP*, 'Circoncision' (*OCV*, vol.35, p.600).

[3] Voltaire questions the truth behind the story of Castor and Pollux fighting for the Romans in the 1751 'Pyrrhonisme de l'histoire' (*OCV*, vol.4, p.567).

[4] See *EM*, ch.197, 'Résumé de toute cette histoire jusqu'au temps où commence le beau siècle de Louis XIV' (vol.2, p.973-74). This was new material for the 1761 edition. The Kehl editors replace the quotation with a cross-reference to their own edition.

descendu du ciel pour arrêter la fuite des Romains? Quel philosophe eût pu nier dans le temple de Castor et de Pollux, que ces deux gémeaux avaient combattu à la tête des troupes? Ne leur aurait-on pas montré l'empreinte des pieds de ces dieux conservée sur le marbre? Les prêtres de Jupiter et de Pollux n'auraient-ils pas dit à ce philosophe: *criminel* 45 *incrédule, vous êtes obligé d'avouer en voyant la colonne rostrale que nous avons gagné une bataille navale dont cette colonne est le monument? Avouez donc que les dieux sont descendus sur terre pour nous défendre, et ne blasphémez point nos miracles en présence des monuments qui les attestent.* [5] C'est ainsi que raisonnent dans tous les temps la fourberie et l'imbécillité. 50

Une princesse idiote bâtit une chapelle aux onze mille vierges; le desservant de la chapelle ne doute pas que les onze mille vierges n'aient existé, et il fait lapider par le peuple le sage qui en doute. [6]

Les monuments ne prouvent les faits que quand ces faits vraisemblables nous sont transmis par des contemporains éclairés. 55

Les chroniques du temps de Philippe Auguste et l'abbaye de la victoire, sont des preuves de la bataille de Bovine; mais quand vous verrez à Rome le groupe du Laocoon, croirez-vous pour cela la fable du cheval de Troie? Et quand vous verrez les hideuses statues d'un saint Denis sur le chemin de Paris, ces monuments de barbarie vous 60 prouveront-ils que saint Denis ayant eu le cou coupé, marcha une lieue entière, portant sa tête entre ses bras? [7]

La plupart des monuments quand ils sont érigés longtemps après l'action, ne prouvent que des erreurs consacrées; il faut même quelquefois se défier des médailles frappées dans le temps d'un événement. Nous 65

[5] The Colonna rostrata, erected in the Roman Forum to celebrate the naval victory of Caius Duilius in 260 BC, was embellished with a triumphant inscription and statuary showing the prows of captured enemy ships.

[6] The legend of St Ursula. Teodor de Wyzewa, editor of the 'légende dorée' of Jacobus de Voragine (see below, n.9), notes that the further story about the disbeliever was probably 'une histoire inventée par Voltaire pour illustrer son propos' (Jacques de Voragine, *La Légende dorée*, Paris, 1923, p.353-57).

[7] Philip II founded the abbaye de la Victoire at Senlis to commemorate his decisive victory over the English in 1214. The group of Laocoon shows Laocoon being strangled by sea serpents sent by the Greek gods whose anger he incurred by warning the Trojans to fear the wooden horse. Several statues in Paris were raised during the medieval era to commemorate the legend (also related by Voragine) that the decapitated St Denis walked two miles from the place of his martydrom to Montmartre carrying his severed head in his hands.

avons vu les Anglais trompés par une fausse nouvelle, graver sur l'exergue d'une médaille: *A l'Amiral Vernon, vainqueur de Carthagène.* Et à peine cette médaille fut-elle frappée, qu'on apprit que l'Amiral Vernon avait levé le siège.[8] Si une nation dans laquelle il y a tant de philosophes a pu hasarder de tromper ainsi la postérité, que devons-nous penser des peuples et des temps abandonnés à la grossière ignorance?

Croyons les événements attestés par les registres publics, par le consentement des auteurs contemporains, vivants dans une capitale, éclairés les uns par les autres et écrivant sous les yeux des principaux de la nation. Mais pour tous ces petits faits obscurs et romanesques écrits par des hommes obscurs dans le fond de quelque province ignorante et barbare, pour ces contes chargés de circonstances absurdes, pour ces prodiges qui déshonorent l'histoire au lieu de l'embellir, renvoyons-les à Voraginé, auteur de la légende dorée, à l'Archevêque Turpin, au Père Caussin, à Maimbourg et à leurs semblables.[9]

[8] During the naval conflict in the West Indies in 1741, Vernon was forced to withdraw his fleet from Carthagena after a premature report had been sent home announcing a victory. Commemorative medals were struck before the true news arrived.

[9] Voltaire criticises these writers of popular history elsewhere in the *Essai sur les mœurs*. Jacobus de Voragine (*c.*1229-1298), archbishop of Genoa and the author of the successful lives of the saints (see above, n.6), which Voltaire disdains more explicitly in *DP*, article 'Religion' (*OCV*, vol.36, p.485). Turpin, the ninth-century archbishop of Rheims who was long held to be the author of the popular *Historia Caroli et Rolandi*, which recounts and embellishes the activities of Charlemagne in Spain but is in fact a late medieval work, is mentioned in *EM*, ch.15; his name does not, however, occur in this paragraph in the text of 1761. On the Jesuit Nicholas Caussin (1583-1651), author of a popular collection of pious maxims *La Cour sainte*, see in particular *EM*, ch.176. The Jesuit historian and writer Louis Maimbourg (1610-1686) is mentioned in various connections (e.g., *EM*, ch.45). Voltaire owned a few of Maimbourg's works: *Histoire des croisades* (Paris, 1684-1685; BV1046), *Histoire du calvinisme* (2nd ed., Paris, 1682; BV1047), and *Histoire du schisme des Grecs* (Paris, 1682; BV1048).

CHAPITRE 2

De Bossuet

Nous sommes dans le siècle où l'on a détruit presque toutes les erreurs de physique. Il n'est plus permis de parler de l'empyrée, ni des cieux cristallins, ni de la sphère de feu dans le cercle de la lune. Pourquoi sera-t-il permis à Rollin d'ailleurs si estimable, de nous bercer de tous les contes d'Hérodote et de nous donner pour une histoire véridique un conte donné par Xénophon pour un conte; de nous redire, de nous répéter la fabuleuse enfance de Cyrus, et ses petits tours d'adresse, et la grâce avec laquelle *il servait à boire à son papa Astyage* qui n'a jamais existé? [1]

On nous apprend à tous dans nos premières années une chronologie démontrée fausse, on nous donne des maîtres en tout genre excepté des maîtres à penser. Les hommes même les plus savants, les plus éloquents n'ont servi quelquefois qu'à embellir le trône de l'erreur, au lieu de le renverser. Bossuet en est un grand exemple dans sa prétendue *Histoire universelle* qui n'est que celle de quatre à cinq peuples, et surtout de la petite nation juive, ou ignorée, ou justement méprisée du reste de la terre, à laquelle pourtant il rapporte tous les événements, et pour laquelle il dit que tout a été fait; comme si un écrivain de Cornouailles disait que rien n'est arrivé dans l'empire romain qu'en vue de la province de

[1] This first paragraph seems oddly placed. There is nothing to link Rollin, Herodotus or Xenophon with Bossuet and the subject matter of the rest of the chapter. Voltaire elsewhere attacks Charles Rollin (1661-1741) for his lack of critical judgement in his popular but credulous *Histoire ancienne* (1730-1738; numerous reprints): see, e.g., *La Défense de mon oncle*, ch.9 (*OCV*, vol.64, p.213), and the Appendix below, p.370. See also below, ch.5, n.2. The Appendix contains two additional chapters on Herodotus from the Kehl edition, and in one of these, a further reference to Cyrus (see p.370). The legend of the early years of Cyrus is told in Herodotus book 1. Cyrus claimed Astyages was his grandfather.

Galles. C'est un homme qui enchâsse continuellement des pierres fausses dans de l'or.

Le hasard me fait tomber dans ce moment sur un passage de son *Histoire universelle*, où il parle des hérésies (*a*). *Ces hérésies, dit-il, tant prédites par Jésus-Christ.*[2] Ne dirait-on pas à ces mots que Jésus-Christ a parlé dans cent endroits des opinions différentes qui devaient s'élever dans la suite des temps sur les dogmes du christianisme? Cependant la vérité est qu'il n'en a parlé en aucun endroit; le mot d'hérésie même n'est dans aucun évangile; et certes il ne devait pas s'y rencontrer, puisque le mot de dogme ne s'y trouve pas. Jésus n'ayant annoncé par lui-même aucun dogme, ne pouvait annoncer aucune hérésie. Il n'a jamais dit ni dans ses sermons ni à ses apôtres: 'Vous croirez que ma mère est vierge, vous croirez que je suis consubstantiel à Dieu, vous croirez que j'ai deux volontés; vous croirez que le Saint-Esprit procède du Père et du Fils; vous croirez à la transsubstantiation; vous croirez qu'on peut résister à la grâce efficace et qu'on n'y résiste pas.'[3]

Il n'y a rien en un mot dans l'Evangile qui ait le moindre rapport aux dogmes chrétiens. Dieu voulut que ses disciples et les disciples de ses disciples les annonçassent, les expliquassent dans la suite des siècles; mais Jésus n'a jamais dit un mot ni sur ces dogmes alors inconnus, ni sur les contestations qu'ils excitèrent longtemps après lui.

(*a*) Page 327. Edition d'Etienne David 1739.

---

[2] There is a marker against this passage in Voltaire's copy of Bossuet's *Discours sur l'histoire universelle*, new ed. (Paris, 1737-1739), p.327 (BV219, *CN*, vol.1, p.409 and note). Voltaire found Bossuet's *Discours* inadequate in many respects. It can be argued that he composed the *Essai sur les mœurs* and even more the *Philosophie de l'histoire* in an effort to supplant it; see, e.g., *EM*, Avant-Propos, vol.1, p.196.

[3] See *Dieu et les hommes*, ch.39: 'Jamais il ne dit dans nos Evangiles: "[...] Ma mère est vierge. Je suis consubstantiel à Dieu"' (*OCV*, vol.69, p.465). There as here Voltaire is concerned with establishing that Christianity postdates Jesus Christ.

Il a parlé des faux prophètes comme tous ses prédécesseurs: 'Gardez-vous, disaient-ils, des faux prophètes;'[4] mais est-ce là 45 désigner, spécifier les contestations théologiques, les hérésies sur des points de foi? Bossuet abuse ici visiblement des mots; cela n'est pardonnable qu'à Calmet et à de pareils commentateurs.[5]

D'où vient que Bossuet en a imposé si hardiment? D'où vient que personne n'a relevé cette infidélité? C'est qu'il était bien sûr 50 que sa nation ne lirait que superficiellement sa belle déclamation universelle, et que les ignorants le croiraient sur sa parole, parole éloquente et quelquefois trompeuse.

---

[4] Matthew 7:15.

[5] Voltaire knew Dom Calmet personally, and read and used his theological works over many years: see F. Bessire, 'Voltaire lecteur de dom Calmet', *SVEC* 284 (1991), p.139-77, and Arnold Ages, 'Voltaire, Calmet and the Old Testament', *SVEC* 41 (1966), p.87-187.

CHAPITRE 3

De l'Histoire écclésiastique de Fleury [1]

J'ai vu une statue de boue dans laquelle l'artiste avait mêlé quelques feuilles d'or; j'ai séparé l'or et j'ai jeté la boue. Cette statue est l'*Histoire ecclésiastique* compilée par Fleury, ornée de quelques discours détachés dans lesquels on voit briller des traits de liberté et de vérité, tandis que le corps de l'histoire est souillé de contes qu'une vieille femme rougirait de répéter aujourd'hui. [2]

C'est un Théodore dont on changea le nom en celui de Grégoire Thaumaturge qui dans sa jeunesse étant pressé publiquement par une fille de joie de lui payer l'argent de leurs rendez-vous vrais ou faux, lui fait entrer le diable dans le corps pour son salaire. [3]

Saint Jean et la sainte Vierge viennent ensuite lui expliquer les mystères du christianisme. Dès qu'il est instruit, il écrit une lettre au diable, la met sur un autel païen, la lettre est rendue à son adresse, et le diable fait ponctuellement ce que Grégoire lui a commandé. Au sortir de là il fait marcher des pierres comme Amphion. Il est pris pour juge par deux frères qui se disputaient un étang, et pour les mettre d'accord il fait disparaître l'étang. Il se change en arbre comme Protée. Il rencontre un charbonnier nommé Alexandre, et le fait évêque. Voilà probablement l'origine de la foi du charbonnier. [4]

---

[1] Voltaire read the *Histoire ecclésiastique* of Claude Fleury (1640-1723) extensively over the years and reproached it for its naivety. The copy in his library shows plentiful traces of his reading (BV1350, *CN*, vol.3, p.479-610).

[2] See *DP*, article 'Martyre': 'Fleuri abbé du Loc-Dieu a déshonoré son Histoire ecclésiastique par des contes qu'une vieille femme de bon sens ne ferait pas à des petits enfants' (*OCV*, vol.36, p.335).

[3] *Histoire ecclésiastique*, book 6, ch.10 (Paris, 1856, vol.1, p.231). Against this passage Voltaire wrote: 'Grégoire taumaturge changé en arbre avec son compagnon' (*CN*, vol.3, p.484-85).

[4] *Histoire ecclésiastique*, book 6, ch.14 (vol.1, p.234).

C'est un saint Romain que Dioclétien fait jeter au feu. Des Juifs qui étaient présents se moquent de saint Romain, et disent que leur dieu délivra des flammes Sidrac, Misac et Abdénago; mais que le petit saint Romain ne sera pas délivré par le dieu des chrétiens. Aussitôt il tombe une grande pluie qui éteint le bûcher à la honte des Juifs. Le juge irrité condamne saint Romain à perdre la langue (apparemment pour s'en être servi à demander de la pluie). Un médecin de l'empereur nommé Ariston qui se trouvait là coupe aussitôt la langue de saint Romain jusqu'à la racine. Dès que le jeune homme qui était né bègue, eut la langue coupée, il se met à parler avec une volubilité inconcevable. 'Il faut que vous soyez bien maladroit, dit l'empereur au médecin, et que vous ne sachiez pas couper des langues.' Ariston soutient qu'il a fait l'opération à merveille, et que Romain devrait en être mort au lieu de tant parler. Pour le prouver, il prend un passant, lui coupe la langue, et le passant meurt. [5]

C'est un cabaretier chrétien nommé Théodote qui prie Dieu de faire mourir sept vierges chrétiennes de soixante et dix ans chacune, condamnées à coucher avec les jeunes gens de la ville d'Ancyre. L'abbé Fleury devait au moins s'apercevoir que les jeunes gens étaient plus condamnés qu'elles. Quoi qu'il en soit, saint Théodote prie Dieu de faire mourir les sept vierges; Dieu lui accorde sa prière. Elles sont noyées dans un lac. Saint Théodote vient les repêcher aidé d'un cavalier céleste qui court devant lui. Après quoi il a le plaisir de les enterrer, ayant en qualité de cabaretier enivré les soldats qui les gardaient. [6]

Tout cela se trouve dans le second tome de l'*Histoire* de Fleury,

---

21   K84, K12: que l'empereur Dioclétien
43   K84, K12: sa demande. Elles

[5] *Histoire ecclésiastique*, book 8, ch.21 (vol.1, p.334).
[6] *Histoire ecclésiastique*, book 8, ch.36 (vol.1, p.338-39). Voltaire repeats this story on a number of occasions: see *DP*, article 'Martyre' (*OCV*, vol.36, p.336); *Traité sur la tolérance*, ch.10 (*OCV*, vol.56C, p.180); *Examen important de milord Bolingbroke*, ch.27 (*OCV*, vol.62, p.293-94).

et tous ses volumes sont remplis de pareils contes. Est-ce pour insulter au genre humain, j'oserais presque dire pour insulter à Dieu même, que le confesseur d'un roi a osé écrire ces détestables absurdités? Disait-il en secret à son siècle: Tous mes contemporains sont imbéciles, ils me liront et ils me croiront? Ou bien disait-il: les gens du monde ne me liront pas, les dévotes imbéciles me liront superficiellement, et c'en est assez pour moi.

Enfin l'auteur des discours peut-il être l'auteur de ces honteuses niaiseries? Voulait-il en attaquant les usurpations papales dans ses discours persuader qu'il était bon catholique en rapportant des inepties qui déshonorent la religion?

56 K84, K12: voulait-il, attaquant
58 K84, K12: religion. Disons pour sa justification qu'il les rapporte comme il les a trouvées, et qu'il ne dit jamais qu'il les croie [K12: croit]. Il savait trop que des absurdités monacales ne sont pas des articles de foi, et que la religion consiste dans l'adoration de Dieu, dans une vie pure, dans les bonnes œuvres, et non dans une crédulité imbécile pour des sottises du pédagogue chrétien. [7] Enfin, il faut pardonner au savant Fleury d'avoir payé ce tribut honteux. Il a fait une assez belle amende honorable par ses discours. ¶L'abbé de Longuerue dit que lorsque Fleury commença à écrire l'*histoire ecclésiastique*, il la savait fort peu. [8] Sans doute il s'instruisit en travaillant, et cela est très ordinaire; mais ce qui n'est pas ordinaire, c'est de faire des discours aussi politiques et aussi sensés après avoir écrit tant de sottises. Aussi qu'est-il arrivé? On a condamné à Rome ses excellents discours, et on y a très bien accueilli ses stupidités: quand je dis qu'elles y sont bien accueillies, ce n'est pas qu'elles soient lues, car on ne lit point à Rome.//

[7] See above, *Les Trois empereurs en Sorbonne*, note g.
[8] See Louis Dufour de Longuerue (1652-c.1733): 'Quand l'abbé Fleury se mit à écrire l'*histoire ecclésiastique*, il n'en avait jamais fait aucune étude, non plus de chronologie, ni de critique. Aussi n'est-il que le copiste de Baronius, et des Conciles de Père Labbe. Voilà son travail; étudiant au jour, la journée; et quand il écrit l'histoire d'une année ne sachant pas ce qui s'est passé l'année suivante. Il en était au dernier volume de Baronius que des quatre volumes du Père Pagi il ne connaissait que le premier. Etonnez-vous après cela que son *Histoire* soit quelquefois si décharnée, et tant de choses y manquent? Au reste, c'était un homme qui avait un grand sens, mais qui ne connaissait pas encore assez toute l'étendue de son entreprise' (*Longueruana ou recueil de pensées, de discours et de conversations, de feu M. Louis de Four de Longuerue*, Berlin, 1754, part 2, p.110-11; BV2164).

CHAPITRE 4[1]

De l'histoire juive[2]

C'est une grande question parmi plusieurs théologiens si les livres purement historiques des Juifs ont été inspirés: car pour les livres de préceptes et pour les prophéties, il n'est point de chrétien qui en doute, et les prophètes eux-mêmes disent tous qu'ils écrivent au nom de Dieu. Ainsi on ne peut s'empêcher de les croire sur leur parole sans une grande impiété. Mais il s'agit de savoir si Dieu a été réellement dans tous les temps l'historien du peuple juif.

Leclerc[3] et d'autres théologiens de Hollande prétendent qu'il n'était pas nécessaire que Dieu daignât dicter toutes les annales

9 K84, K12: pas même nécessaire

---

[1] Most of this chapter was re-used as a section of the article 'De l'histoire' in the first edition of the *QE* (vol.7, 1771, p.42-47), under the title 'Des peuples nouveaux, et particulièrement des Juifs'.

[2] J. H. Brumfitt points out that when Voltaire first launched his attack on Jewish history in *PH*, he stressed that he was interested in the Old Testament only from a historical standpoint, and not with whatever is 'divine' in its contents (*OCV*, vol.59, ch.38, commentary on p.308). Voltaire uses the same device in *Le Pyrrhonisme de l'histoire* while presenting the views of Leclerc, Grotius, Simon and Dupin.

[3] Jean Leclerc (1657-1736) was a minister in London and taught at an Arminian seminary in Amsterdam. He was the author of the *Sentiments de quelques théologiens de Hollande sur l'histoire critique du Vieux Testament* (1685), which Voltaire praised to some extent in 1762 (D10857). In this same letter Voltaire esteems Leclerc more highly than Richard Simon (1638-1712), whose *Histoire critique du Vieux Testament* (1678; BV3173: Rotterdam, 1685) and *Réponse au livre intitulé: Sentiments de quelques théologiens de Hollande* (Amsterdam, 1621; BV3177: [1721]) were in his possession. Louis-Ellies Dupin (1657-1719) was the initiator of the *Bibliothèque des auteurs ecclésiastiques* and the *Nouvelle Bibliothèque des auteurs ecclésiastiques* which covered many centuries over many volumes (BV1159, BV1167). He was also the author of the *Table universelle des auteurs ecclésiastiques* (BV1168). Voltaire's copies of all his books show traces of his reading.

hébraïques, et qu'il abandonna cette partie à la science et à la foi
humaine. Grotius, Simon, Dupin ne s'éloignent pas de ce sentiment. Ils pensent que Dieu disposa seulement l'esprit des écrivains
à n'annoncer que la vérité.

On ne connaît point les auteurs du livre des Juges, ni de ceux des
Rois et des Paralipomènes. Les premiers écrivains hébreux citent
d'ailleurs d'autres livres qui ont été perdus, comme celui des
Guerres du Seigneur (*a*), le Droiturier ou le Livre des Justes (*b*),
celui des Jours de Salomon (*c*), et ceux des Annales des rois d'Israël
et de Juda (*d*). Il y a surtout des textes qu'il est difficile de concilier;
par exemple on voit dans le Pentateuque que les Juifs sacrifièrent
dans le désert au Seigneur et que leur seule idolâtrie fut celle du
veau d'or; cependant il est dit dans Jérémie (*e*), dans Amos (*f*), et
dans le discours de saint Etienne (*g*) qu'ils adorèrent pendant
quarante ans le dieu Moloch et le dieu Remphan, et qu'ils ne
sacrifièrent point au Seigneur.

Il n'est pas aisé de comprendre comment Dieu dicta l'histoire
des rois de Juda et d'Israël, puisque les rois d'Israël étaient
hérétiques, et que même quand les Hébreux voulurent avoir des
rois, Dieu leur déclare expressément par la bouche de son prophète
Samuel que c'est (*h*) rejeter Dieu que de vouloir obéir à des
monarques. Or plusieurs savants ont été étonnés que Dieu voulût
être l'historien d'un peuple qui avait renoncé à être gouverné par
lui.

(*a*) Nombres C. XXI. v. 14.
(*b*) Josué X. v. 13. et II. Rois I. 18.
(*c*) III. Rois XI. 41.
(*d*) III. Rois XIV. 19. 29. et ailleurs.
(*e*) VII. 22.
(*f*) V. 26.
(*g*) Actes des apôtres VII. 43.
(*h*) I. Rois X. 19.

23 K84, K12: dans les discours
30 K84, K12: que d'obéir

Quelques critiques trop hardis ont demandé si Dieu peut avoir dicté, que le premier roi Saül remporta une victoire à la tête de trois cent trente mille hommes (*i*), puisqu'il est dit qu'il n'y avait que deux épées (*j*) dans toute la nation, et qu'ils étaient obligés d'aller chez les Philistins pour faire aiguiser leurs cognées et leurs serpettes?

Si Dieu peut avoir dicté que David qui était selon son cœur (*k*), se mit à la tête de quatre cents brigands chargés de dettes (*l*)?

Si David peut avoir commis tous les crimes que la raison peu éclairée par la foi ose lui reprocher?

Si Dieu a pu dicter les contradictions qui se trouvent entre l'histoire des Rois et les Paralipomènes?

On a encore prétendu que l'histoire des Rois ne contenant que des événements sans aucune instruction, et même beaucoup de crimes, il ne paraissait pas digne de l'Etre éternel d'écrire ces événements et ces crimes. Mais nous sommes bien loin de vouloir descendre dans cet abîme théologique; nous respectons comme nous le devons sans examen, tout ce que la synagogue et l'Eglise chrétienne ont respecté.

Qu'il nous soit seulement permis de demander pourquoi les Juifs qui avaient une si grande horreur pour les Egyptiens prirent pourtant toutes les coutumes égyptiennes, la circoncision, les ablutions, les jeûnes, les robes de lin, le bouc émissaire, la vache rousse, le serpent d'airain, et cent autres usages.

Quelle langue parlaient-ils dans le désert? Il est dit au psaume LXXX (*m*) qu'ils n'entendirent pas l'idiome qu'on parlait au-delà de la mer Rouge. Leur langage au sortir de l'Egypte était-il égyptien?

(*i*) I. Rois XI. 8.
(*j*) I. Rois XIII. 20-22.
(*k*) I. Rois XIII. 14.
(*l*) I. Rois XXII. 2.
(*m*) v. 5.

36   K12: puisqu'il dit

Mais pourquoi ne retrouve-t-on dans les caractères dont ils se servent aucune trace des caractères d'Egypte?

Quel était le pharaon sous lequel ils s'enfuirent? Etait-ce l'Ethiopien Actisan dont il est dit dans Diodore de Sicile (n) qu'il bannit une troupe de voleurs vers le mont Sina après leur avoir fait couper le nez? [4]

Quel prince régnait à Tyr lorsque les Juifs entrèrent dans le pays de Canaan? Le pays de Tyr et de Sidon était-il alors une république ou une monarchie?

D'où vient que Sanchoniathon [5] qui était de Phénicie ne parle point des Hébreux? S'il en avait parlé, Eusèbe qui rapporte des pages entières de Sanchoniathon, n'aurait-il pas fait valoir un si glorieux témoignage en faveur de la nation hébraïque?

Pourquoi ni dans les monuments qui nous restent de l'Egypte, ni dans le Shasta et dans le Veidam des Indiens, ni dans les Cinq Kings des Chinois, [6] ni dans les lois de Zoroastre, ni dans aucun ancien auteur grec, ne trouve-t-on aucun des noms des premiers patriarches juifs qui sont la source du genre humain?

(n) Livre 2.

62-63 K84, K12: Egypte? Pourquoi aucun mot égyptien dans leur patois mêlé de tyrien, d'azotien et de syriaque corrompu? ¶Quel
64 K84, K12: l'éthiopien catisan [K12: Catisan] dont

[4] See *La Défense de mon oncle*, ch.21: 'Les Egyptiens étaient de grands voleurs, tout le monde en convient. Il est fort naturel que le nombre des voleurs ait augmenté dans le temps de la guerre d'Actisan et d'Amasis. Diodore rapporte d'après les historiens du pays, que le vainqueur voulut purger l'Egypte de ses brigands, et qu'il les envoya vers les déserts de Sinaï et d'Oreb, après leur avoir préalablement fait couper le bout du nez, afin qu'on le reconnût aisément s'ils s'avisaient de venir encore voler en Egypte' (*OCV*, vol.64, p.257).

[5] Sanchoniathon is mentioned extensively in Voltaire's treatment of Jewish history in works such as the *Dictionnaire philosophique*, *La Défense de mon oncle*, *Examen important de milord Bolingbroke* and *Dieu et les hommes*.

[6] See *La Défense de mon oncle*, *OCV*, vol.64, p.356-57, n.11, p.403; also *DP*, article 'Job' (*OCV*, vol.36, p.250).

Comment Noé le restaurateur de la race des hommes, dont les enfants se partagèrent tout l'hémisphère, a-t-il été absolument inconnu dans cet hémisphère? 80

Comment Enoch, Seth, Caïn, Abel, Eve, Adam, le premier homme, ont-ils été partout ignorés, excepté dans la nation juive?

On pourrait faire ces questions et mille autres encore plus embarrassantes, si les livres des Juifs étaient comme les autres un 85 ouvrage des hommes; mais étant d'une nature entièrement différente, ils exigent la vénération et ne permettent aucune critique. Le champ du pyrrhonisme est ouvert pour tous les autres peuples; mais il est fermé pour les Juifs. Nous sommes à leur égard comme les Egyptiens, qui étaient plongés dans les plus épaisses ténèbres de 90 la nuit, [7] tandis que les Juifs jouissaient du plus beau soleil dans la petite contrée de Gessen.

Ainsi n'admettons nul doute sur l'histoire du peuple de Dieu; tout y est mystère et prophétie, parce que ce peuple est le précurseur des chrétiens. Tout y est prodige, parce que c'est 95 Dieu qui est à la tête de cette nation sacrée; en un mot l'histoire juive est celle de Dieu même.

97   K84, K12: même, et n'a rien de commun avec la faible raison de tous les peuples de l'univers. Il faut, quand on lit l'ancien et le nouveau testament, commencer par imiter le Père Canaye. [8] //

[7] Exodus 10:22: 'Moïse donc étendit sa main vers les cieux, et il y eut des ténèbres fort obscures dans tout le pays d'Egypte, pendant trois jours'; and 23: '*De sorte que* l'on ne voyait pas l'un l'autre, et nul ne se leva du lieu où il était, pendant trois jours; mais tous les enfants d'Israël jouirent de la lumière dans le lieu de leurs demeures.'

[8] 'Point de raison; c'est la vraie religion, cela; point de raison' is the stock response of the Père Canaye in Saint-Evremond's *Conversation du maréchal d'Hocquincourt*, in *Œuvres de Saint-Evremond*, ed. René de Planhol, vol.1 (Paris, 1927), p.110.

CHAPITRE 5

Des Egyptiens [1]

Comme l'histoire des Egyptiens n'est pas celle de Dieu, il est permis de s'en moquer. On l'a déjà fait avec succès sur ses dix-huit mille villes et sur Thèbes aux cent portes [2] par lesquelles sortait un million de soldats, ce qui supposait cinq millions d'habitants dans la ville, tandis que l'Egypte entière ne contient aujourd'hui que trois millions d'âmes.

Presque tout ce qu'on raconte de l'ancienne Egypte, a été écrit apparemment avec une plume tirée de l'aile du phénix, qui venait se brûler tous les cinq cents ans dans le temple d'Hiéropolis pour y renaître.

Les Egyptiens adoraient-ils en effet des bœufs, des boucs, des crocodiles, des singes, des chats et jusqu'à des oignons? Il suffit qu'on l'ait dit une fois pour que mille copistes l'aient redit en vers et en prose. Le premier qui fit tomber tant de nations en erreur sur les Egyptiens est Sanchoniathon, le plus ancien auteur que nous ayons parmi ceux dont les Grecs nous ont conservé des fragments. Il était voisin des Hébreux et incontestablement plus ancien que Moïse, puisqu'il ne parle pas de ce Moïse et qu'il aurait fait mention sans doute d'un si grand homme et de ses épouvantables prodiges, s'il fût venu après lui ou s'il avait été son contemporain.

Voici comme il s'exprime: *Ces choses sont écrites dans l'histoire du monde de Thaut et dans ses mémoires. Mais ces premiers hommes*

---

[1] With some variations, this chapter was reproduced as one section of the article 'De l'histoire' in the first edition of the *QE* (vol.7, 1771, p.28-32), with a slight change in the title, 'De l'Ancienne Egypte'.

[2] In *La Défense de mon oncle*, ch.9, 'De Thèbes, de Bossuet et de Rollin', Voltaire writes: 'Mon oncle riait quand il voyait Rollin copier Bossuet mot à mot, et Bossuet copier les anciens qui ont dit que deux mille combattants sortaient par chacune des cent portes de Thèbes' (*OCV*, vol.64, p.213; see p.312-13, n.9, 10, and *PH*, ch.19, *OCV*, vol.59, p.159-60).

consacrèrent des plantes et des productions de la terre; ils leur attribuèrent la divinité; ils révérèrent les choses qui les nourrissaient, ils leur offrirent leur boire et leur manger, cette religion étant conforme à la faiblesse de leurs esprits. 25

Il est très remarquable que Sanchoniathon qui vivait avant Moïse cite les livres de Thaut qui avaient huit cents ans d'antiquité; mais il est plus remarquable encore que Sanchoniathon s'est trompé, en disant que les Egyptiens adoraient des oignons; ils ne 30 les adoraient certainement pas, puisqu'ils les mangeaient.

De quoi se seraient nourris les Egyptiens s'ils avaient adoré tous les bœufs et tous les oignons? L'auteur de l'*Essai sur l'histoire générale et sur les mœurs des nations* a dénoué le nœud de cette difficulté, en disant qu'il faut faire une grande différence entre un 35 oignon consacré et un oignon dieu.[3] Le bœuf Apis était consacré; mais les autres bœufs étaient mangés par les prêtres et par tout le peuple.

Une ville d'Egypte avait consacré un chat pour remercier les dieux d'avoir fait naître des chats, qui mangent des souris. Diodore 40 de Sicile rapporte que les Egyptiens égorgèrent de son temps un Romain qui avait eu le malheur de tuer un chat par mégarde.[4] Il est

26-27 K84: esprits. ¶Cicéron, qui vivait dans le temps où César conquit l'Egypte, dit dans son livre de la Divination *qu'il n'y a pas de superstition que les hommes n'aient embrassée, mais qu'il n'est encore aucune nation qui se soit avisée de manger ses dieux.* [*with note:* Ce passage se trouve non dans le *De divitatione* de Cicéron mais dans le *De natura deorum*, III.xvi.] ¶Il   5

31-32 K12: mangeaient. ¶Cicéron, qui vivait dans le temps où César conquit l'Egypte, dit, dans son livre de la Divination, *qu'il n'y a point de superstition que les hommes n'aient embrassée; mais qu'il n'est encore aucune nation qui se soit avisée de manger ses dieux.* ¶De

33-34 K84, K12: *Essai sur les mœurs et l'esprit des nations*

[3] 'Juvénal a dit que les Egyptiens adoraient les oignons; mais aucun historien ne l'avait dit. Il y a bien de la différence entre un oignon sacré et un oignon dieu; on n'adore pas tout ce qu'on place, tout ce que l'on consacre sur un autel' (*EM*, Introduction, section 22, 'Des rites égyptiens, et de la circoncision', vol.I, p.81).

[4] This incident is recounted in book I of Diodorus Siculus's *Bibliotheca historica.* Christiane Mervaud notes that Voltaire derived much material on the worship of

très vraisemblable que c'était le chat consacré. Je ne voudrais pas tuer une cigogne en Hollande. On y est persuadé qu'elles portent bonheur aux maisons sur le toit desquelles elles se perchent. Un Hollandais de mauvaise humeur me ferait payer cher sa cigogne.

Dans un nome[5] d'Egypte voisin du Nil il y avait un crocodile sacré. C'était pour obtenir des dieux que les crocodiles mangeassent moins de petits enfants. Origène qui vivait dans Alexandrie et qui devait être bien instruit de la religion du pays, s'exprime ainsi dans sa réponse à Celse au livre III: *Nous n'imitons point les Egyptiens dans le culte d'Isis et d'Osiris; nous n'y joignons point Minerve comme ceux du nome de Saïs.* Il dit dans un autre endroit: *Ammon ne souffre pas que les habitants de la ville d'Apis vers la Libye mangent des vaches.* Il est clair par ces passages qu'on adorait Isis et Osiris.

Il dit encore: *Il n'y aurait rien de mauvais à s'abstenir des animaux utiles aux hommes; mais épargner un crocodile, l'estimer consacré à je ne sais quelle divinité, n'est-ce pas une extrême folie?*

Il est évident par tous ces passages que les prêtres, les schoen d'Egypte adoraient des dieux et non pas des bêtes. Ce n'est pas que les manœuvres et les blanchisseuses ne pussent très bien prendre pour une divinité la bête consacrée. Il se peut même que des dévotes même aient été encouragées dans leur zèle par quelques théologiens d'Egypte et qu'il y ait eu des hérésies.

59-60 K12: les schoens d'Egypte
63-64 K84, K12: dévotes de cour, encouragées dans leur zèle par quelques théologiens d'Egypte, aient cru le bœuf Apis un dieu, lui aient fait des neuvaines, et
64-90 K84, K12: hérésies. ¶Voyez ce qu'en dit l'auteur de la *Philosophie de l'histoire* [*with note*: *Rites égyptiens, Essai sur les mœurs etc.*, tome 1, introduction.] ¶Le monde est vieux, mais l'histoire est d'hier. Celle que nous nommons *ancienne*, et qui est en effet très récente, ne remonte guère qu'à quatre ou cinq mille ans: nous n'avons avant ce temps que quelques probabilités: elles nous ont été transmises dans les annales des brachmanes, dans la chronique chinoise, dans l'histoire d'Hérodote. Les anciennes chroniques chinoises ne regardent que cet empire séparé du reste du

---

cats in Egypt from Diodorus Siculus ('Bestiaires de Voltaire', *SVEC* 2006:06, p.186 n.16).

[5] One of the 36 territorial divisions of ancient Egypt.

Voici ce qu'en dit l'auteur de *La Philosophie de l'histoire* (*a*).   65

Les prêtres d'Egypte nourrissaient un bœuf sacré, un chien sacré, un crocodile sacré! Oui, et les Romains eurent aussi des oies sacrées. Ils eurent des Dieux de toute espèce; et les dévotes avaient parmi leurs pénates le dieu de la chaise percée, *Deum Stercutium*, et le dieu pet, *Deum crepitum*; mais en reconnaissent-ils moins le *Deum optimum maximum*, le   70 maître des dieux et des hommes? Quel est le pays qui n'ait pas eu une foule de superstitieux et un petit nombre de sages?

Ce qu'on doit surtout remarquer de l'Egypte et de toutes les nations, c'est qu'elles n'ont jamais eu d'opinions constantes, comme elles n'ont jamais eu de lois toujours uniformes, malgré l'attachement que les   75 hommes ont à leurs anciens usages. Il n'y a d'immuable que la géométrie; tout le reste est une variation continuelle.

Les savants disputent et disputeront. L'un assure que les anciens peuples ont tous été idolâtres, l'autre le nie. L'un dit qu'ils n'ont adoré qu'un dieu sans simulacre; l'autre qu'ils ont révéré plusieurs dieux dans   80 plusieurs simulacres; ils ont tous raison; il n'y a qu'à distinguer les temps et les hommes qui ont changé; rien ne fut jamais d'accord. Quand les Ptolomées et les principaux prêtres se moquaient du bœuf apis, le peuple tombait à genoux devant lui.

Juvénal a dit que les Egyptiens adoraient des oignons; mais aucun   85 historien ne l'avait dit. Il y a bien de la différence entre un oignon sacré et un oignon dieu; on n'adore pas tout ce qu'on place, tout ce que l'on consacre sur un autel. Nous lisons dans Cicéron que les hommes qui ont épuisé toutes les superstitions ne sont point parvenus encore à celle de manger leurs dieux, et que c'est la seule absurdité qui leur manque.   90

(*a*) Chap. XXII.

---

monde. Hérodote, plus intéressant pour nous, parle de la terre alors connue. En récitant aux Grecs les neuf livres de son histoire, il les enchanta par la nouveauté de cette entreprise, par le charme de sa diction, et surtout par les fables.//   10

CHAPITRE 6

D'Alexandre et de Quinte-Curce[1]

Si Quinte-Curce[2] n'avait pas défiguré l'histoire d'Alexandre par mille fables que de nos jours tant de déclamateurs ont répétées, Alexandre serait le seul héros de l'antiquité dont on aurait une histoire véritable.[3] On ne sort point d'étonnement quand on voit des historiens latins venus quatre cents ans après lui, faire assiéger   5

a-b   K84, K12:   Chapitre 9 / *Epoque d'Alexandre*
1   K84, K12:   Après cette guerre du Péloponèse, décrite par Thucydide, vient le temps célèbre d'Alexandre, prince digne d'être élevé par Aristote,[4] qui fond beaucoup plus de villes que les autres conquérants n'en ont détruit, et qui change le commerce de l'univers. ¶De son temps et de celui de ses successeurs florissait Carthage, et la république romaine commençait à fixer sur elle les regards des   5
nations. Tout le nord et l'occident sont ensevelis dans la barbarie. Les Celtes, les Germains, tous les peuples du nord sont inconnus. (Voyez l'article *Alexandre*.) ¶Si Quinte-Curce

[1] Voltaire originally included revised versions of chapters 3-8 and 10-12 in *QE*, article 'De l'histoire' (1st ed., vol.7, 1771), under the headings 'De l'Histoire ecclésiastique de Fleury', 'Des peuples nouveaux et particulièrement des juifs', 'De l'ancienne Egypte', 'Epoque d'Alexandre', 'De quelques faits rapportés dans Tacite et dans Suétone', 'De Néron et d'Agrippine', 'Suite de l'article concernant les diffamations' and 'Des écrivains de parti'. These sections borrowed from *Le Pyrrhonisme* were dropped by the Kehl editors when integrating the *Questions* articles into the *DP* and were not re-incorporated in any subsequent edition (see *M*, vol.19, p.352, n.1).
[2] Voltaire protests in *PH*, ch.40: 'pourquoi, dis-je, Quinte-Curce met-il une harangue philosophique dans la bouche de ces barbares? pourquoi suppose-t-il qu'ils reprochent à Alexandre sa soif de conquérir?' (*OCV*, vol.59, p.137). He also attacks Quintus Curtius in lines 48-60 below.
[3] The 'Pyrrhonisme de l'histoire' of 1751 already contains a passage ridiculing what appears about Alexander in the writings of Quintus Curtius. See *OCV*, vol.4, p.569.
[4] It was believed that Aristotle was Alexander's tutor 342-341 BC (see *DP*, article 'Ame', *OCV*, vol.35, p.305, n.3).

par Alexandre des villes indiennes auxquelles ils ne donnent que des noms grecs, et dont quelques-unes n'ont jamais existé.

Quinte-Curce après avoir placé le Tanaïs au delà de la mer Caspienne, ne manque pas de dire que le Gange en se détournant vers l'orient, porte aussi bien que l'Indus ses eaux dans la mer Rouge qui est à l'occident. Cela ressemble au discours de Trimalcion[5] qui dit qu'il a chez lui une Niobé enfermée dans le cheval de Troie, et qu'Annibal au sac de Troie ayant pris toutes les statues d'or et d'argent en fit l'airain de Corinthe.

On suppose qu'il assiège une ville nommée Ora près du fleuve Indus et non loin de sa source. C'est tout juste le grand chemin de la capitale de l'empire à huit cents milles du pays où l'on prétend que séjournait Porus.

Le célèbre Mr Holwell[6] qui a demeuré trente ans à Benares cette ancienne capitale des brachmanes, qui est instruit dans leur langue sacrée, et qui a traduit leurs livres, les plus anciens peut-être qui soient dans le monde, nous assure qu'il a vu et lu les archives de ces brachmanes, qu'elles font en effet mention d'un fameux brigand nommé Alexandre; mais qu'il n'y avait alors qu'un seul roi dans l'Inde, et aucun de ces petits rois dont parlent les grecs et les romains. Les prétendus Porus et les prétendus Taxilles qui sont des noms grecs, sont absolument inconnus dans l'Inde.[7]

15   K84, K12: nommée Ara, près
18-48   K84, K12: Porus comme le disent aussi nos missionnaires. ¶Après cette petite excursion sur l'Inde, dans laquelle Alexandre porta ses armes par le même chemin que le Sha-Nadir prit de nos jours, c'est-à-dire par la Perse et le Candahar, continuons l'examen de Quinte-Curce. ¶Il lui plaît d'envoyer

[5] Trimalchio appears in Petronius's *Satyricon* (see esp. ch.26-78).
[6] Voltaire had received John Zephaniah Holwell's *Interesting events relative to the provinces of Bengal and the empire of Indostan* (London, 1766-1767; BV1666) in December 1767 (D14575, D14579). He was struck by its contents (see *La Défense de mon oncle*, *OCV*, vol.64, p.333, n.1). For a general study of Voltaire's attitude to India, see Daniel S. Hawley, 'L'Inde de Voltaire', *SVEC* 120 (1974), p.139-78.
[7] Voltaire reuses and expands upon these details in *QE*, article 'Alexandre' (see *OCV*, vol.38, p.182-83).

C'est ce même Mr Holwell qui seul nous a donné la connaissance de la religion des brachmanes antiques adorateurs d'un seul dieu éternel et tout-puissant, premiers inventeurs de la guerre des génies célestes contre le dieu suprême, et premiers inventeurs de la métempsychose. Lui seul a détruit les innombrables erreurs de nos copistes qui se disent historiens, et qui écrivant l'histoire de l'Inde dans leurs greniers sur le bord de la Seine vous disent froidement que les Indiens adorent le diable. Nos dictionnaires historiques répètent cette sottise d'après nos compilateurs. Les aumôniers de notre compagnie des Indes partent dans ce beau préjugé, et dès qu'ils voient sur les côtes de Malabar des figures symboliques extraordinaires, ils ne manquent pas d'écrire dans leurs lettres édifiantes qu'ils sont dans l'empire du diable, et qu'ils vont combattre contre lui. C'est ainsi que l'univers est trompé.

Revenons au grand Alexandre. Il est certain que son empire s'étendait jusqu'au pays qu'on nomme aujourd'hui Candahar, et jusqu'aux Scythes de la Tranzozane. Alexandre chargé de venger la Grèce subjuguait tout l'empire de l'ennemi des Grecs, et par conséquent comprenait une grande partie de la Scythie dans ses conquêtes.

Il plaît à Quinte-Curce d'envoyer une ambassade des Scythes à Alexandre sur les bords du fleuve Jaxartes. Il leur met dans la bouche une harangue telle que les Américains auraient dû la faire aux premiers conquérants espagnols. Il peint ces Scythes comme des hommes paisibles et justes, tout étonnés de voir un voleur grec venu de si loin pour subjuguer des peuples que leurs vertus rendaient indomptables. Il ne songe pas que ces Scythes invincibles avaient été subjugués par les rois de Perse. Ces mêmes Scythes si paisibles et si justes se contredisent bien honteusement dans la harangue de Quinte-Curce; ils avouent qu'ils ont porté le fer et la flamme jusque dans la haute Asie. Ce sont en effet ces mêmes Tartares qui joints à tant de hordes du nord ont dévasté si longtemps l'univers connu depuis la Chine jusqu'au mont Atlas.

Toutes ces harangues des historiens seraient fort belles dans un poème épique où l'on aime fort les prosopopées. Elles sont

l'apanage de la fiction, et c'est malheureusement ce qui fait que les
histoires en sont remplies. L'auteur se met sans façon à la place de
son héros.[8]   65

Quinte-Curce fait écrire une lettre par Alexandre à Darius. Le
héros de la Grèce dit dans cette lettre que *le monde ne peut souffrir
deux soleils ni deux maîtres*. Rollin trouve avec raison qu'il y a plus
d'enflure que de grandeur dans cette lettre; mais Alexandre l'a-t-il
écrite? C'est là ce qu'il fallait examiner. Il n'appartient qu'à don   70
Japhet d'Arménie le fou de Charles-Quint, de dire que *deux soleils
dans un lieu trop étroit rendraient trop excessif le contraire du froid*.[9]
Mais Alexandre était-il un don Japhet d'Arménie?

Un abbé de la Bletterie[10] traducteur pincé de l'énergique Tacite
ne trouvant point dans cet historien la lettre de Tibère au sénat   75
contre Trajan, s'avise de la composer de sa tête.

Je sais que Tite-Live prête souvent des harangues à ses héros.
Quel a été le but de Tite-Live? De montrer de l'esprit et de
l'éloquence. Je lui dirais volontiers, si tu veux haranguer, va
plaider devant le sénat de Rome; si tu veux écrire l'histoire, ne nous   80
dis que la vérité.

N'oublions pas la prétendue Thalestris reine des Amazones

69-70 MS1: lettre <Mais Alexandre l'a-t-il écrite> ↑il pouvait ajouter qu'il y a
plus de sottise et plus d'enflure. mais Alexandre l'a-t-il écrite+ C'est

74 MS1→ K84, K12: Un <abbé de la Bletterie> traducteur <pincé> de

75-77 MS1→ K84, K12: Sénat contre <Tra>↑Se+jan, s'avise de la [*mot raturé*:
<composer>?] donner+ de sa tête, et de se mettre à la fois à la place de l'empereur et
de Tacite. Je

82-83 K84, K12: Amazones, qui

[8] Voltaire is suspicious of historians who attribute harangues to figures from
history (see *PH*, introduction, *OCV*, vol.59, p.291, as well as the section 'Doit-on
dans l'histoire insérer des harangues, et faire des portraits?' of his article 'Histoire',
for the *Encyclopédie* (*OCV*, vol.33, p.182-83).

[9] Scarron, *Don Japhet d'Arménie*, I.ii.

[10] Jean-Philippe-René La Blèterie (1696-1772). For Voltaire's reactions to La
Blèterie, see Catherine Volpilhac-Auger, *Tacite en France de Montesquieu à
Chateaubriand*, *SVEC* 313 (1993).

prétendues, qui vint trouver Alexandre pour le prier de lui faire un enfant. Apparemment le rendez-vous fut donné sur les bords du prétendu Tanaïs. [11]

8

84-85 MS1: du Tanaïs.

[11] See Quintus Curtius, *History of Alexander*, VI.v.24-32. The river Tanais does not appear in the context referred to here; the Thermodon and the Phasis rivers are mentioned, serving to situate Thalestris's domain.

CHAPITRE 7

Des anecdotes de Tacite et de Suétone[1]

Je me suis dit quelquefois en lisant Tacite et Suétone: Toutes ces extravagances atroces imputées à Tibère, à Caligula, à Néron sont-elles bien vraies? Croirai-je sur le rapport d'un seul homme qui vivait longtemps après Tibère que cet empereur presque octogénaire qui avait eu toujours des mœurs décentes jusqu'à l'austérité, ne s'était en effet retiré dans l'île de Caprée pour y mener la vie d'un jeune giton, et pour changer le trône du monde en un lieu de prostitution tel qu'on n'en a jamais vu chez les jeunes gens les plus dissolus? Croirai-je qu'il nageait dans ses viviers suivi de petits garçons qui le mordaient aux fesses et qui lui léchaient ses vieilles et dégoûtantes parties honteuses? Croirai-je qu'il se fit entourer de spinthriæ, c'est-à dire de bandes des plus abandonnés débauchés hommes et femmes partagés trois à trois, une fille sous un garçon, et ce garçon sous un autre?[2]

De telles horreurs ne sont guère dans la nature. Un vieillard, un empereur épié de tout ce qui l'approche et sur qui la terre entière

---

a-b   K84, K12: Chapitre 12 / De quelques faits rapportés dans Tacite et dans Suétone

5   K84, K12: avait toujours eu des

5-7   K84, K12: l'austérité, ne s'occupa dans l'île de Caprée que des débauches qui auraient fait rougir un jeune giton? Serai-je bien sûr qu'il changea le trône du monde connu en

9-10   K84, K12: dissolus? Est-il bien certain qu'il nageait dans ces viviers suivi de petits enfants à la mamelle, qui savaient déjà nager aussi, qui le mordaient aux fesses quoiqu'ils n'eussent pas encore de dents, et qui lui léchaient

14-15   K84, K12: autre? ¶Ces turpitudes abominables ne sont guère dans

---

[1] For a detailed analysis of Voltaire's views on Tacitus and Suetonius, see Volpilhac-Auger, *Tacite en France de Montesquieu à Chateaubriand*.

[2] See Tacitus, *Annals*, VI.1, and Suetonius, *Twelve Caesars*, III.43-44.

porte les yeux jusque dans sa retraite, peut-il être accusé d'une infamie si inconcevable sans des preuves convaincantes? Quelles preuves rapporte Suétone? aucune.

Les folies de Caligula ne sont guère plus vraisemblables. Que Caligula ait critiqué Homère et Virgile, je le croirai sans peine; Virgile et Homère ont des défauts. [3] S'il a méprisé ces deux grands hommes, il y a beaucoup de princes qui en fait de goût n'ont pas le sens commun: ce mal est très médiocre; mais il ne faut pas inférer de là qu'il ait couché avec ses trois sœurs et qu'il les ait prostituées à d'autres. De telles affaires de famille sont d'ordinaire fort secrètes. Je voudrais du moins que nos compilateurs modernes en ressassant les horreurs romaines pour l'instruction de la jeunesse, se

17   K84, K12: porte les [K12: des] yeux d'autant plus attentifs qu'il se cache davantage, peut-il

19-20   K84, K12: aucune. Un vieillard peut avoir encore dans la tête des idées d'un plaisir que son corps lui refuse. Il peut tâcher d'exciter en lui les restes de sa nature languissante par des ressources honteuses, dont il serait au désespoir qu'il y eût un témoin. Il peut acheter les complaisances d'une prostituée *cui ore et manibus allaborandum est,* [4] engagée elle-même au secret par sa propre infamie. Mais a-t-on jamais vu un vieux premier président, un vieux chancelier, un vieux archevêque, un vieux roi assembler une centaine de leurs domestiques pour partager avec eux ces obscénités dégoûtantes, pour leur servir de jouet, pour être à leurs yeux l'objet le plus ridicule et le plus méprisable? On haïssait Tibère; et certes si j'avais été citoyen romain je l'aurais détesté lui et Octave, puisqu'ils avaient détruit ma république: on avait en exécration le dur et fourbe Tibère; et puisqu'il s'était retiré à Caprée dans sa vieillesse, il fallait bien que ce fût pour se livrer aux plus indignes débauches: mais le fait est-il avéré? J'ai entendu dire des choses plus horribles d'un très grand prince [5] et de sa fille, je n'en ai jamais rien cru; et le temps a justifié mon incrédulité. ¶Les folies de Caligula sont-elles beaucoup plus vraisemblables? Que

[3] See Suetonius, *Twelve Caesars*, IV.34.

[4] Beuchot suggests that the source is: 'Quot ut superbo provoces ab inguine / Ore allaborandum est tibi' (Horace, *Epodes*, VIII.19-20; *M*, vol.27, p.257, n.1).

[5] The duc d'Orléans when Regent. Voltaire here defends the Regent, as he had previously done against the author of the *Ephémérides*, whom he believed to be La Beaumelle (see *Défense de Louis XIV*, *M*, vol.28, p.339-40, and article 9, 'Eclaircissements sur quelques anecdotes', in *Fragment sur l'histoire générale*, *M*, vol.29, p.253).

bornassent à dire modestement: *on rapporte, le bruit courut, on prétendait à Rome, on soupçonnait.* Cette manière de s'énoncer me semble infiniment plus honnête et plus raisonnable.

Il est bien moins croyable encore que Caligula ait institué une de ses sœurs Julia Drusilla héritière de l'empire.[6] La coutume de Rome ne permettait pas plus que la coutume de Paris de donner le trône à une femme.

Je pense bien que dans le palais de Caligula il y avait beaucoup de galanterie et de rendez-vous, comme dans tous les palais du monde; mais qu'il ait établi dans sa propre maison des bordels où la fleur de la jeunesse allait pour son argent, c'est ce qu'on ne me persuadera jamais.[7]

On nous raconte que ne trouvant point un jour d'argent dans sa poche pour mettre au jeu, il sortit un moment et alla faire assassiner trois sénateurs fort riches et revint ensuite en disant: *j'ai à présent de quoi jouer.*[8] Croira tout cela qui voudra, ce ne sera pas moi.

Je conçois que tout Romain avait l'âme républicaine dans son cabinet, et qu'il se vengeait la plume à la main de l'usurpation de l'empereur. Je conçois que le malin Tacite et que le faiseur d'anecdotes Suétone goûtaient une grande consolation en décriant leurs maîtres dans un temps où personne ne s'amusait à discuter la vérité. Nos copistes de tous les pays répètent encore tous les jours ces contes si peu avérés. Ils ressemblent aux historiens de nos

30

35

40

45

50

---

29   K84, K12: *bruit court, on*
38   K84, K12: des b..... où
39-41   K84, K12: qu'on me persuadera difficilement. ¶On
44-45   K84, K12: voudra; j'ai toujours quelque petit doute.¶Je
46   K84, K12: vengeait quelquefois, la plume
47   K84, K12: Je présume que Tacite
51   K84, K12: ressemblent un peu aux

---

[6] See Suetonius, *Twelve Caesars*, IV.24.
[7] See Suetonius, *Twelve Caesars*, IV.41.
[8] Voltaire strays from his Latin source: Suetonius states that two wealthy Romans are arrested, not killed, and their goods only confiscated. Nor does Suetonius's text (IV.41) contain the words that Voltaire attributes to Caligula.

peuples barbares du moyen âge, qui ont copié les rêveries des moines. Ces moines flétrissaient tous les princes qui ne leur avaient rien donné, comme Tacite et Suétone s'étudiaient à rendre odieuse toute la famille de l'oppresseur Octave.

Mais, me dira-t-on, Suétone et Tacite ne rendaient-ils pas service aux Romains en faisant détester les césars? Oui, si leurs écrits avaient pu ressusciter la république.

CHAPITRE 8

De Néron et d'Agrippine

Toutes les fois que j'ai lu l'abominable histoire de Néron et de sa mère Agrippine, j'ai été tenté de n'en rien croire. L'intérêt du genre humain est que tant d'horreurs aient été exagérées; elles font trop de honte à la nature.

Tacite commence par citer un Cluvius.[1] Ce Cluvius rapporte que vers le milieu du jour, *medio diei*, Agrippine se présentait souvent à son fils déjà échauffé par le vin pour l'engager à un inceste avec elle, qu'elle lui donnait des baisers lascifs, *lasciva oscula*,[2] qu'elle l'excitait par des caresses auxquelles il ne manquait que la consommation du crime, *prænuntias flagitii blanditias*, et cela en présence des convives *annotantibus proximis*, qu'aussitôt l'habile Sénèque présentait le secours d'une autre femme contre les emportements d'une femme, *Senecam contra muliebres illecebras subsidium a femina petivisse*, et substituait sur-le-champ la jeune affranchie Acté à l'impératrice Agrippine.[3]

Voilà un sage précepteur que ce Sénèque. Vous observerez

a K84, K12: Chapitre 13
12-13 K84, K12: les empressements d'une
13 K12: *mulibres illicebras*
15 K84, K12: l'impératrice mère Agrippine.
16-18 K84, K12: Sénèque! quel philosophe! Vous observerez qu'Agrippine avait alors environ cinquante ans.

[1] The works of the Roman historian Cluvius Rufus, now lost, were an important source for the *Annals* of Tacitus on the reigns of Caligula, Claudius and Nero.

[2] The Latin quotations in this chapter are all taken from book 14 of the *Annals* of Tacitus.

[3] In the account given by Tacitus, Seneca's plan to use Acte to distract Nero from Agrippina is not presented as immediately following Agrippina's first attempt to seduce her son: *Annals*, XIV.2.

qu'Agrippine avait alors au moins quarante-huit à quarante-neuf ans. Elle était la seconde des six enfants de Germanicus que Tacite prétend sans aucune preuve avoir été empoisonné, quand il mourut l'an 19 de notre ère et laissa Agrippine âgée d'environ dix ans. [4]

Agrippine eut trois maris. Tacite dit que bientôt après l'époque de ces caresses incestueuses Néron prit la résolution de tuer sa mère. [5] Elle périt en effet l'an 59 de notre ère vulgaire. Son père Germanicus était mort il y avait déjà quarante ans. Agrippine en avait donc à peu près cinquante, lorsqu'elle était supposée solliciter son fils à l'inceste. [6] Moins un fait est vraisemblable, plus il exige de preuves. Mais ce Cluvius cité par Tacite prétend que c'était une grande politique, et qu'Agrippine comptait par là fortifier sa puissance et son crédit. C'était au contraire s'exposer au mépris et à l'horreur. Se flattait-elle de donner à Néron plus de plaisir et de désirs que de jeunes maîtresses? Son fils bientôt dégoûté d'elle ne l'aurait-il pas accablée d'opprobre? N'aurait-elle pas été l'exécration de toute la cour? Comment d'ailleurs ce Cluvius peut-il dire qu'Agrippine voulait se prostituer à son fils en présence de Sénèque et des autres convives? [7]

Un autre historien véridique de ces temps-là, nommé Fabius Rusticus [8] dit que c'était Néron qui avait des désirs pour sa mère et

---

19 K84, K12: empoisonné. Il mourut

30 K84, K12: plaisirs

35-36 K84, K12: convives? De bonne foi, une mère couche-t-elle avec son fils devant son gouverneur et son précepteur, en présence des convives et des domestiques? ¶Un

---

[4] On the death of Germanicus, see *Annals*, II.69-70. Agrippina was born in 15 AD and was four years old when her father died.

[5] *Annals*, XIV.3.

[6] Agrippina died in 59 AD, aged forty-four. Voltaire exaggerates her age in order to emphasise the implausibility of the story given by Tacitus.

[7] See *Annals*, XIV.2. Tacitus does not state that Nero and Agrippina consummated their incestuous relationship in the presence of guests.

[8] A Roman historian whose writings about Nero, now lost, served as a source for Tacitus.

qu'il était sur le point de coucher avec elle, lorsqu'Acté vint se mettre à sa place. Cependant ce n'était point Acté qui était alors la maîtresse de Néron, c'était Poppée, et soit Poppée soit Acté, soit une autre, rien de tout cela n'est vraisemblable. 40

Il y a dans la mort d'Agrippine des circonstances qu'il est impossible de croire. D'où a-t-on su que l'affranchi Anicet préfet de la flotte de Misène conseilla de faire construire un vaisseau qui en se démontant en pleine mer y ferait périr Agrippine? Je veux qu'Anicet se soit chargé de cette étrange invention; mais il me 45 semble qu'on ne pouvait construire ce vaisseau sans que les ouvriers fussent informés de sa destination. Ce prétendu secret devait être entre les mains de plus de cinquante travailleurs, il devait bientôt être connu de Rome entière; Agrippine devait en 50 être informée; et quand Néron lui proposa de monter sur ce vaisseau elle devait bien savoir que c'était pour la noyer.[9]

Tacite se contredit certainement lui-même dans le récit de cette aventure inexplicable. Une partie de ce vaisseau, dit-il, se démontant avec art, devait la précipiter dans les flots, *cujus pars* 55 *ipso in mari per artem soluta effunderet ignaram.*

Ensuite il dit, qu'à un signal donné le toit de la chambre où était Agrippine étant chargé de plomb, tomba tout à coup et écrasa Crepereius l'un des domestiques de l'impératrice; *cum dato signo ruere tectum loci etc.* 60

Or si ce fut le toit, le plafond de la chambre d'Agrippine qui tomba sur elle, le vaisseau n'était donc pas construit de manière qu'une partie se détachant de l'autre, dût jeter dans la mer cette princesse.

Tacite ajoute qu'on ordonna alors aux rameurs de se pencher 65

48   K84, K12: ouvriers se doutassent qu'il était destiné à faire périr quelque personnage important. Ce
52   K84, K12: bien sentir que

[9] See *Annals*, XIV.4. Tacitus writes that it was commonly believed that news of the plot did reach Agippina, and made her suspicious of the invitation until she was reassured by Nero's affectionate attentions.

d'un côté pour submerger le vaisseau; *unum in latus inclinare atque ita navem submergere.* Mais des rameurs en se penchant peuvent-ils faire renverser une galère, un bateau même de pêcheurs, et ces rameurs se seraient-ils volontiers exposés au naufrage?

Tacite ne manque pas de dire que la mer était tranquille, que le ciel brillait d'étoiles, comme si les dieux avaient voulu que le crime fût plus manifeste, *noctem sideribus illustrem etc.*

En vérité n'est-il pas plus naturel de penser que cette aventure était un pur accident, et que la malignité humaine en fit un crime à Néron à qui on croyait ne pouvoir rien reprocher de trop horrible? Quand un prince s'est souillé de quelques crimes, il les a commis tous. Les parents, les amis des proscrits, des seuls mécontents entassent accusations sur accusations; on ne cherche plus la vraisemblance. Qu'importe qu'un Néron ait commis un crime de plus? Celui qui les raconte y ajoute; celui qui les entend y ajoute encore; la postérité est persuadée, et le méchant prince a mérité jusqu'aux imputations injustes dont on charge sa mémoire.

Presque tous les historiens d'Italie ont accusé le pape

68   K84, K12: et d'ailleurs ces

69-70   K84, K12: naufrage? Ces mêmes matelots assomment à coups de rame une favorite d'Agrippine, qui, étant tombée dans la mer, criait qu'elle était Agrippine. Ils étaient donc dans le secret. Or confie-t-on un tel secret à une trentaine de matelots? De plus, parle-t-on quand on est dans l'eau? ¶Tacite

77   K84, K12: proscrits, les seuls

80-81   K84, K12: plus? celui qui les raconte y ajoute encore; la postérité

82   K84, K12: imputations improbables dont

82-83   K84, K12: mémoire. Je crois avec horreur que Néron donna son consentement au meurtre de sa mère, mais je ne crois point à l'histoire de la galère. Je crois encore moins aux Chaldéens qui, selon Tacite, avaient prédit que Néron tuerait Agrippine; parce que ni les Chaldéens, ni les Syriens, ni les Egyptiens n'ont jamais rien prédit, non plus que Nostradamus et ceux qui ont voulu exalter leur âme. [10] ¶Presque

[10] A reference to Maupertuis. In the *Histoire du docteur Akakia* (1752) Voltaire wrote: 'Il espère qu'un peu plus de chaleur et d'*exaltation* dans l'imagination pourra servir à montrer l'avenir, comme la mémoire montre le passé' (*M*, vol.23, p.568-69).

Alexandre VI de forfaits qui égalent au moins ceux de Néron; mais Alexandre VI était coupable lui-même des erreurs dans lesquelles 85 ces historiens sont tombés.

On nous raconte des atrocités non moins exécrables de plusieurs princes asiatiques. Les voyageurs se donnent une belle carrière sur tout ce qu'ils ont entendu dire en Turquie et en Perse. J'aurais voulu à leur place mentir d'une façon toute contraire, je n'aurais 90 jamais vu que des princes justes et cléments, des juges sans passion, des financiers désintéressés, et j'aurais présenté ces modèles aux gouvernements de l'Europe. La *Cyropédie* de Xénophon est un roman; mais des fables qui enseignent la vertu valent mieux que des histoires mêlées de fables qui ne racontent que des forfaits.[11] 95

84-85   K84, K12:   Alexandre VI, comme Néron, était
88   K84, K12:   une libre carrière

[11] Xenophon's biography of Cyrus the Great. Voltaire takes it for granted that the work is an accepted fiction, whereas in fact its degree of historicity has never been determined with certainty.

CHAPITRE 9

De Pétrone [1]

Tout ce qu'on a débité sur Néron m'a fait examiner de plus près la satire attribuée au consul Caius Petronius que Néron avait sacrifié à la jalousie de Tigillin. Les nouveaux compilateurs de l'histoire romaine n'ont pas manqué de prendre les fragments d'un jeune écolier nommé Titus Petronius pour ceux de ce consul, qui, dit-on, envoya à Néron avant de mourir cette peinture de sa cour sous des noms empruntés. [2]

Si on retrouvait en effet un portrait fidèle des débauches de Néron dans le Pétrone qui nous reste, ce livre serait un des morceaux les plus curieux de l'antiquité.

Naudot [3] a rempli les lacunes de ces fragments et a cru tromper le

---

a   K84, K12: Chapitre 14

[1] A version of this chapter was published as the article 'De Pétrone' in the first edition of the *QE* (1771, vol.8, p.192-97). Although the article is absent from the Moland edition of the *DP*, a footnote indicates its former location (see *M*, vol.20, p.195 n.2).

[2] Voltaire was tenacious in his refutation of those who held that Titus Petronius, the acknowledged author of *Satyricon*, and Petronius the consul were one. Referring to the président Bouhier's translation of *Satyricon* in his own speech on his reception into the Académie française in 1746, he said: 'il savait que la satire de Pétrone, quoique semée de traits charmants n'est que le caprice d'un jeune homme obscur', and on publication of the *Discours* in 1748 he added a lengthy footnote on the subject, concluding: 'Le Pétrone, auteur de la satire, est visiblement un jeune homme d'esprit, élevé parmi les débauchés obscurs, et n'est pas le consul Pétrone' (*Discours de M. de Voltaire à sa réception à l'Académie française, OCV*, vol.30A, p.22-23 and n.c). Four years later, in 1752, Paul Desforges-Maillard wrote to Voltaire, agreeing with him on this question of authorship and also criticising the *Histoire amoureuse des Gaules*, a seventeenth-century adaptation of *Satyricon* by Bussy-Rabutin (D4981). See also below, n.3, and D9959, D19605, D20099.

[3] See the 'Catalogue des écrivains français' appended to *Le Siècle de Louis XIV*: 'Nodot n'est connu que par ses *Fragments de Pétrone*, qu'il dit avoir trouvés à

public. Il veut le tromper encore en assurant que la satire de Titus Petronius jeune et obscur libertin, d'un esprit très peu réglé, est de Caius Petronius, consul de Rome. Il veut qu'on voie toute la vie de Néron dans des aventures des plus bas coquins de l'Italie, gens qui sortent de l'école pour courir de cabaret en cabaret, qui volent des manteaux et qui sont trop heureux d'aller dîner chez un vieux sous-fermier autrefois marchand de vin enrichi par des usures. [4]

Les commentateurs ne doutent pas que ce vieux financier absurde et impertinent ne soit le jeune empereur Néron qui après tout avait de l'esprit et des talents. Mais en vérité comment reconnaître cet empereur dans un sot qui fait continuellement les plus insipides jeux de mots avec son cuisinier, qui se lève de table pour aller à la garde-robe, qui revient à table pour dire qu'il est tourmenté de vents, qui conseille à la compagnie de ne point se retenir, qui assure que plusieurs personnes sont mortes pour n'avoir pas su se donner à propos la liberté du derrière; et qui confie à ses convives que sa grosse femme Fortunata fait si bien son devoir là-dessus qu'elle l'empêche de dormir la nuit. [5]

Cette maussade et dégoûtante Fortunata est, dit-on, la jeune et belle Acté maîtresse de l'empereur. Il faut être bien impitoyablement commentateur pour trouver de pareilles ressemblances. Les convives sont, dit-on, les favoris de Néron. Voici quelle est la

16   K84, K12: courir du cabaret au b...., qui
17-18   K84, K12: sous-fermier marchand
18-19   K84, K12: usures qu'on nomme Trimalcion. ¶Les
29-30   K12: nuit? ¶Cette

Belgrade, en 1688. Les lacunes qu'il a en effet remplies ne me paraissent pas d'un aussi mauvais latin que ses adversaires le disent. Il y a des expressions à la vérité, dont ni Cicéron, ni Virgile, ni Horace, ne se servent; mais le vrai Pétrone est plein d'expressions pareilles, que de nouvelles mœurs et de nouveaux usages avaient mises à la mode. Au reste, je ne fais cet article touchant Nodot que pour faire voir que la satire de Pétrone n'est point du tout celle que le consul Pétrone envoya, dit-on, à Néron, avant de se faire ouvrir les veines' (*OH*, p.1191).

[4] For the episode of Trimalchio's dinner, see *Satyricon*, sections 27-78.
[5] See *Satyricon*, section 47.

conversation de ces hommes de cour. L'un d'eux dit à l'autre: 'De quoi ris-tu, visage de brebis? Fais-tu meilleure chère chez toi? Si j'étais plus près de ce causeur, je lui aurais déjà donné un soufflet. Si je pissais seulement sur lui, il ne saurait où se cacher. Il rit: de quoi rit-il? Je suis un homme libre comme les autres; j'ai vingt bouches à nourrir par jour sans compter mes chiens, et j'espère mourir de façon à ne rougir de rien quand je serai mort. Tu n'es qu'un morveux, tu ne sais dire ni *a* ni *b*, tu ressembles à un pot de terre, à un cuir mouillé, qui n'en est pas meilleur pour être plus souple. Es-tu plus riche que moi? Dîne deux fois.'[6]

Tout ce qui se dit dans ce fameux repas de Trimalcion est à peu près dans ce goût. Les plus bas gredins tiennent parmi nous des discours plus honnêtes dans leurs tavernes. C'est là pourtant ce qu'on a pris pour la galanterie de la cour des césars. Il n'y a point d'exemple d'un préjugé si grossier. Il vaudrait autant dire que le *Portier des Chartreux*[7] est un portrait délicat de la cour de Louis XIV.

Il y a des vers très heureux dans cette satire, et quelques contes très bien faits, surtout celui de la Matrone d'Ephèse.[8] La satire de Pétrone est un mélange de bon et de mauvais, de moralités et d'ordures. Elle annonce la décadence du siècle qui suivit celui d'Auguste. On voit un jeune homme échappé des écoles pour fréquenter le barreau et qui veut donner des règles et des exemples d'éloquence et de poésie. Il propose pour modèle le commencement d'un poème ampoulé de sa façon. Voici quelques-uns de ses vers:

---

34   K84, K12: cour. ¶L'un d'eux [K12: deux] dit
57   K84, K12: poésie. ¶Il

---

[6] See *Satyricon*, section 57.
[7] *Le Portier des Chartreux* appeared in late 1740. See the *notice* on the text and its author, Gervaise de Latouche, in *Romanciers libertins du XVIIIᵉ*, ed. Patrick Wald Lasowski *et al.*, vol.1 (Paris, 2000), p.1104-23. Voltaire mentions *Le Portier des Chartreux* in *Le Pauvre Diable* to which he appended a footnote in a 1771 edition (*M*, vol.10, p.113).
[8] See *Satyricon*, sections 111-12.

Crassum Parthus habet; Libico jacet æquore Magnus;
Julius ingratam perfudit sanguine Romam;   60
Et quasi non posset tot tellus ferre sepulcra,
Divisit cineres. [9]

Crassus a péri chez les Parthes: Pompée, sur les rivages de la Libye; le
sang de César a coulé dans Rome: et comme si la terre n'avait pas pu
porter tant de tombeaux, elle a divisé leurs cendres.   65

Peut-on voir une pensée plus fausse et plus extravagante? [10]
Quoi! la même terre ne pouvait porter trois sépulcres ou trois
urnes? Et c'est pour cela que Crassus, Pompée et César sont morts
dans des lieux différents? Est-ce ainsi que s'exprimait Virgile?
On admire, on cite ces vers libertins: 70

> *Qualis nox illa dii deæque!*
> *Quam mollis thorus! Hæsimus calentes*
> *Et transfudimus hinc et hinc labellis*
> *Errantes animas. Valete curæ,*
> *Mortalis ego sic perire cœpi.* [11]   75

Les quatre premiers vers sont heureux, et surtout par le sujet: car
les vers sur l'amour et sur le vin plaisent toujours quand ils ne sont
pas absolument mauvais. En voici une traduction libre. Je ne sais si
elle est du président Bouhier: [12]

> Quelle nuit! ô transports! ô voluptés touchantes!   80
> Nos corps entrelacés et nos âmes errantes,
> Se confondaient ensemble et mouraient de plaisir.
> C'est ainsi qu'un mortel commença de périr.

---

59   K84, K12: Lybico
63   K84, K12: de Lybie;
69   K84, K12: différents. Est-ce
71   K84, K12: *nox fuit illa, Dii Deæque!*

---

[9] See *Satyricon*, section 120.
[10] Oxford, Taylor: V8.E8.1769 (1/1) has 'Tu as tort' written by hand in the margin.
[11] See *Satyricon*, section 79.
[12] Voltaire succeeded the Président Bouhier at the Académie française in 1746.
See his *Discours de réception* (*OCV*, vol.30A, p.1-36).

Le dernier vers traduit mot à mot est plat, incohérent, ridicule. Il ternit toutes les grâces des précédents. Il présente l'idée funeste 8 d'une mort véritable. Pétrone ne sait presque jamais s'arrêter. C'est le défaut d'un jeune homme dont le goût est encore égaré. C'est dommage que ces vers ne soient pas faits pour une femme; mais enfin il est évident qu'ils ne sont pas une satire de Néron. Ce sont les vers d'un jeune homme dissolu qui célèbre ses plaisirs infâmes. 9

De tous les morceaux de poésie répandus en foule dans cet ouvrage, il n'y en a pas un seul qui puisse avoir le plus léger rapport avec la cour de Néron. Ce sont tantôt des conseils pour former les jeunes avocats à l'éloquence de ce que nous appelons le barreau; tantôt des déclamations sur l'indigence des gens de lettres, des 9 éloges de l'argent comptant, des regrets de n'en point avoir, des invocations à Priape, des images ou ampoulées ou lascives, et tout le livre est un amas confus d'érudition et de débauche, tel que ceux que les anciens Romains appelaient *Satura*. Enfin c'est le comble de l'absurdité d'avoir pris de siècle en siècle cette satire pour l'histoire 10 secrète de Néron.

---

101   K84, K12: Néron: mais dès que qu'un préjugé est établi, que de temps il faut pour le détruire!//

CHAPITRE 10

Des contes absurdes intitulés histoire depuis Tacite[1]

Dès qu'un empereur romain a été assassiné par les gardes prétoriennes, les corbeaux de la littérature fondent sur le cadavre de sa réputation. Ils ramassent tous les bruits de la ville sans faire seulement réflexion que ces bruits sont presque toujours les mêmes. On dit d'abord que Caligula avait écrit sur ses tablettes les noms de ceux qu'il devait faire mourir incessamment, et que ceux qui ayant vu ces tablettes s'y trouvèrent au nombre des proscrits, le prévinrent et le tuèrent.

Quoique ce soit une étrange folie d'écrire sur ses tablettes: *Nota bene que je dois faire assassiner un tel jour tels et tels sénateurs*; cependant il se pourrait à toute force que Caligula ait eu cette imprudence; mais on en dit autant de Domitien, on en dit autant de Commode.[2] La chose devient alors ridicule et indigne de toute croyance. Tout ce qu'on raconte de ce Commode est bien singulier. Comment imaginer que lorsqu'un citoyen romain voulait se défaire d'un ennemi, il donnait de l'argent à l'empereur qui se chargeait de l'assassinat pour le prix convenu? Comment croire que Commode ayant vu passer un homme extrêmement gros, il se donna le plaisir de lui faire ouvrir le ventre pour lui rendre la taille plus légère?

a   K84, K12: Chapitre 15
7   K84, K12: trouvèrent eux-mêmes au
19   K84, K12: gros, se donna

[1] The first three paragraphs of this chapter were reproduced as part of the article 'De l'histoire' in the first edition of the *QE* (vol.7, 1771, p.72-73), without the section title 'Suite de l'article concernant les diffamations'.

[2] Voltaire's comments on Commodus are taken from Aelius Lampridius, *Historia Augusta*, 'Commodus Antoninus', 9-10.

Il faut être imbécile pour croire d'Héliogabale tout ce que raconte Lampride.[3] Selon lui, cet empereur se fait circoncire pour avoir plus de plaisir avec les femmes; ensuite il se fait châtrer pour en avoir davantage avec les hommes. Il tue, il pille, il massacre, il empoisonne. Qui était cet Héliogabale? Un enfant de quatorze ans que sa mère et sa grand'mère avaient fait nommer empereur, et sous le nom duquel ces deux intrigantes se disputaient l'autorité suprême.

C'est ainsi cependant qu'on a écrit l'histoire romaine depuis Tacite. Il en est une autre encore plus ridicule. C'est l'histoire byzantine. Cet indigne recueil ne contient que des déclamations et des miracles; il est l'opprobre de l'esprit humain, comme l'empire grec était l'opprobre de la terre. Les Turcs du moins sont plus sensés, ils ont vaincu, ils ont joui, et ils ont très peu écrit.

23   K84, K12: femmes; quelle pitié! ensuite

25-26   K84, K12: un enfant de treize à quatorze ans, que

28-34   K84, K12: suprême. [*with note*: C'est ainsi cependant qu'on a écrit l'histoire romaine depuis Tacite. Il en est une autre encore plus ridicule; c'est l'histoire byzantine. Cet indigne recueil ne contient que des déclamations et des miracles; il est l'opprobre de l'esprit humain, comme l'empire grec était l'opprobre de la terre.]//

5

[3] See the note on Aelius Lampridius in *DP*, article 'Amour nommé Socratique' (*OCV*, vol.35, p.332, n.15). The Roman emperor Heliogabalus or Elagabalus (218-222 AD) was renowned for his excesses.

CHAPITRE 11

Des diffamations [a][1]

Je me plais à citer l'auteur de l'*Histoire générale* parce que je vois qu'il aime la vérité et qu'il l'annonce courageusement. Il a dit qu'avant que les livres fussent communs la réputation d'un prince dépendait d'un seul historien; rien n'est plus vrai. [2] Un Suétone ne pouvait rien sur les vivants; mais il jugeait les morts et personne ne se souciait d'appeler de ses jugements. Au contraire, tout lecteur les confirmait, parce que tout lecteur est malin.

Il n'en est pas tout à fait de même aujourd'hui. Que la satire couvre un prince d'opprobres, cent échos répètent la calomnie, je l'avoue; mais il se trouve toujours quelque voix qui s'élève contre les échos et qui à la fin les fait taire. C'est ce qui est arrivé à la mémoire du duc d'Orléans régent de France. Les *Philippiques* de La Grange, [3] et vingt libelles secrets lui imputaient les plus grands crimes. Sa fille était traitée comme l'a été Messaline par Suétone. Qu'une femme ait deux ou trois amants, on lui en donne bientôt des

5

10

15

---

a   K84, K12: Chapitre 16
1   K84, K12: de l'*Essai sur les mœurs et l'esprit des nations* parce que
9   K84, K12: couvre d'opprobres un prince, cent

---

[1] This chapter was reproduced, with variations, as part of the article 'De l'histoire' in the first edition of the *QE* (vol.7, 1771, p.73-75).

[2] Possibly Voltaire has in mind the passage in the Introduction to the *Essai sur les mœurs*, section 'des premiers peuples qui écrivirent l'histoire, et des fables des premiers historiens', where he writes: 'Les moines qui écrivirent après Grégoire furent-ils plus éclairés et plus véridiques? ne prodiguèrent-ils pas quelquefois des louanges un peu outrées à des assassins qui leur avaient donné des terres? ne chargèrent-ils jamais d'opprobres des princes sages qui leur avaient rien donné?' (vol.1, p.190).

[3] François-Joseph de Lagrange-Chancel (1677-1758) composed virulent satires, among them the *Philippiques* directed against the duc d'Orléans. See also above, ch.7, n.5.

centaines. En un mot des historiens contemporains n'ont pas manqué de répéter ces mensonges, et sans l'auteur du *Siècle de Louis XIV*, ils seraient aujourd'hui accrédités dans l'Europe.

On a écrit que Jeanne de Navarre femme de Philippe le Bel, fondatrice du collège de Navarre, admettait dans son lit les écoliers les plus beaux et les faisait jeter ensuite dans la rivière avec une pierre au cou.[4] Le public aime passionnément ces contes, et les historiens le servaient selon son goût. Les uns tirent de leur imagination les anecdotes qui pourront plaire, c'est-à-dire les plus scandaleuses; les autres de meilleure foi ramassent des contes qui ont passé de bouche en bouche. Ils pensent tenir les secrets de l'état de la première main, et ne font nulle difficulté de décrier un prince et un général d'armée pour gagner dix pistoles.

26-27   K84, K12: tenir de la première main les secrets de l'Etat, et
28-29   K84: pistoles. C'est ainsi qu'en ont usé Gatien de Courtilz, le Noble, la Dunoyer, la Beaumelle et cent malheureux correcteurs d'imprimerie réfugiés en Hollande.[5] ¶Si

---

[4] This story can be found in Bayle's *Dictionnaire*, vol.1, p.741, note (*a*).

[5] In the 'Catalogue des écrivains' appended to *Le Siècle de Louis XIV*, Voltaire writes of Gatien de Courtilz: 'On ne place ici son nom que pour avertir les Français, et surtout les étrangers, combien ils doivent se défier de tous les faux mémoires imprimés en Hollande. Courtilz fut un des plus coupables écrivains de ce genre. Il inonda l'Europe de fictions sous le nom d'histoires' (*OH*, p.1151). Eustache Le Noble (1643-1711) lived a disreputable life and composed a variety of works. One of the latter was in Voltaire's possession, *Le Bouclier de la France, ou les Sentimens de Gerson et des canonistes, touchant les différens des rois de France avec les papes* (Cologne, 1692; BV2043), a text which was certainly consulted (*CN*, vol.5, p.309). In *Des mensonges imprimés*, ch.1, Voltaire writes: 'Une très honorable dame réfugiée à la Haye, composa au commencement de ce siècle six gros volumes de Lettres d'une dame de qualité de province, et d'une dame de qualité de Paris, qui se mandaient familièrement les nouvelles du temps. Or, dans ces nouvelles du temps, je peux assurer qu'il n'y en a pas une de véritable' (*OCV*, vol.31B, p.366): this refers to the *Lettres historiques et galantes* by Anne-Marguerite Petit Dunoyer (Cologne, 1713); see also *OCV*, vol.31B, p.367, n.46. Voltaire's relationship with La Beaumelle is treated at length in Claude Lauriol's *La Beaumelle: un protestant cévénol entre Montesquieu et Voltaire* (Geneva and Paris, 1978); here Voltaire is almost certainly referring to La Beaumelle's *Mémoires de Mme de Maintenon* (Amsterdam, 1755).

Si les hommes étaient raisonnables, ils ne voudraient d'histoires que celles qui mettraient les droits des peuples sous leurs yeux, les lois suivant lesquelles chaque père de famille peut disposer de son bien, les événements qui intéressent toute une nation, les traités qui la lient aux nations voisines, les progrès des arts utiles, les abus qui exposent continuellement le grand nombre à la tyrannie du petit; mais cette manière d'écrire l'histoire est aussi difficile que dangereuse; ce serait une étude pour le lecteur et non un délassement. Le public aime mieux des fables et on lui en donne.

30

35

32-33 K84, K12: traités qui les lient

CHAPITRE 12

Des écrivains de parti[1]

Audi alteram partem[2] est la loi de tout lecteur, quand il lit l'histoire des princes qui se sont disputé une couronne, ou des communions qui se sont réciproquement anathématisées.

Si la faction de la Ligue avait prévalu, Henri IV ne serait connu aujourd'hui que comme un petit prince de Béarn excommunié par les papes. Si Arius[3] l'avait emporté sur Athanase au concile de Nicée, si Constantin avait pris son parti, Athanase ne passerait aujourd'hui que pour un novateur, un hérétique, un homme d'un zèle outré qui attribuait à Jésus ce qui ne lui appartenait pas.

Les Romains ont décrié la foi carthaginoise; les Carthaginois ne se louaient pas de la foi romaine. Il faudrait lire les archives de la famille d'Annibal pour juger.

Je voudrais avoir jusqu'aux mémoires de Caïphe et de Pilate. Je voudrais avoir ceux de la cour de Pharaon: nous verrions comment elle se défendait d'avoir ordonné à toutes les accoucheuses égyptiennes de noyer tous les petits mâles hébreux, et à quoi servait cet ordre pour des juives qui n'employaient jamais que des sages-femmes juives?

a   K84, K12: Chapitre 17
5-6   K84, K12: Béarn, débauché, et excommunié par les papes. ¶Si
18-19   K84, K12: juives. ¶Je voudrais avoir les pièces originales du premier schisme des papes de Rome entre Novatien et Corneille, de leurs intrigues, de leurs calomnies, de l'argent donné de part et d'autre, et surtout des emportements de leurs dévotes. ¶C'est

[1] This chapter was reproduced, with variations, as part of the article 'De l'histoire' in the first edition of the *QE* (vol.7, 1771, p.75-79).
[2] The Latin phrase implies that an accused person should not be condemned without a counter case being heard.
[3] See *DP*, article 'Arius' (*OCV*, vol.35, p.369-74).

C'est un plaisir de lire les livres des whigs et des torys. Ecoutez les Wigs, les Toris ont trahi l'Angleterre; écoutez les Toris, tout Wig a sacrifié l'état à ses intérêts; de sorte qu'à en croire les deux partis, il n'y a pas un honnête homme dans la nation. C'était bien pis du temps de la rose rouge et de la rose blanche. L'illustre Mr. Walpole a dit un grand mot dans la préface de ses *Doutes historiques* sur Richard III.[4] *Quand un roi heureux est jugé, tous les historiens servent de témoins.*

Henri VII dur et avare fut vainqueur de Richard III. Aussitôt toutes les plumes qu'on commençait à tailler en Angleterre, peignent Richard III comme un monstre pour la figure et pour l'âme. Il avait une épaule plus haute que l'autre et d'ailleurs il était assez joli comme ses portraits le témoignent. On en fait un vilain bossu et on lui donne un visage affreux. Il a fait des actions cruelles, on le charge de tous les crimes, de ceux mêmes qui auraient été visiblement contre ses intérêts.

La même chose est arrivée à Pierre de Castille surnommé *le cruel*.[5] Six bâtards de feu son père excitent contre lui une guerre

22   K84, K12: un seul honnête
23-24   K84, K12: blanche. M. de Walpole
30   K84, K12: épaule un peu plus
31   K12: assez poli, comme

[4] Horace Walpole had just published his *Historic doubts on the life and reign of Richard the third* (London, 1768). Voltaire wrote to him on 6 June 1768, at the time of the composition of his own text: 'j'apprends dans ma retraite que vous avez fait un excellent ouvrage sur le pyrrhonisme de l'histoire, et que vous avez répandu une grande lumière sur l'obscurité qui couvre encore les temps des roses blanche et rouge, toutes deux sanglantes et fanées' (D15063). He alludes to the work again in the opening paragraph of a letter to Walpole on 15 July 1768 (D15140). Voltaire's paraphrase here is inexact: what Walpole wrote in the preface to *Historic doubts* was 'when a successful king is chief justice, historians become a voluntary jury'; but in the *Discours historique et critique sur la tragédie de Don Pèdre*, his use of the phrase more closely matches Walpole's own meaning: 'Quand un roi heureux accuse ses ennemis, tous les historiens s'empressent de lui servir de témoins' (*M*, vol.7, p.251).

[5] Voltaire wrote to the d'Argentals on 15 August 1761: 'Pierre [...] n'était pas plus cruel qu'un autre. On lui donna ce sobriquet pour avoir fait pendre quelques prêtres qui le méritaient bien. On l'accusa ensuite d'avoir empoisonné sa femme qui était

civile et veulent le détrôner. Notre Charles le sage se joint à eux et envoie contre lui son Bertrand Duguesclin. Pierre à l'aide du fameux Prince noir bat les bâtards et les Français; Bertrand est fait prisonnier, un des bâtards est puni; Pierre est alors un grand homme.

La fortune change, un des bâtards ramène Duguesclin suivi d'une troupe de brigands qui même ne portaient pas d'autre nom; Pierre est pris à son tour, le bâtard Henri de Transtamare l'assassine dans sa tente; voilà Pierre condamné par les contemporains, il n'est plus connu de la postérité que par le surnom de *cruel*, et les historiens tombent sur lui comme des corbeaux sur un cadavre.

Donnez-vous la peine de lire les *Mémoires* de Marie de Médicis, le cardinal de Richelieu est le plus ingrat des hommes et le plus lâche des tyrans. Lisez, si vous pouvez, les épîtres dédicatoires adressées à ce ministre, c'est le premier des hommes, c'est un saint. La mémoire du pape Grégoire VII[6] est en exécration en France et en Allemagne; il est canonisé à Rome.

42   K84, K12: change; le grand Prince noir ne donne plus de secours au roi Pierre. Un des bâtards ramène du Guesclin, suivi
45   K84, K12: l'assassine indignement dans
47-48   K84, K12: des chiens sur un cerf aux abois. ¶Donnez-vous
49   K84, K12: hommes, le plus fourbe et
51-52   K84, K12: premier des mortels, c'est un héros; c'est même un saint. Et le petit flatteur Sarasin, singe de Voiture, l'appelle le *divin cardinal* dans son ridicule éloge de la ridicule tragédie de l'*Amour tyrannique*, composée par le grand Scudéry sur les ordres du cardinal divin. [7] ¶La

---

une grande Catin. C'était un jeune homme fier, courageux, violent, passionné, actif, laborieux, un homme tel qu'il en faut au théâtre' (D9945). For observations on Pierre de Castille and his times, see *EM*, ch.77, 'Du Prince Noir' (vol.1, p.731-34).

[6] For Voltaire's opinion of Gregory VII, see *EM*, ch.46 (vol.1, p.493-505). In *DP*, article 'Pierre', Voltaire claims: 'Grégoire VII fut l'auteur de cinq cents ans de guerres civiles soutenues par ses successeurs' (*OCV*, vol.36, p.454).

[7] Jean-François Sarasin (1603-1654) was a poet, prose-writer and wit. Voltaire possessed an edition of his works (BV3089). Georges de Scudéry (1601-1667) composed *L'Amour tyrannique* in 1638, which was supported by the cardinal de Richelieu as a rival to Corneille's *Le Cid*.

De telles réflexions ont porté plusieurs princes à ne se point
soucier de leur réputation; mais ceux-là ont eu plus grand tort que   55
tous les autres: car il vaut mieux pour un homme d'Etat avoir une
réputation contestée que de n'en point avoir du tout.

Il n'en est pas des rois et des ministres comme des femmes dont
on dit que celles dont on parle le moins sont les meilleures.[8] Il faut
qu'un prince, un premier ministre aime l'éclat et la gloire. C'est   60
peut-être un défaut en morale; mais s'il n'a pas ce défaut il ne fera
jamais rien de grand.

60-61   K84, K12: gloire. Certaines gens disent que c'est un

[8] The reference is to the words of Pericles towards the end of his funeral oration
in Thucydides's *The History of the Peloponnesian war*, book 2.

CHAPITRE 13

De quelques contes

Est-il quelqu'un qui ne doute un peu du pigeon qui apporta du ciel une bouteille d'huile à Clovis, et de l'ange qui apporta l'oriflamme? Clovis ne mérita guère ces faveurs en faisant assassiner les princes ses voisins. Nous pensons que la majesté bienfaisante de nos rois n'a pas besoin de ces fables pour disposer le peuple à l'obéissance, et qu'on peut révérer et aimer son roi sans miracle.[1]

On ne doit pas être plus crédule pour l'aventure de Florinde dont le joyau fut fendu en deux par le marteau du roi visigoth d'Espagne don Roderic, que pour le viol de Lucrèce qui embellit l'histoire romaine.[2]

Rangeons tous les contes de Grégoire de Tours avec ceux d'Hérodote et des Mille et une Nuits. Envoyons les trois cent

---

a   K84, K12: Chapitre 18

---

[1] In *EM*, 'Origine de la puissance des papes', Voltaire suggests that the myth may have originated with Hincmar, archbishop of Reims, writing three hundred years after Clovis, in order to justify the anointing of kings. He comments: 'Il est vrai que ces cérémonies n'ajoutent rien aux droits des monarques, mais elles semblent ajouter à la vénération des peuples' (vol.i, p.314). This same story was mentioned as a historical fiction in a 1738 addendum to the *Remarques sur les pensées de Pascal* (*M*, vol.22, p.60-61), and derided again in *DP*, article 'Préjugés' (*OCV*, vol.36, p.459).

[2] See *EM*, ch.27, where Voltaire attributes the successful Moorish conquest to King Rodrigo's cruelty: 'Il ne faut pas chercher ailleurs la cause de la supériorité musulmane en Espagne. Je ne sais s'il est bien vrai que Rodrigue eût violé Florinde, nommée la *Cava* ou la Méchante, fille malheureusement célèbre du comte Julien, et si ce fut pour venger son honneur que ce comte appela les Maures. Peut-être l'aventure de la Cava est copiée en partie sur celle de Lucrèce; et ni l'une ni l'autre ne paraît appuyée sur des monuments bien authentiques. Il paraît que, pour appeler les Africains, on n'avait pas besoin du prétexte d'un viol, qui est d'ordinaire aussi difficile à prouver qu'à faire' (vol.i, p.396).

soixante mille Sarrasins que tua Charles Martel et qui mirent ensuite le siège devant Narbonne, aux trois cent mille Sybarites tués par cent mille Crotoniates, dans un pays qui peut à peine nourrir trente mille âmes. [3]

15

---

[3] See also *PH*, ch.2, quoted in chapter 14 below: 'Nous croyons [...] que Charles Martel battit les Sarrasins; mais qu'il en ait tué trois cent soixante mille dans la bataille, en vérité c'est beaucoup' (*OCV*, vol.59, p.273). For the story of the Sybarites and the Crotoniats, Voltaire may have read Herodotus (book 5, ch.44-45), though he does not mention the number of combattants.

CHAPITRE 14

De la reine Brunehaut

Les temps de la reine Brunehaut ne méritent guère qu'on s'en souvienne; mais le supplice prétendu de cette reine est si étrange qu'il faut l'examiner.

Il n'est pas hors de vraisemblance que dans un siècle aussi barbare, une armée composée de brigands ait poussé l'atrocité de ses fureurs jusqu'à massacrer une reine âgée de soixante et seize ans, ait insulté à son corps sanglant, et l'ait traîné avec ignominie. Nous touchons au temps où les deux illustres frères de Witt furent mis en pièces par la populace hollandaise qui leur arracha le cœur, et qui fut assez dénaturée pour en faire un repas abominable.[1] Nous savons que la populace parisienne traita ainsi le maréchal d'Ancre. Nous savons qu'elle voulut violer la cendre du grand Colbert.[2]

---

a   K84, K12: Chapitre 19
b   K84, K12: Brunehaud [*passim*]

---

[1] Jan de Witt (1625-1672) and Cornelius de Witt (1623-1672) were killed during a riot organised by the Orangist party at the time of the invasion of Holland by Louis XIV's troops. Jeroom Vercruysse notes that they were often praised by Voltaire (*Voltaire et la Hollande*, SVEC 46, 1966, p.153, n.18).

[2] Concino Concini, who bought the marquisate d'Ancre in 1610 and became a maréchal de France in 1615, was assassinated with the connivance of the king: see *Histoire du Parlement de Paris*, ch.48: 'Louis XIII, à qui on donnait déjà le nom de Juste, approuva l'idée de faire tuer le maréchal dans son propre appartement, ou dans celui de sa mère. Conchini ne s'étant pas présenté ce jour-là au Louvre ne prolongea sa vie que d'un jour. Il fut tué à coups de pistolet le lendemain en entrant dans la cour du château. Vitri et quelques gardes du corps furent les meurtriers' (*OCV*, vol.68, p.401). In *EM*, ch.175, we read further: 'La populace, toujours extrême, toujours barbare, quand on lui lâche la bride, va déterrer le corps de Concini, inhumé à Saint-Germain l'Auxerrois, le traîne dans les rues, lui arrache le cœur; et il se trouva des hommes assez brutaux pour le griller publiquement sur des charbons, et pour le manger' (vol.2, p.573). Jean-Baptiste Colbert (1619-1683) was extremely unpopular in his later years. It was necessary to protect his funeral cortège

Telles ont été chez les chrétiens septentrionaux les barbaries de la lie du peuple. C'est ainsi qu'à la journée de la Saint-Barthélemy on traîna le corps mort du célèbre Ramus dans les rues en le fouettant à la porte de tous les collèges de l'université.[3] Ces horreurs furent inconnues aux Romains et aux Grecs dans la plus grande fermentation de leurs guerres civiles, ils respectaient du moins les morts.

Il n'est que trop vrai que Clovis et ses enfants ont été des monstres de cruauté; mais que Clotaire II ait condamné la reine Brunehaut solennellement à un supplice aussi inouï, aussi recherché que celui dont on dit qu'elle mourut, c'est ce qu'il est difficile de persuader à un lecteur attentif qui pèse les vraisemblances, et qui, en puisant dans les sources, examine si ces sources sont pures. Rapportons le passage qu'on trouve dans *La Philosophie de l'histoire* page 253.(*a*)[4]

Brunehaut était âgée de près de quatre-vingts ans quand elle mourut en 613 ou 614. Frédegaire qui écrivait sur la fin du huitième siècle cent cinquante ans après la mort de Brunehaut (et non pas dans le septième siècle, comme il est dit dans l'Abrégé chronologique par une faute d'impression) Frédegaire, dis-je, nous assure que le roi Clotaire, *prince très pieux, très craignant Dieu, humain, patient, débonnaire*, fit promener la reine Brunehaut sur un chameau autour de son camp, ensuite la fit attacher par les cheveux, par un bras et par une jambe, à la queue d'une cavale indomptée qui la traîna vivante sur les chemins, lui fracassa la tête

(*a*) Chap. LII.

21   K84, K12: condamné solennellement la
26-78   K84, K12: pures. (Voyez ce qu'on a dit à ce sujet dans *la Philosophie de l'histoire*, qui sert d'introduction à l'*Essai sur les mœurs et l'esprit des nations depuis Charlemagne* etc. pages 234 et 235 du tome 1 [K12: etc tom.1] de cette édition.)//

by guards for fear of a mob attack: see Georges Montgrédien, *Colbert 1619-1683* (Paris, 1963), p.201.

[3] Ramus or Pierre de La Ramée (1515-1572), a distinguished teacher who had converted to Calvinism in 1562, was murdered on 26 August 1572, two days after the St Bartholomew's Day massacre.

[4] See *PH*, *OCV*, vol.59, p.272-74.

sur les cailloux, la mit en pièces, après quoi elle fut brûlée et réduite en cendres.

Ce chameau trouvé à point nommé dans un pays qui n'a point de chameaux, cette cavale indomptée, une reine de quatre-vingts ans attachée par ses cheveux et par un pied à la queue de cette cavale, ne sont pas des choses bien communes.

Il est peut-être difficile que le peu de cheveux d'une femme de cet âge puisse tenir à une queue et qu'on soit lié à la fois à cette queue par les cheveux et par un pied. Et comment eut-on la pieuse attention d'inhumer Brunehaut dans un tombeau à Autun, après l'avoir brûlée dans un camp fort loin de cette ville! Les moines Frédegaire et Aimoin le disent; mais ces moines sont-ils des De Thou, des Hume, des Rapin Toiras?

Il y a un autre tombeau érigé à cette reine au quinzième siècle dans l'abbaye de saint Martin d'Autun qu'elle avait fondée. On a trouvé dans ce sépulcre un reste d'éperon. C'était, dit-on, l'éperon qu'on mit aux flancs de la cavale indomptée. C'est dommage qu'on n'y ait pas trouvé aussi la corne du chameau sur lequel on avait fait monter la reine. N'est-il pas possible que cet éperon y ait été mis par inadvertance ou plutôt par honneur? Car au quinzième siècle un éperon doré était une grande marque d'honneur. En un mot n'est-il pas raisonnable de suspendre son jugement sur cette étrange aventure si mal constatée? Il est vrai que Pasquier dit que la mort de la reine Brunehaut *avait été prédite par la sibille*.

Tous ces siècles de barbarie sont des siècles d'horreur et de miracles; mais faudra-t-il croire tout ce que les moines ont écrit? Ils étaient presque les seuls qui sussent lire et écrire, lorsqu'un Charlemagne ne savait pas signer son nom. Ils nous ont instruits de la date de quelques grands événements. Nous croyons avec eux que Charles Martel battit les Sarrasins; mais qu'il en ait tué trois cent soixante mille dans la bataille, en vérité c'est trop.

Ils disent que Clovis second du nom, devint fou. La chose n'est pas impossible; mais que Dieu ait affligé son cerveau en punition d'avoir pris un bras de saint Denis dans l'église de ces moines pour le mettre dans son oratoire, cela n'est pas si vraisemblable.

Si on n'avait que de pareils contes à retrancher de l'histoire de France, ou plutôt de l'histoire des rois francs et de leurs maires, on pourrait s'efforcer de la lire. Mais comment supporter les autres mensonges grossiers dont elle est pleine? On y assiège continuellement des villes et des forteresses qui n'existaient pas. Il n'y avait par-delà le Rhin que des bourgades sans murs, défendues par des palissades de pieux et par des fossés. On sait que ce n'est 75 que sous Henri l'oiseleur, vers l'an 920, que la Germanie eut des villes murées et fortifiées. Enfin tous les détails de ces temps-là sont autant de fables, et qui pis est de fables ennuyeuses.

CHAPITRE 15

Des donations de Pipinus ou Pepin le bref à l'Eglise de Rome

L'auteur de l'*Essai sur l'esprit et les mœurs des nations et sur l'histoire générale*, doute avec les plus grands publicistes d'Allemagne, que Pepin d'Austrasie ait donné l'exarchat de Ravenne à l'évêque de Rome Etienne III.[1] Il ne croit pas cette donation plus authentique que l'apparition de saint Pierre, de saint Paul, et de saint Denis, suivis d'un diacre et d'un sous-diacre, qui descendirent du ciel empyrée pour guérir cet évêque Etienne de la fièvre dans le monastère de Saint-Denis. Il ne la croit pas plus avérée que la lettre écrite et signée dans le ciel par saint Paul et saint Pierre au même Pepin d'Austrasie, ou que toutes les légendes de ces temps sauvages.[2]

Quand même cette donation de l'exarchat de Ravenne eût été réellement faite, elle n'aurait pas plus de validité que la concession d'une île par don Quichotte à son écuyer Sancho Pança.[3]

a K84, K12: Chapitre 20
b K12: de Pepinus ou
1-2 K84, K12: sur les mœurs et l'esprit des nations doute

[1] After arguing this case in 'Origine de la puissance des papes' (*EM*, vol.1, ch.13, p.311-18), Voltaire frequently returns to the theme, largely to heap ridicule on the ex-Jesuit Claude-François Nonotte's published criticism of the *Essai*: see, for example, *Eclaircissements historiques*, 'XXVIIIe sottise de Nonotte: sur la donation de Pépin' (*M*, vol.24, p.508), and *Les Honnêtetés littéraires*, 7° (*M*, vol.26, p.143-44); see also 'Donation de Pepin' in *QE*, article 'Donations', (*M*, vol.18, p.415-16), and 'Examen de la donation de Pepin', in *Conclusion et examen de ce tableau historique* (*M*, vol.24, p.476-77).

[2] In *Les Honnêtetés littéraires* Voltaire emphasises the implausibility of the donation by admitting to a belief in the healing apparition, in contrast to his scepticism vis-à-vis Pepin's alleged transfer of Ravenna to the pope.

[3] Miguel de Cervantes, *Don Quixote*, 2nd part, ch.45.

310

Pepin majordome du jeune Childéric roi des Francs n'était 15
qu'un domestique rebelle devenu usurpateur. [4] Non seulement il
détrôna son maître par la force et par l'artifice; mais il l'enferma
dans un repaire de moines, et l'y laissa périr de misère. Ayant
chassé ses deux frères qui partageaient avec lui une autorité
usurpée; ayant forcé l'un de se retirer chez le duc d'Aquitaine, 20
l'autre à se tondre et à s'ensevelir dans l'abbaye du Mont-Cassin;
devenu enfin maître absolu, il se fit sacrer roi des Francs à la
manière des rois lombards par saint Boniface évêque de Mayence.
Etrange cérémonie pour un saint que celle de couronner et de
consacrer la rébellion, l'ingratitude, l'usurpation, la violation des 25
lois divines et humaines et de celles de la nature. De quel droit cet
Austrasien aurait-il pu donner la province de Ravenne et la
Pentapole à un évêque de Rome? Elles appartenaient ainsi que
Rome à l'empereur grec. Les Lombards s'étaient emparés de
l'exarchat, jamais aucun évêque jusqu'à ce temps n'avait prétendu 30
à aucune souveraineté. Cette prétention aurait révolté tous les
esprits: car toute nouveauté les révolte. Et une telle ambition dans
un pasteur de l'Eglise est si authentiquement proscrite dans
l'Evangile, qu'on ne pouvait introduire qu'avec le temps et par
degrés ce mélange de la grandeur temporelle et de la spirituelle, 35
ignoré dans toute la chrétienté pendant huit siècles.

Les Lombards s'étaient rendus maîtres de tout le pays depuis
Ravenne jusqu'aux portes de Rome. Leur roi Astolphe prétendait
qu'après s'être emparé de l'exarchat de Ravenne, Rome lui
appartenait de droit, parce que Rome depuis longtemps était 40
gouvernée par l'exarque impérial: prétention aussi injuste que
celle du pape aurait pu l'être.

Rome était régie alors par un duc et par le sénat, au nom de
l'empereur Constantin, flétri dans la communion romaine par le

18 MS2: un <un couvent de moines> ↑repaire⁺ et
41 MS2: prétention <aussi chimérique> ↑injuste⁺ que

[4] Childeric III (743-751) was dethroned by Pepin.

surnom de Copronyme.[5] L'évêque avait un très grand crédit dans   4
la ville par sa place et par ses richesses; crédit que l'habileté peut
augmenter jusqu'à le convertir en autorité. Il est député de ses
diocésains auprès du nouveau roi Pepin pour demander sa
protection contre les Lombards. Les Francs avaient déjà fait plus
d'une irruption en Italie. Ce pays qui avait été l'objet des courses   5
des Gaulois, avait souvent tenté les Francs leurs vainqueurs
incorporés à eux. Le prélat fut très bien reçu. Pepin croyait avoir
besoin de lui pour affermir son autorité combattue par le duc
d'Aquitaine, par son propre frère, par les Bavarois et par les Leudes
Francs encore attachés à la maison détrônée. Il se fit donc sacrer   5
une seconde fois par ce pape, ne doutant pas que l'onction reçue par
le premier évêque d'Occident, n'eût une influence sur les peuples,
bien supérieure à celle d'un nouvel évêque d'un pays barbare. Mais
s'il avait donné alors l'exarchat de Ravenne à Etienne III, il aurait
donné un pays qui ne lui appartenait point, qui n'était pas en son   6
pouvoir, et sur lequel il n'avait aucun droit.

Il se rendit médiateur entre l'empereur et le roi lombard; donc il
est évident qu'il n'avait alors aucune prétention sur la province de
Ravenne. Astolphe refuse la médiation et vient braver le prince
franc dans le Milanais; bientôt obligé de se retirer dans Pavie, il y   6
passe, dit-on, une transaction par laquelle 'il mettra en séquestre
l'exarchat entre les mains de Pepin pour le rendre à l'empereur'.
Donc encore une fois Pepin ne pouvait s'approprier ni donner à
d'autres cette province. Le Lombard s'engageait encore à rendre au
Saint-Père quelques châteaux, quelques domaines autour de   7
Rome, nommés alors les justices de saint Pierre, concédés à ses
prédécesseurs par les empereurs leurs maîtres.

A peine Pepin est-il parti après avoir pillé le Milanais et le
Piémont, que le roi lombard vient se venger des Romains qui

---

52   K84, K12: eux. Ce prélat
56-57   K84, K12: reçue du premier
66-67   MS2: [*passage in inverted commas underlined by Voltaire*]

[5] Constantine V the Copronymous (718-775), Byzantine emperor 740-775.

avaient appelé les Francs en Italie. Il met le siège devant Rome,   75
Pepin accourt une seconde fois, il se fait donner beaucoup d'argent
comme dans sa première invasion; il impose même au Lombard un
tribut annuel de douze mille écus d'or.

Mais quelle donation pouvait-il faire? Si Pepin avait été mis en
possession de l'exarchat comme séquestre, comment pouvait-il le   80
donner au pape en reconnaissant lui-même par un traité solennel
que c'était le domaine de l'empereur? Quel chaos, et quelles
contradictions!

CHAPITRE 16

Autres difficultés sur la donation de Pepin aux papes

On écrivait alors l'histoire avec si peu d'exactitude, on corrompait les manuscrits avec tant de hardiesse! Nous trouvons dans la vie de Charlemagne faite par Eginhard[1] son secrétaire ces propres mots: *Pepin fut reconnu roi par l'ordre du pape; jussu summi pontificis.* De deux choses l'une, ou l'on a falsifié le manuscrit d'Eginhard, ou cet Eginhard a dit un insigne mensonge. Aucun pape jusqu'alors ne s'était arrogé le droit de donner une ville, un village, un château. Aurait-il commencé tout d'un coup par donner le royaume de France? Cette donation serait encore plus extraordinaire que celle d'une province entière qu'on prétend que Pepin donna au pape. Ils auraient l'un après l'autre fait des présents de ce qui ne leur appartenait point du tout.

L'auteur italien qui écrivit en 1722 pour faire croire qu'originairement Parme et Plaisance avaient été concédés au Saint-Siège comme une dépendance de l'exarchat, ne doute pas que les empereurs grecs ne fussent justement dépouillés de leurs droits sur l'Italie, *parce que, dit-il, ils avaient soulevé les peuples contre Dieu.* (a)

(a) Page 120 de la seconde partie de la Dissertation historique sur les duchés de Parme et de Plaisance.[2]

a K84, K12: Chapitre 21
2 K84, K12: hardiesse, que nous
12-13 K84, K12: tout. L'auteur
14 K84, K12: concédées
15-16 K84, K12: que ces empereurs

[1] Eginhard or Ehinhard (c.770-840) was a Frankish historian whose *Vita Karoli Magni* was based on 23 years of service with Charlemagne.
[2] Beuchot suggests that the work in question is probably the *Istoria del dominio temporale della sede apostolica nel ducato di Parma e Piacenza* (Rome, 1720) by Giusto

Et comment les empereurs, s'il vous plaît, avaient-ils soulevé les peuples contre Dieu? En voulant qu'on adorât que Dieu seul, et non pas des images selon l'usage des trois premiers siècles de la primitive Eglise. Il est assez avéré que, dans les trois premiers siècles de cette primitive Eglise, il était défendu de placer des images, d'élever des autels, de porter des chasubles et des surplis, de brûler de l'encens dans les assemblées chrétiennes; et dans le septième c'était une impiété de n'avoir pas d'images. C'est ainsi que tout a été variation dans l'Etat et dans l'Eglise.

Mais quand même les empereurs grecs auraient été des impies, était-il bien juste et bien religieux à un pape de se faire donner le patrimoine de ses maîtres par un homme venu d'Austrasie?

Le cardinal Bellarmin suppose bien pis.[3] *Les premiers chrétiens, dit-il, ne supportaient les empereurs que parce qu'ils n'étaient pas les plus forts.* (*b*) Et ce qui peut paraître encore plus étrange, c'est que Bellarmin ne fait que suivre l'opinion de saint Thomas. Sur ce fondement l'Italien qui veut absolument donner aujourd'hui Parme et Plaisance au pape,[4] ajoute ces mots singuliers: *quoique Pepin n'eût pas le domaine de l'exarchat, il pouvait en priver ceux qui le possédaient, et le transférer à l'apôtre saint Pierre et par lui au pape.*[5]

Ce que ce brave Italien ajoute encore à toutes ces grandes maximes, n'est pas moins curieux: *Cet acte*, dit-il, *ne fut pas seulement une simple donation, ce fut une restitution.* Et il prétend

(*b*) De Rom. Pont. lib. XV. cap. VII.

20   K84, K12: adorât Dieu
27   K84, K12: tout est variation

Fontanini (1666-1736). The work is also to be found under its Latin title, *Historiae summi imperii Apostolicae Sedis in ducatum Parmae et Placentiae.*

[3] *De Romano Pontifice* was the most influential work of Robert Bellarmine (1542-1621); see also above, the 'Conclusion' to *Les Droits des hommes et les usurpations des papes.*

[4] Clement XIII.

[5] The question of the exarchate is also treated in *EM*, ch.13, and in *Les Droits des hommes et les usurpations des autres*, above, lines 58-67.

que dans l'acte original qu'on n'a jamais vu, Pepin s'était servi de ce mot de *restitution*. C'est ce que Baronius avait déjà affirmé. Et comment restituait-on au pape l'exarchat de Ravenne, *c'est*, selon eux, *que le pape avait succédé de plein droit aux empereurs à cause de leur hérésie.*

Si la chose est ainsi, il ne faut plus jamais parler de la donation de Pepin. Il faut seulement plaindre ce prince de n'avoir rendu au pape qu'une très petite partie de ses états. Il devait assurément lui donner toute l'Italie, la France, l'Allemagne, l'Espagne et même en cas de besoin tout l'empire d'Orient.

Poursuivons; la matière paraît intéressante, c'est dommage que nos historiens n'aient rien dit de tout cela.

Le prétendu Anastase[6] dans la vie d'Adrien, assure avec serment que *Pepin protesta n'être venu en Italie mettre tout à feu et à sang que pour donner l'exarchat au pape, et pour obtenir la rémission de ses péchés.* Il faut que depuis ce temps les choses soient bien changées; je doute qu'aujourd'hui il se trouvât aucun prince qui vînt en Italie avec une armée, uniquement pour le salut de son âme.

42-43   K84, K12: servi du mot *restitution*.

[6] Anastasius Bibliothecarius (*c.*810-879), Church librarian, translator and compiler under popes Adrian II and John VIII.

CHAPITRE 17

Fable, origine de toutes ces fables

Je ne puis quitter cet Italien[1] qui fait le pape seigneur du monde entier, sans dire un mot de l'origine de ce droit. Il répète d'après cent auteurs, que ce fut le diable qui rendit ce service au Saint-Siège, et voici comment.

Deux Juifs grands magiciens, rencontrèrent un jour un jeune ânier qui était fort embarrassé à conduire son âne; ils le considérèrent attentivement, observèrent les lignes de sa main et lui demandèrent son nom. Ils devaient bien le savoir puisqu'ils étaient magiciens. Le jeune homme leur ayant dit qu'il s'appelait Conon, ils virent clairement à ce nom et aux lignes de sa main qu'il serait un jour empereur sous le nom de Léon III et lui demandèrent pour toute récompense de leur prédiction que dès qu'il serait installé il ne manquât pas d'abolir le culte des images.[2]

Le lecteur voit d'un coup d'œil le prodigieux intérêt qu'avaient ces deux Juifs à voir les chrétiens reprendre l'usage de la primitive Eglise.[3] Il est bien plus à croire qu'ils auraient mieux aimé avoir le

---

a K84, K12: Chapitre 22
b K84, K12: *toutes les fables*
11 K84, K12: et ils lui

---

[1] Giusto Fontanini, see above, ch.16, n.2.

[2] See *DP*, note to article 'Conciles': 'Depuis 727, l'empereur Léon III l'Isaurien avait publiquement déclaré que l'honneur rendu aux images de Jésus-Christ et des saints constituait un acte d'idolâtrie' (*OCV*, vol.35, p.624, n.33).

[3] There are close parallels between the argument here and a paragraph in 'Pyrrhonisme de l'histoire' of 1751: 'Le Père Maimbourg vous redit après cent autres, que deux Juifs promirent l'empire à Léon l'Isaurien, à condition que quand il serait empereur il abattrait les images. Quel intérêt, je vous prie, avaient ces deux Juifs à empêcher que les chrétiens eussent des tableaux? Comment ces deux misérables pouvaient-ils promettre l'empire? N'est-ce pas insulter à son lecteur, que de lui présenter de telles fables?' (*OCV*, vol.4, p.570).

privilège exclusif de vendre des images que de les faire détruire. Léon III si l'on s'en rapporte à cent historiens éclairés et véridiques, ne se déclara contre le culte des tableaux et des statues que pour faire plaisir aux juifs. C'était bien le moins qu'il pût faire. Dès qu'il fut déclaré hérétique, l'Orient et l'Occident furent de plein droit dévolus au siège épiscopal de Rome.

Il était juste et dans l'ordre de la Providence qu'un pape Léon III dépossédât la race d'un empereur Léon III; mais par modération il ne donna que le titre d'empereur à Charlemagne, en se réservant le droit de créer les césars, et une autorité divine sur eux, ce qui est démontré par tous les écrivains de la cour de Rome, ainsi que tout ce qu'ils démontrent.

20   K84, K12: aux deux Juifs.

CHAPITRE 18

Des donations de Charlemagne [1]

Le bibliothécaire Anastase [2] dit, plus de cent ans après que *l'on conserve à Rome la charte de cette donation*. Mais si ce titre avait existé pourquoi ne se trouve-t-il plus? Il y a encore à Rome des chartes bien antérieures. On aurait gardé avec le plus grand soin un diplôme qui donnait une province. Il y a bien plus; cet Anastase n'a 5 jamais probablement rien écrit de ce qu'on lui attribue. C'est ce qu'avouent Labbe et Cave. [3] Il y a plus encore; on ne sait précisément quel était cet Anastase. Puis fiez-vous aux manuscrits qu'on a trouvés chez des moines.

Charlemagne, dit-on, pour surabondance de droit fit une 10 nouvelle donation en 774. Lorsque poursuivant en Italie ses infortunés neveux qu'il dépouilla de l'héritage de leur père, et ayant épousé une nouvelle femme, il renvoya durement à Didier roi des Lombards sa fille qu'il répudia. Il assiégea le roi son beau-père, et le fit prisonnier. On ne peut guère douter que Charlemagne 15 favorisé par les intrigues du pape Adrien dans cette conquête, ne lui eût concédé le domaine utile de quelques villes dans la Marche

a   K84, K12: Chapitre 23
7   K84, K12: Labe

---

[1] The subject of Charlemagne's donations also forms a sub-section of *QE*, article 'Donation', included in the Moland edition of the *DP* (*M*, vol.18, p.416-17).

[2] Anastasius Bibliothecarius; see above, ch.16, n.6.

[3] Philippe Labbe (1607-1667), a jesuit scholar. William Cave (1637-1713), a Church of England clergyman renowned for his patristic scholarship. George R. Havens and Norman L. Torrey mention Cave's work in a list of the more annotated volumes in Voltaire's library ('The Private library of Voltaire at Leningrad', *PMLA*, 1928, p.990-1009; see p.1000), but the *CN*, vol.2, p.476-77, identify only one work of Cave (*Scriptorum ecclesiasticorum historia literaria*, Coloniae Allobrogum, 1720; BV676) and it is minimally annotated.

d'Ancône. C'est le sentiment de M. de Voltaire. [4] Mais lorsque dans un acte on trouve des choses évidemment fausses, elles rendent le reste de l'acte un peu suspect.

Le même prétendu Anastase suppose que Charlemagne donna au pape la Corse, la Sardaigne, Parme, Mantoue, les duchés de Spolette et de Bénévent, la Sicile, et Venise, ce qui est d'une fausseté reconnue. Ecoutons sur ce mensonge l'auteur de l'*Essai sur l'histoire générale* Tome 1ᵉʳ, page 146. [5]

On pourrait mettre cette donation à côté de celle de Constantin. On ne voit point que jamais les papes aient possédé aucun de ces pays jusqu'au temps d'Innocent III. S'ils avaient eu l'exarchat, ils auraient été souverains de Ravenne et de Rome; mais dans le testament de Charlemagne qu'Eginhard nous a conservé, ce monarque nomme à la tête des villes métropolitaines qui lui appartiennent Rome et Ravenne, auxquelles il fait des présents. Il ne put donner ni la Sicile ni la Corse, ni la Sardaigne qu'il ne possédait pas, ni le duché de Bénévent dont il avait à peine la souveraineté, encore moins Venise qui ne le reconnaissait pas pour empereur. Le duc de Venise reconnaissait alors pour la forme l'empereur d'Orient, et en recevait le titre d'*hypatos*. Les lettres du pape Adrien parlent des patrimoines de Spolette et de Bénévent; mais ces patrimoines ne se peuvent entendre que des domaines que les papes possédaient dans ces deux duchés. Grégoire VII lui-même avoue dans ses lettres que Charlemagne donnait douze cents livres de pension au Saint-Siège. Il n'est guère vraisemblable qu'il eût donné un tel secours à celui qui aurait possédé tant de belles provinces. Le Saint-Siège n'eut Bénévent que longtemps après par l'échange que Henri le noir fit avec lui vers l'an 1047. Cette concession se réduisit à la ville, et ne s'étendit

23   K84, K12: Spolète
25-26   K84, K12: *sur les mœurs* etc tom.1, pag. 403. ¶On
37   K84, K12: Spolète
43-44   K84, K12: après, par la concession très équivoque qu'on croit que l'empereur Henri le noir lui en fit vers

[4] See lines 48-49 of the following extended quote from *EM*.
[5] See *EM*, ch.16 (vol.1, p.333-35).

point jusqu'au duché. Il ne fut point question de confirmer le don de 45
Charlemagne.

Ce qu'on peut recueillir de plus probable au milieu de tant de doutes,
c'est que du temps de Charlemagne les papes obtinrent en propriété la
Marche d'Ancône, outre les villes, les châteaux et les bourgs qu'ils
avaient dans les autres pays. Voici sur quoi je pourrais me fonder. 50
Lorsque l'empire d'Occident se renouvela dans la famille des Othon au
dixième siècle, Othon III assigna particulièrement au Saint-Siège la
Marche d'Ancône, en confirmant toutes les concessions faites à cette
Eglise. Il paraît donc que Charlemagne avait donné cette Marche et que
les troubles survenus depuis en Italie avaient empêché les papes d'en 55
jouir. Nous verrons qu'ils perdirent ensuite le domaine utile de ce petit
pays sous l'empire de la maison de Souabe. Nous les verrons tantôt
grands terriens, tantôt dépouillés presque de tout, comme plusieurs
autres souverains. Qu'il nous suffise de savoir qu'ils possèdent
aujourd'hui la souveraineté reconnue d'un pays de cent quatre-vingts 60
grands milles d'Italie en longueur, des portes de Mantoue aux confins de
l'Abruzze le long de la mer Adriatique, et qu'ils en ont plus de cent
milles en largeur depuis Civita-Vecchia jusqu'au rivage d'Ancône d'une
mer à l'autre. Il a fallu négocier toujours et souvent combattre pour
s'assurer cette domination. 65

J'ajouterai à ces vraisemblances une raison qui me paraît bien
puissante. La prétendue charte de Charlemagne est une donation
réelle. Or fait-on une donation d'une chose qui a déjà été donnée?
Si j'avais à plaider cette cause devant un tribunal réglé et impartial,
je ne voudrais alléguer que la donation prétendue de Charlemagne 70
pour invalider la prétendue donation de Pepin; mais ce qu'il y a de
plus fort encore contre toutes ces suppositions, c'est qu'Eginhard
n'en parle point.

Voici comme s'exprime l'auteur de *l'histoire générale* dans ses
Doutes à la fin des *annales de l'Empire* page 2. 'La donation de 75
Charlemagne n'est guère moins suspecte, puisque ni Andelme ni
Aimoin, ni même Eginhard secrétaire de ce monarque n'en parlent

48-49   K84, K12: propriété une partie de la Marche
72-77   K84, K12: c'est que ni Andelme, ni Aimoin, ni même Eginhard, secrétaire
de Charlemagne n'en

pas. Eginhard fait un détail très circonstancié des legs pieux que laissa Charlemagne par son testament à toutes les églises de son royaume. *On sait*, dit-il, *qu'il y a vingt et une villes métropolitaines dans les états de l'empereur.* Il met Rome la première et Ravenne la seconde. N'est-il pas certain par cet énoncé que Rome et Ravenne n'appartenaient point aux papes?'[6]

---

[6] See *Doutes sur quelques points de l'histoire de l'Empire* (*M*, vol.24, p.36).

CHAPITRE 19

Que Charlemagne exerça les droits des empereurs romains [a]

Il me semble qu'on ne peut ni rechercher la vérité avec plus de candeur, ni en approcher de plus près dans l'incertitude où l'histoire de ces temps nous laisse. Cet auteur impartial paraît certain que Charlemagne exerça tous les droits de l'empire en Occident autant qu'il le put. Cette assertion est conforme à tout ce que les historiens rapportent, aux monuments qui nous restent, et encore plus à la politique, puisque c'est le propre de tout homme d'étendre son autorité aussi loin qu'elle peut aller.

C'est par cette raison que Charlemagne s'attribua la puissance législative sur Venise et sur le Bénéventin, que l'empereur grec disputait, et qui par le fait n'appartenait ni à l'un ni à l'autre. C'est par la même raison que le duc ou doge de Venise Jean ayant tué un évêque en 802, fut accusé devant Charlemagne. [2] Il aurait pu l'être devant la cour de Constantinople; mais ni les forces de l'Orient, ni celles de l'Occident ne pouvaient pénétrer dans les lagunes; et Venise au fond fut libre malgré deux empereurs. Les doges

---

a   K84, K12: Chapitre 24
15   K84, K12: dans ces lagunes;

---

[1] One can imagine that the unspoken reason for including this short chapter is to reinforce the reader's appreciation of the extent of Charlemagne's power, with a view to discrediting still further the donation myths that so interest Voltaire in the preceding chapters. It is unclear how the example of Venice in the second paragraph is meant to serve this or any other agenda.

[2] Voltaire had already mentioned this anecdote in the first chapter of the *Annales de l'Empire*: 'Charlemagne exerce toute l'autorité des anciens empereurs partout ailleurs que dans Rome même. Nul pays, depuis Bénévent jusqu'à Bayonne, et de Bayonne jusqu'en Bavière, exempt de sa puissance législative. Le duc de Venise, Jean, ayant assassiné un évêque, est accusé devant Charles, et ne le récuse pas pour juge' (*M*, vol.13, p.237).

payèrent quelque temps un manteau d'or en tribut aux plus forts; mais le bonnet de la liberté resta toujours dans une ville imprenable. [3]

---

[3] The same argument is used in *EM*, ch.43, where Voltaire writes that the doges 'étaient obligés d'envoyer aux empereurs [...] un manteau en drap d'or tous les ans; et Othon leur remit en 998 cette espèce de petit tribut. Mais ces légères marques de vassalité n'ôtaient rien à la véritable puissance de Venise' (vol.1, p.475).

CHAPITRE 20

De la forme du gouvernement de Rome sous Charlemagne

C'est une grande question chez les politiques de savoir quelle fut précisément la forme du gouvernement de Rome quand Charlemagne se fit déclarer empereur par l'acclamation du peuple et par l'organe du pontife Léon III.[1] Charles gouverna-t-il en qualité de consul et de patrice, titres qu'il avait pris dès l'an 774? Quels droits 5 furent laissés à l'évêque? Quels droits conservèrent les sénateurs qu'on appelait toujours *patres conscripti*? Quels privilèges conservèrent les citoyens? C'est de quoi aucun écrivain ne nous informe, tant l'histoire a toujours été écrite avec négligence.

Qu'il me soit permis de transcrire à ce sujet un morceau curieux 10 du même auteur, intitulé, *Doutes sur l'histoire de l'Empire*, qu'on trouve dans ses *Annales de l'Empire* au commencement du second volume page 2.[2]

Quel fut précisément le pouvoir de Charlemagne dans Rome? C'est sur quoi on a tant écrit qu'on l'ignore. Y laissa-t-il un gouverneur? Imposait- 15 il des tributs? Gouvernait-il Rome comme l'impératrice reine de Hongrie gouverne Milan et Bruxelles? C'est de quoi il ne reste aucun vestige.

Je regarde Rome depuis le temps de l'empereur Léon III l'Isaurien comme une ville libre protégée par les Francs, ensuite par les Germains, qui se gouverna tant qu'elle put en république, plutôt sous le patronage 20

---

a   K84, K12: Chapitre 25
5   K84, K12: titre
9-14   K84, K12: negligence! ¶Quel

---

[1] Oxford, Taylor, V8.E8.1769 (1/1), p.57, has Léon III underlined by hand and 'qui fut pape le 26 x^bre 795' written in the margin.
[2] See *Doutes sur l'histoire de l'Empire*, sections 2 and 3 (*M*, vol.24, p.36). Considering the pseudonymous authorship of *Le Pyrrhonisme*, it is interesting to note the near-identical structure of the title and opening paragraph here and of the first paragraph quoted from the *Doutes*.

que sous la puissance des empereurs dans laquelle le souverain pontife eut toujours le premier crédit, et qui enfin a été entièrement soumise aux papes.[3]

Rien n'est si vrai que ce tableau de Rome. Les citoyens de cette célèbre ville aspirèrent toujours à la liberté dès qu'ils y virent le moindre jour. Ils firent toujours les plus grands efforts pour empêcher les empereurs soit francs, soit germains de résider à Rome, et les évêques d'y être maîtres absolus.

C'est là le nœud de toute l'histoire de l'empire d'Occident depuis Charlemagne jusqu'à Charles-Quint. C'est le fil qui a conduit l'auteur de l'*Essai sur l'histoire générale* dans ce grand labyrinthe.[4]

Les citoyens romains furent presque toujours les maîtres du môle d'Adrien, de cette forteresse de Rome, appelée depuis le château Saint-Ange, dans laquelle ils donnèrent si souvent un asile à leur évêque contre la violence des Allemands.[5] De là vient que les empereurs aujourd'hui, malgré leur titre de roi des Romains, n'ont pas une seule maison dans Rome. Il n'est même pas dit que Charlemagne se mit en possession de ce môle d'Adrien. Je demanderai encore pourquoi Charlemagne ne prit jamais le titre d'auguste?

23-33   K84, K12: papes. ¶Les
31   K84, K12: *sur les mœurs etc* dans
37   K84, K12: rois

[3] *M*, vol.24, p.36. Oxford, Taylor, V8.E8.1769 (1/1), p.57, has the following (an expanded version of a similar, shorter sentence noted in the side margin) written on a slip of paper gummed onto the page: 'Ce fut Adrien Ier nommé Pape le 9 février 772 qui nomma Charlemagne Patrice de Rome, avant de lui donner le titre d'empereur. Leon III ne fut pape que le 26 x[bre] 795.' At the foot of the page is written: 'En 772 regnait Adrien Ier qui pendant 23 ans occupa le trône pontifical. Léon III ne fut élu au trône que le 26 x[bre] 795, 23 ans après l'élévation d'Adrien Ier qui eu lieu le 9 février 772.'

[4] Are we to read this as a genuine glimpse into Voltaire's original inspiration for the *Essai sur les mœurs*? See the penultimate paragraph of ch.21.

[5] See ch.21, n.5, below.

CHAPITRE 21[a]

Du pouvoir papal dans Rome et des patrices

On a vu depuis très souvent des consuls et des patrices à Rome qui furent les maîtres de ce château au nom du peuple. Le pape Jean XII le tenait comme patrice contre l'empereur Othon Iᵉʳ. Le consul Crescentius y soutint un long siège contre Othon III et chassa de Rome le pape Grégoire V qu'Othon avait nommé. Après la mort 5 de ce consul les Romains chassèrent de Rome ce même Othon qui avait ravi la veuve du consul et qui s'enfuit avec elle.[1]

Les citoyens accordèrent une retraite au pape Grégoire VII dans ce môle, lorsque l'empereur Henri IV entra dans Rome par force en 1083. Ce pontife si fier n'osait sortir de cet asile. On dit qu'il offrit à 10 l'empereur de le couronner, en faisant descendre sur sa tête du haut du château une couronne attachée avec une ficelle; mais Henri IV ne voulut point de cette ridicule cérémonie. Il aima mieux se faire couronner par un nouveau pape qu'il avait nommé lui-même.[2]

Les Romains conservèrent tant de fierté dans leur décadence et 15 dans leur humiliation, que quand Frédéric Barberousse vint à Rome en 1155 pour s'y faire couronner, les députés du peuple qui le reçurent à la porte lui dirent: *Souvenez-vous que nous vous avons fait citoyen romain d'étranger que vous étiez.*[3]

---

a   κ84, κ12: Chapitre 26

[1] See *EM*, ch.37, where Voltaire asserts elsewhere: 'le consul Crescentius maintint quelque temps l'ombre de la république romaine. Il chassa du siège pontifical Grégoire V, neveu de l'empereur Othon III. Mais enfin Rome fut encore assiégée et prise. Crescentius, attiré hors du château Saint-Ange sur l'espérance d'un accommodement, et sur la foi des serments de l'empereur, eut la tête tranchée' (vol.1, p.439). The same story is recounted in more detail in the *Annales de l'Empire*, 'Othon III', year 998 (*M*, vol.13, p.282).

[2] See also 'Henri IV', year 1083 in the *Annales* (*M*, vol.13, p.300-301).

[3] For a more detailed recounting of the same incident, see the *Annales*, 'Frédéric Iᵉʳ, dit Barberousse', 1155 (*M*, vol.13, p.317).

Ils voulaient bien que les empereurs fussent couronnés dans leur 2᷄
ville; mais, d'un côté, ils ne souffraient pas qu'ils y demeurassent; et
de l'autre ils ne permirent jamais qu'aucun pape s'intitulât
souverain de Rome; et jamais en effet on n'a frappé de monnaie
sur laquelle on donnât ce titre à leur évêque.

En 1114[4] les citoyens élurent un tribun du peuple, et le pape 2᷄
Lucius II qui s'y opposa fut tué dans le tumulte.

Enfin les papes n'ont été véritablement maîtres à Rome que
depuis qu'ils ont eu le château Saint-Ange en leur pouvoir.
Aujourd'hui, la chancellerie allemande regarde encore l'empereur
comme l'unique souverain de Rome, et le sacré collège ne regarde 3᷄
l'empereur que comme le premier vassal de Rome protecteur du
Saint-Siège. Telle est la vérité qui est developpée dans l'*Essai sur
l'histoire générale*.[5]

Le sentiment de l'auteur que je cite est donc que Charlemagne
eut le domaine suprême, et qu'il accorda au Saint-Siège plusieurs 3᷄
domaines utiles dont les papes n'eurent la souveraineté que très
longtemps après.

32-34 K84, K12: *sur les mœurs etc.* ¶Le

[4] Oxford, Taylor: V8.E8.1769 (1/1) has '1144' written in the margin in a
contemporary hand, with the following words written on a slip of paper gummed
onto the page: 'en 1114 c'était Paschal second. En 1144 au mois de mars c'était Luce
second. Il y a erreur au texte.' This is correct.

[5] See *EM*, ch.47 (vol.1, p.509); see also the conclusion to the 'Dixième remarque'
of the 'Remarques pour servir de supplément à l'Essai sur les mœurs' (vol.2, p.922).

CHAPITRE 22

Sottise infâme de l'écrivain qui a pris le nom de Chiniac La Bastide
du Claux, avocat au Parlement de Paris

Après cet exposé fidèle, je dois témoigner ma surprise de ce que je
viens de lire dans un commentaire nouveau du discours du célèbre
Fleury sur les libertés de l'Eglise gallicane.[1] Je vais rapporter les
propres paroles du commentateur qui se déguise sous le nom de
maître Pierre de Chiniac de La Bastide du Claux avocat au   5
parlement. Il n'y a point assurément d'avocat qui écrive de ce
style. (*a*)

'Si on ne consultait que les V....... et ceux de son bord, on ne
trouverait en effet que problèmes et qu'impostures dans nos

(*a*) Pag. 476.

a   K84, K12: Chapitre 27
7-8   K84, K12: style. [*with note*: L'avocat Chiniac est un personnage très réel;
mais quoique ce zélé défenseur de l'Eglise janséniste ait essuyé une accusation
juridique d'adultère, et que ces procès fassent toujours rire, il n'en est pas plus connu,
et n'a jamais pu réussir à occuper le public ni de ses ouvrages, ni de ses aventures.]
¶'Si   5
8   K84, K12: les Voltaire et

[1] *Nouveau commentaire sur le Discours de M. l'abbé Fleury, touchant les libertés de*
l'Eglise gallicane, mis à l'Index sans aucune qualification, par un decret du Saint office
(Paris, Delalain, 1767; BV758). Chiniac (1741-1811) was a lawyer with Jansenist
leanings. On 25 March 1768 Voltaire asked Damilaville to obtain a copy of the
volume for him (D14882). By 6 May he had read it, and asked d'Argental:
'Informez-vous, je vous en prie, du personnage qui a pris le nom de Chiniac La
Bastide Duclaux, avocat au parlement, et qui est auteur des commentaires sur le
discours des libertés gallicanes de l'abbé de Fleuri. C'est un énergumène qui établit
le presbytérianisme tout cru. Il est de plus calomniateur très insolent à la manière
janséniste' (D15003).

historiens.'[2] Ensuite cet aimable et poli commentateur après avoir   10
attaqué les gens de *notre bord* avec des compliments dignes en effet
d'un matelot à bord, croit nous apprendre qu'il y a dans Ravenne
une pierre cassée sur laquelle sont gravés ces mots: '*Pipinus pius*
primus amplificandæ Ecclesiæ viam aperuit et exarchatum Ravennæ
cum amplissimis... − Le pieux Pepin ouvrit le premier le chemin   15
d'agrandir l'Eglise et l'exarchat de Ravenne avec de très-grands...'[3]
Le reste manque.

Notre commentateur gracieux prend cette inscription pour un
témoignage authentique. Nous connaissons depuis longtemps cette
pierre. Je ne voudrais point d'autre preuve de la fausseté de la   20
donation. Cette pierre ne fut connue qu'au dixième siècle. On ne
produisit point d'autre monument pour assurer aux papes l'exarchat; donc il n'y en avait point. Si on faisait paraître aujourd'hui
une pierre cassée avec une inscription qui certifiât que le pieux
François Ier fit une donation du Louvre aux cordeliers, de bonne foi   25
le parlement regarderait-il cette pierre comme un titre juridique?
Et l'Académie des inscriptions l'insérerait-elle dans ses recueils?

Le latin ridicule de ce beau monument n'est pas à la vérité un
sceau de réprobation; mais c'en est un que le mensonge avéré

17-18   K84, K12: manque. Notre
21   K84, K12: pierre n'avait été connue

[2] Chiniac continues: 'et nous aboutirions enfin au Pyrrhonisme universel qu'il
voudrait établir, et qu'il essaye d'accréditer tous les jours par cette multiplicité
d'écrits dont il ne cesse d'empoisonner ce siècle. Mais ce n'est point un Voltaire que
nous consulterons sur un point d'histoire; il est ou trop peu versé dans cette
connaissance, ou trop fourbe, pour mériter quelque attention' (*Nouveau commentaire*, p.476-77; see also *CN*, vol.2, p.619-20).
[3] The inscription is part of a long note to a passage that reads: 'Ce furent
Charlemagne et Louis le Débonaire qui, après avoir entièrement conquis l'Empire
d'Occident, confirmèrent et augmentèrent la donation que Pepin avait faite, et aux
mêmes conditions [...].' The note itself begins: 'Voltaire a prétendu qua la donation
de Pepin n'était pas moins une fable que la donation de Constantin, et que
Charlemagne n'avait aucune autorité dans Rome. 'On demande', dit ce Critique
universel, 'si Pepin donna l'exarchat de Ravenne aux papes? [...] Il est très
vraisemblable que la donation de Pepin est une fable comme la donation de
Charlemagne...' A reasonable paraphrase of *EM*, ch.13 (vol.1, p.316).

concernant Pepin. L'inscription affirme que *Pepin est le premier qui*   30
ait ouvert la voie. Cela est faux; avant lui Constantin avait donné des
terres à l'évêque et à l'église de Saint-Jean-de-Latran de Rome
jusque dans la Calabre. Les évêques de Rome avaient obtenu de
nouvelles terres des empereurs suivants.[4] Ils en avaient en Sicile,
en Toscane, en Ombrie; ils avaient les justices de Saint-Pierre et   35
des domaines dans la Pentapole. Il est très probable que Pepin
augmenta ces domaines. De quoi se plaint donc le commentateur?
Que prétend-il? Pourquoi dit-il que l'auteur de l'*Essai sur l'histoire*
générale est trop peu versé *dans ces connaissances, ou trop fourbe* pour
mériter quelque attention?[5] Quelle fourberie, je vous prie, y a-t-il   40
de dire son avis sur Ravenne et sur la Pentapole? Nous avouons
que c'est là parler en digne commentateur; mais ce n'est pas, à ce
qu'il nous semble, parler en homme versé *dans ces connaissances*, ni
versé dans la politesse, ni même versé dans le sens commun.

L'auteur de l'*Essai sur l'histoire générale* qui affirme peu, se fonde   45
pourtant sur le testament même de Charlemagne, pour affirmer
qu'il était souverain de Rome et de Ravenne, et que par conséquent
il n'avait point donné Ravenne au pape. Charlemagne fait des legs à
ces villes, qu'il appelle *nos principales villes*.[6] Ravenne était la ville
de l'empereur et non pas celle du pape.   50

38-39   K84, K12: *sur les mœurs et l'esprit des nations* est
45   K84, K12: *sur les mœurs etc* qui

---

[4] 'Le pontife de Rome, dans l'avilissement de la ville, établissait insensiblement sa
grandeur. Les Romains étaient pauvres, mais l'Eglise ne l'était pas. Constantin avait
donné à la seule basilique de Latran plus de mille marcs d'or, et environ trente mille
d'argent, et lui avait assigné quatorze mille sous de rente. [...] Les empereurs et les
rois lombards même leur avaient accordé des terres' (Introduction, *Annales, M*,
vol.13, p.223).
[5] See the quotation in n.2 above.
[6] Charlemagne's will is also mentioned as proof of his ownership of Rome and
Ravenna in 'Examen de la donation de Pepin' in the *Conclusion et examen du tableau*
historique that originally formed part of the *Suite de l'Essai sur l'histoire générale*
(*M*, vol.24, p.476-77). There, Voltaire suggests that Eginhard's statement that
Pepin offered the exarchate 'à saint Pierre' refers not to a donation, but to a religious
ceremony.

Ce qu'il y a de plus étrange, c'est que le commentateur est lui-même entièrement de l'avis de mon auteur. Il n'écrit que d'après lui, il veut prouver comme lui que Charlemagne avait le pouvoir suprême dans Rome; et oubliant tout d'un coup l'état de la question, il se répand en invectives ridicules contre son propre guide. Il est en colère de ne savoir pas quelle était l'étendue et la borne du nouveau pouvoir de Charlemagne dans Rome. Je ne le sais pas plus que lui, et cependant je m'en console. Il est vraisemblable que ce pouvoir était fort mitigé pour ne pas trop choquer les Romains. On peut être empereur sans être despotique. Le pouvoir des empereurs d'Allemagne est aujourd'hui très borné par celui des électeurs et des princes de l'empire. Le commentateur peut rester sans scrupule dans son ignorance pardonnable; mais il ne faut pas dire de grosses injures parce qu'on est un ignorant: car lorsqu'on dit des injures sans esprit on ne peut ni plaire ni instruire; le public veut qu'elles soient fines, ingénieuses et à propos. Il n'appartient même que très rarement à l'innocence outragée de repousser la calomnie dans le style des Philippiques[7] et peut-être n'est-il permis d'en user ainsi que quand la calomnie met en danger un honnête homme: car alors c'est se battre contre un serpent, et on n'est pas dans le cas de Tartuffe, qui s'accusait *d'avoir tué une puce avec trop de colère.*[8]

---

[7] Satirical works by Lagrange-Chancel attacking the Regent, Philippe, duc d'Orléans; see ch.11, n.3, above.

[8] Molière, *Tartuffe*, I.v.

CHAPITRE 23

D'une calomnie abominable et d'une impiété horrible
du prétendu Chiniac

Passe encore qu'on se trompe sur une pancarte de Pepin le Bref, le pape n'en a pas sur Ravenne un droit moins confirmé par le temps et par le consentement de tous les princes. La plupart des origines sont suspectes, et un droit reconnu de tout le monde est incontestable.   5

Mais de quel front le prétendu Chiniac de La Bastide du Claux, commentateur des libertés de l'Eglise gallicane, peut-il citer cet abominable passage qu'il dit avoir lu dans un dictionnaire? *Jésus-Christ a été le plus habile charlatan et le plus grand imposteur qui ait paru depuis l'existence du monde.* On est naturellement porté à croire   10 qu'un homme qui cite un trait si horrible avec confiance ne l'a pas inventé. Plus l'atrocité est extrême, moins on s'imagine que ce soit une fiction. On croit la citation vraie, précisément parce qu'elle est abominable. Cependant il n'y en a pas un mot, pas l'ombre d'une telle idée dans le livre dont parle ce Chiniac. Est-ce là une liberté   15 gallicane? J'ai lu ce livre qu'il cite très attentivement. Je sais que c'est un recueil d'articles traduits du lord Shafterburi, du lord Bolingbroke, de Trenchard, de Gordon, du docteur Midleton, du célèbre Abauzit[1] et d'autres morceaux connus qui sont mot à mot

a   K84, K12: Chapitre 28
15   K84, K12: le titre dont
16   K84, K12: lu très attentivement ce livre qu'il cite; je sais

[1] Anthony Ashley Cooper, Lord Shaftesbury (1671-1715); Henry Saint-John, viscount Bolingbroke (1678-1751). John Trenchard and Thomas Gordon were the authors of *L'Esprit du clergé, ou le christianisme primitif vengé des entreprises et des excès de nos prêtres modernes traduits de l'anglais par Holbach* (London [Amsterdam], 1767), which Voltaire possessed (BV3338). This text is included in a list of works in a letter from D'Alembert of 22 September 1767 (D14436), where Voltaire is told: 'Il

dans le grand *Dictionnaire encyclopédique*, tel que l'article Messie,   2
lequel est tout entier d'un pasteur d'une église réformée[2] et dont
nous possédons l'original.

Non seulement l'infâme citation du prétendu Chiniac n'est dans
aucun endroit de ce livre; mais je puis assurer qu'elle ne se trouve
dans aucun des livres écrits contre la religion chrétienne depuis   2
Celse et l'empereur Julien. Le devoir de mon état est de les lire pour
y mieux répondre, ayant l'honneur d'être bachelier en théologie.
J'ai lu tout ce qu'il y a de plus fort et de plus frivole. Volston lui-
même, Jean-Jacques Rousseau qui ont osé nier si audacieusement
les miracles de notre Seigneur Jésus-Christ n'ont pas écrit une seule   3
ligne qui ait la moindre teinture de cette horrible idée; au contraire,
ils rendent à Jésus-Christ le plus profond respect, et Woolston
surtout se borne à regarder les miracles de notre Seigneur comme
des types et des paraboles.[3]

J'avance hardiment que si cet insolent blasphème se trouvait   3
dans quelque mauvais livre, mille plumes se seraient élevées contre
le monstre qui l'aurait vomi. Enfin je défie le Chiniac de me le
montrer ailleurs que dans son libelle. Apparemment il a pris ce
détour pour blasphémer sous le masque contre notre Sauveur,

---

36   K84, K12: mille voix se seraient

---

nous pleut ici de Hollande des ouvrages sans nombre contre l'infâme'. Gordon's
name appears later in the same letter: 'je suis enchanté de l'Ingénu, quoique ce ne soit
pas le neveu de l'abbé Bazin qui l'ait fait, comme il est évident dès la première page;
on dit que c'est un petit fils de l'abbé Gordon, qui me parait avoir très bien élevé cet
enfant-là'. Voltaire owned a number of Conyers Middleton's works: *The Miscellaneous works of the late reverend and learned Conyers Middleton* (5 vol.), *Lettre écrite
à Rome* (BV2447, BV2448), and was to write: 'Je renvoie à notre Middleton, qui a
prouvé quoique avec trop de retenue, la fausseté des miracles' (*Histoire de
l'établissement du Christianisme*, 1777, *M*, vol.25, p.78). Firmin Abauzit was the
manuscript source of Voltaire's article 'Apocalypse' in *DP* (see *OCV*, vol.35, p.362,
n.1, for extensive observations).

[2] Jean-Antoine-Noé Polier de Bottens (1713-1783). For an assessment of Polier
de Bottens's role in the article 'Messie', see *DP*, appendix 2, 'L'article "Messie" de
Polier de Bottens' (*OCV*, vol.36, p.588-617).

[3] Thomas Woolston (1670-1733), English freethinker.

comme il blasphème à tort et à travers contre notre saint père le 40
pape, et souvent contre les évêques. Il a cru pouvoir être criminel
impunément, en prenant ses flèches infernales dans un carquois
sacré, et en couvrant d'opprobre la religion qu'il feint de défendre.
Je ne crois pas qu'il y ait d'exemple ni d'une calomnie si impudente,
ni d'une fraude si basse, ni d'une impiété si effrayante, et je pense 45
que Dieu me pardonnera si je dis quelques injures à ce Chiniac. [4]

Il faut sans doute avoir abjuré toute pudeur ainsi qu'avoir perdu
toute raison pour traiter Jésus-Christ de *charlatan et d'imposteur*; lui
qui vécut toujours dans l'humble obscurité, lui qui n'écrivit jamais
une seule ligne, tandis que tant de modernes docteurs si peu doctes, 50
nous assomment de gros volumes sur des questions dont il ne parla
jamais; lui qui se soumit depuis sa naissance jusqu'à sa mort à la
religion dans laquelle il était né; lui qui en recommanda toutes les
observances, qui ne prêcha jamais que l'amour de Dieu et du
prochain, qui ne parla jamais de Dieu que comme d'un père selon 55
l'usage des Juifs; qui loin de se donner jamais le titre de Dieu, dit en
mourant, saint Jean XX. 17. *je vais à mon père qui est votre père, à*
mon Dieu qui est votre Dieu; lui enfin dont le saint zèle condamne si
hautement l'hypocrisie et les fureurs des nouveaux charlatans [5] qui
dans l'espérance d'obtenir un petit bénéfice, ou de servir un parti 60
qui les protège, seraient capables d'employer le fer ou le poison,
comme ils ont employé les convulsions et les calomnies.

Ayant cherché en vain pendant plus de trois mois la citation du
prétendu Chiniac, et ayant prié mes amis de chercher de leur côté,
nous avons tous été forcés avec horreur de lire plus de quatre cents 65

---

42   K84, K12: prenant les flèches
57   K84, K12: mourant: [*with note*: Jean, 20:17.] *Je*

---

[4] On 5 January 1769 Voltaire claimed: 'ce Chiniac est un homme à qui je ne
prends nul intérêt' (D15412), but by the following day he was writing: 'Il sera brûlé,
vous dis-je, comme Chausson' (D15416). Clearly it was the second view that
prevailed. For more on Chiniac, see also ch.22, n.1, above.

[5] It is likely that Voltaire is employing the term 'charlatans' to suggest Jansenists,
as he refers later in the sentence to 'convulsions'. He mentions 'convulsionnaires' in
the opening paragraph of ch.31 below.

volumes contre le christianisme, tant en latin, qu'en anglais, en italien, en français et en allemand. Nous protestons devant Dieu que le blasphème en question n'est dans aucun de ces livres. Nous avons cru enfin qu'il pourrait se rencontrer dans le discours qui sert de préface à l'*Abrégé de l'histoire ecclésiastique*. On prétend que cet Avant-propos est d'un héros philosophe[6] né dans une autre communion que la nôtre; génie sublime, dit-on, qui a sacrifié également à Mars, à Minerve, et aux Grâces; mais qui ayant le malheur de n'être pas né catholique romain, et se trouvant sous le joug de la réprobation éternelle, s'est trop livré aux enseignements trompeurs de la raison qui égare incontestablement quiconque n'écoute qu'elle. Je ne forme point de jugement téméraire, je suis loin de penser qu'un si grand homme ne soit pas chrétien. Voici les paroles de cette préface:

L'établissement de la religion chrétienne a eu, comme tous les empires, de faibles commencements. Un Juif de la lie du peuple, dont la naissance est douteuse, qui mêle aux absurdités d'anciennes prophéties hébraïques des préceptes d'une bonne morale; auquel on attribue des miracles, et qui finit par être condamné à un supplice ignominieux, est le héros de cette secte. Douze fanatiques se répandent de l'orient jusqu'en Italie, ils gagnent les esprits par cette morale si sainte et si pure qu'ils prêchaient; et si l'on excepte quelques miracles propres à ébranler les imaginations ardentes, ils n'enseignaient que le déisme. Cette religion commençait à se répandre dans le temps que l'empire romain gémissait sous la tyrannie de quelques monstres qui le gouvernèrent consécutivement. Durant ces règnes de sang, le citoyen préparé à tous les malheurs qui peuvent accabler l'humanité, ne trouvait de consolation et de soutien contre d'aussi grands maux que dans le stoïcisme. La morale des chrétiens ressemblait à cette doctrine, et c'est l'unique cause de la rapidité des progrès que fit cette religion. Dès le règne de Claude, les chrétiens formaient des

---

[6] Frederick the Great, who had contributed an anti-catholic 'Avant-Propos' to the abbé de Prades's *Abrégé de l'histoire ecclésiastique de l'abbé Fleury* (Berlin, 1766; BV1388). A copy of the work was burned in Berne: see Christiane Mervaud, *Voltaire et Frédéric II: une dramaturgie des lumières 1736-1778*, *SVEC* 234 (1985), p.371.

assemblées nombreuses, où ils prenaient leurs agapes, qui étaient des soupers en communauté.

Ces paroles sont audacieuses, elles sont d'un soldat qui sait mal farder ce qu'il croit la vérité;[7] mais après tout, elles disent positivement le contraire du blasphème annoncé par Chiniac.

La religion chrétienne a eu de faibles commencements etc. Tout le monde en convient. *Un Juif de la lie du peuple* etc. Rien n'était plus vrai aux yeux des Juifs. Ils ne pouvaient deviner qu'il était né d'une vierge et du Saint-Esprit, et que Joseph mari de sa mère descendait du roi David. De plus il n'y a point de *lie* aux yeux de Dieu; devant lui tous les hommes sont égaux.

Douze fanatiques se répandent de l'orient jusqu'en Italie. Le terme de *fanatique* parmi nous est très odieux, et ce serait une terrible impiété d'appeler de ce nom les apôtres; mais si dans la langue maternelle de l'auteur, ce terme ne veut dire que *persuadé, zélé*, nous n'avons aucun reproche à lui faire. Il nous paraît même très vraisemblable qu'il n'a nulle intention d'outrager ces apôtres, puisqu'il compare les premiers chrétiens aux respectables stoïciens. En un mot, nous ne faisons point l'apologie de cet ouvrage; et dès que notre Saint-Père le Pape juge impartial de tous les livres aura condamné celui-ci, nous ne manquerons pas de le condamner de cœur et de bouche.

---

96 K84, K12: prenaient des agapes,
101 K12: *commencements*, et tout le

---

[7] Racine, *Britannicus*, I.ii, Burrhus: 'D'un soldat qui sait mal farder la vérité'.

CHAPITRE 24

Bévue énorme de Chiniac

Le prétendu La Bastide de Chiniac du Claux a répondu que les paroles par lui citées se trouvent dans *Le Militaire philosophe*, non pas précisément et mot à mot; mais dans le même sens. Ce *Militaire philosophe* est, dit-on, du sieur Saint-Hiacinte, qui fut cornette de dragons en 1685, et employé dans la fameuse dragonnade à la révocation de l'édit de Nantes.[1] Mais examinons les paroles de ce *Militaire* page 84 de la dernière édition (*a*).

Voici, après de mûres réflexions le jugement que je porte de la religion chrétienne. Je la trouve absurde, extravagante, injurieuse à Dieu, pernicieuse aux hommes, facilitant et même autorisant les rapines, les séductions, l'ambition, l'intérêt de ses ministres, et la révélation des secrets des familles; je la vois comme une source intarissable de meurtres, de crimes et d'atrocités commises sous son nom; elle me semble un flambeau de discorde, de haine, de vengeance, et un masque dont se couvre l'hypocrisie pour tromper plus adroitement ceux dont la crédulité lui est utile; enfin j'y vois le bouclier de la tyrannie contre les peuples qu'elle opprime, et la verge des bons princes quand ils ne sont pas superstitieux. Avec cette idée de votre religion, outre le droit de

---

(*a*) Chap. IX.

a   κ84, κ12: Chapitre 29
6-8   κ84, κ12: paroles dans ce militaire. [*with note*: Chapitre 9, page 84 de la dernière édition.] ¶'Voici

[1] Voltaire owned two 1768 editions of *Le Militaire philosophe* with a London title page (BV2550, BV2551); see *CN*, vol.6, p.21-24. In February 1768 he wrote to d'Argental: 'St Hyacinthe était à la vérité un sot dans la conversation; mais il écrivait bien. Il a fait de bons journaux; et il y a de lui un militaire philosophe imprimé depuis peu en Hollande, lequel est ce qu'on a fait peut être de plus fort contre le fanatisme' (D14730); see also D14536, D14547, D14738.

l'abandonner, je suis dans l'obligation la plus étroite d'y renoncer et de
l'avoir en horreur, de plaindre ou de mépriser ceux qui la prêchent, et de   20
vouer à l'exécration publique ceux qui la soutiennent par leurs violences
et leurs persécutions.

Ce morceau est une invective sanglante contre les abus de la
religion chrétienne telle qu'elle a été pratiquée depuis tant de
siècles; mais non pas contre la personne de Jésus-Christ qui a   25
recommandé tout le contraire. Jésus n'a point ordonné *la révélation
des secrets des familles*; loin de favoriser l'ambition, il l'a ana-
thématisée; il a dit en termes formels: (*b*) 'Il n'y aura ni premier ni
dernier parmi vous – Le fils de l'homme n'est pas venu pour être
servi, mais pour servir.' C'est un mensonge sacrilège de dire que   30
notre Sauveur a autorisé *la rapine*. Ce n'est pas assurément la
prédication de Jésus qui est *une source intarissable de meurtres, de
crimes, et d'atrocités commises sous son nom*. Il est visible qu'on a
abusé de ces paroles: (*c*) *Je ne suis point venu apporter la paix, mais le
glaive*; de ces autres passages: (*d*) *que celui qui n'écoute pas l'Eglise*   35
soit comme un païen ou comme un douanier. – (*e*) *Contrains-les
d'entrer – Si quelqu'un vient à moi et ne hait pas son père et sa mère et sa
femme et ses enfants et ses frères et ses sœurs et encore son ami, il ne peut
être mon disciple*. Et enfin des paraboles dans lesquelles il est dit que
(*f*) le maître *fit jeter dans les ténèbres extérieures pieds et mains liés,*   40
celui qui n'avait pas la robe nuptiale à un repas. Ces discours, ces
énigmes sont assez expliqués par toutes les maximes évangéliques
qui n'enseignent que la paix et la charité. Ce ne fut même jamais
aucun de ces passages qui excita le moindre trouble. Les discordes,
les guerres civiles n'ont commencé que par des disputes sur le   45
dogme. L'amour-propre fait naître l'esprit de parti, et l'esprit de
parti fait couler le sang. Si on s'en était tenu à l'esprit de Jésus, le

(*b*) St. Matthieu XX. 27-28.
(*c*) St. Matt. X. 34.
(*d*) St. Matt. XVIII. 17.
(*e*) St. Luc. XIV. 23 et 26.
(*f*) St. Matt. XXII. 12-13.

christianisme aurait été toujours en paix. M. de Saint-Hyacinthe a donc tort de reprocher au christianisme ce qu'on ne doit reprocher qu'à plusieurs chrétiens.

La proposition du *Militaire philosophe* est donc aussi dure que le blasphème du prétendu Chiniac est affreux.

Concluons que le pyrrhonisme historique est très utile: car si dans cent ans le *Commentaire des libertés gallicanes* et *Le Militaire philosophe* tombent dans les mains d'un de ceux qui aiment les recherches, les anecdotes, et si ces deux livres ne sont pas réfutés dans leur temps, ne sera-t-on pas en droit de croire que dans le siècle de ces auteurs on blasphémait ouvertement Jésus-Christ? Il est donc très important de les confondre de bonne heure, et d'empêcher Chiniac de calomnier son siècle.

Il n'est pas surprenant que ce même Chiniac ayant ainsi outragé Jésus-Christ notre Sauveur, outrage aussi son vicaire; *je ne vois pas*, dit-il, *comment le pape tient le premier rang entre les princes chrétiens.* Cet homme n'a pas assisté au sacre de l'empereur. Il aurait vu l'archevêque de Mayence tenir le premier rang entre les électeurs. Il n'a jamais dîné avec un évêque, il aurait vu qu'on lui donne toujours la place d'honneur. Il saurait que par toute l'Europe on traite les gens d'église comme les femmes, avec beaucoup de déférence; ce n'est pas à dire qu'il faille leur baiser les pieds, excepté peut-être dans un transport de passion. Mais revenons au pyrrhonisme de l'histoire.

67   K84, K12: Il devait savoir que

CHAPITRE 25

Anecdote historique très hasardée[1]

Duhaillan prétend dans un de ses opuscules que Charles VIII n'était pas fils de Louis XI.[2] C'est peut-être la raison secrète pour laquelle Louis XI négligea son éducation et le tint toujours éloigné de lui. Charles VIII ne ressemblait à Louis XI ni par l'esprit ni par le corps. Enfin la tradition pouvait servir d'excuse à Du Haillan; mais cette tradition était fort incertaine, comme presque toutes le sont. La dissemblance des pères et des enfants est encore moins une preuve d'illégitimité que la ressemblance n'est une preuve du contraire.

Que Louis XI ait haï Charles VIII cela ne conclut rien. Un si mauvais fils pouvait aisément être un mauvais père. Quand même douze Du Haillan m'auraient assuré que Charles VIII était né d'un autre que de Louis XI je ne devrais pas les en croire aveuglément. Un lecteur sage doit, ce me semble, prononcer comme les juges; *Pater est quem nuptiæ demonstrant.*[3]

---

a   K84, K12: Chapitre 30

---

[1] This chapter was reproduced in *QE*, article 'Ana, anecdotes' (*OCV*, vol.38, p.291) as the section entitled 'Anecdote hasardée de Du Haillan'.

[2] Bernard de Girard Du Haillan (1535-1610), historian of France and the first to compile a national history. Voltaire possessed his *De l'estat et succez des affaires de France* (Paris, 1572; BV1130), which contains this anecdote. See Pierre Bayle, *Nouvelles de la république des lettres*, juillet 1686, p.825; Charles-Jean-François Hénault, *Nouvel abrégé chronologique de l'histoire de France* (Paris, 1752), p.270; François-Eudes de Mézeray, *Abrégé chronologique de l'histoire de France* (Paris, 1755). Interestingly, Voltaire does not mention the refutation by Antoine Varillas (*Histoire de Louis XI*, The Hague, 1689).

[3] A legal maxim in Roman law which states that the father is the man indicated in the marriage contract. The full sentence reads 'Mater semper certa est, pater est, quem nuptiae demonstrant.'

CHAPITRE 26

Autre anecdote plus hasardée [1]

On a dit que la duchesse de Montpensier avait accordé ses faveurs au moine Jacques Clément pour l'encourager à assassiner son roi. [2] Il eût été plus habile de les promettre que de les donner. Mais ce n'est pas ainsi qu'on excite un prêtre fanatique au parricide; on lui montre le ciel et non une femme. Son prieur Bourgoin était bien plus capable de le déterminer que la plus grande beauté de la terre. [3] Il n'avait point de lettres d'amour dans sa poche quand il tua le roi, mais bien les histoires de Judith et d'Aod, toutes déchirées, toutes grasses à force d'avoir été lues. [4]

a   K84, K12: Chapitre 31

[1] This chapter was reproduced as a section of *QE*, article 'Ana, anecdotes' (*OCV*, vol.38, p.292).

[2] Version of events propagated by Jacques de Thou's *Historia sui temporis* (London, 1733), vol.4, p.763-64, as well as by Pierre Bayle's article 'Henri III', note D, in the *Dictionnaire*, and Pierre de l'Estoile's *Journal pour le règne de Henri IV* (ed. L.-R. Lefèvre, Paris, 1948). This anecdote also appears in ch.31 of the *Histoire du parlement de Paris*: 'A l'égard du moine Jacques Clément, il avait été incité à ce parricide par son prieur nommé Bourgoin, et par la duchesse de Montpensier. Les mémoires du temps disent que cette princesse s'était abandonnée à lui pour le mieux encourager; mais ce fait est bien douteux. Jacques Clément n'eut pas le temps de s'en vanter, et sans doute la princesse n'en fit pas l'aveu; il faut s'en tenir aux faits publics et constatés' (*OCV*, vol.68, p.317-18).

[3] Edmond Bourgoin, the Parisian Jacobin prior suspected of having played a role in or at least having advised Jacques Clément's attack, was put to death in Tours on 23 February 1590. See L'Estoile, *Journal* (November 1589 and February 1590).

[4] Writing on the various would-be assassins of the king in the *Dissertation sur la mort de Henri IV*, Voltaire claims: 'Chaque superstitieux avait continuellement devant les yeux Aod assassinant le roi des Philistins, Judith se prostituant à Holoferne pour l'égorger dormant entre ses bras, Samuel coupant par morceaux un roi prisonnier de guerre, envers qui Saül n'osait violer le droit des nations' (*OCV*, vol.2, p.334). See ch.31, n.2, below, and see *QE*, article 'Ana, anecdotes', p.295.

CHAPITRE 27

De Henri IV[1]

Je pense entièrement comme l'auteur de l'*histoire générale* sur la mort de Henri IV. Je pense que ni Jean Châtel, ni Ravaillac n'eurent aucuns complices. Leur crime était celui du temps, le cri de la religion fut leur seul complice.[2] Je ne crois point que Ravaillac ait fait le voyage de Naples, ni que le jésuite Alagona ait prédit dans Naples la mort de ce prince comme le répète encore notre Chiniac.[3] Les jésuites n'ont jamais été prophètes; s'ils l'avaient été, ils auraient prédit leur destruction; mais au contraire ces pauvres gens ont toujours assuré qu'ils dureraient jusqu'à la fin des siècles. Il ne faut jamais jurer de rien.

5

10

a   K84, K12:   Chapitre 32
1   K84, K12:   de l'*Essai sur les mœurs etc* sur

[1] A shortened version of this chapter was printed as the section 'Anecdote sur Henri IV' in *QE*, article 'Ana', anecdotes' (*OCV*, vol.38, p.293).
[2] As early as 1745 Voltaire had written a *Dissertation sur la mort de Henri IV* (*OCV*, vol.2, p.339-46) in which he defended the duke of Lerme, the jesuit Alagona, the duchess of Verneuil, the duke of Epernon and even Marie de Médicis from accusations that had been levelled against them in *Mémoires de Condé*, ed. Lenglet-Dufresnoy (Paris, 1745), vol.6, p.201-86. See also *EM*, ch.174, 'De Henri IV', vol.2, p.553-56.
[3] This theory has its origins in *La Mort de Henry le Grand, descouverte à Naples, en l'an 1608* by Pierre du Jardin (n.p., 1619; Delft, 1717). Voltaire may have found a summary in Mézeray's *Abrégé chronologique*.

CHAPITRE 28

De l'abjuration de Henri IV[1]

Le jésuite Daniel a beau me dire dans sa très sèche et très fautive *Histoire de France* que Henri IV avant d'abjurer, était depuis longtemps catholique.[2] J'en croirai plus Henri IV lui-même que le jésuite Daniel. Sa lettre à la belle Gabrielle, *c'est demain que je fais le saut périlleux*, prouve au moins qu'il avait encore dans le cœur autre chose que du catholicisme.[3] Si son grand cœur avait été depuis longtemps si pénétré de la grâce efficace, il aurait peut-être dit à sa maîtresse: *ces évêques m'édifient*; mais il lui dit: *ces gens-là m'ennuient*.[4] Ces paroles sont-elles d'un bon catéchumène?

Ce n'est pas un sujet de pyrrhonisme que les lettres de ce grand homme à Corisande d'Andoin, comtesse de Grammont. Elles

---

a   K84, K12: Chapitre 33
7   K84, K12: depuis si longtemps

---

[1] This chapter was reprinted under the same title as a section of *QE*, article 'Ana, anecdotes' (*OCV*, vol.38, p.293-94).

[2] The Jesuit Gabriel Daniel (1649-1728) published the full edition of his *Histoire de France* in 1713. Voltaire annotated his copy extensively: BV938; *CN*, vol.3, p.25-43. Here he distorts his source, as Daniel explains why Henri IV postponed his official conversion so long, and relates the reasons given by Aubigné for the political motives which Henri IV may have had in converting. These motives, Daniel agrees, 'au moins ne manquent pas de vraisemblance' (*Histoire de France*, Paris, 1729, vol.9, p.670). Daniel stops short of calling the king a hypocrite, which, he writes, would be a sign of rash judgement.

[3] The exact wording of this letter, which appears under the date 23 July 1593 in L'Estoile's *Journal*, p.538, is: 'Ce sera dimanche que je ferai le saut périlleux'. The abjurement indeed took place on Sunday the 25th. Voltaire writes 'demain' also in ch.174 of *EM*, where he gives the date of the letter as the 24th (vol.2, p.294).

[4] The letter as quoted in L'Estoile's *Journal* reads 'J'ai cent importuns sur les épaules qui me font haïr saint-Denis' (p.294).

344

existent encore en original. L'auteur de l'*Essai sur l'esprit et les mœurs et sur l'histoire générale* rapporte plusieurs de ces lettres intéressantes.[5] En voici des morceaux curieux.

Tous ces empoisonneurs sont tous papistes. J'ai découvert un tueur pour moi – [6] Les prêcheurs romains prêchent tout haut qu'il n'y a plus qu'une mort à voir; ils admonestent tout bon catholique de prendre exemple[7] (sur l'empoisonnement du prince de Condé)[8] – Et vous êtes de cette religion![9] – Si je n'étais huguenot, je me ferais turc.[10]

Il est difficile après tous ces témoignages de la main de Henri IV d'être fermement persuadé qu'il fût catholique dans le cœur.

12-13 K84, K12: *sur les mœurs et l'esprit des nations* rapporte

[5] Voltaire received the 41 letters from a descendant of Corisande d'Andouin (D10528) and included them as an 'Addition' to ch.174 of *EM* (vol.2, p.559-67).
[6] 'Addition': Troisième lettre, p.562.
[7] 'Addition': Quatrième lettre, p.563.
[8] The phrase 'sur l'empoisonnement du prince de Condé' is not in the letters.
[9] 'Addition': Quatrième lettre, p.563.
[10] 'Addition': Cinquième lettre, p.563.

CHAPITRE 29

Bévue sur Henri IV[1]

Un autre historien moderne de Henri IV accuse du meurtre de ce héros le duc de Lerme, *c'est*, dit-il, *l'opinion la mieux établie*[2]. Il est évident que c'est l'opinion la plus mal établie. Jamais on n'en a parlé en Espagne; et il n'y eut en France que le continuateur du président de Thou[3] qui donna quelque crédit à ces soupçons vagues et ridicules. Si le duc de Lerme premier ministre employa Ravaillac, il le paya bien mal. Ce malheureux était presque sans argent quand il fut saisi. Si le duc de Lerme l'avait séduit ou fait séduire sous la promesse d'une récompense proportionnée à son attentat, assurément Ravaillac l'aurait nommé lui et ses émissaires quand ce n'eût été que pour se venger. Il nomma bien le jésuite d'Aubigny auquel il n'avait fait que montrer un couteau. Pourquoi aurait-il épargné le duc de Lerme? C'est une obstination bien

---

a   K84, K12: Chapitre 34
1   K84, K12: moderne [*with note*: M. de Buri]

---

[1] This chapter was reproduced as the section 'Autre bévue sur Henri IV' in *QE*, article 'Ana, anecdotes' (*OCV*, vol.38, p.295-96).

[2] Richard de Bury, *Histoire de la vie d'Henri IV*, vol.4, p.215-16. Bury (1730-1794), jurist and historiographer, published his *Histoire de la vie d'Henri IV* in 1765; Voltaire possesed the Paris 1766 edition (BV595), and described it in a letter to Damilaville the same year as 'une histoire de Henri IV qui m'ennuie et qui m'indigne' (D13302). A literary quarrel ensued and three years later, when Bury published a *Lettre sur quelques ouvrages de Monsieur de Voltaire* (Amsterdam [Paris], 1769), he perhaps foresaw the appearance of *Le Pyrrhonisme*: 'Mon style est fort au-dessous de cette belle et séduisante diction, qui n'appartient qu'à M. de Voltaire. Je sais qu'il va pleuvoir sur moi des torrents de satires' (p.121). See also 'Ana, anecdotes', p.281.

[3] Nicolas Rigault (1577-1654). Voltaire defends Jacques-Auguste de Thou (1553-1617) against Bury in *Le Président de Thou justifié contre les accusations de M. de Bury* (1766; *M*, vol.25, p.477-90).

étrange que celle de n'en pas croire Ravaillac dans son interrogatoire et dans les tortures![4] Faut-il insulter une grande maison   15
espagnole sans la moindre apparence de preuves?

Et voilà justement comme on écrit l'histoire.[5] La nation espagnole
n'a guère recours à ces crimes honteux, et les grands d'Espagne ont
eu dans tous les temps une fierté généreuse qui ne leur a pas permis
de s'avilir jusque-là.   20

Si Philippe II mit à prix la tête du prince d'Orange,[6] il eut du
moins le prétexte de punir un sujet rebelle, comme le parlement de
Paris mit à cinquante mille écus la tête de l'amiral Coligny, et
depuis celle du cardinal Mazarin.[7] Ces proscriptions publiques
tenaient de l'horreur des guerres civiles; mais comment le duc de   25
Lerme se serait-il adressé secrètement à un misérable tel que
Ravaillac?

14   K84, K12: de ne pas
17   K84, K12: l'histoire. ¶La

[4] See also the *Dissertation sur la mort de Henri IV*, where Voltaire places much
emphasis on Ravaillac's confession and insistence on having acted alone (*OCV*,
vol.2, p.344-45).
[5] *Charlot ou la comtesse de Givry*, I.vii (*M*, vol.6, p.359-61).
[6] See *EM*, ch.164 (vol.2, p.446).
[7] See *Le Siècle de Louis XIV*, ch.5 (*OH*, p.658, 666).

CHAPITRE 30

Bévue sur le maréchal d'Ancre[1]

Le même auteur[2] dit que *le maréchal d'Ancre et sa femme furent écrasés pour ainsi dire par la foudre*. L'un ne fut à la vérité écrasé qu'à coups de pistolets, et l'autre fut brûlée en qualité de sorcière. Un assassinat et un arrêt de mort rendu contre une maréchale de France, dame d'atour de la reine, réputée magicienne,[3] ne font honneur ni à la chevalerie ni à la jurisprudence de ce temps-là. Mais je ne sais pourquoi l'historien s'exprime en ces mots: *si ces deux misérables n'étaient pas complices de la mort du roi, ils méritaient du moins les plus rigoureux châtiments. Il est certain que du vivant même du roi, Concini et sa femme avaient avec l'Espagne des liaisons contraires aux desseins du roi.*

C'est ce qui n'est point du tout certain, cela n'est pas même vraisemblable. Ils étaient Florentins; le grand-duc de Florence avait reconnu le premier Henri IV; il ne craignait rien tant que le pouvoir de l'Espagne en Italie. Concini et sa femme n'avaient point de crédit du temps de Henri IV. S'ils avaient ourdi quelque trame

a   K84, K12: Chapitre 35

[1] This chapter and the next are combined and printed under the sub-heading 'Bévue sur le maréchal d'Ancre' as a section of *QE*, article 'Ana, anecdotes' (*OCV*, vol.38, p.296-98).

[2] Richard de Bury. See above, ch.29, n.2, and the section 'Autre bévue sur Henri IV' of 'Ana, anecdotes', p.295-96.

[3] The maréchale d'Ancre, Eleonora Dori Galigaï, was a favourite and mistress of the robes of Marie de Medicis. After the assassination of her husband, she too was eliminated. She was sent to trial where 'la pluralité fut pour brûler une maréchale de France comme sorcière. Elle fut traînée dans un tombereau à la Grève comme une femme de la lie du peuple. Toute la grâce qu'on lui fit fut de lui couper la tête avant de jeter son corps dans les flammes' (*Histoire du parlement de Paris*, ch.48, *OCV*, vol.68, p.402-404; see also *EM*, ch.55, vol.2, p.574).

348

avec le conseil de Madrid, ce ne pouvait être que par la reine. C'est donc accuser la reine d'avoir trahi son mari. Et encore une fois, il n'est pas permis d'inventer de telles accusations sans preuve. Quoi! un écrivain dans son grenier pourra prononcer une diffamation que 20 les juges les plus éclairés du royaume trembleraient d'écouter sur leur tribunal!

Pourquoi appeler un maréchal de France et sa femme, dame d'atour de la reine, *ces deux misérables*? Le maréchal d'Ancre qui avait levé une armée à ses frais contre les rebelles mérite-t-il une 25 épithète qui n'est convenable qu'à Ravaillac, à Cartouche, aux voleurs publics, aux calomniateurs publics?

17   K84, K12: que pour la

CHAPITRE 31

Réflexion[1]

Il n'est que trop vrai qu'il suffit d'un fanatique pour commettre un parricide sans aucun complot. Damiens n'en avait point. Il a répété quatre fois dans son interrogatoire qu'il n'a commis son crime que par principe de religion. Je puis dire qu'ayant été autrefois à portée de connaître les convulsionnaires, j'en ai vu plus de vingt capables d'une pareille horreur, tant leur démence était atroce. La religion mal entendue est une fièvre que la moindre occasion fait tourner en rage.

Le propre du fanatisme est d'échauffer les têtes. Quand le feu qui fait bouillir les cervelles superstitieuses a fait tomber quelques flammèches dans une âme insensée et atroce, quand un ignorant furieux croit imiter saintement Phinée, Aod, Judith, et leurs semblables,[2] cet ignorant a plus de complices qu'il ne pense. Bien des gens l'ont excité au parricide sans le savoir. Quelques personnes profèrent des paroles indiscrètes et violentes; un domestique les répète, il les amplifie, il les *enfuneste*[3] encore,

a   K84, K12: Chapitre 36
6   K84, K12: horreur; [*with note*: Un entre autres dont il a été question dans le procès de Damiens.] tant

[1] Although here entirely on the subject of Damiens, this chapter completes the section 'Bévue sur le maréchal d'Ancre' in *QE*, article 'Ana, anecdotes' (*OCV*, vol.38, p.296-98).

[2] The names of Ehud and Judith appear in a similar list of fanatics in a letter to Frederick the Great of 1739: 'Ai-je assez exprimé l'horreur que doivent inspirer les Ravaillac, les Poltrot, les Clément, les Felton, les Salcède, les Aod, j'ai pensé dire les Judith?' (D2106). See also the section 'Autre anecdote plus hasardée', of 'Ana, anecdotes', p.292.

[3] The term 'enfuneste' appears to be a creation of Voltaire's and is quoted from this passage in Littré, vol.3 (Paris, 1966). It does not seem to have been borrowed from Italian, which does have a verb, 'funestare', but not 'infunestare'.

comme disent les Italiens; un Châtel, un Ravaillac, un Damiens les recueillent, ceux qui les ont prononcées ne se doutent pas du mal qu'ils ont fait. Ils sont complices involontaires; mais il n'y a eu ni complot, ni instigation. En un mot on connaît bien mal l'esprit 20 humain si l'on ignore que le fanatisme rend la populace capable de tout.

CHAPITRE 32[a]

Du dauphin François[1]

Le dauphin François fils de François Ier joue à la paume, il boit beaucoup d'eau fraîche dans une transpiration abondante, on accuse l'empereur Charles-Quint de l'avoir fait empoisonner. Quoi! Le vainqueur aurait craint le fils du vaincu! Quoi! Il aurait fait périr à la cour de France le fils de celui dont alors il prenait deux provinces, et il aurait déshonoré toute la gloire de sa vie par un crime infâme et inutile! Il aurait empoisonné le dauphin en laissant deux frères pour le venger! L'accusation est absurde, aussi je me joins à l'auteur toujours impartial de l'*histoire générale* pour détester cette absurdité.

5

10

---

a   K84, K12: Chapitre 37
9   K84, K12: de l'*Essai sur les mœurs etc* pour

---

[1] See *EM*, ch.125: 'François, dauphin, fils de François Ier, meurt d'une pleurésie (1536): on accuse un Italien, nommé Montécuculli, son échanson, de l'avoir empoisonné; on regarde Charles-Quint comme l'auteur du crime. Qu'aurait gagné l'empereur à faire périr par le poison un prince de dix-huit ans qui n'avait jamais fait parler de lui, et qui avait un frère? Montécuculli fut écartelé: voilà ce qui est horrible' (vol.2, p.197). See also *Annales de l'Empire*, 'Charles-Quint', 1536, where Montecuculli's case is compared with that of other victims, among them Semblançay and the Maréchal d'Ancre (*M*, vol.13, p.505-506), and section 2 of *QE*, article 'Supplices' (*M*, vol.20, p.459-63). On 1 June 1768 Voltaire wrote to Jean Capperonnier: 'J'ai bientôt fait usage, Monsieur, du livre de la Bibliothèque royale que vous avez eu la bonté de me prêter. Il a été d'un grand secours à un pauvre feu historiographe de France tel que moi. Je voulais savoir si ce Montecuculo que nous appellons mal à propos Montecuculli, accusé par des médecins ignorants d'avoir empoisonné le dauphin François, par ce qu'il était chimiste, fut condamné par le Parlement ou par des Commissaires, ce que les historiens ne nous apprennent pas. Il se trouve qu'il fut condamné par le Conseil du Roi. J'en suis fâché pour François premier. La vérité est long temps cachée, il faut bien des peines pour la découvrir' (D15051). Voltaire had asked for the book on 13 May (D15015), surely an indication that he was already working on *Le Pyrrhonisme de l'histoire* in the early summer of 1768.

Mais le dauphin François avait auprès de lui un gentilhomme italien un comte Montecuculli qui lui avait versé l'eau fraîche dont il résulta une pleurésie. Ce comte était né sujet de Charles-Quint; il lui avait parlé autrefois; et sur cela seul on l'arrête, on le met à la torture; des médecins ignorants affirment que les tranchées causées par l'eau froide sont causées par l'arsenic. On fait écarteler Montecuculli; et toute la France traite d'empoisonneur le vainqueur de Soliman, le libérateur de la chrétienté, le triomphateur de Tunis, le plus grand homme de l'Europe! Quels juges condamnèrent Montecuculli? Je n'en sais rien; ni Mézerai, ni Daniel ne le disent. Le président Hénault dit: *Le dauphin François est empoisonné par Montecuculli son échanson, non sans soupçon contre l'empereur.*

Il est clair qu'il faut au moins douter du crime de Montecuculli. Ni lui ni Charles-Quint n'avaient aucun intérêt à le commettre. Montecuculli attendait de son maître une grande fortune, et l'empereur n'avait rien à craindre d'un jeune homme tel que François. Ce procès funeste peut donc être mis dans la foule des cruautés juridiques que l'ivresse de l'opinion, celle de la passion et l'ignorance ont trop souvent déployées contre les hommes les plus innocents.

12   K84, K12: comte [K12: de] Montecuculi [*passim*], qui

CHAPITRE 33

De Samblançey[1]

Ne peut-on pas mettre dans la même classe le supplice de Samblançey?[2] Le crime qu'on lui impute est beaucoup plus raisonnable que celui de Montecuculli. Il est bien plus ordinaire de voler le roi que d'empoisonner les dauphins. Cependant aujourd'hui les historiens sensés doutent que Samblançey fût coupable. Il fut jugé par des commissaires; c'est déjà un grand préjugé en sa faveur. La haine que lui portait le chancelier Duprat est encore un préjugé plus fort. On est réduit lorsqu'on lit les grands procès criminels à suspendre au moins son jugement entre les condamnés et les juges; témoin les arrêts rendus contre Jacques Cœur, contre Enguerand de Marigni, et tant d'autres. Comment donc pourrait-on croire aveuglément mille anecdotes rapportées par des historiens, puisqu'on ne peut même en croire des magistrats qui ont examiné les procès pendant des années entières?

On ne peut s'empêcher de faire ici une réflexion sur François Ier. Quel était donc le caractère de ce grand homme qui fait pendre le vieillard innocent Samblançey qu'il appelait son père; qui fait écarteler un gentilhomme italien parce que ses médecins sont des ignorants; qui dépouille le connétable de Bourbon de ses biens par

---

a   k84, k12: Chapitre 38
b   k84, k12: Samblançai [*passim*]
10   k12: témoins
11   k84, k12: Enguerrand
14-15   k84, k12: entières? On

---

[1] Jacques de Beaune Samblançay (Semblançey) (1454-1527) was a 'surintendant des finances, trahi, dit-on, par un de ses commis nommé Genti, jugé par commissaires, condamné à être pendu au gibet de Montfaucon' (*Histoire du parlement de Paris*, ch.16, *OCV*, vol.68, p.224).
[2] See ch.32, n.1.

l'injustice la plus criante;[3] qui ayant été vaincu par lui et fait   20
prisonnier, met ses deux enfants en captivité pour aller revoir Paris;
qui jure et promet même en parole d'honneur de rendre la
Bourgogne à Charles-Quint son vainqueur, et qui est obligé de
se déshonorer par politique; qui accorde aux Turcs dans Marseille
la liberté d'exercer leur religion et qui fait brûler à petit feu dans la   25
place de l'Estrapade de malheureux luthériens,[4] tandis qu'il leur
met les armes à la main en Allemagne?[5] Il a fondé le Collège royal.
Oui; mais est-on grand pour cela, et un collège répare-t-il tant
d'horreurs et tant de bassesses?

---

[3] Voltaire wrote at some length about Charles de Bourbon in *EM*, ch.123 (vol.2, p.182-85).

[4] On 28 April 1769 Voltaire had *Le Pyrrhonisme* visibly on his mind. He wrote to Gabriel Henri Gaillard: 'Je n'aime guère François Ier mais j'aime fort votre style, vos recherches, et surtout votre esprit de tolérance. Vous avez beau dire et beau faire, Charles Quint n'a jamais brûlé de Luthériens à petit feu; on ne les a pas guindés au haut d'une perche en sa présence pour les descendre à plusieurs reprises dans le bûcher, et pour leur faire savourer pendant cinq ou six heures les délices du martyre. [...] Rien n'est plus injuste que le procès intenté au connétable qui s'en vengea si bien, et que le supplice de Semblançey qui ne fut vengé par personne. L'atrocité et la bêtise d'accuser un pauvre chimiste italien d'avoir empoisonné le Dauphin son maître à l'instigation de Charles Quint, doit couvrir François Ier d'une honte éternelle' (D15614).

[5] See also *EM*, ch.124, vol.2, p.186-92.

CHAPITRE 34

Des Templiers[1] [a]

Que dirons-nous du massacre ecclésiastique juridique des Templiers? Leur supplice fait frémir d'horreur. L'accusation laisse[2] dans nos esprits plus que de l'incertitude. Je crois bien plus à quatre-vingts gentilshommes qui protestent de leur innocence devant Dieu en mourant, qu'à cinq ou six prêtres qui les condamnent.   5

a   K84, K12: Chapitre 39
2   K84, K12: L'accusateur laisse

[1] See *DP*, article 'Conciles': 'Concile général à Vienne en Dauphiné en 1311, où l'on abolit l'ordre des Templiers, dont les principaux membres avaient été condamnés au plus horrible supplice, sur les accusations les moins prouvées' (*OCV*, vol.35, p.628); see also *EM*, ch.66 (vol.1, p.658-63).

CHAPITRE 35

Du pape Alexandre VI[1]

Le cardinal Bembo, Paul Jove, Tomasi et enfin Guichardin semblent croire que le pape Alexandre VI mourut du poison qu'il avait préparé de concert avec son bâtard César Borgia au cardinal Sant-Agnolo, au cardinal de Capoue, à celui de Modène et à plusieurs autres. Mais ces historiens ne l'assurent pas positive- 5 ment. Tous les ennemis du Saint-Siège ont accrédité cette horrible anecdote. Je suis comme l'auteur de l'*Essai sur l'histoire générale*, je n'en crois rien; et ma grande raison, c'est qu'elle n'est point du tout vraisemblable.[2] Le pape et son bâtard étaient sans contredit les deux plus grands scélérats parmi les puissances de l'Europe; mais 10 ils n'étaient pas des fous.

Il est évident que l'empoisonnement d'une douzaine de cardi- naux à souper, aurait rendu le père et le fils si exécrables, que rien n'aurait pu les sauver de la fureur du peuple romain et de l'Italie entière. Un tel crime n'aurait jamais pu être caché, quand même il 15 n'aurait pas été puni par l'Italie conjurée; il était directement contraire aux vues de César Borgia. Le pape son père était sur le bord de son tombeau. Borgia avec sa brigue pouvait faire élire une

---

a   K84, K12: Chapitre 40
7   K84, K12: *sur les mœurs etc*, je
16 K84, K12: était d'ailleurs directement

---

[1] See *Les Droits des hommes et les usurpations des autres*, above, where Voltaire wrote of Alexandre VI: 'L'Italie parle encore du poison qu'on prétendit qu'il prépara pour quelques cardinaux, et dont on croit qu'il mourut lui-même' (lignes 573-74). See also *EM*, ch.111, vol.2, p.97.

[2] *EM*, ch.111: 'Tous les historiens se plaisent à transmettre à la postérité que ce pape mourut du poison qu'il avait destiné dans un festin à plusieurs cardinaux: trépas digne en effet de sa vie; mais le fait est bien peu vraisemblable' (p.98).

de ses créatures, est-ce un moyen pour gagner les cardinaux que d'en empoisonner douze?

Enfin les registres de la maison d'Alexandre VI le font mourir d'une fièvre double tierce, poison assez dangereux pour un vieillard qui est dans sa soixante et treizième année.

CHAPITRE 36

De Louis XIV

Je suppose que dans cent ans presque tous nos livres soient perdus, et que dans quelque bibliothèque d'Allemagne on retrouve l'*Histoire de Louis XIV* par La Hode sous le nom de La Martinière,[1] *la Dixme royale* de Boisguilbert sous le nom du maréchal de Vauban,[2] les *Testaments* de Colbert et de Louvois fabriqués par Gatien de Courtils,[3] l'*Histoire de la régence du duc d'Orléans* par le même La Hode ci-devant jésuite,[4] les *Mémoires de madame de Maintenon* par La Beaumelle,[5] et cent autres ridicules romans de cette espèce; je suppose qu'alors la langue française soit une langue savante dans le fond de l'Allemagne, que d'exclamations les commentateurs de ce pays-là ne feraient-ils point sur ces précieux monuments échappés aux injures du temps? Comment pourraient-ils ne pas voir en eux les archives de la vérité? Les

---

a K84, K12: Chapitre 41
6 K84, K12: Courtilz

---

[1] *Histoire de la vie et du règne de Louis XIV* [...] *publiée par Mr. Bruzen de La Martinière* (The Hague, 1740-1742). Antoine-Augustin de La Martinière was an alias of La Mothe La Hode (*c.*1680-1738), a Jesuit who had escaped to Holland.

[2] Voltaire was mistaken about the authorship of *La Dîme royale*, which was in fact not by Boisguilbert, but by Vauban himself. See *DP*, article 'Etats, gouvernements': 'M. de Boisguilbert, auteur du Détail de la France, imprimé en 1695, donna le projet inexécutable de la dîme royale, sous le nom du maréchal de Vauban' (*OCV*, vol.36, p.70).

[3] These works, often attributed to Gatien de Courtilz, may not be by him, although Voltaire evidently thought that they were (see *Des mensonges imprimés*, ch.1, *OCV*, vol.31B, p.354, n.6).

[4] *La Vie de Philippe d'Orléans, régent du Royaume* (London [The Hague], 1737; BV1899).

[5] *Mémoires pour servir à l'histoire de madame de Maintenon, et à celle du siècle passé* (Avignon, 1757; BV1794); see *CN*, vol.5, p.25-38.

auteurs de ces livres étaient tous des contemporains qui ne pouvaient être ni trompés ni trompeurs. C'est ainsi qu'on jugerait. Cette seule réflexion ne doit-elle pas nous inspirer un peu de défiance sur plus d'un livre de l'antiquité?

CHAPITRE 37

Bévues et doutes

Quelles erreurs grossières, quelles sottises ne débite-t-on pas tous les jours dans les livres qui sont entre les mains des grands et des petits et même des gens qui savent à peine lire? L'auteur de l'*Essai sur l'esprit et les mœurs des nations et sur l'histoire générale* ne nous fait-il pas remarquer qu'il se débite tous les ans dans l'Europe ⁵ quatre cent mille almanachs[1] qui nous indiquent les jours propres à être saignés ou purgés, et qui prédisent la pluie? Que presque tous les livres sur l'économie rustique enseignent la manière de multiplier le blé et de faire pondre des coqs? N'a-t-il pas observé que depuis Moscou jusqu'à Strasbourg et à Bâle on met dans les mains ¹⁰ de tous les enfants la géographie d'Hubner,[2] et voici ce qu'on leur apprend dans cette géographie.

Que *l'Europe contient trente millions d'habitants*,[3] tandis qu'il est

a   K84, K12: Chapitre 42
3   K84, K12: même de gens
4   K84, K12: *sur les mœurs et l'esprit des nations* ne

[1] 'Nous insultons à la crédulité des Indiens, et nous ne songeons pas qu'il se vend en Europe, tous les ans, plus de trois cent mille exemplaires d'almanachs, remplis d'observations non moins fausses, et d'idées non moins absurdes' (*EM*, ch.157, vol.2, p.405-406).
[2] 'Il y a des sottises convenues qu'on réimprime tous les jours sans conséquence, et qui servent même à l'éducation de la jeunesse. La *Géographie* d'Hubner est mise entre les mains des enfants, depuis Moscou jusqu'à Strasbourg' (*Les Honnêtetés littéraires*, M, vol.26, p.121). Voltaire possessed Johann Hübner's *La Géographie universelle* (BV1686).
[3] Voltaire wrote elsewhere: 'Hubner, dans sa géographie, ne donne à l'Europe que trente millions d'habitants; il peut s'être trompé aisément d'environ cent millions' (*Supplément à l'Essai sur les mœurs*, remarque 19, 'De la population', *EM*, vol.2, p.943). See also *Honnêtetés littéraires*, 'Première honnêteté' (M, vol.26, p.121-22). For comments on Voltaire's demographic views, see *DP*, article 'De la Chine', *OCV*, vol.35, p.538 n.28.

évident qu'il y en a plus de cent millions, qu'*il n'y a pas une lieue de terrain inhabitée*, tandis qu'il y a plus de deux cents lieues de déserts dans le nord et plus de cent lieues de montagnes arides ou couvertes de neiges éternelles, sur lesquelles ni un homme ni un oiseau ne s'arrête.

Il enseigne que *Jupiter se changea en taureau pour mettre au monde Europe treize cents ans* jour pour jour *avant Jésus-Christ*, et que d'ailleurs *tous les Européens descendent de Japhet*.[4]

Quels détails sur les villes! L'auteur va jusqu'à dire à la face des Romains et de tous les voyageurs que *l'église de Saint-Pierre a huit cent quarante pieds de longueur*. Il augmente les domaines du pape comme il allonge son église. Il lui donne libéralement le duché de Bénévent, quoiqu'il n'ait jamais possédé que la ville. Il y a peu de pages où il ne se trouve de semblables bévues.

Consultez les tables de Lenglet, vous y trouverez encore que Hatton archevêque de Mayence fut assiégé dans une cour par des rats, pris par des rats et mangé par des rats,[5] qu'on vit des armées célestes combattre en l'air et que deux armées de serpents se livrèrent sur la terre une sanglante bataille.

Encore une fois si dans notre siècle qui est celui de la raison, on publie de telles pauvretés, que n'a-t-on pas fait dans les siècles des fables! Si on imprime publiquement dans les plus grandes capitales tant de mensonges historiques, que d'absurdités n'écrivait-on pas obscurément dans de petites provinces barbares! absurdités multipliées avec le temps par des copistes, et autorisées ensuite par des commentaires!

---

29   κ84, κ12: une tour par

[4] This paragraph is almost word for word from *Les Honnêtetés littéraires*, 'Première honnêteté' (*M*, vol.26, p.121).

[5] 'Hatton est si incommodé des rats et des souris, qu'il est obligé de se refugier dans une tour, qu'il fait bâtir au milieu du Rhin. Cette précaution lui est inutile, car ces insectes le suivent, le rongent et le font mourir' (Lenglet-Dufresnoy, *Tablettes chronologiques de l'histoire universelle, sacrée et profane, ecclésiastique et civile*, The Hague, 1745, 'l'année 969', vol.2, p.128; BV2042).

Enfin, si les événements les plus intéressants, les plus terribles   40
qui se passent sous nos yeux sont enveloppés d'obscurités
impénétrables, que sera-ce des événements qui ont vingt siècles
d'antiquité? Le grand Gustave est tué dans la bataille de Leipsick;[6]
on ne sait s'il a été assassiné par un de ses propres officiers. On tire
des coups de fusil dans les carrosses du grand Condé; on ignore si   45
cette manœuvre est de la cour ou de la Fronde. Plusieurs
principaux citoyens sont assassinés dans l'hôtel de ville en ces
temps malheureux; on n'a jamais su quelle fut la faction coupable
de ces meurtres. Tous les grands événements de ce globe sont
comme ce globe même, dont une moitié est exposée au grand jour   50
et l'autre plongée dans l'obscurité.

43   K84, K12: de Lutzen;

[6] Gustavus Adolphus, king of Sweden, was killed at the battle of Lützen, close to
Leipsig, in 1632.

CHAPITRE 38

Absurdité et horreur

Que l'on se trompe sur le nombre des habitants du royaume, leur argent comptant, leur commerce, il n'y a que du papier de perdu. Que dans le loisir des grandes villes on se soit trompé sur les travaux de la campagne, les laboureurs n'en savent rien, et vendent leur blé aux discoureurs. Des hommes de génie peuvent tomber impunément dans quelques erreurs sur la formation d'un fœtus et sur celle des montagnes, les femmes font toujours des enfants comme elles peuvent, et les montagnes restent à leur place.[1]

Mais il y a un genre d'hommes funeste au genre humain qui subsiste encore tout détesté qu'il est, et qui peut-être subsistera encore quelques années. Cette espèce bâtarde est nourrie dans les disputes de l'école qui rendent l'esprit faux et qui gonflent le cœur d'orgueil. Indignés de l'obscurité où leur métier les condamne, ils se jettent sur les gens du monde qui ont de la réputation, comme autrefois les crocheteurs de Londres se battaient à coups de poing contre ceux qui passaient dans les rues avec un habit galonné. Ce sont ces misérables qui appellent le président de Montesquieu impie, le conseiller d'Etat La Mothe Le Vayer déiste, le chancelier de L'hôpital athée. Mille fois flétris, ils n'en sont que plus audacieux, parce que sous le masque de la religion ils croient pouvoir nuire impunément.

a   k84, k12: Chapitre 43
1   k84, k12: habitants d'un royaume

[1] See Buffon's *Histoire naturelle*, article 19 (Paris, 1749), vol.1, p.597-98. See also *Des Singularités de la nature*, ch.11 (*M*, p.140-44), and a letter the following year to Frederick the Great: 'je ne pus m'empêcher de rire aussi de tous ces beaux systèmes, de celui de Buffon qui prétend que les Alpes ont été fabriquées par la mer' (D16602, 20 August 1770). The mention of foetal development refers to *Vénus physique*, by Maupertuis, and Buffon's *Histoire naturelle*, vol.2.

Par quelle fatalité tant de théologiens mes confrères ont-ils été de tous les gens de lettres les plus hardis calomniateurs, si pourtant on peut donner le titre d'hommes de lettres à ces fanatiques? C'est qu'ils ne craignent rien quand ils mentent. Si on pouvait lire leurs écrits polémiques ensevelis dans la poussière des bibliothèques, on y verrait continuellement la Sorbonne et les maisons professes des jésuites transférées aux halles.

Les jésuites surtout poussèrent l'impudence aux derniers excès quand ils furent puissants, lorsqu'ils n'écrivaient pas des lettres de cachet, ils écrivirent des libelles.

On est obligé d'avouer que ce sont des gens de cet affreux caractère qui ont attiré sur leurs confrères les coups dont ils sont écrasés, et qui ont perdu à jamais un ordre dans lequel il y a eu des hommes respectables. Il faut convenir que ce sont des énergumènes tels que les Patouillet et les Nonotte qui ont enfin soulevé toute la France contre les jésuites. Plus les gens habiles de leur ordre avaient de crédit à la cour, plus les petits pédants de leurs collèges étaient impudents à la ville.[2]

Un de ces malheureux ne s'est pas contenté d'écrire contre tous les parlements du royaume du style dont Guignard écrivit contre Henri IV. Ce fou vient de faire un ouvrage contre presque tous les gens de lettres illustres, et toujours dans le dessein de venger Dieu, qui pourtant semble un peu abandonner les jésuites. Il intitule sa rapsodie *Antiphilosophique*,[3] elle l'est bien en effet; mais il pouvait l'intituler aussi Antihumaine, Antichrétienne.

Croirait-on bien que cet énergumène à l'article *Fanatisme* fait l'éloge de cette fureur diabolique! Il semble qu'il ait trempé sa plume dans l'encrier de Ravaillac. Du moins Néron ne fit point

---

35   K12: faut aussi convenir

[2] See *Les Honnêtetés littéraires*, 'Vingt-deuxième honnêteté', 'Petite digression' (*M*, vol.26, p.152-54).
[3] The abbé Louis-Mayeul Chaudon (1737-1817) published his *Dictionnaire antiphilosophique* (Avignon, 1767), using his enemy's own tactics (BV728). Voltaire expressed his fury on many occasions.

l'éloge du parricide; Alexandre VI ne vanta point l'empoisonne- 5
ment et l'assassinat. Les plus grands fanatiques déguisaient leurs
fureurs sous le nom d'un saint enthousiasme, d'un divin zèle; enfin
nous avons *confitentem fanaticum*.

Le monstre crie sans cesse, Dieu, Dieu, Dieu! Excrément de la
nature humaine, dans la bouche de qui le nom de Dieu devient un 5
sacrilège, vous qui ne l'attestez que pour l'offenser et qui vous
rendez plus coupables encore par vos calomnies, que ridicules par
vos absurdités; vous le mépris et l'horreur de tous les hommes
raisonnables, vous prononcez le nom de Dieu dans tous vos libelles
comme des soldats qui s'enfuient en criant: *Vive le roi*! 6

Quoi! c'est au nom de Dieu que vous calomniez! Vous dites
qu'un homme très connu,[4] devant qui vous n'oseriez paraître, a
conjuré en secret avec les prêtres d'une ville célèbre[5] pour y établir
le socinianisme, vous dites que ces prêtres viennent tous les soirs
souper chez lui et qu'ils lui fournissent des arguments contre vos 6
sottises. Vous en avez menti, mon révérend père: *mentiris
impudentissime*, comme disait Pascal.[6] Les portes de cette ville
sont fermées avant l'heure du souper. Jamais aucun prêtre de cette
ville n'a soupé dans son château qui est à deux lieues; il ne vit avec
aucun, il n'en connaît aucun; c'est ce que vingt mille hommes 7
peuvent attester.

Vous pensez que les parlements vous ont conservé le privilège
de mentir, comme on dit que les galériens peuvent voler impunément.

Quelle rage vous pousse à insulter par les plus plates impostures 7
un avocat du parlement de Paris célèbre dans les lettres;[7] et un des

---

69 K84, K12: qui en est
76 K84, K12: lettres, [*with note*: M. Saurin.]

---

[4] Voltaire himself.

[5] Geneva.

[6] In the fifteenth of the *Lettres provinciales*.

[7] Bernard Joseph Saurin (1760-1781), Protestant, lawyer, poet and dramatist, was
favourable to the *philosophes*. Voltaire occasionally corresponded with him in the
time surrounding the writing of *Le Pyrrhonisme* (D15119, D15395, D15572, D16248).

premiers savants de l'Europe[8] honoré des bienfaits d'une tête couronnée[9] qui par là s'est honorée à jamais; et un homme aussi illustre par ses bienfaits que par son esprit, dont la respectable épouse est parente du plus noble et du plus digne ministre qu'ait eu 80 la France, et qui a des enfants dignes de son mari et d'elle?[10]

Vous êtes assez lâche pour remuer les cendres de M. de Montesquieu afin d'avoir occasion de parler de je ne sais quel brouillon de jésuite irlandais nommé Routh,[11] qu'on fut obligé de chasser de sa chambre, où cet intrus s'établissait en député de la 85 superstition et pour se faire de fête, tandis que Montesquieu environné de sages mourait en sage. Jésuite, vous insultez au mort, après qu'un jésuite a osé troubler la dernière heure du mourant, et vous voulez que la postérité vous déteste comme le siècle présent vous abhore depuis le Mexique jusqu'en Corse. 90

Crie encore: Dieu, Dieu, Dieu! Tu ressembleras à ce prêtre irlandais qu'on allait pendre pour avoir volé un calice: 'Voyez, disait-il, comme on traite les bons kétéliques qui sont venus en France pour la rlichion!'[12]

---

78 K84, K12: jamais; [*with note*: M. Diderot.]
81 K84, K12: d'elle? [*with note*: M. Helvétius.]

---

[8] Diderot.
[9] Catherine the Great.
[10] The Kehl editors suggest Helvétius.
[11] Bernard Routh (1695-1768) came from an Irish family which had settled in France. O. R. Taylor declares: 'le père Bernard Routh, écrivain et savant respecté au XVIIIe siècle, ami de Montesquieu qu'il a confessé sur son lit de mort, et l'une des bêtes noires de Voltaire qui, plus ou moins sincèrement, l'accuse d'avoir rendu malheureux les derniers moments de l'auteur des *Lettres persanes* et le transforme, pour la postérité, en symbole de l'intolérance ecclésiastique' ('Bernard Routh et la mort de Montesquieu', *French Studies*, vol.3, no.2, 1949, p.101-21). See also Robert Shackleton, *Montesquieu: a critical biography* (Oxford, 1961), p.394-98. Voltaire also savages Routh in *L'Homme aux quarante écus*, 'Scélérat chassé' (*OCV*, vol.66, p.393-94).
[12] The source of this anecdote is unknown. It attempts to reproduce the pronunciation of an Irishman speaking French.

Chaque siècle, chaque nation a eu ses Garasses.[13] C'est une 9
chose incompréhensible que cette multitude de calomnies dévotement vomies dans l'Europe par des bouches infectées qui se
disaient sacrées! C'est après l'assassinat et le poison le crime le
plus grand, et c'est celui qui a été le plus commun.

FIN

[13] François Garasse (1585-1631), a Jesuit preacher who attacked the *libertins*.
Voltaire owned his *Doctrine curieuse des beaux esprits de ce temps, ou prétendus tels*
(Paris, 1624; BV1429) and uses his name to symbolise those who fought the
philosophes.

APPENDIX

Additional chapters from the Kehl edition

The first two of these chapters seem to follow from the begining of chapter 2 of the base text, where Voltaire devotes a paragraph to Rollin and Hérodote.

---

6. *De l'Histoire d'Hérodote*[1]

Presque tout ce qu'il raconte sur la foi des étrangers est fabuleux, mais tout ce qu'il a vu est vrai. On apprend de lui, par exemple, quelle extrême opulence et quelle splendeur régnaient dans l'Asie Mineure, aujourd'hui, dit-on, pauvre et dépeuplée. Il a vu à Delphes les présents d'or prodigieux que les rois de Lydie avaient   5
envoyés au temple; et il parle à des auditeurs qui connaissaient Delphes comme lui. Or quel espace de temps a dû s'écouler avant que les rois de Lydie eussent pu amasser assez de trésors superflus pour faire des présents si considérables à un temple étranger!

Mais quand Hérodote rapporte les contes qu'il a entendus, son   10
livre n'est plus qu'un roman qui ressemble aux fables milésiennes.[2]

---

[1] This chapter is taken from Voltaire's article 'Histoire' in the *Encyclopédie* (*OCV*, vol.33, p.169-72, lines 148-211 and notes), with some minor changes. The chapter was sent to D'Alembert in 1758. It also appeared in *QE*, 7ᵉ partie (1771), p.32-35.

[2] Here is a clear statement underlining Voltaire's recurrent attack on the unreliability of oral history. See the 1751 'Pyrrhonisme de l'histoire': 'Mais les prêtres égyptiens étaient tous sorciers, et Hérodote admire la science profonde qu'ils avaient de la diablerie: ne croyez pas tout ce que vous dit Hérodote' (*OCV*, vol.4, p.568). See also *Notebooks II*: 'tous les gens de bon sens avouent qu'Hérodote est un romancier' (*OCV*, vol.82, p.641).

C'est un Candaule qui montre sa femme toute nue à son ami Gygès; c'est cette femme qui par modestie ne laisse à Gygès que le choix de tuer son mari, d'épouser la veuve, ou de périr.

C'est un oracle de Delphes qui devine que, dans le même temps qu'il parle, Crésus à cent lieues de là fait cuire une tortue dans un plat d'airain.

C'est dommage que Rollin, d'ailleurs estimable, répète tous les contes de cette espèce. Il admire la science de l'oracle et la véracité d'Apollon, ainsi que la pudeur de la femme du roi Candaule; et à ce sujet il propose à la police d'empêcher les jeunes gens de se baigner dans la rivière. Le temps est si cher, et l'histoire si immense qu'il faut épargner aux lecteurs de telles fables et de telles moralités. [3]

L'histoire de Cyrus est toute défigurée par des traditions fabuleuses. Il y a grande apparence que ce Kiro ou Kosrou, qu'on nomme Cyrus, à la tête des peuples guerriers d'Elam, conquit en effet Babylone amollie par les délices. Mais on ne sait pas seulement quel roi régnait alors à Babylone; les uns disent Balthazar, les autres Anaboth. Hérodote fait tuer Cyrus dans une expédition contre les Massagètes. Xénophon dans son roman moral et politique [4] le fait mourir dans son lit.

On ne sait autre chose dans ces ténèbres de l'histoire, sinon qu'il y avait depuis très longtemps de vastes empires et des tyrans dont la puissance était fondée sur la misère publique; que la tyrannie était parvenue jusqu'à dépouiller les hommes de leur virilité pour s'en servir à d'infâmes plaisirs au sortir de l'enfance, et pour les employer dans leur vieillesse à la garde des femmes; que la superstition gouvernait les hommes; qu'un songe était regardé comme un avis du ciel, et qu'il décidait de la paix et de la guerre, etc.

---

[3] On Rollin, see ch.2, n.1, above.

[4] The *Cyropaedia* of Xenophon is an idealised biography of Cyrus the Elder. In *PH*, ch.11, Voltaire wrote: 'Xénophon fait de la vie de Cyrus un roman moral, à peu près semblable à notre Télémaque' (*OCV*, vol.59, p.126). In his notes to this chapter, Brumfitt remarks: 'Voltaire has possibly read Herodotus's and Xenophon's accounts of Cyrus, though the information he gives here could well come from Rollin' (*Voltaire historian*, p.286).

A mesure qu'Hérodote dans son histoire se rapproche de son temps, il est mieux instruit et plus vrai. Il faut avouer que l'histoire ne commence pour nous qu'aux entreprises des Perses contre les Grecs. On ne trouve avant ces grands événements que quelques récits vagues, enveloppés de contes puérils. Hérodote devient le modèle des historiens quand il décrit ces prodigieux préparatifs de Xerxès pour aller subjuguer la Grèce, et ensuite l'Europe. Il exagère sans doute le nombre de ses soldats; mais il les mène avec une exactitude géographique de Suze jusqu'à la ville d'Athènes. Il nous apprend comment étaient armés tant de peuples différents que ce monarque traînait après lui: aucun n'est oublié du fond de l'Arabie et de l'Egypte jusqu'au delà de la Bactriane et de l'extrémité septentrionale de la mer Caspienne, pays alors habité par des peuples puissants, et aujourd'hui par des Tartares vagabonds. Toutes les nations, depuis le Bosphore de Thrace jusqu'au Gange, sont sous ses étendards.

On voit avec étonnement que ce prince possédait plus de terrain que n'en eut l'empire romain. Il avait tout ce qui appartient aujourd'hui au Grand Mogol en-deçà du Gange; toute la Perse et tout le pays des Usbecks, tout l'empire des Turcs si vous en exceptez la Romanie; mais en récompense il possédait l'Arabie. On voit par l'étendue de ses Etats quel est le tort des déclamateurs en vers et en prose, de traiter de fou Alexandre,[5] vengeur de la Grèce, pour avoir subjugué l'empire de l'ennemi des Grecs. Il alla en Egypte, à Tyr et dans l'Inde, mais il le devait; et Tyr, l'Egypte et l'Inde appartenaient à la puissance qui avait ravagé la Grèce.

---

[5] Voltaire defended Alexander elsewhere by writing: 'on trouve assez étrange que Boileau le traite de fou' (*M*, vol.17, p.107).

7. Usage qu'on peut faire d'Hérodote[6]

Hérodote eut le même mérite qu'Homère; il fut le premier historien comme Homère le premier poète épique, et tous deux saisirent les beautés propres d'un art qu'on croit inconnu avant eux. C'est un spectacle admirable dans Hérodote que cet empereur de l'Asie et de l'Afrique, qui fait passer son armée immense sur un pont de bateaux d'Asie en Europe qui prend la Thrace, la Macédoine, la Thessalie, l'Achaïe supérieure, et qui entre dans Athènes abandonnée et déserte. On ne s'attend point que les Athéniens sans ville, sans territoire, réfugiés sur leurs vaisseaux avec quelques autres Grecs, mettront en fuite la nombreuse flotte du grand roi; qu'ils rentreront chez eux en vainqueurs, qu'ils forceront Xerxès à ramener ignominieusement les débris de son armée, et qu'ensuite ils lui défendront par un traité de naviguer sur leurs mers. Cette supériorité d'un petit peuple généreux, libre, sur toute l'Asie esclave, est peut-être ce qu'il y a de plus glorieux chez les hommes. On apprend aussi par cet événement que les peuples de l'Occident ont toujours été meilleurs marins que les peuples asiatiques. Quand on lit l'histoire moderne, la victoire de Lépante[7] fait souvenir de celle de Salamine,[8] et on compare dom Juan d'Autriche et Colonne à Thémistocle et à Eurybiades.[9] Voilà peut-être le seul fruit qu'on peut tirer de la connaissance de ces temps reculés.

[6] The opening paragraph of this chapter had already appeared in the article 'Histoire' in the *Encyclopédie* in 1765 (*OCV*, vol.33, p.172, lines 212-33), with two minor variants. The chapter was subsequently printed in *QE*, 7ᵉ partie (1771), p.35-38.

[7] John of Austria defeated the Turks at the battle of Lepanto in 1571. See *EM*, ch.160 (vol.2, p.421-24).

[8] See *Epître à l'impératrice de Russie* (1771): 'La bataille de Salamine est un combat naval dans lequel Thémistocle défit la flotte de Xerxès, après que ce monarque eut réduit en cendres la ville d'Athènes' (*OCV*, vol.73, p.449).

[9] Eurybiades was a Spartan nobleman and commander in the allied Greek fleet against Xerxes.

Il est toujours bien hardi de vouloir pénétrer dans les desseins de Dieu; mais cette témérité est mêlée d'un grand ridicule quand on veut prouver que le Dieu de tous les peuples de la terre, et de toutes les créatures des autres globes, ne s'occupait des révolutions de l'Asie, et qu'il n'envoyait lui-même tant de conquérants les uns après les autres, qu'en considération du petit peuple juif, tantôt pour l'abaisser, tantôt pour le relever, toujours pour l'instruire, et que cette petite horde opiniâtre et rebelle était le centre et l'objet des révolutions de la terre.

Si le conquérant mémorable qu'on a nommé Cyrus se rend maître de Babylone, c'est uniquement pour donner à quelques Juifs la permission d'aller chez eux. Si Alexandre est vainqueur de Darius, c'est pour établir des fripiers juifs dans Alexandrie. Quand les Romains joignent la Syrie à leur vaste domination, et englobent le pays de Judée dans leur empire, c'est encore pour instruire les Juifs. Les Arabes et les Turcs ne sont venus que pour corriger ce peuple. Il faut avouer qu'il a eu une excellente éducation; jamais on n'eut tant de précepteurs, et jamais on n'en profita si mal.

On serait aussi bien reçu à dire que Ferdinand et Isabelle ne réunirent les provinces d'Espagne que pour chasser une partie des Juifs, et pour brûler l'autre; que les Hollandais n'ont secoué le joug du tyran Philippe II que pour avoir dix mille Juifs dans Amsterdam, et que Dieu n'a établi le chef visible de l'Eglise catholique au Vatican, que pour y entretenir des synagogues moyennant finance. Nous savons bien que la Providence s'étend sur toute la terre; mais c'est par cette raison-là même qu'elle n'est pas bornée à un seul peuple.

8. *De Thucydide*[10]

Revenons aux Grecs. Thucydide, successeur d'Hérodote, se borne à nous détailler l'histoire de la guerre du Péloponèse,[11] pays qui n'est pas plus grand qu'une province de France ou d'Allemagne, mais qui a produit des hommes en tout genre dignes d'une réputation immortelle: et comme si la guerre civile, le plus horrible des fléaux, ajoutait un nouveau feu et de nouveaux ressorts à l'esprit humain, c'est dans ce temps que tous les arts florissaient en Grèce. C'est ainsi qu'ils commencent à se perfectionner ensuite à Rome dans d'autres guerres civiles du temps de César; et qu'ils renaissent encore dans notre quinzième et seizième siècle de l'ère vulgaire, parmi les troubles de l'Italie.

———————

10. *Des villes sacrées*[12]

Ce qu'il eût fallu bien remarquer dans l'histoire ancienne, c'est que toutes les capitales et même plusieurs villes médiocres furent appelées *sacrées*, *villes de Dieu*. La raison en est qu'elles étaient fondées sous les auspices de quelque dieu protecteur.

Babylone signifiait la *ville de Dieu*, du père Dieu.[13] Combien de

---

[10] With the exception of the opening words, the whole of this paragraph is taken from the article 'Histoire' for the *Encyclopédie* (*OCV*, vol.33, p.173, lines 234-44), with an identical text. The chapter was later reproduced in *QE*, 7ᵉ partie (1771), p.38.

[11] Voltaire possessed a copy of the *Histoire de la guerre du Péloponèse* (Paris, 1714; BV3298).

[12] This chapter appeared in an identical form in *QE*, 7ᵉ partie (1771).

[13] 'Il paraît, par le nom même de Babylone, qu'elle existait longtemps avant Nabonassar. C'est la ville du *Père Bel*. *Bab* signifie *père* en chaldéen, comme l'avoue Herbelot. Bel est le nom du Seigneur. Les Orientaux ne la connurent jamais que sous le nom de Babel, la ville du Seigneur, la ville de Dieu, ou, selon d'autres, la porte de Dieu' (*EM*, vol.1, p.37).

villes dans la Syrie, dans la Parthie, dans l'Arabie, dans l'Egypte n'eurent point d'autre nom que celui de *ville sacrée*? Les Grecs les appelèrent *Diospolis*, *Hierapolis*, en traduisant leur nom exactement. Il y avait même jusqu'à des villages, jusqu'à des collines sacrées, Hieracome, Hierabolis, Hierapetra. Les forteresses, surtout Hieragherma,[14] étaient habitées par quelque dieu.

Ilion, la citadelle de Troye, était toute divine; elle fut bâtie par Neptune. Le palladium lui assurait la victoire sur tous ses ennemis. La Mecque, devenue si fameuse, plus ancienne que Troye, était sacrée. Aden ou Eden, sur le bord méridional de l'Arabie, était aussi sacrée que la Mecque, et plus antique.

Chaque ville avait ses oracles, ses prophéties qui lui promettaient une durée éternelle, un empire éternel, des prospérités éternelles, et toutes furent trompées.

Outre le nom particulier que chaque métropole s'était donné, et auquel elle joignait toujours les épithètes de divin, de sacré, elles avaient un nom secret et plus sacré encore, qui n'était connu que d'un petit nombre de prêtres auxquels il n'était permis de le prononcer que dans d'extrêmes dangers, de peur que ce nom connu des ennemis ne fût invoqué par eux, ou qu'ils ne l'employassent à quelque conjuration, ou qu'ils ne s'en servissent pour engager le dieu tutélaire à se déclarer contre la ville.

Macrobe nous dit que le secret fut si bien gardé chez les Romains que lui-même n'avait pu le découvrir. L'opinion qui lui paraît la plus vraisemblable est que ce nom était *Opis consiva* ou *Ops consiva* (a); Angelo Politiano[15] prétend que ce nom était Amarillis, mais il en faut croire plutôt Macrobe qu'un étranger du seizième siècle.

(a) Macrob. liv. III, chap.IX.

[14] A footnote in the Moland edition states: 'Ville de l'ancienne Mysie, et dont la position se retrouve, suivant Danville, dans un lieu nommé aujourd'hui Ghermasti' (*M*, vol.27, p.252).

[15] Angelo Poliziano (1454-1494), Italian poet, philologist and humanist.

Les Romains ne furent pas plus instruits du nom secret de Carthage que les Carthaginois de celui de Rome. On nous a seulement conservé l'évocation secrète prononcée par Scipion contre Carthage: *S'il est un dieu ou une déesse qui ait pris sous sa protection le peuple et la ville de Carthage, je vous vénère, je vous demande pardon, je vous prie de quitter Carthage, ses places, ses temples, de leur laisser la crainte, la terreur et le vertige, et de venir à Rome avec moi et les miens. Puissent nos temples, nos sacrifices, notre ville, notre peuple, nos soldats vous être plus agréables que ceux de Carthage! Si vous en usez ainsi, je vous promets des temples et des jeux.*

Le dévouement des villes ennemies était encore d'un usage très ancien. Il ne fut point inconnu aux Romains. Ils dévouèrent en Italie Véies, Fidène, Gabie et d'autres villes; hors de l'Italie Carthage et Corinthe: ils dévouèrent même quelquefois des armées. On invoquait dans ces dévouements Jupiter en élevant la main droite au ciel, et la déesse Tellus en posant la main à terre.

C'était l'empereur seul, c'est-à-dire le général d'armée ou le dictateur qui faisait la cérémonie du dévouement; il priait les dieux d'*envoyer la fuite, la crainte, la terreur* etc. et il promettait d'immoler trois brebis noires.

Il semble que les Romains aient pris ces coutumes des anciens Etrusques, les Etrusques des Grecs, et les Grecs des Asiatiques. Il n'est pas étonnant qu'on en trouve tant de traces chez le peuple juif.

Outre la ville sacrée de Jérusalem, ils en avaient encore plusieurs autres; par exemple, Lydda, parce qu'il y avait une école de rabbins. Samarie se regardait aussi comme une ville sainte. Les Grecs donnèrent aussi à plusieurs villes le nom de *Sebastos, auguste, sacrée.*

———————

11. *Des autres peuples nouveaux* [16]

La Grèce et Rome sont des républiques nouvelles en comparaison des Chaldéens, des Indiens, des Chinois, des Egyptiens.

L'histoire de l'empire romain est ce qui mérite le plus notre attention, parce que les Romains ont été nos maîtres et nos législateurs. Leurs lois sont encore en vigueur dans la plupart de nos provinces: leur langue se parle encore; et longtemps après leur chute elle a été la seule langue dans laquelle on rédigea les actes publics en Italie, en Allemagne, en Espagne, en France, en Angleterre, en Pologne. 5

Au démembrement de l'empire romain en Occident, commence un nouvel ordre de choses, et c'est ce qu'on appelle l'*histoire du moyen âge*; histoire barbare de peuples barbares, qui devenus chrétiens n'en deviennent pas meilleurs. 10

Pendant que l'Europe est ainsi bouleversée, on voit paraître au septième siècle les Arabes jusque-là renfermés dans leurs déserts. Ils étendent leur puissance et leur domination dans la haute Asie, dans l'Afrique, et envahissent l'Espagne: les Turcs leur succèdent, et établissent le siège de leur empire à Constantinople, au milieu du quinzième siècle. 15

C'est sur la fin de ce siècle qu'un nouveau monde est découvert; [17] et bientôt après la politique de l'Europe et les arts prennent une forme nouvelle. L'art de l'imprimerie [18] et la restauration des sciences font qu'enfin on a quelques histoires assez fidèles, au 20

[16] With the exception of the short opening paragraph, this chapter is taken from the article 'Histoire' for the *Encyclopédie* (*OCV*, vol.33, p.173-76, lines 253-321), with some minor changes. It was also reproduced in *QE*, 7ᵉ partie (1771), p.50-54.

[17] In 1492, when Christopher Columbus reached America. See *EM*, ch.165 (vol.2, p.330-39).

[18] Printing was introduced into Europe in the middle of the fifteenth century. Voltaire acknowledged that the Chinese had already been employing it: 'On sait que cette imprimerie est une gravure sur des planches de bois, telle que Gutenberg la pratiqua le premier à Mayence, au XVᵉ siècle' (*EM*, ch.1, vol.1, p.213).

lieu des chroniques ridicules renfermées dans les cloîtres depuis Grégoire de Tours. Chaque nation dans l'Europe a bientôt ses historiens. L'ancienne indigence se tourne en superflu; il n'est point de ville qui ne veuille avoir son histoire particulière. On est accablé sous le poids des minuties. Un homme qui veut s'instruire est obligé de s'en tenir au fil des grands événements, et d'écarter tous les petits faits particuliers qui viennent à la traverse; il saisit dans la multitude des révolutions l'esprit des temps et les mœurs des peuples.

Il faut surtout s'attacher à l'histoire de sa patrie, l'étudier, la posséder, réserver pour elle les détails, et jeter une vue plus générale sur les autres nations. Leur histoire n'est intéressante que par les rapports qu'elles ont avec nous, ou par les grandes choses qu'elles ont faites: les premiers âges depuis la chute de l'empire romain ne sont, comme on l'a remarqué ailleurs, que des aventures barbares sous des noms barbares,[19] excepté le temps de Charlemagne. Et que d'obscurités encore dans cette grande époque!

L'Angleterre reste presque isolée jusqu'au règne d'Edouard III. Le Nord est sauvage jusqu'au seizième siècle; l'Allemagne est longtemps une anarchie. Les querelles des empereurs et des papes désolent six cents ans l'Italie, et il est difficile d'apercevoir la vérité à travers les passions des écrivains peu instruits, qui ont donné des chroniques informes de ces temps malheureux.

La monarchie d'Espagne n'a qu'un événement sous les rois visigoths, et cet événement est celui de sa destruction. Tout est confusion jusqu'au règne d'Isabelle et de Ferdinand.

La France, jusqu'à Louis XI, est en proie à des malheurs obscurs, sous un gouvernement sans règle. Daniel, et après lui le président Hénault, ont beau prétendre que les premiers temps de la France sont plus intéressants que ceux de Rome, ils ne s'aperçoi-

---

[19] In his *Remarques pour servir de supplément à l'Essai sur les mœurs*, Voltaire employs more or less the same terms, 'des actions barbares sous des noms barbares' (*EM*, vol.2, p.900).

vent pas que les commencements d'un si vaste empire sont d'autant 55
plus intéressants qu'ils sont plus faibles, et qu'on aime à voir la
petite source d'un torrent qui a inondé près de la moitié de
l'hémisphère.

Pour pénétrer dans le labyrinthe ténébreux du moyen âge, il faut
le secours des archives, et on n'en a presque point. Quelques 60
anciens couvents ont conservé des chartes, des diplômes, qui
contiennent des donations dont l'autorité est très suspecte.
L'abbé de Longuerue dit que de quinze cents chartes il y en a
mille de fausses, et qu'il ne garantit pas les autres.

Ce n'est pas là un recueil où l'on puisse s'éclairer sur l'histoire 65
politique et sur le droit public de l'Europe.

L'Angleterre est de tous les pays celui qui a, sans contredit, les
archives les plus anciennes et les plus suivies. Ces actes, recueillis
par Rimer,[20] sous les auspices de la reine Anne, commencent avec
le douzième siècle, et sont continués sans interruption jusqu'à nos 70
jours. Ils répandent une grande lumière sur l'histoire de France. Ils
font voir, par exemple, que la Guienne appartenait au Prince Noir
fils d'Edouard III, en souveraineté absolue, quand le roi de France
Charles V la confisqua par un arrêt, et s'en empara par les armes.
On y apprend quelles sommes considérables et quelle espèce de 75
tribut paya Louis XI au roi Edouard IV qu'il pouvait combattre, et
combien d'argent la reine Elisabeth prêta à Henri le Grand pour
l'aider à monter sur son trône, etc.

---

[20] Thomas Rymer (1641-1713), historiographer royal, classified archives, some of
which he published at the behest of Queen Anne in 1704. In *DP*, article 'Secte',
Voltaire wrote: 'Les actes de la Tour de Londres ayant été recueillis par Rymer, il
n'y a point de rymériens, parce que personne ne s'avise de combattre ce recueil. On
n'y trouve ni contradictions, ni absurdités, ni prodiges, rien qui révolte la raison,
rien, par conséquent, que des sectaires s'efforcent de soutenir ou de renverser par
des raisonnements absurdes. Tout le monde convient que les actes de Rymer sont
dignes de foi' (*OCV*, vol.36, p.519-20). Voltaire possessed Paul de Rapin-Thoyras,
Histoire d'Angleterre, which contained a 'Recueil des actes publics d'Angleterre, de
Thomas Rymer' (BV2871).

Shorter verse of 1768

Critical edition

by

Simon Davies

CONTENTS

COLLECTIVE EDITIONS OF VOLTAIRE'S WORKS
REFERRED TO IN THIS EDITION

NM

Nouveaux mélanges philosophiques, historiques, critiques, etc. [Genève, Cramer], 1765-1776. 19 vol. 8°.

Bengesco 2212; Trapnell NM; BnC 111-35.

W68

Collection complette des œuvres de M. de Voltaire. [Genève, Cramer; Paris, Panckoucke], 1768-1777. 30 vol. 4°.

Bengesco 2137; Trapnell 68; BnC 141-44.

ES71

Epîtres, satires, contes, odes, et pièces fugitives du poète philosophe. Londres [Lausanne, Grasset], 1771. 1 vol. 8°.

Bengesco 837; BnC 1974-77.

W72P

Œuvres de M. de V... Neufchâtel [Paris, Panckoucke], 1771-1777. 34 or 40 vol. 8° and 12°.

Bengesco 2140; Trapnell 72P; BnC 152-57.

W75G

La Henriade, divers autres poèmes et toutes les pièces relatives à l'épopée, [Genève, Cramer & Bardin], 1775. 37 [40] vols. 8°.

Bengesco 2141; Trapnell 75G; BnC 158-61.

K

Œuvres complètes de Voltaire. [Kehl], Société littéraire-typographique, 1784-1789. 70 vol. 8°.

Bengesco 2142; BnC 164-93.

A MME DU BOCAGE

Voltaire had received some verses (now lost) for his *fête* from Anne Marie Fiquet Du Bocage. He thanked her in a letter dated 26 October 1768 (D15274). This is evidently his poetic reply. It appeared as early as 28 October in the *Mémoires secrets*, the following month in the *Courier du Bas-Rhin* but had to wait for the Kehl edition to be printed in Voltaire's works. There being no variants, we reproduce the Kehl version.

Editions: K, vol.14, p.368-69; Bachaumont (28 October 1768, part 4, p.128); *Courier du Bas-Rhin* (16 November 1768, p.736).

Base text: K.

A Mme Du Bocage, qui avait adressé à l'auteur un compliment en vers, à l'occasion de sa fête

Qui parle ainsi de saint François?
Je crois reconnaître la sainte[1]
Qui de ma retraite autrefois
Visita la petite enceinte.[2]
Je crus avoir sainte Vénus,   5
Sainte Pallas, dans mon village:
Aisément je les reconnus,
Car c'était sainte du Bocage.

[1] Voltaire refers to her as 'ma sainte' in D15274. Mme Du Bocage had a reputation for piety: see Roland Virolle, 'Mme Du Bocage, Voltaire, le pape et Christophe Colombe', *Le Siècle de Voltaire: hommage à René Pomeau* (Oxford, 1987), vol.2, p.964.

[2] She visited Voltaire in the summer of 1758.

L'Amour même aujourd'hui se plaint
Que, dans mon cœur étant fêtée,   10
Elle ne fut que respectée:
Ah! que je suis un pauvre saint!

AVEC TOUS LES TALENTS LE DESTIN L'A FAIT NAÎTRE

Jean-Benjamin de La Borde (1734-1794) was a musician and *premier valet de chambre* of Louis XV. He visited Ferney in September 1766, impressing Voltaire who claimed to be 'étonné de son talent' (D13573). This quatrain is contained in a letter to Etienne Michel Bouret on 31 August 1768 (D15197). It is prefaced by the comments: 'Je vous prie de dire à M. de la Borde combien je lui suis attaché, et combien mon cœur est plein de ses bontés. Si j'avais son portrait, il aurait une statue dans mon petit salon.'

The quatrain was printed only in a collection of La Borde's songs in Voltaire's lifetime. However, even in this *Choix de chansons*, the poem appeared in the limited number of editions which contained the accompanying illustration/frontispiece.

Manuscript: D15197 (BnF: 12944, f.302-303).

Editions: *Choix de chansons, mises en musique* (Paris, 1773) (BnF: Z. Audéoud 309-12).

Base text: D15197.

Avec tous les talents le destin l'a fait naître

Avec tous les talents le destin l'a fait naître;
Il fait tous les plaisirs de la société,
Il est né pour la liberté
Mais il aime bien mieux son maître.[1]

---

[1] Presumably a reference to Louis XV.

ÉPÎTRE À MON VAISSEAU

Jean-Gabriel Montaudouin (1722-1781) wrote to Voltaire on 24 May 1768 and informed him that he had named one of his vessels after him (D15032). In a letter full of compliments, Montaudouin noted that shipowners often gave the names of the great to their boats but 'des prétendus grands ne le sont souvent que par le hasard de la naissance, ou le tintamarre des places: pour vous, monsieur, c'est à force de mérite que vous avez forcé la voix publique à vous proclamer prince'. Voltaire had displayed in his writings and his actions 'l'amour de l'humanité et de la bienfaisance'. Furthermore, in his capacity as the founder of the Société d'agriculture, du commerce et des arts de Bretagne,[1] Montaudouin praised the support which Voltaire had bestowed on these activities which were the sources of 'la puissance et de la félicité des états'.

Montaudouin belonged to a well established family which made a major contribution to the commercial and cultural life of Nantes.[2] The eponymous boat was not in fact new. It had been purchased by the Montaudouin brothers from Deseigne, Drouhin and Dulac on 12 March. The new owners registered the ship on 6 July recording

---

[1] 'Fondée au début de 1757 par les Etats de la province sur la proposition de l'armateur nantais Jean-Gabriel Monteaudouin, la Société d'Agriculture, du Commerce et des Arts de Bretagne, qui va devenir ensuite la Société royale d'Agriculture, attire rapidement l'attention' (Jean Quéniart, *Culture et société urbaines dans la France de l'ouest au 18e siècle*, Lille, 1977, vol.2, p.981). A volume of the *Corps d'observations* of the Society had been sent to Voltaire in January 1761 (D9571). Montaudouin was also an associate member of the Academy of La Rochelle. In a report of its proceedings, he is described as 'si célèbre par l'étendue de son commerce, et par là même le bienfaiteur de la patrie, [il] joint aux connaissances les plus profondes de son état, un goût éclairé des belles lettres' (*MF*, September 1766, p.151).

[2] '[T]he most important trading family in eighteenth-century France was the Montaudouin family based in Nantes. Six members of this family sent out some 60 ships to Africa between 1708 and 1769' (R. L. Stein, *The French slave trade in the eighteenth century: an Old Regime business*, Madison, 1979, p.154).

its change of name from the Fort Saint-Pierre. [3] The vessel was of 300 tons and was skippered by captain Tessier. Despite the Montaudouin family's involvement with the slave trade, the *Voltaire* plied its trade to the Cap français in St Domingue carrying passengers and importing coffee. [4]

Voltaire was evidently pleased at the unexpected naming of a vessel after him. [5] He informed Montaudouin on 2 June that he was in receipt of an honour that 'aucun homme de lettres n'avait jamais reçu' (D15055). Until this time boats had been named after 'Neptune, des tritons, des sirènes, des griffons, des ministres d'état ou des saints'. He claimed that if he were younger 'je m'embarquerais sur votre vaisseau, et j'irais chercher quelque pays où l'on ne connût ni le fanatisme ni la calomnie'. If the literal journey proved too arduous, Voltaire could nevertheless undertake a philosophical journey of the imagination in poetic form. On 11 June Voltaire was already referring to 'une petite apostrophe que j'ai faite à mon vaisseau' (D15067). On 3 July Mme Du Deffand was telling him that she was 'très contente du discours à votre vaisseau' (D15125). [6]

The poem received rapid publication. The *Courier du Bas-Rhin* of 29 June (p.416) ended its printing of the poem with an exultant claim: 'Ces vers dans lesquels on reconnait tout le feu de la jeunesse de M. de Voltaire et toute la gaieté de la vieillesse d'*Anacréon*,

---

[3] *Enregistrement des actes de propriété*, p.130 R, B4504, in the Archives municipales de Nantes.

[4] Details of the ship's movements are to be found in the records of the Archives municipales de Nantes. They are located in the *Entrées des Cafés* (H H 241-43). For further information and discussion relating to the ship and its implications for Voltaire see my article, 'Voltaire et le Voltaire', *Revue d'histoire littéraire de la France* 4 (1991), p.756-61.

[5] An unidentified admirer sent Voltaire a poem about the boat which he acknowledged on 27 July (D15160). This was printed along with Voltaire's letter in the *Mercure de France* (September 1768, p.57-59). See the Appendix below.

[6] However, three days later, she wrote to Horace Walpole: 'Il y a plusieurs petits écrits nouveaux médiocres de Voltaire. Voulez-vous que je vous les envoie? Un discours à son vaisseau' (Lewis, vol.4, p.101). She dispatched it on 11 July (vol.4, p.105).

doivent être d'autant mieux accueillis de nos lecteurs, qu'ils sont nouveaux, et qu'ils paraissent pour la première fois imprimés dans cette feuille.' It was printed with missing lines indicated by dots in the *Mercure de France* and the *Journal encyclopédique* in July. On 12 July the *Mémoires secrets* observed that the epistle 'est pleine de fraîcheur, de poésie et de philosophie; mais elle est déparée par cet esprit satirique et burlesque, qui se mêle aujourd'hui aux plus beaux ouvrages du philosophe de Ferney'. On 26 July the same periodical supplied a *saillie* by an old adversary, Piron:

> Si j'avais un vaisseau qui se nomma *Voltaire*,
> Sous cet auspice heureux j'en ferais un *Corsaire*. [7]

The poem received separate publication in a pamphlet of six pages in 1768: VERS / DE MR. DE VOLTAIRE, / SUR UN / VAISSEAU / Auquel on a donné son nom. / [*ornament*] / *A GENEVE.* / [*thick-thin rule*] / M. D. CC. LXVIII. 8°. sig, A⁶ [$2 signed, arabic]; pag. 6; page catchwords. [1] title; [2] blank; 3-6 text of the poem. UW Madison: PQ 2077 A3 (bound with other poems, separately paginated). The title varied before the Kehl edition, which introduced the form *Epître à mon vaisseau*. Before then the most common form was *Discours à mon vaisseau*.

Both manuscript and printed versions offer variant readings. However, the *encadrée* provides a text reproduced in most significant editions of Voltaire's work with the exception of Kehl. It has therefore been adopted as the base text.

Manuscripts: MS1: St Petersburg, ann. ms. 52 p.22; MS2: LW3; MS3: LW2;[8] MS4: Arsenal, man. 3128 Pièces en vers C p.389; (uncollated), *CL* 68:132 (1st July 1768).

Editions: w68, vol.18, p.181-83; *La Guerre civile de Genève [GC]*

---

[7] The same couplet was forwarded by Mme Du Deffand to Horace Walpole on 27 July (Lewis, vol.4, p.122).

[8] Manuscripts 2 (3 pages) and 3 (4 pages), in Voltaire Folder no.2 of the Du Deffand papers, The Lewis Walpole Library, Yale University, are in different handwriting.

(Besançon, 1769), p.57-59; *Le Trésor du Parnasse* [*TP*] (Londres, 1770), vol.5, p.32-34; ES71, p.377-79; NM, vol.5, p.352-52***; W72P, vol.4, p.120-22; W72P, vol.15, p.196-98; W75G, vol.12, p.163-65; K, vol.13, p.210-12; *Bibliothèque des sciences et des beaux-arts* [*Bs*] (January-March [*sic*] 1768, p.201-204); *Courier du Bas-Rhin* [*CB*] (29 June 1768, p.415-16); *Je* (1 July 1768, p.116); *MF* (July 1768, vol.2, p.5-8); *Almanach des Muses* [*AM*] (1769), p.113; *Vers de Mr. de Voltaire* [*Vers*].

Base text: W75G.

Discours à mon vaisseau (a)[9]

O vaisseau qui portes mon nom,
Puisses-tu comme moi résister aux orages!
L'empire de Neptune a vu moins de naufrages
    Que le Permesse d'Apollon.
Tu vogueras peut-être à ces climats sauvages   5
Que Jean-Jacques a vantés dans son nouveau jargon.

(*a*) Une compagnie de Nantes venait de mettre en mer un beau vaisseau qu'elle a nommé le Voltaire. 1768.

3   *AM*: a moins vu
6   *MF*: Que J.-J. a vantés

[9] W72P (iv) erroneously calls the boat *La Victoire*. A letter supposedly posted from Cap Français in Saint Domingue on 1 August 1769 appeared in the *Année littéraire* (1769, vol.6, p.213): 'Nous avons actuellement Monsieur, dans notre port, le navire nantais appelé LE VOLTAIRE, auquel cet illustre auteur, avec une exagération des plus poétiques, donne si fastueusement le nom de *vaisseau* dans son épître, ce n'est qu'un petit bâtiment de charge, une hourque, une espèce de barque de pêcheur, qui, pas la simplicité de ses dehors, ressemble à un bateau de charbon de Newcastle.'

Va débarquer sur ces rivages
Patouillet, N...... et Frélon;[10]
A moins qu'aux chantiers de Toulon,
Ils ne servent le roi noblement et sans gages.
Mais non, ton sort t'appelle aux dunes d'Albion;
Tu verras dans les champs qu'arrose la Tamise,
La liberté superbe auprès du trône assise:
Le chapeau qui la couvre est orné de lauriers;
Et malgré ses partis, sa fougue, et sa licence,
Elle tient dans ses mains la corne d'abondance,
Et les étendards des guerriers.

Sois certain que Paris ne s'informera guères
Si tu vogues vers Smyrne où l'on vit naître Homère,
Ou si ton breton nautonier
Te conduit près de Naple en ce séjour fertile,
Qui fait bien plus de cas du sang de saint Janvier,[11]

7   *GC*: Voi de barques
7-10   *MF*: [*two lines of dots*]
8   MS1, MS2, MS3, MS4, *GC*, ES71, K, *Bs*, *CB*: Nonotte, Fréron;
Je: Nonotte & F.....
TP, *AM*: La Coste, Zoïle et Villon
Vers: Nonotte (a) & [*with note*: Deux ex-Jesuites très connus par Mr. de
Voltaire.]
9   MS1: au chantier
10   *TP*, *AM*: roi, sans cheveux et sans gages
11   *TP*, *AM*: aux rives d'Albion
15   *MF*: Et malgré les partis, la fougue, la licence
18   MS1: [*ends with this line*]
20   ES1, *Je*: nautonier breton
22   *MF*: Qui fait bien plus de cas.............
TP: du sang de S. J***

[10] In his thank-you letter to Montaudouin, Voltaire had suggested 'Je pourrais
encore, si vous vouliez, débarquer à Civita-Vecchia, les jésuites Patouillet et
Nonotte avec l'ami Fréron' (D15055).
[11] Voltaire wrote in *Conformez-vous aux temps* (1764): 'Archevêques de Naples, le
temps viendra où le sang de monsieur saint-Janvier ou Gennaro ne bouillira plus
quand on l'approchera de sa tête. Les gentilhommes napolitains et les bourgeois en

Que de la cendre de Virgile.
Ne va point sur le Tibre, il n'est plus de talents,
    Plus de héros, plus de grand homme;   25
        Chez ce peuple de conquérants
        Il est un pape, et plus de Rome.

Va plutôt vers ces monts qu'autrefois sépara
        Le redoutable fils d'Alcmène,
Qui dompta les lions, sous qui l'hydre expira,   30
Et qui des cieux jaloux brava toujours la reine. [12]
Tu verras en Espagne un Alcide nouveau, (b)
        Vainqueur d'une hydre plus fatale;
Des superstitions déchirant le bandeau,
        Plongeant dans la nuit du tombeau,   35
De l'Inquisition la puissance infernale.

(b) M. le comte d'Aranda. [13]

24   *GC*: sur ce titre,
25   MS4: pas un grand homme
26   *GC*: Chez le peuple conquérant
27   ES71, *Je*: Il est un P...
       MF: *Tu ne trouveras* plus
30   *GC*: dompta les troyens
       TP: des lions
31   MS1, *GC*, ES71, K: brava la haine
       Je: brave la reine
       Vers: la haine
35-36 *MF*: ....

sauront assez dans quelques siècles pour conclure que ce tour de passe-passe ne leur a pas valu un ducat; qu'il est absolument inutile à la prospérité du royaume et au bien-être des citoyens; que Dieu ne fait point de miracles à jour nommé, qu'il ne change point les lois qu'il a imposées à la nature' (*M*, vol.25, p.316; see *M*, vol.13, p.96 and vol.31, p.80).

[12] The *Almanach des muses*, in a foonote to this line, declares that 'Cette tirade ne finit pas d'une manière si heureuse que les autres'.

[13] Count Pedro d'Aranda (1719-1798) was a Spanish diplomat and minister. Voltaire describes him as the 'président du conseil suprême en Espagne, et capitaine général de la Castille nouvelle, qui a commencé à couper les têtes de l'hydre de l'Inquisition' (*M*, vol.17, p.344).

Dis-lui, qu'il est en France un mortel qui l'égale;[14]
Car tu parles sans doute, ainsi que le vaisseau
   Qui transporta dans la Colchide
Les deux jumeaux divins, Jason, Orphée, Alcide;   40
Baptisé sous mon nom tu parles hardiment:
Que ne diras-tu point des énormes sottises,
   Que mes chers Français ont commises
   Sur l'un et sur l'autre élément!

Tu brûles de partir, attends, demeure, arrête,   45
Je prétends m'embarquer, attends-moi, je te joins:
Libre de passions et d'erreurs et de soins,
J'ai su de mon asile écarter la tempête;
Mais dans mes prés fleuris, dans mes sombres forêts,[15]
   Dans l'abondance et dans la paix,   50
   Mon âme est encore inquiète:
Des méchants et des sots je suis encor trop près:
Les cris des malheureux percent dans ma retraite.
Enfin le mauvais goût qui domine aujourd'hui
   Déshonore trop ma patrie.   55

39   *TP*, *AM*: Qui conduisit
40   MS4, *TP*, K, *AM*: Les deux jumeaux
42   *GC*: ne verras-tu pas
43   *MF*: Que mes .... ont commises
45   *TP*, *AM*: Tu brûles de partir .... arrête
47   *TP*, *AM*: de préjugés, de soins
      CB: Libre des passions
48   MS4: dans mon
50   MS4, *Bs*: ....
52   *MF*: Des sots et des méchants près
54   *TP*, *AM*: L'excès du mauvais goût

[14] The *Courier du Bas-Rhin* and *Vers* observe in a footnote that 'On croit que M. de Voltaire designe ici M. le duc de Choiseul.'
[15] The *Almanach des muses* observes that 'Il semble qu'en cet endroit le sens exigeait que *forêts* eût une épithète plus gracieuse.'

394

Hier on m'apporta, pour combler mon ennui,
  Le *Tacite* de La Bletrie. [16]
Je n'y tiens point, je pars, et j'ai trop différé.
Ainsi je m'occupais sans suite et sans méthode
De ces pensers [17] divers où j'étais égaré,   60
Comme tout solitaire à lui-même livré,
  Ou comme un fou qui fait une ode;
Quand Minerve tirant les rideaux de mon lit,
Avec l'aube du jour m'apparut et me dit,
Tu trouveras partout la même impertinence.   65
  Les ennuyeux et les pervers

56-57 *MF*: ....
57   *TP, AM*: Le *Tacite* de *****
      ES71, *Je*: ....
58   *TP, MF, AM, Bs*: tiens plus
59   MS4: m'occupais sans... et sans...
60   *GC*: pensées diverses
61   MS2, MS3, *TP, Bs, AM, Vers*: à soi-même livré
63   MS2, MS3, MS4, *Bs*: en tirant
      MF: entr'ouvant les rideaux
64   MS4: l'aube du jour apparut
      CB: m'aperçut

[16] Mme Du Deffand asked Voltaire 'pourquoi des coups de patte à Labletterie? ne savez-vous pas par qui il est protégé?' (D15125). Eight days later, on 11 July, Mme Du Deffand told Walpole that 'M. de Choiseul a été fort scandalisé du coup de patte qu'il donne à La Bletterie; sa traduction de Tacite lui est dédiée, il est son protecteur déclaré, et en dernier lieu il a rendu à Voltaire de grands services' (Lewis, vol.4, p.105). Voltaire told Mme Du Deffand that he was aware of La Bletterie's relationship with Choiseul but that he had been 'insulté dans les notes de sa ridicule traduction de Tacite' (D15139). D'Alembert had told Voltaire about La Bletterie's allegedly offensive remarks in a letter of 20 April earlier that year (D14972). Voltaire went on to vilify his detractor in poems and letters during the following months (e.g., D14983, D15014, D15054).

[17] 'Pensers, ce mot est noble au masculin. On doit regretter de ne le pas voir plus souvent dans nos auteurs modernes.' (A footnote to the *Almanach des muses* edition.)

Composent ce vaste univers:
Le monde est fait comme la France.

Je me rendis à la raison,
Et sans plus m'affliger des sottises du monde,
Je laissai mon vaisseau fendre le sein de l'onde,
Et je restai dans ma maison. [18]

APPENDIX

Vers à M. de Voltaire, sur le vaisseau qui porte son nom

Poète aimable, ô Voltaire enchanteur,
Comme l'amour, tu règnes sur nos âmes:
Tantôt tes vers charmants, pleins de douceur,
Du tendre dieu nous font sentir les flammes;
Tantôt prenant un ton plus sérieux,
Et répandant de tragiques alarmes,
Ainsi que lui, tu sais, des plus beaux yeux
Quand tu le veux, faire couler des larmes.
Tu plais aux rois, aux belles, aux héros;
Ta muse avait l'empire de la terre;
Il te manquait de régner sur les flots.
        Enfin, je vois *le célèbre Voltaire*
Sortir du port; prêt à fendre les eaux.
Gentil vaisseau, glorieux à la France,
Si d'autres mains t'ont donné la naissance,
Puissé-je au moins joindre quelque ornement

---

68   *MF*: ....
70   *TP, AM*: sans trop m'affliger
71   *TP, AM*: Je laisse
72   *TP, AM*: je reste

[18] The *Almanach des muses* follows the epistle with these remarks: 'Que de goût, de netteté, d'aisance dans ces vers! Point d'ornements inutiles, toujours des choses piquantes. M. de Voltaire tiendra le sceptre de la poésie jusqu'au dernier soupir.'

A cet heureux et nouveau monument!
   Que des Nantais l'habileté suprême
Prenne le soin de ta construction!
Et qu'on te rende ou birème ou trirème,   20
Je ne m'en mêle en aucune façon.
Ta route aussi sera peu mon affaire.
En trop beaux vers, Voltaire a su tracer
Vers quelle plage, sous quel hémisphère,
Aidé des vents tu pourrais t'avancer.   25
Eh! quel serait le climat si sauvage,
Où l'on pourrait connaître ton nom?
Lorsque l'on a Voltaire pour patron,
On peut, sans crainte, aborder tout rivage,
Et l'on doit plaire à chaque nation.   30
   Mais je voudrais, d'une double couronne,
Orner d'abord ton gouvernail brillant;
L'une serait celle que Vénus donne,
Dont à Catulle elle fit un présent:
L'autre serait de ces fleurs immortelles,   35
Dont on a vu le dieu de l'Hélicon
Ceindre Virgile ou le divin Milton;
Je les voudrais même encore plus belles!
   Là, d'Alvarès on graverait le nom:
Plus loin serait un portrait de Zaïr.   40
D'Horace, enfin, que n'ai-je ici la lyre!
Je fais pour toi tous les vœux qu'il formait
Pour le navire où Virgile montait.
   Que le bonheur, sur la plaine profonde,
Te sillonnant la surface de l'onde,   45
Guide toujours ton pilote chéri!
Que l'aquilon te cède la victoire:
Sois, dans ton cours, précédé par la gloire,
Et des zéphirs deviens le favori.

ODE SUR LA GUERRE DES RUSSES
CONTRE LES TURCS

War was declared between the Russians and the Turks on 6 October 1768. Voltaire firmly supported Catherine in the war (see D15316, D15349).[1] This ode was composed at the beginning of the first campaign (ES71). Shuvalov was later to claim that the empress was 'enchantée' by it (D16126).

It appeared twice in 1771 and again in the Kehl edition. We reproduce the Kehl edition since a variant in line 39 seems a felicitous correction.

Editions: *Etrennes du Parnasse [EP]* (1771), p.1; ES71, p.408-10; K, vol.13, p.405-406.

Base text: K.

Ode sur la guerre des Russes contre les Turcs

L'homme n'était pas né pour égorger ses frères;
Il n'a point des lions les armes sanguinaires:
La nature en son cœur avait mis la pitié:
De tous les animaux seul il répand des larmes;
  Seul il connaît les charmes   5
  D'une tendre amitié.
Il naquit pour aimer: quel infernal usage
De l'enfant du plaisir fit un monstre sauvage?
Combien les dons du ciel ont été pervertis!

---

[1] For an assessment of Voltaire's attitude to this war, see Carolyn Wilberger, *Voltaire's Russia: window on the East, SVEC* 164 (1976), p.164-83.

Quel changement, ô dieux! la nature étonnée,   10
    Pleurante et consternée,
    Ne connaît plus son fils.
Heureux cultivateurs de la Pensylvanie,[1]
Que par son doux repos votre innocente vie
Est un juste reproche aux barbares chrétiens!   15
Quand, marchant avec ordre au bruit de leur tonnerre,
    Ils ravagent la terre,
    Vous la comblez de biens.
Vous leur avez donné d'inutiles exemples;
Jamais un Dieu de paix ne reçut dans vos temples   20
Ces horribles tributs d'étendards tout sanglants;
Vous croiriez l'offenser, et c'est dans nos murailles
    Que le dieu des batailles
    Est le dieu des brigands.
Combattons, périssons, mais pour notre patrie.   25
Malheur aux vils mortels qui servent la furie
Et la cupidité des rois déprédateurs!
Conservons nos foyers; citoyens sous les armes,
    Ne portons les alarmes
    Que chez nos oppresseurs.   30
Où sont ces conquérants que le Bosphore enfante?
D'un monarque abruti la milice insolente
Fait avancer la mort aux rives du Tyras[2]
C'est là qu'il faut marcher, Roxelans invincibles;
    Lancez vos traits terribles,   35
    Qu'ils ne connaissent pas.

10   *EP*: Quel changement odieux
17   *EP*: Ils dévastent la terre
32   *EP*: la noblesse insolente
33   ES71, *EP*: rives du Liras

[1] Voltaire wrote 'si la mer ne me faisait pas un mal insupportable, ce serait dans ton sein, ô Pensylvanie, que j'irais finir le reste de la carrière' (*M*, vol.20, p.312).
[2] The Kehl editors state that this is the river Dniester.

Frappez, exterminez les cruels janissaires,
D'un tyran sans courage esclaves téméraires.
Du malheur des mortels instruments malheureux,
Ils voudraient qu'à la fin, par le sort de la guerre,   4⁰
    Le reste de la terre
    Fût esclave comme eux.
La Minerve du Nord[3] vous enflamme et vous guide;
Combattez, triomphez sous sa puissante égide;
Gallitzin[4] vous commande, et Byzance en frémit.   4⁵
Le Danube est ému, la Tauride[5] est tremblante;
    Le sérail s'épouvante,
    L'univers applaudit.

39   ES71, *EP*: Des malheureux mortels

[3] Catherine the Great.
[4] Alexander Galitzin, commander in chief of the Russian army.
[5] The Crimea.

REMBOURSEMENTS

On 20 April 1768 D'Alembert wrote to Voltaire a letter (D14972) which triggered a series of poems and a long correspondence concerning Jean-Philippe René de La Bletterie (1696-1772). Voltaire was informed that the 'janséniste la Bleterie' had published a translation of Tacitus which included a line which was reputed to attack him. The offending line, quoted by D'Alembert, was 'le pauvre homme a oublié de se faire enterrer'.[1] In reply, on 27 April (D14983), Voltaire dispatched a 'petite épigramme' which began 'Apostat comme ton héros'. On 13 May D'Alembert considered this verse to be 'bien douce pour un orgueil aussi coriace que le sien' (D15016). On 15 June, in a joint letter (D15073), Voltaire was told by D'Alembert and Damilaville that 'M. de Choiseul est fort irrité des brocards qu'on lance sur l'apostat de Bletrie'. On 20 June (D15085) Voltaire justified his attacks to the comte and comtesse d'Argental. Eight days later (D15102) a further epigram was forwarded to D'Alembert, 'Un pédant dont je tais le nom'. This same epigram was sent to Saurin on 1 July (D15119). Mme Du Deffand warned Voltaire on 3 July (D15125) that 'ce pauvre Labletterie' was under Choiseul's protection. Voltaire acknowledged Choiseul's position on 13 July (D15139) but protested that it was 'le comble de l'insolence janséniste que ce prêtre m'attaque et trouve mauvais que je le sente'. On 23 July (D15155) Mme Du Deffand again reminded Voltaire about Choiseul's attachment to La Bletterie only to be reproached on 30 July (D15163) for her

---

[1] *Tibère, ou les six premiers livres des Annales de Tacite*, translated by M. l'abbé de La Bletterie (Paris, 1768), vol.2, p.301: 'Mourir la plume à la main, ce n'est pas toujours mourir dans le lit d'honneur. Quelle pitié de mettre le public dans le cas de dire, Le pauvre homme oublie de se faire enterrer! Il a vécu trop de tel livre, trop de telle et telle rapsodie! Qu'avons-nous besoin de la lie de ses talents! S'il a la rage d'écrire, qu'il brûle le soir le papier qu'il a barbouillé le matin.' Voltaire possessed the work (BV3239). For numerous references to Voltaire and La Bletterie, see Catherine Volpilhac-Auger, *Tacite en France de Montesquieu à Chateaubriand*, *SVEC* 313 (1993).

sentiments. The duchesse de Choiseul was well aware of Voltaire's displeasure on 7 August (D15164). On 16 November (D15319) the duc de Choiseul stoutly defended La Bletterie to Voltaire by claiming that 'il ne vous a point eu en vue de tout dans les notes de son ouvrage; il me l'a juré'. Voltaire was not won over, for on 12 December (D15361) he was asking D'Alembert to ensure that his supposed detractor did not replace him at the Academy. On 14 December (D15366) the duchesse de Choiseul was telling Dupuits in conciliatory tones that Voltaire was quite wrong on La Bletterie's account. D'Alembert stated that he knew nothing of the 'intrigues de la Bletrie' on 17 December (D15373). On 26 December (D15388) Voltaire still maintains he was attacked and so, for that matter, was the président Hénault (D15387). He was not impressed by Choiseul's defence and states on 4 January 1769 that 'La Bletrie ne vaut pas mieux que Jean-Jaques, tout cela est l'excrément du siècle' (D15409). The following day Mme Du Deffand exonerates La Bletterie once more (D15415), all to no avail (D15427). Voltaire chided the duchesse de Choiseul over the influence of the 'délicat et ingénieux abbé de Blettrie' on 2 February (D15457) and the following day upbraided Mme Du Deffand for her 'tendresse pour le pincé Lableterie' (D15459). The 'pincé La Blétrie' was also included in a draft of *A l'auteur du livre des Trois imposteurs* (1768) and changed to 'dur La Blétrie' in 1769 (D15543).

It is evident that Voltaire was extremely angry with La Bletterie and that his epigrams were widely circulated in manuscript form. On 3 March 1769 Voltaire writes to Mme de Saint-Julien of 'les petites gaietés avec lesquelles je lui ai répondu' (D15500). However, the epigrams were not printed in his lifetime. After a hostile review of La Bletterie's translation, most did appear, nevertheless, in succession as individual 'remboursements' in the *Correspondance littéraire* on 15 September 1768. The sixth of these, which begins 'Vachine a pris (je ne puis décemment', was for inclusion in the fourth part of *La Guerre civile de Genève* (*M*, vol.9, p.544-45), is not a separate work and is therefore not reproduced here. One of them had to wait until the Kehl edition to receive publication.

PREMIER REMBOURSEMENT

This was contained in a letter to D'Alembert on 27 April 1768 (D14983, first published in Kehl) which constitutes the base text.

Manuscript: MS1 (uncollated): *CL* 68:192.

Edition: K, vol.68, p.475-76.

Base text: D14983.

A M. l'abbé de la Bletterie, auteur d'une vie de Julien[1] *et de la traduction de Tacite*

Apostat comme ton héros,
Janséniste signant la bulle,[2]
Tu tiens de fort mauvais propos,
Que de bon cœur je dissimule.
Je t'excuse, et ne me plains pas;   5
Mais que t'a fait Tacite, hélas!
Pour le tourner en ridicule?

---

[1] *Vie de l'empereur Julien* (Paris, 1735). Voltaire possessed the 1746 edition (BV1798).
[2] La Bletterie was believed to have accepted the bulle *Unigenitus* so that he might enter the Académie française. See the *Second remboursement*.

SECOND REMBOURSEMENT

This epigram made its sole appearance in the *Correspondance littéraire*.

Base text: (uncollated) *CL* 68:193 (15 September 1768) [based on *CLT* and manuscript in Bh].

Remerciement d'un janséniste
au saint diacre François de Paris

Dans un recueil divin par Montgeron formé,[1]
    Jadis le pieux La Bletterie
Attesta que la toux d'un saint prêtre enrhumé
Par le bienheureux diacre en trois mois fut guérie.
L'espoir d'un vain fauteuil d'académicien   5
A ce traître depuis fit accepter la bulle.
Tu punis l'apostat, saint diacre, et tu fis bien;
    Chez le dévot, chez l'incrédule,
Il n'est qu'un rénégat méprisé de tous deux;
    Chez les grands il rampe et mendie![2]   10
Il transforme Tacite en un cuistre ennuyeux,
    Et n'est point de l'Académie.

---

[1] Louis Basile Carré de Montgeron was the author of *La Vérité des miracles opérés à l'intercession de M. de Pâris* (1737-1741) (BV2502). He was mocked in the article 'Convulsions' of the *Dictionnaire philosophique*.

[2] Doubtless an allusion to the duc and duchesse de Choiseul. The translation of Tacitus was dedicated to the duke.

TROISIÈME REMBOURSEMENT

This poem was sent in a letter to D'Alembert on 28 June 1768 (D15102). Three days later it was dispatched to Saurin (D15119) and the following year on 27 March by Dupuits to Marin (D15543).

Manuscript: (uncollated) *CL* 68:194 (15 September 1768).

Editions: D15102; D15119; D15543.

Base text: D15102.

Troisième remboursement

Un pédant dont je tais le nom
En illisible caractère[1]
Imprime un auteur qu'on révère,
Tandis que la traduction
Aux yeux du moins a de quoi plaire;   5
Le public est d'opinion
    Qu'il eut dû faire
    Tout le contraire.

2   D15119, D15543: En inlisible
4   D15119, D15543: sa traduction

[1] The poem in the *Correspondance littéraire* is subtitled 'sur ce que l'abbé de la Bletterie a fait imprimer le texte latin de Tacite en très petits caractères'.

QUATRIÈME REMBOURSEMENT

As well as appearing in the *Correspondance littéraire*, this poem was quoted in a letter from Diderot to Sophie Volland on 10 September 1768. Diderot introduces it with the comment 'L'homme de Genève continue de persécuter le pauvre La Bletrie. Voici un nouveau trait qu'il vient de lui décocher.' [1]

Manuscript: (uncollated) *CL* 68:195 (15 September 1768).

Base text: Roth-Varloot.

La Charité mal reçue

Un mendiant poussait des cris perçants;
Choiseul le plaint, et quelque argent lui donne.
Le drôle alors insulte les passants,
Choiseul est juste: aux coups il l'abandonne.
Cher La Blétrie, apaise ton courroux;   5
Reçois l'aumône, et souffre en paix les coups.

[1] Roth-Varloot, vol.8, p.153. Diderot follows the poem with the assertion that 'Le cher La Bletrie a sollicité une délibération de l'Académie, par laquelle tout encyclopédiste et adhérent à l'Encyclopédie fût exclu à perpétuité de ce corps' (p.153-54).

CINQUIÈME REMBOURSEMENT

This quatrain first appears in a letter from Voltaire to Marin on 19 August 1768.

Manuscripts: MS1: D15178 (Bh Rés.2028, f.350); MS2: (uncollated) *CL* 67:196 (15 September 1768).

Base text: MS1.

Cinquième remboursement

Je ne prétends pas oublier
Que mes œuvres et moi nous avons peu de vie;
Mais je suis très poli, je dis à La Bletrie,
    Ah monsieur, passez le premier!

LE HUITAIN BIGARRÉ

This poem was first printed in the Kehl edition.

Base text: K, vol.14, p.368.

Le Huitain bigarré,
Au sieur La Bletterie,
aussi suffisant personnage que traducteur insuffisant

> On dit que ce nouveau *Tacite*
> Aurait dû garder le *tacet*;
> Ennuyer ainsi, *non licet.*
> Ce petit pédant prestolet
> *Movet bilem*, la bile excite.   5
> En français le mot de sifflet
> Convient beaucoup, *multum decet,*
> A ce translateur de Tacite.

WORKS CITED

Ages, Arnold, 'Voltaire, Calmet and the Old Testament', *SVEC* 41 (1966), p.87-187.

Bachaumont, Louis Petit de, *Mémoires secrets pour servir à l'histoire de la république des lettres en France depuis 1762 jusqu'à nos jours* (London, 1777-1789).

Bayle, Pierre, *Commentaire philosophique sur ces paroles de Jésus-Christ Contrain-les d'entrer, ou Traité de la tolérance universelle* (Canterbury, 1686).

– *Dictionnaire historique et critique* (Rotterdam, 1697).

Bessire, F., 'Voltaire lecteur de dom Calmet', *SVEC* 284 (1991), p.139-77.

Besterman, Theodore, *Some eighteenth-century Voltaire editions unknown to Bengesco, SVEC* 111 (1973).

– 'Le vrai Voltaire par ses lettres', *SVEC* 10 (1959), p.9-48.

Bongie, Laurence L., 'Diderot and the rue Taranne', *SVEC* 189 (1980), p.179-90.

Bossuet, J.-B., *Discours sur l'histoire universelle*, new ed. (Paris, 1737-1739).

Bouvet, Joachim, *Etat présent de la Chine en figures* (Paris, 1697).

Bouvy, Eugène, *Voltaire et l'Italie* (1898; Geneva, 1970).

Brown, A., 'Calender of Voltaire manuscripts other than correspondence', *SVEC* 77 (1970), p.11-101.

Brumfitt, J. H., *Voltaire historian* (Oxford, 1958).

Buffon, Georges-Louis Leclerc, *Histoire naturelle* (Paris, 1749).

Bujanda, J. de, *Index librorum prohibitorum: 1600-1966* (Montreal, 2002).

Bury, Richard de, *Histoire de la vie de Henri IV* (Paris, 1766).

– *Lettre sur quelques ouvrages de Monsieur de Voltaire* (Amsterdam [Paris], 1769).

Calmet, Augustin, *Traité sur les apparitions des esprits, et sur les vampires ou les revenans de Hongrie, de Moravie etc.* (Paris, 1751).

Carré de Montgeron, Louis Basile, *La Vérité des miracles opérés à l'intercession de M. de Pâris* (Paris, 1737-1741).

Cave, William, *Scriptorum ecclesiasticorum historia literaria* (Coloniae Allobrogum, 1720).

Chaudon, abbé Louis-Mayeul, *Dictionnaire antiphilosophique* (Avignon, 1767).

Chiniac de La Bastide du Claux, Pierre de, *Nouveau commentaire sur le Discours de M. l'abbé Fleury, touchant les libertés de l'Eglise gallicane, mis à l'Index sans aucune qualification, par un decret du Saint office* (Paris, 1767).

Condé, Louis de Bourbon, prince de, *Mémoires de Condé*, ed. Lenglet-Dufresnoy (Paris, 1745).

Creel, H. G., *Confucius* (New York, 1949).

Daniel, Gabriel, *Histoire de France* (1713; Paris, 1729).

Davies, Simon, 'Voltaire et le *Voltaire*', *Rhlf* 4 (1991).

de Voragine, Jacques, *La Légende dorée* (Paris, 1923).

d'Herbelot, Barthélemy, *Bibliothèque orientale* (Paris, 1697).

Du Haillan, Bernard de Girard, *De l'estat et succeʒ des affaires de France* (Paris, 1572).

Dunoyer, Anne-Marguerite Petit, *Lettres historiques et galantes* (Cologne, 1713).

Enregistrement des actes de propriété, B4504, Archives municipales de Nantes.

Estoile, Pierre de l', *Journal pour le règne de Henri IV*, ed. L.-R. Lefèvre (Paris, 1948).

Etiemble, R., 'De la pensée chinoise aux philosophes françaises', *RLC* 30 (1956), p.465-78.

Farjanel, F., 'Voltaire et les chinois', *Revue hebdomadaire* (1910).

Feydel, G., *Un Cahier d'histoire littéraire* (Paris, 1818).

Fiszer, Stanislaw, *L'Image de la Pologne dans l'œuvre de Voltaire*, *SVEC* 2001:05.

Fleury, Claude, *Histoire ecclésiastique* (Paris, 1856).

Fontanini, Giusto, *Istoria del dominio temporale della sede apostolica nel ducato di Parma e Piacenʒa* [*Historiae summi imperii Apostolicae Sedis in ducatum Parmae et Placentiae*] (Rome, 1720).

Garasse, François, *Doctrine curieuse des beaux esprits de ce temps, ou prétendus tels* (Paris, 1624).

Giannone, Pietro, *Histoire civile du royaume de Naples, traduite de l'italien de Pierre Giannone, jurisconsulte et avocat napolitain* (La Haye, 1743).

Graaf, Nicolaas De, *Voyages* [...] *aux Indes orientales et en d'autres lieux de l'Asie* (Amsterdam, 1719).

Guicciardini, Francesco, *La Historia d'Italia* (Geneva, 1621).

Guy, Basil, *The French image of China before and after Voltaire*, *SVEC* 21 (1963).

Hadidi, Djavâd, *Voltaire et l'Islam* (Paris, 1974).

Halde, Jean-Baptiste du, *Description de la Chine* (Paris, 1725).

Havens, George R., and Norman L. Torrey, 'The private library of Voltaire at Leningrad', *PMLA* (1928), p.990-1009.

Hawkins, R. L., 'Unpublished French letters of the eighteenth century', *Romanic review* 21 (1930).

Hawley, Daniel S., 'L'Inde de Voltaire', *SVEC* 120 (1974), p.139-78.

Hénault, Charles-Jean-François, *Nouvel abrégé chronologique de l'histoire de France* (Paris, 1752).

Holwell, John Zephaniah, *Interesting events relative to the provinces of Bengal and the empire of Indostan* (London, 1766-1767).

Jardin, Pierre du, *La Mort de Henry le Grand, descouverte à Naples, en l'an 1608* (1619; Delft, 1717).

Jovicevich, A., *Jean-François de La Harpe, adepte et renégat des Lumières* (South Orange, NJ, 1973).

Kaempfer, Englebert, *Histoire naturelle, civile et ecclésiastique de l'empire du Japon*, 2 vol. (The Hague, 1729).

Kircher, Athanasius, *Turris Babel* (Amsterdam, 1679).

Kölving, U., and J. Carriat (eds), *Inventaire de la Correspondance littéraire de Grimm et Meister*, *SVEC* 225 (1984).

La Beaumelle, Laurent Angliviel de, *Mémoires de Mme de Maintenon* (Amsterdam, 1755).

– *Mémoires pour servir à l'histoire de madame de Maintenon, et à celle du siècle passé* (Avignon, 1757).

La Bletterie, Jean-Philippe René de, *Vie de l'empereur Julien* (Paris, 1735).

Labrousse, Elisabeth, 'Note à propos de la conception de la tolérance au XVIIIe siècle', *SVEC* 56 (1969).

La Censure de Bélisaire (Paris, 1767).

La Harpe, Jean-François de, *Correspondance littéraire*, 6 vol. (Paris 1801).

– *Lycée ou cours de littérature* (1799).

La Martinière, Antoine-Augustin de [La Mothe La Hode], *Histoire de la vie et du règne de Louis XIV [...] publiée par Mr. Bruzen de La Martinière* (The Hague, 1740-1742).

– *La Vie de Philippe d'Orléans, régent du Royaume* (London [The Hague], 1737).

Latouche, Gervaise de, *Romanciers libertins du XVIIIe siècle*, ed. Patrick Wald Lasowski *et al.*, vol.1 (Paris, 2000).

Lauriol, Claude, *La Beaumelle: un protestant cévénol entre Montesquieu et Voltaire* (Geneva and Paris, 1978).

Leclerc, Jean, *Sentiments de quelques théologiens de Hollande sur l'histoire critique du Vieux Testament* (Amsterdam, 1685).

Lenglet-Dufresnoy, abbé Nicolas, *Tablettes chronologiques de l'histoire*

universelle, sacrée et profane, ecclésiastique et civile* (The Hague, 1745).

Le Noble, Eustache, *Le Bouclier de la France, ou les Sentimens de Gerson et des canonistes, touchant les différens des rois de France avec les papes* (Cologne, 1692).

Le Pelletier, Jean, *Dissertations sur l'arche de Noé et sur l'hémine et la livre de S. Benoist* (Rouen, 1700).

Lettres écrites à M. Marmontel au sujet de Bélisaire (Paris, 1767).

Lettres édifiantes et curieuses, écrites des missions étrangères, par quelques missionnaires de la Compagnie de Jésus (Paris, 1703-1776).

Lizé, Emile, 'Une affaire de pommes à Ferney: Simon Bigex contre Antoine Adam', *SVEC* 129 (1975), p.19-26.

– *Voltaire, Grimm et la Correspondance littéraire*, *SVEC* 180 (1979).

Ljungstedt, A., *An Historical sketch of the Portuguese settlements in China* (Boston, 1836).

Longuerue, Louis de Four de, *Longueruana ou recueil de pensées, de discours et de conversations, de feu M. Louis de Four de Longuerue* (Berlin, 1754).

Macé, Laurence, 'De la bibliothèque au journal intime: Giuseppe Pelli collectionneur et lecteur', *La Lettre clandestine* 12 (2003), p.159-75.

– 'L'édition clandestine dans la Toscane des réformes: le cas de Voltaire', *La Lettre clandestine* 7 (1998), p.237-57.

– 'Les premières censures romaines de Voltaire', *Rhlf* 4 (1998), p.531-51.

Maimbourg, Louis, *Histoire des croisades* (Paris, 1684-1685).

– *Histoire du calvinisme*, 2nd ed. (Paris, 1682).

– *Histoire du schisme des Grecs* (Paris, 1682).

Mandement de Monsieur l'Archevêque de Paris, portant condamnation d'un livre qui a pour titre: Bélisaire, par M. Marmontel, de l'Académie Française (Paris, 1768).

Marmontel, Jean-François, *Bélisaire* (Paris, 1767).

Mason, Haydn, *Pierre Bayle and Voltaire* (Oxford, 1963).

Menant, Geneviève Artigas, 'Voltaire et les trois Bastides', *Rhlf* 83.1 (1983), p.29-44.

Mervaud, Christiane, 'Bestiaires de Voltaire', *SVEC* 2006:06, p.1-200.

– *Voltaire et Frédéric II: une dramaturgie des lumières 1736-1778*, *SVEC* 234 (1985).

Mervaud, Michel, 'Catherine II', in *Dictionnaire général de Voltaire* (Paris, 2003), p.180-84.

Mézeray, François-Eudes de, *Abrégé chronologique de l'histoire de France* (Paris, 1755).

Middleton, Conyers, *Lettre écrite à Rome* (Amsterdam, 1744).

– *The Miscellaneous works of the late reverend and learned Conyers Middleton*, 5 vol. (London, 1755).

Montanus, Arnoldus, *Ambassades de la Compagnie hollandaise des Indes orientales vers l'Empereur du Japon*, 2 vol. (Leiden, 1686).

Montesquieu, Charles de Secondat, baron de, *Œuvres complètes* (Paris, 1949-1951).

Montgrédien, Georges, *Colbert 1619-1683* (Paris, 1963).

Naves, Raymond (ed.), *Dialogues et anecdotes philosophiques* (Paris, 1939).

– (ed.), *Dialogues philosophiques* (Paris, 1955).

O'Meara, Maureen F., 'Towards a typology of historical discourse: the case of Voltaire', *Modern language notes* 93.5 (1978), p.938-62.

Pascal, Blaise, *Œuvres complètes*, ed. Jacques Chevalier (Paris, 1954).

Péréfixe, Hardouin de, *Histoire du Roy Henry le Grand* (Leiden, 1681).

Pluche, Antoine, abbé, *Le Spectacle de la nature* (Paris, 1732-1746).

Pomeau, René, *La Religion de Voltaire* (Paris, 1956).

Prades, abbé de, *Abrégé de l'histoire ecclésiastique de l'abbé Fleury* (Berlin, 1766).

Quéniart, Jean, *Culture et société urbaines dans la France de l'ouest au XVIIIe siècle* (Lille, 1977).

Renwick, John, *Marmontel, Voltaire and the Bélisaire affair*, *SVEC* 121 (1974).

Rollin, Charles, *De la manière d'étudier et d'enseigner les belles-lettres, par rapport à l'esprit et au cœur* (Paris, 1726-1728).

– *Histoire ancienne* (Paris, 1730-1738).

Rostworowski, Emanuel, 'Voltaire et la Pologne', *SVEC* 62 (1968), p.101-21.

Rowbotham, A. H., 'The Jesuit figurists and eighteenth-century religious thought', *JHI* 17 (1956), p.471-85.

– *Missionary and mandarin: the Jesuits at the court of China* (Berkeley, CA, 1942).

Saint-Evremond, Charles de, *Conversation du maréchal d'Hocquincourt*, in

Œuvres de Saint-Evremond, ed. René de Planhol, vol.1 (Paris, 1927).

Saint-Hiacinte, Thémiseul de, *Le Militaire philosophe* (London, 1768).

Schonfield, Hugh, *A History of Biblical literature* (New York, 1962).

Shackleton, Robert, *Montesquieu: a critical biography* (Oxford, 1961).

Simon, Richard, *Histoire critique du Vieux Testament* (1678; Rotterdam, 1685).

– *Réponse au livre intitulé: Sentiments de quelques théologiens de Hollande* (Amsterdam, 1621).

Smith, Denis Mack, *A History of Sicily: modern Sicily after 1713* (London, 1968).

Spence, Jonathan, *Emperor of China* (New York, 1974).

Stein, R. L., *The French slave trade in the eighteenth century: an Old Regime business* (Madison, WI, 1979).

Tacitus, *Tibère, ou les six premiers livres des Annales de Tacite*, trans. M. l'abbé de La Bletterie (Paris, 1768).

Taylor, O. R., 'Bernard Routh et la mort de Montesquieu', *French Studies*, 3.2 (1949), p.101-21.

Thou, Jacques de, *Historia sui temporis* (London, 1733).

Thucydides, *Histoire de la guerre du Péloponèse* (Paris, 1714).

Todd, C., 'La Harpe quarrels with the actors: unpublished correspondence', *SVEC* 53 (1967), p.223-337.

Trenchard, John, and Thomas Gordon, *L'Esprit du clergé, ou le christianisme primitif vengé des entreprises et des excès de nos prêtres modernes traduits de l'anglais par Holbach* (London [Amsterdam], 1767).

Trousson, Raymond, et Jeroom Vercruysse (eds), *Dictionnaire général de Voltaire* (Paris, 2003).

Varillas, Antoine, *Histoire de Louis XI* (The Hague, 1689).

Vercruysse, Jeroom, 'La Harpe et la *Gazette d'Utrecht*: une lettre inédite à Choiseul', *SVEC* 79 (1971).

– *Voltaire et la Hollande*, *SVEC* 46 (1966).

– 'Voltaire et Marc Michel Rey', *SVEC* 58 (1967), p.1707-63.

Villette, Charles-Michel, marquis de, *Œuvres du marquis de Villette* (Edinburgh, 1788).

Virolle, Roland, 'Mme Du Bocage, Voltaire, le pape et Christophe Colombe', in *Le Siècle de Voltaire: hommage à René Pomeau* (Oxford, 1987).

Volpilhac-Auger, Catherine, *Tacite en France de Montesquieu à Chateaubriand*, *SVEC* 313 (1993).

Voltaire, *Anecdotes sur Bélisaire*, ed. John Renwick, *OCV*, vol.63A (1990).

– *Collection d'anciens évangiles [...] par l'abbé B*****, ed. Bertram E. Schwarzbach, *OCV*, vol.69 (1994).

– *La Défense de mon oncle*, ed. José-Michel Moureaux, *OCV*, vol.64 (1984).

– *Des embellissements de la ville de Cachemire*, ed. Mark Waddicor, *OCV*, vol.31B (1994).

– *Des mensonges imprimés*, ed. Mark Waddicor, *OCV*, vol.31B (1994).

– *Dictionnaire philosophique*, ed. Christiane Mervaud, *OCV*, vol.35-36 (1994).

– *Dieu et les hommes*, ed. Roland Mortier, *OCV*, vol.69 (1994).

– *Le Dîner du comte de Boulainvilliers*,

ed. Ulla Kölving and José-Michel Moureaux, *OCV*, vol.63A (1990).

– *Discours de M. de Voltaire à sa réception à l'Académie française*, ed. Karlis Racevskis, *OCV*, vol.30A (2003).

– *Dissertation sur la mort de Henri IV*, ed. O. R. Taylor, *OCV*, vol.2 (1970).

– *Encyclopédie* (Paris and Neufchâtel, 1751-1765).

– *Essai historique et critique sur les dissensions des Eglises de Pologne*, ed. Daniel Beauvois and Emanuel Rostworowski, *OCV*, vol.63A (1990).

– *Essai sur les mœurs et l'esprit des nations*, ed. René Pomeau, 2 vol. (1963; Paris, 1990).

– *Examen important de milord Bolingbroke*, ed. Roland Mortier, *OCV*, vol.62 (1987).

– *La Guerre civile de Genève*, ed. John Renwick, *OCV*, vol.63A (1990).

– *La Henriade*, ed. O. R. Taylor, *OCV*, vol.2 (1970).

– *Histoire de Charles XII*, ed. Gunnar von Proschwitz, *OCV*, vol.4 (1996).

– *Histoire de l'empire de Russie sous Pierre le Grand*, ed. Michel Mervaud, *OCV*, vol.46-47.

– *Histoire du parlement de Paris*, ed. John Renwick, *OCV*, vol.68 (2005).

– *Homélies prononcées à Londres*, ed. Jacqueline Marchand, *OCV*, vol.62 (1987).

– *L'Homme aux quarante écus*, ed. Brenda M. Bleosch, *OCV*, vol.66 (1999).

– *L'Ingénu*, ed. Richard A. Francis, *OCV*, vol.63C (2006).

– *Lettre à un premier commis*, ed. Pierre Rétat, *OCV*, vol.9 (1999).

– *Notebooks*, ed. Th. Besterman, *OCV*, vol.81-82 (1968).

– *Le Philosophe ignorant*, ed. Roland Mortier, *OCV*, vol.62 (1987).

– *La Philosophie de l'histoire*, ed. J. H. Brumfitt, *OCV*, vol.59 (1969).

– *La Princesse de Babylone*, ed. Jacqueline Hellegouarc'h, *OCV*, vol.66 (1999).

– *Les Questions de Zapata*, ed. Jacqueline Marchand, *OCV*, vol.62 (1987).

– *Réponse catégorique au sieur Cogé*, ed. John Renwick, *OCV*, vol.63A (1990).

– *Seconde anecdote sur Bélisaire*, ed. John Renwick, *OCV*, vol.63A (1990).

– *Siècle de Louis XIV*, in *Œuvres historiques*, ed. René Pomeau (Paris, 1957).

– *Traité sur la tolérance*, ed. John Renwick *OCV*, vol.56C (2000).

– *Zadig, ou la destinée*, ed. H. T. Mason, *OCV*, vol.30B (2004).

– *Zaïre*, ed. Eva Jacobs, *OCV*, vol.8 (1998).

Wade, I. O., *The Search for a new Voltaire* (Philadelphia, 1958).

Walpole, Horace, *Historic doubts on the life and reign of Richard the third* (London, 1768).

Watts, G. B., 'Voltaire et *Le Catéchumène*', *Kentucky foreign language quarterly* (1957).

Whiston, William, *A New theory of the earth* (London, 1696).

Wilberger, C. H., *Voltaire's Russia: window on the East*, *SVEC* 164 (1976).

Wilson, Arthur M., *Diderot* (Oxford, 1972).

INDEX

Aaron, 88
Abauzit, Firmin, 333
Abdias, 187
Abel, 271
Abraham, patriarch, 232
Académie des inscriptions et belles-lettres, 330
Académie française, 51, 57, 133, 249, 290n, 293n, 402, 403, 404, 406
Acte, 285, 287, 291
Actisanes, Ethiopian king, 270
Adam, 39, 227, 229, 271
Adam, Antoine, le père, xix, 220
Adonias, brother of Solomon, 209
Adrian I, pope, 326
Adrian II, pope, 316, 319, 320
Agrippina Minor, Julia Vipsania (Julia Agrippina), 285-89
Aimon de Fleury (Aimoinus Floriacensis), 308, 321
Aistulf, king of the Lombards, 311, 312
Alagona, jesuit, 343n
Albert the Great, saint, 228
Albigensian heresy, 118n
Alcide, 393, 394
Alcmene, 393
Aldobrandini, Ippolito, cardinal, 161
Alembert, Jean Le Rond D', 16n, 51, 81, 138, 196, 333n, 369n, 395n, 401, 402, 403, 405
Alexander VI, pope (Rodrigo Borgia), 161, 167n, 168, 169, 288-89, 357-58, 366
Alexander VII, pope (Fabio Chigi), 79, 164
Alexander the Great, 276-80, 371, 373
Alfonso d'Este, duke of Ferrara, 159, 160

Almanach des muses, 393n, 394n, 395n, 396n
Alvares (the name of several Portuguese explorers), 397
Amasis, king of Egypt, 270n
Ambrose, saint, bishop of Milan, 229
Ammon, Egyptian god, 274
Amphion, son of Zeus and Antiope, 264
Anabaptists, 36n, 42, 189
Anaboth, king of Babylon, 370
Anacréon, 389
Anania, 149
Anastasius Bibliothecarius, 316, 319, 320
Ancre, maréchal d' (Concino Concini), 306, 348-49, 352n
Ancre, maréchale d' (Leonora Dora Galigaï), 348
Andelme, 321
Anicet, 287
Anne, queen of England, 379
L'Année littéraire, 391n
Anthony, saint, 88
Antoine, Jacques-Denis, architect, 128
Antoine, Jean-Denis, sculptor, 128
Antonine dynasty, 195
Antoninus, Roman emperor, 210, 212
Aod (Ehud), Israelite, 209, 342, 350
Apis, 273-75
Apollo, 370, 391
Aranda, Pedro Pablo Abarca de Bolea, comte d', 45, 393n
Argental, Charles Augustin Feriol, comte d', 18, 137n, 138, 301n, 329n, 338n, 401
Argental, Jeanne Grâce Bosc du Bouchet, comtesse d', 137n, 301n, 401
Argus, 234

415

Voltaire, *cont'd*

186n, 334n; 'Miracles', 227n; 'Philosophe', 240n; 'Pierre', 161n, 170n, 302n; 'Préjugés', 6n, 304n; 'Prophètes', 234n; 'Prophéties', 108n; 'Puissance', 122n; 'Religion', 9n, 260n; 'Secte', 379n; 'Sens commun', 6n; 'Xavier', 112n

Dieu et les hommes, 231n, 247, 262n, 270n

Le Dîner du comte de Boulainvilliers, 45n, 187n

Discours aux confédérés catholiques de Kaminiek en Pologne, xx, 173-91

Discours aux Welches, 212n

Discours de l'empereur Julien, 177

Discours de réception à l'Académie française, 290n, 293n

Discours historique et critique sur la tragédie de Don Pèdre, 301n

Dissertation sur la mort de Henri IV, 342n, 343n, 347n

Doutes sur quelques points de l'histoire de l'Empire, 322n, 325

Les Droits des hommes et les usurpations des autres, xxi, 135-71, 315, 357n

Eclaircissements historiques, 310n

Entretiens chinois, 83

Epître à l'impératrice de Russie, Catherine II, 372n

Epître à mon vaisseau, xx

Epître à Uranie, 81

L'Epître aux Romains, 137, 140

Epître écrite de Constantinople aux frères, xxi, 1-9

Essai historique et critique sur les dissensions des Eglises de Pologne, 14n, 16, 19n, 28n, 35n, 163n, 166n, 176, 188n

Essai sur les mœurs, xxi, 6n, 7n, 44n, 73n, 83, 84, 97n, 114n, 117n, 118n, 122n, 147n, 152n, 155n, 167n, 168n,

Voltaire, *cont'd*

170n, 228n, 247, 250, 257, 258, 260n, 262n, 273, 274, 297, 302n, 304n, 306n, 307, 310, 320, 321, 324, 326n, 327n, 328n, 330n, 331n, 343, 344n, 345, 347n, 348n, 352, 356n, 357n, 361, 372n, 374n, 378n

Examen important de milord Bolingbroke, 186n, 228n, 234n, 239n, 265n, 270n

Fragment sur l'histoire générale, 282n

Les Guèbres, xix

La Guerre civile de Genève, 127-28, 212n, 402

La Henriade, 80

Histoire de Charles XII, 245, 246n, 276n

Histoire de l'empire de Russie sous Pierre le Grand, 33n

Histoire de l'établissement du christianisme, 334n

Histoire du docteur Akakia, 288n

Histoire du parlement de Paris, 38n, 248, 249, 306n, 342n, 348n, 354n

Homélies prononcées à Londres, 6n, 177, 239n

L'Homme aux quarante écus, xix, 126, 195n, 228n, 367

Les Honnêtetés littéraires, 248, 310n, 361n, 362n, 365n

L'Ingénu, 195n, 212n, 334n

Instruction du gardien des capucins de Raguse à frère Pédiculoso, xxi, 217-40

Lettre à un premier commis, 45n

Lettre de Gérofle à Cogé, 51n, 214n

Lettre de l'archevêque de Cantorbéry à M. l'archevêque de Paris, xx, 47-60, 126, 214n

Lettres d'Amabed, 228n

Lettres philosophiques, 36n, 184n

Lettre sur les panégyriques, 16, 19n

Notebooks, 369n